易 军■著

结构与过程
乡村纠纷解决中的权力研究

JIEGOU YU GUOCHENG

XIANGCUN JIUFEN JIEJUE ZHONG DE QUANLI YANJIU

中国政法大学出版社

2020·北京

图书在版编目（CIP）数据

结构与过程：乡村纠纷解决中的权力研究/易军著.—北京：中国政法大学出版社，2020.10
ISBN 978-7-5620-9688-7

Ⅰ.①结… Ⅱ.①易… Ⅲ.①农村－民事纠纷－处理－权力－研究－中国
Ⅳ.①D925.104

中国版本图书馆CIP数据核字(2020)第204612号

出 版 者　　中国政法大学出版社

地　　址　　北京市海淀区西土城路 25 号

邮寄地址　　北京 100088 信箱 8034 分箱　邮编 100088

网　　址　　http://www.cuplpress.com (网络实名：中国政法大学出版社)

电　　话　　010-58908289(编辑部) 58908334(邮购部)

承　　印　　保定市中画美凯印刷有限公司

开　　本　　720mm×960mm　1/16

印　　张　　25

字　　数　　385 千字

版　　次　　2020 年 10 月第 1 版

印　　次　　2020 年 10 月第 1 次印刷

定　　价　　98.00 元

当代中国西部乡村正处于一个急剧转型的时期，西部乡村呈现出半开放的情态。以这个社会现实为背景，乡村社会既保留着部分传统因素，又受到外部因素影响。这种情形下，乡村权力演变为一种复杂的新型多元格局。个人、社会、国家三方面的权力同处于一个乡村场域之中。问题在于，对于这种多元权力格局给国家治理、乡村法治化带来新的挑战和课题，法学界未引起重视。权力不确定性和保守性又无法使地方性社会建立起长效稳定机制，处在强制、不平等和任意性且受制于人的主观意愿之中。这是全书的基本命题。这样当代乡村仍是非法治化和人为建构的秩序，这是研究乡村权力的主要现实依据。半开放社会下的权力结构包括个人—社会—国家三重结构，三重权力结构摆脱了学术界比较流行的国家—社会二元模式，把权力扩展到更为微观的个人结构之中。这种理论源于福柯的弥散的微观权力学说，是论题最主要的分析工具。

以这个权力格局为基点，通过对一个特定乡村进行田野调查，研究这个乡村的权力现状，纠纷及其解决。把半开放社会作为主要的语境，以结构—过程为分析路径，采用家乡人类学及个案分析方法，以第一手资料作为分析基础，揭示权力在纠纷解决过程中的运作过程，去发现半开放乡村在当前的现实情况，这是研究论题的起源。权力一方面有助于解决乡村内部问题，是一种传统的自治手段；另一方面又与法律发生某种联系，这种联系与半开放社会不可分。这个核心观点是研究论题的基点。这种情形证明乡村治理需要找到合适的模式，来契合半开放社会这个现实，而我们在乡村与国家法律之间还没有一种有效的模式予以回应。

乡村个人权力结构主要包括权威、衰落的老人、妇女、一般村民等具有建构乡村秩序的成年人。这个结构反映当代乡村个人权力与以往相比的消长关系，尤其是妇女、年轻人与老人间的权力关系呈现强弱态势。社会权力包括非正式组织和村级权力体系。非正式组织由混混群、老人集团、年轻人群、家族、亲属群等构成，其中家族居主导地位。村级权力体系是乡村正式组织，包括村委会及其下面的自然村和村民小组等三级体系。国家权力在乡村存在方式乃是送法下乡或法律服务，以社会福利形式重建合法性和权威，避免之前强调的通过政治组织和控制的某种强制和安排，这种权力渗透更易获得村民的认同。上述权力结构影响到乡村纠纷解决，同一权力结构内的纠纷首先受到该权力结构的制约，如混混群内的纠纷依赖于混混群处理。不同权力结构有他们解决的方式。从民间权威到村级权力体系再到国家，呈现出和解、妥协、调解、诉讼等多元形式，具体有半强制、请客吃酒、会议解纷、说情、治安员和小组长调解、判决等方式。通过对特定乡村的长期调研发现，在个人—社会—国家三重权力结构方面，纠纷解决的量化呈现出由下至上和由多到少的变化，越往上纠纷越少。这种纠纷变化反应乡村权力结构对纠纷控制的层次性和过滤功能，这种情形可概括为"筛漏"理论。筛漏表明权力结构把大量的纠纷控制在基层，减少推送到国家带来的麻烦，具有极为重要的基层社会稳定和平衡的作用。这些细微的支配技术能实现法律不能处理的某些日常事务之功能，甚至在国家权力边缘有效地组织、治理当地社会秩序，是维护地方性社会的有效工具，但有可能阻隔法律在乡村的实践，使权力反复循环地作用于乡村社会，造成国家在乡村的内卷化。在微观结构方面，主要基于一个纠纷场域进行分析，包括权力秩序和权力形式。权力秩序具有差序性，由内至外展现出权力权重主次，即当事人、调解/裁判者、外围权力结构等构成。权力形式方面包括支配/决定模式、势力政治、共谋/合意三种权力形态，三种权力模式在同一纠纷场域内相互交错，都为当事人的本体性安全这一目的所驱使，从而把纠纷解决塑造为一种微型政治方式。

结构作为静态、宏观方法很难发现权力的技术、策略和观念问题，因而从结构到过程的研究是权力分析的基本特征。以婆媳纠纷阵列作为个人权力技术基础，以全村人都卷入的电线纠纷、村级权力调解作为社会权力运作的分析对象，土地承包诉讼为国家权力在场的表达为基调，分析个人—社会—国家三者在乡村的运作逻辑。通过婆媳纠纷考察个人权力，以语言视角分析各自的权力策略，婆媳之间主要以沉默、诉苦、舆论造势、指责等获得某种支配性、影响性的力量，这种极具内向性的纠纷很难找到谁是谁非，其原因在于背后妇女权力崛起以及老人权力的衰退，使双方产生矛盾，扩大到具有内向性的乡村纠纷，都应该强调权力的再平衡，才能达到一种实质的公平，既是纠纷解决之道又是避免纠纷之源。社会权力之非正式组织方面，通过电线纠纷的解决来分析家族关系从分裂到整合的过程，家族关系以婚姻和地势为主，但是纠纷又分裂了亲属网络，回归到地势权力方面，从而使家族关系发生了分裂。当纠纷解决后，这种分裂局面持续一段时间才开始慢慢恢复到既定的初始关系。从原初状态—分裂—正常状态的循环过程，反映了家族权力的摆动规律，不会分裂过远，更不会彻底变迁，这也表明权力具有某种修复功能，避免纠纷导致社会遭受严重损坏的作用。村级权力调解是乡村社会权力解决纠纷之重要部分，它介于非正式与正式之间，解决过程在接近国家，国家也通过村级体系对纠纷的控制来实现基层的治理。治安员在调解过程中运用了压、劝和、分别对谈等一系列权力技术，基于人情、面子、观念、传统等文化实践，塑造了权威。引致国家在场并发挥权力作用的是村民的土地承包诉讼。因为土地作为核心利益，地方性知识和非正式权力无法产生实质的解决纠纷的能力，土地纠纷不但延伸出更多围绕着核心纠纷的一系列其他争议，也连带着整个村民的日常生活，是乡村的重大事件。纠纷外溢并诉至法院构成村民对强势方当事人的权力反抗。"上法院"反映了送法下乡和迎法下乡都不足以完整地说明乡村司法和法治的基本问题。"上法院"是第三方论域，表明村民主动接近国家实现利益的某种取向，而不是被动地从国家那里得到支持。

权力在纠纷解决中的运作过程反映了村民在半开放社会背景下的多元表达，可以自力解决，也可以寻求社会的其他力量，还可以利用交通便利找法院。这些过程统归为新形势下的乡村方式，其背后是多元正义观念，它包括民间正义观念和司法/法律正义观念。两套正义构成当前乡村正义的谱系。由于村民理解的正义与国家赋予他们的正义有重大区别，村民追求的正义与国家实际给予的正义存在偏差，多元正义之间就需要通约与耦合。乡村纠纷解决中权力之治优于规则之治，权力仍是处理乡村问题的主要方式，反映村民基本观念和利益表达的基本形式。乡村纠纷解决仍以权力之治为主，规则治理显得不重要，即使规则作为支配性手段解决问题，也是一种基于工具主义被村民用以化解矛盾的资源。这是文章的基本结论。

如何把权力谱系及其与法治的关系契合起来，以打造一个现代意义的乡村秩序。此说明乡村需要建构一套有序的符合法治要求的多元权力秩序。个人—社会—国家之间，个人—社会体现于乡村自治方面，通过纠纷解决采取自下而上的路径实现自治；社会—国家体现于治理方面，通过自上而下的方式解决基层矛盾和服务下乡，实现乡村的治理。法治视野下的自治—法治模式构成乡村现代化建设的关键，其中国家权力，尤其是法律居于核心，是实现乡村社会现代化的核心。换言之，只有以法治为本质追求，进而建构一套符合法律、法治的乡村权力体系才是自治—法治模式所要追求的目标。

目 录

Contents

一、为什么是权力视角？

（一）问题的提出：现实与理论

研究乡村权力的前提是一个在政治、社会方面都没有争议的事实和共识，那就是中国乡村仍处在非法治化的状态，尤其对西部山区贫困村庄来说，法治更多地处于法律的文本体系和制度框架的形式结构方面。[1]这个事实正反映中国乡村社会现代化建设的困境。[2]中国共产党十八届四中全会提出了建设法治国家、法治政府和法治社会目标，然而报告并未专门把乡村/农村法治作为特殊问题提及。可以看出，法治社会视野下"乡村"是一个需要在政治、学术层面上予以思考及厘清的重要领域。虽然每年中央"一号文件"总提到农村法治和乡村治理，其他重要的政策性文件、法律法规和司法解释都涉及乡村问题，

---

〔1〕　通过近几年的中央一号文件来看，中国乡村面临的一些需要解决的问题，乡村法治、纠纷解决、社会现代化等治理体系建设都是较为迫切的任务。2012年的《中共中央国务院关于加快发展现代农业进一步增强农村发展活力的若干意见》指出，维护农民群众合法权益。通过人民调解、行政调解、司法调解等有效途径，妥善处理农村各种矛盾纠纷。2014年的《关于全面深化农村改革加快推进农业现代化的若干意见》要求总结推广"枫桥经验"，创新群众工作机制。健全农村治安防控体系，充分发挥司法调解、人民调解的作用，维护农村社会和谐安定。2015年的《中共中央国务院关于加大改革创新力度加快农业现代化建设的若干意见》指出，农村是法治建设相对薄弱的领域，必须加快完善农业农村法律体系，同步推进城乡法治建设，善于运用法治思维和法治方式做好"三农"工作，同时要从农村实际出发，善于发挥乡规民约的积极作用，把法治建设和道德建设紧密结合起来。提高农村基层法治水平。2016年的《中共中央国务院关于落实发展新理念加快农业现代化实现全面小康目标的若干意见》指出，发挥好村规民约在乡村治理中的积极作用。加强农村法律服务和法律援助。推进县乡村三级综治中心建设，完善农村治安防控体系。开展农村不良风气专项治理，整治农村黄赌毒、非法宗教活动等突出问题。依法打击扰乱农村生产生活秩序、危害农民生命财产安全的犯罪活动。

〔2〕　这个困境就是广阔的乡村的经济现代化与社会现代化双双落后于城市，城乡二元结构的差距还在加速拉大。乡村在两种现代化建设中呈现出没有活力的疲软状态，作为资源输出空间，两种社会、空间结构进一步失衡。乡村社会治理的难度、成本、收效难以达到历年中央一号文件的预期。

可喊了这么多年，实质改变仍相对较小，城市—乡村的法治进程越拉越大。事实表明，我国城乡法治二元结构失衡，法治的城市化趋向而非乡村趋向，后者被极大地忽略了，法治的城市化越来越明显。中国的法治本应由两条腿支撑，若只关注城市、中心而忽视乡村、边缘社会，将是"瘸腿法治"，甚至可以说，不关注近半数中国人的法治都是空谈。

我们必须正视一个社会现实：在已知的能够维持稳定秩序的大型人类组织中，治理的运行都离不开权力。虽然权力路径存在着如此明显的缺陷，其运行机理是如此古老而放旷，但这并不意味着在合作治理中没有权力路径生存的空间。[1]乡村更是如此，乡村未完全实现法治，表明中国乡村还依赖于人的治理或非正式结构，很大程度上是因为乡村存在着复杂的权力体系。21世纪的西部乡村，传统与人治仍是社会秩序日常控制的主要形式。人治实即权力之治，它表明了乡村秩序被一种广义的弥散权力、习俗/习惯持久性地支配着。[2]在乡村纠纷解决体系中，人的治理也毫不例外，权力因素是纠纷解决关键的关键变量。纠纷处理之过程乃是权力操作、策略及技术化的控制过程，一种权力之治僭于规制之治。权力仍随处可见地建构、整合纠纷秩序，但这种权力过程又不同于传统权威，它已弥散并开放性地接纳外部权力，从而使当代乡村处于自治、治理之交接点上。这实际上阻碍了乡村法治和现代化建设，成为乡村现代文明构建的最大障碍，影响到国家在乡村的权威重建，成为现代乡村治理的关键问题。这是贯穿于本书分析的基本命题。以此为出发点，要研究乡村法治、纠纷解决、社会建设离不开权力这个关键问题。长期以来这个问题的专题性研究没有引起足够重视，而对这个问题的整体分析及其相关的制度设置，亦事关中国乡村法治、治理现代化、社会现代化等一系列制度建构的成功与否。唯有解构乡村权力生成机制、结构形态与运行过程，才能理顺一些遮蔽我们眼目的现实问题，进而提出有意义的对策与策略，为乡村现代化建设做出应有的贡献。

权力是可塑的，因此具有不确定性和保守性，权力在乡村的运作无法使地方性社会建立起长效稳定机制，处在强制、不平等和任意性且受制于人的

---

[1] 柳亦博：《合作治理：构想复杂性背景下的社会治理模式》，中国社会科学出版社 2018 年版，第 158~159 页。

[2] 苏力：《送法下乡——中国基层司法制度研究》，北京大学出版社 2011 年版，第 28 页。

主观意愿之中。在乡村社会，内生于地方性秩序的传统权力结构不但有坚固的社会基础，在面对现代社会变迁时还呈现出高度停滞、保守的态度，在国家进入乡村时，乡村又可能抵制、抗拒法律、政策和政令之推行，导致法制实施不力，法治之建设与实现困难，甚至新的灰色势力渗透到村级组织和正式权力系统之中。[1]"中国农村出现了严重的治理性危机。国家基层政权合法性正在逐渐丧失和社会控制能力降低。"[2]越往下，越远离国家中心而进入边缘和末梢地带，治理越来越具有内卷化可能。甚至通过内部习俗性权力机制来抗拒国家在乡村的法治建构，影响现代乡村的振兴和文明建设，而法治和现代文明在乡村的塑造又决定着乡村现代化的成败。如果这个问题解决不好，乡村法治乃至乡村现代化无从谈起。2016 年最高人民法院颁布的《关于人民法院进一步深化多元化纠纷解决机制改革的意见》把多元化纠纷解决上升到国家治理体系和治理能力现代化的高度，并升华了多元纠纷解决理论。乡村纠纷解决研究是对乡村内卷化、多元纠纷解决机制改革的学术响应。同年最高人民法院出台的《关于人民法院特邀调解的规定》首次以法律文件的形式确定多重权力联动化解矛盾的现实性和制度建构，从官方角度认识到个人/权威、社会与国家整合解决纠纷的重要性。而关于这方面的理论支撑还没有赶上制度的要求，尤其是国内从权力机制解释、分析（乡村）法律制度改革中遇到的新问题仍在起步阶段，甚至一片空白。十八届四中全会《中共中央关于全面推进依法治国若干重大问题的决定》以及十九届四中全会《中共中央关于坚持和完善中国特色社会主义制度、推进国家治理体系和治理能力现代化若干重大问题的决定》、2018 年中共中央、国务院出台的《关于实施乡村振兴战略的意见》都把乡村治理提升到国家战略的高度，可见国家对乡村治理的紧迫性和现实性。从政策到法律已经初步形成乡村纠纷治理的一套完整的制度结构，但需明确，这是纸面的制度设计。

当前中国乡村正经历伟大的社会变迁，从扩大的家庭到核心家庭，从共同

---

〔1〕 董磊明：《村将不村——湖北尚武村调查》，载［美］黄宗智主编：《中国乡村研究》（第 5 辑），福建教育出版社 2007 年版，第 174~202 页；陈柏峰：《乡村江湖：两湖平原"混混"研究》，中国政法大学出版社 2011 年版，第 174~185 页。

〔2〕 于建嵘：《抗争性政治：中国政治社会学基本问题》，人民出版社 2010 年版，第 204 页。

生活到独立闯荡，村庄秩序越来越原子化。[1]其结果：一是权力趋向于弥散、细化，权力的治理从单一中心到多中心趋势发展；二是国家不断增加乡村福利保障，乡村靠近国家而呈现的现代社会（或现代化）趋势在加快，传统熟人社会、礼俗秩序、小群体格局都开始瓦解。新熟人社会、新伦理关系、外生性机制、新群落等在乡村开始产生、形成或渗透，新权力体系在乡村重组。[2]乡村权力网络在转型期发生显著的消长变化，产生一些非正式组织甚至非法组织，他们已介入乡村政治、经济和日常生活。[3]在当前改革开放涉入深水区过程中，社会大转型带来一系列新的现实问题，乡村也经历这种转型的某些矛盾，甚至形成结症，如何解决就成为这种转型能否成功的关键，是一种再转型。再转型过程中的现代性事件必然产生诸多社会问题，致使传统习俗、权威及其运行机制很不适应，甚至相互冲突。这些问题也未必能为法治所接受，甚至与之背离，各自表达机制之差异形成"语言混乱"。[4]村民陷入理性与传统、清醒与迷茫、适应与不适应的矛盾之中。转型期乡村如何建构一套适应现代社会并相互协调的权力秩序、法治观念，这需要进行深入的研究。

这些"传统—现代"断裂的问题并非凭空预设，乃是基于长时间地从思想到观察准备形成的结果。自2008年至今，我一直关注这个问题，对于当代乡村地方权力表现为何种样态，权力的生成机制及其结构如何，运行过程对乡村生活发生何种影响，都进行过田野调查和分析，至今已有多年。短短十几年间，法律介入乡村，村民上法院；不同部门的驻村干部开始指导地方社会建设；传统权威淡出乡村政治；村民面对不同力量时变得更趋理性，在传统权力体系与国家之间摇摆。带着这些变化产生一系列问题：新形势下乡村权力结构大致呈现什么样的格局？面对急剧变迁的乡村社会又如何应对，纠纷解决过程中权力如何生成，相互间又通过何种方式博弈并取得正当性？村民如何利用权力资源并揭示背后的何种观念？纠纷场域中究竟是规则之治、纠纷解

---

〔1〕 郑智航：《乡村司法与国家治理——以乡村微观权力的整合为线索》，载《法学研究》2016年第1期。

〔2〕 张鸣：《乡村社会权力和文化结构的变迁》，广西人民出版社2001年版，第2~6页。

〔3〕 于建嵘：《岳村政治：转型期中国乡村政治结构的变迁》，商务印书馆2001年版，第349~350页。

〔4〕 朱晓阳：《"语言混乱"与法律人类学整体论进路》，载《中国社会科学》2007年第2期。

决之治或是权力之治，他们究竟追求民间正义或是司法/法律正义，与国家追求的乡村法治如何匹配其他权力结构及二合一？回答这些问题的意义在于，乡村转型面临着诸多不确定性，如何使国家权力再次进入乡村取得正当性，并与传统秩序适当兼容相合，从而使乡村社会保持平稳，过渡到乡村现代化、法治化治理的新型社会形态。权力视角恰恰提供一个分析这个问题的切入点，它既概括乡村秩序所包含的所有势力/力量，又恰适地解释乡村现实中影响个人—社会—国家平衡的变量。种种迹象表明，通过纠纷解决研究权力，进而揭示乡村社会秩序与法治、现代制度的新常态，是一个重要的分析路径和策略。

对乡村研究做出重大贡献的理论——半熟人社会[1]、文化的权力网络[2]、熟人社会[3]、伦理本位[4]、差序格局[5]——不但提升了乡村在社科法学上的地位，对建构本土法学理论无疑亦极为重要。法社会学研究中兴起的本土资源论[6]、治理论与法治论之争[7]、送法下乡与迎法下乡之争[8]，将乡村纠纷解决机制研究提升到一个新的境界。虽然中外学者提出了各种有关乡村治理、多元纠纷解决、法治及改革理论，但理论本身的时间承受力无法适应社会变迁，理论也无法预设社会变化、国家改革与技术发明的社会效应之后果。即使法人类学的半自治社会领域[9]、地方性知识[10]、第

---

〔1〕 贺雪峰：《论半熟人社会：理解村委会选举的一个视角》，载《政治学研究》2000年第3期；《半熟人社会》，载《开放时代》2002年第1期。

〔2〕 ［美］杜赞奇：《文化、权力与国家——1900—1942年的华北农村》，王福明译，江苏人民出版社1996年版，第4页。

〔3〕 费孝通：《乡土中国 生育制度》，北京大学出版社1998年版，第10页；陈柏峰：《熟人社会：村庄秩序机制的理想型探究》，载《社会》2011年第1期。

〔4〕 梁漱溟：《乡村建设伦理》，上海人民出版社2006年版，第24页。

〔5〕 费孝通：《乡土中国 生育制度》，北京大学出版社1998年版，第24~30页。

〔6〕 苏力：《法治及其本土资源》，中国政法大学出版社1996年版，第3~23页。

〔7〕 陈柏峰、董磊明：《治理论还是法治论：当代中国乡村司法的理论建构》，载《法学研究》2010年第5期；赵晓力：《基层司法的反司法理论？——评苏力〈送法下乡〉》，载《社会学研究》2005年第2期；杨力：《新农民阶层与乡村司法理论的反证》，载《中国法学》2007年第6期。

〔8〕 苏力：《送法下乡——中国基层司法制度研究》，北京大学出版社2011年版，第21~39页；董磊明等：《结构混乱与迎法下乡——河南宋村法律实践的解读》，载《中国社会科学》2010年第5期。

〔9〕 Sally Engle Merry, "Legal Pluralism", *law and Society Review*, Vol. 22, No. 5, 1998.

〔10〕 ［美］克利福德·格尔茨：《地方知识：阐释人类学论文集》，杨德睿译，商务印书馆2016年版，第167~271页。

三领域[1]、法律多元[2]等经典的理论阐释也未必能说清楚一个动态领域的秩序变迁过程，他们几乎是对社会及社会中各个要素概括、整合而不是技术化、微观化研究，具体而微的考量正是证伪上位理论的必要基础。

法人类学中规则/制度研究与秩序/过程性研究，[3]共同点都强调纠纷的建构模式，尤其重点关注纠纷解决过程中的行动逻辑和策略选择，进而塑造一种制度的框架，但我国法社会学/法人类学并未真正地形成规则分析与过程分析的二元范式局面。中国学者的纠纷解决研究关注解决现实问题而不是建构学术范式，而且还面临着西方经验、理论与本土社会的适合性问题。[4]西方经验的未必是中国所经验及能经验的，而国家、官方经验的也未必是民间经验或能经验的。寻求一种路径及解决问题的工具、经验性理论并不比解决问题本身轻松得多。一些学者开始跳出这种困境，在法人类学大系内，"在经历了几十年发展后，学者们已经逐渐从对纠纷过程阶段划分和纠纷当事人策略等问题转向了对意义和权力的关注。"[5]权力是一种可以贯穿于不同学科的分析工具，以由下到上、由内到外的路径，它用经验主义考察自身经验，避免那种无经验或外经验立场。关系/事件中的权力[6]、互惠权力的公正[7]、非诉讼纠纷解决模式（以下简称 ADR 模式）[8]等都属于这种转向的典型。这些权力模型多为个案研究服务，提出了概念或分析工具，但未考虑在全局、

[1] [美] 黄宗智：《清代的法律、社会与文化：民法的表达与实践》，上海书店出版社 2001 年版，第 107～130 页。

[2] Sally Falk Moore, "Certainties Undone: Fifty Turbulent Years of Legalanthropology, 1949–1999", *Journal of the Royal Anthropological Institute*, Vol. 7, No. 1, Mar 2001, p. 95；[日] 千叶正士：《法律多元：从日本法律文化迈向一般理论》，强世功等译，中国政法大学出版社 1997 年版，第 131～139 页。

[3] [美] 萨莉·法尔克·穆尔：《法律与社会变迁：以半自治社会领域作为适切的研究主题》，胡昌明译，载郑永流主编：《法哲学和法社会学论丛》（七），中国政法大学出版社 2004 年版，第 209 页。

[4] 冯象：《政法笔记》（增订版），北京大学出版社 2012 年版，第 97 页。

[5] 张晓红、郭星华：《纠纷：从原始部落到现代都市——当代西方法律人类学视野下的纠纷研究》，载《广西民族大学学报》2009 年第 5 期。

[6] 强世功："法律"是如何实践的，载王铭铭、[英] 王斯福主编：《乡土社会的秩序、公正与权威》，中国政法大学出版社 1997 年版，第 493 页。

[7] 赵旭东：《权力与公正——乡土社会的纠纷解决与权威多元》，天津古籍出版社 2003 年版，第 115～160 页。

[8] 范愉：《纠纷解决的理论与实践》，清华大学出版社 2007 年版，第 221～290 页。

整体和概括性纠纷分析基础上建构一个分析性框架。

应该说，上述所有纠纷解决研究在社会—政治层面都离不开社会与国家二元结构形态。在这种结构中，毫不怀疑地可以塑造民间—官方、非正式—正式、诉讼—ADR 等对应的分析结构。虽然有学者认识到这方面的问题[1]，但也同样忽略个人在这个结构中的影响力以及通约于社会与国家之间诸如语言、叙事、空间、关系、意义、权力等变量。究其原因，一方面，变量研究牵涉多学科，经典法学法条化/制度路径过于强调法学对异质学科的霸权，不考虑其他学科渗透；另一方面，权力变量很容易被概括入它所属学科范畴，对于讲究学科部门界限的中国法学来说，这种研究被人为地限制在一个局促的空间内，限制了学者手脚，施展不开。

国内法学对权力的研究较为成功者乃是语境分析，为法律社会学研究提升了层级。[2]然而不能认为语境可以解决一切问题，且语境分析未考虑个人在场情境下的非语境化影响。语境与在场的相互关系不能脱嵌，语境与行为结合分析仍值得探索。[3]任何环境、文化或托马斯式的社会情境[4]可以影响个人行为，进一步说，最终具有支配性影响的是个人自身（意志、决断、指使或现场的瞬时变化）的微观变量以及与他/她关联的社会结构。权力结构制约而非语境考量正是纠纷之所以发生或采取行动的主要力量。因此，语境中的权力研究还有待深入探讨。

（二）价值与意义

研究一个论题的所有起点来自于这个论题的价值和意义，即它在实践、学术和方法等方面的有益性、创新和贡献。选择本论题的理论价值包括方法论、本体论和现实性等多个方面。不论从理论或是实践，通过权力来分析纠纷都具有现实意义。

第一，本论题跳出纯粹的法律社会学与法律人类学的方法论模式，具有方法论多元主义的取向，把方法细致到边缘学科的二级级序上。具体地看，

---

[1]　徐昕：《论私力救济》，中国政法大学出版社 2005 年版，第 25~50 页。

[2]　苏力：《语境论：一种法律制度研究的进路和方法》，载《中外法学》2000 年第 1 期；朱苏力：《藏区的一妻多夫制》，载《法律和社会科学》2014 年第 2 期。

[3]　田成有：《歧义与沟通：法律语境论》，载《法律科学》2001 年第 2 期。

[4]　于海：《西方社会思想史》（第 2 版），复旦大学出版社 2005 年版，第 230 页以下。

寻求政治人类学〔1〕、民族志〔2〕、语言学范式〔3〕、空间人类学〔4〕和法哲学等理论对纠纷解决研究进行干涉，并整合这些基本理论与知识，作为方法论来分析纠纷解决机制。这种多学科整合的理论研究，摆脱了传统法人类学与法律社会学的方法论知识及理论的域限，扩张了知识的范围，把论题放在更广阔、宏大的社科框架下来看待法学，来理解纠纷解决的本质。跨越学科分析方法的局限，就很有必要运用学科多元来建构法学理论。学科多元主义方法是本论题的一个特色。

第二，社会中的权力本属于法律人类学的研究对象。〔5〕以权力视角为切入点来分析纠纷背后的观念、身份、语言、法律等在小群体社会结构中所起的地位和作用，权力在此作为一种路径选择方式，也是一种立场和视角。权力分析方法是从权力的社会生产出发，通过权力表达的过程及其社会效应考察，分析权力对纠纷的超越指向，进而深究权力表达与实践对纠纷解决的社会意义。把具体操作技术运用于纠纷所属社会空间，通过权力及其博弈来寻求纠纷解决的多元选择。这种权力可以渗透到纠纷的各个场域，并产生各种积极或消极作用的社会物理学机制。纠纷引介权力则改变、平衡社会关系态势，从而具有决定纠纷解决结果的导向。对应地看，纠纷及其解决究竟是规则或制度，抑或是个人自身力量或社会力量，都不足以理解纠纷的整体呈现。只有通过纠纷解决权力的结构与过程概念，即把纠纷放在复杂的社会结构中去思考，探讨建构纠纷及其社会秩序的基本要素，把纠纷及其解决方式还原到它最基本的原点——围绕着纠纷充斥着不同的权力行动——的本来面目，

---

〔1〕 董建辉：《政治人类学》，厦门大学出版社 1999 年版；[英] 约翰·格莱德希尔：《权力及其伪装：关于政治的人类学视角》，赵旭东译，商务印书馆 2011 年版。

〔2〕 [美] 詹姆斯·克利福德、乔治·E. 马库斯编，《写文化——民族志的诗学与政治学》，高丙中等译，商务印书馆 2006 年版；高丙中、章邵增：《以法律多元为基础的民族志研究》，载《中国社会科学》2005 年第 5 期。

〔3〕 [美] 爱德华·萨丕尔：《语言论——言语研究导论》（第 2 版），陆卓元译，陆志韦校订，商务印书馆 1985 年版；[法] A. J. 格雷马斯：《结构语义学》，蒋梓骅译，百花文艺出版社 2001 年版。

〔4〕 [美] 大卫·哈维：《新自由主义简史》，王钦译，上海译文出版社 2010 年版；[美] 爱德华·W. 苏贾：《后现代地理学——重申批判社会理论中的空间》，王文斌译，商务印书馆 2004 年版；[法] 米歇尔·福柯：《不同空间的正文和上下文》，载包亚明主编：《后现代性与地理学的政治》，上海教育出版社 2001 年版。

〔5〕 张晓辉：《法律人类学的理论与方法》，北京大学出版社 2019 年版，第 66 页。

最终呈现纠纷及其解决背后秩序的运作机理。这种理论不寻求宏大的叙事，不把大词建构在纠纷研究上，更多是具体、微观和日常化的。

第三，分析纠纷中的权力是一种整体论思维。纠纷解决在此不仅仅是利益的冲突，更多是融合社会观念、人生体验和社会机制，并把价值观和行动掺杂进来的一种小型秩序体系和关系结构。以社会秩序与日常生活世界中的权力及其表达作为视角、态度和立场，一种新的思维去理解纠纷发生的原因，行动表达的理由，以及这种"追求的意义"，形成一种纠纷解决的"整体论"。[1] 整体论实际是一种"主位"立场的分析，即将心比心的思维。[2] 寻找整体背后个体方面的原因，他们为何发生纠纷，为何要以此种方式而不是彼种方式解决，通过整体思维切身体会地考虑个体内在的感受，进而揭示事情的本质。

第四，权力视角有强有力的社会现实意义。任何纠纷解决研究如果不回归到它关联的社会结构，那么哲学、人类学、社会学、政治学等对纠纷解决的态度都将较为模糊，对纠纷研究的知识生产与创新也将变得微弱。对应之现实价值方面无疑也具有重要意义，尤其是对乡村现代化建设的实践性意义。

首先，21 世纪以来，我国已经进入一个新的改革开放阶段，[3] 不同利益表达与诉求充斥着多重矛盾，多元化社会观念相互碰撞，利益纠缠所发生的对立、矛盾等伴随着整个社会转型过程，异质群体、团体和集体利益相互博弈情况越来越多。新发生的情势超越了人们看待传统纠纷的视界，通信、媒介、认知、个体意识以及社会机制不断更新、转变过程，要求我们不再局限在传统法学理论的狭小空间，否则我们无法为新形势的纠纷解决研究做出贡献，也很难提出新的政策性建议。

其次，社会中的非理性和理性交替并存，必须高度重视社会结构中权力表达的非理性行动的破坏性。研究这个问题的价值，就是减少结构的强制或毁灭带来更大的社会纠纷或致失序。为何社会转型期纠纷中的利益表达越来越复

---

〔1〕 王启梁：《迈向深嵌在社会文化中的法律》，中国法制出版社 2010 年版，第 42~46 页。

〔2〕 费孝通：《试谈扩展社会学的传统界限》，载《北京大学学报（哲学社会科学版）》2003年第 3 期。

〔3〕 吴敬琏：《改革：我们正在过大关》，生活·读书·新知三联书店 2004 年版，第 96~106 页。

杂，对于自杀、身体暴力、强制、群体事件、极端暴力等塑造权力"资源"[1]的事件，从社会秩序稳定来说，需要研究他们表达的原因和心态，进而寻求一种法律规制，建构一套适合乡村治理的现代机制。

最后，西部乡村正处在社会转型的交叉点，从传统乡村到现代乡村阈限的过渡阶段，很多情势的发生都变得不确定，既非传统又非现代。这是因为传统权力结构与现代权力结构在乡村交织，村民在社会生活中一方面受到家族、派系、群组、地势圈等权力结构的影响，另一方面又受到法律、村委会以及国家在乡村的制约。这样一来，村民面对复杂情势，尤其是争议时如何处理这些问题，具有新时代的意义。传统与现代的并合是乡村变迁的主要趋势，如何在传统与现代之间建构相当理性且适当有度的实践则是需要研究的课题。争议的群体化趋势，暴力化、违反法律规定的处理方式在乡村不是没有，这些问题不但得不到解决，反而越来越复杂，因此须未雨绸缪。通过发现问题，寻求一种契合乡村社会与国家法律制度的一种合理的纠纷处理机制，避免乡村纠纷非正式解决对乡村法治造成阻碍，以纠纷解决为手段，找到一种乡村治理现代化、乡村法治建设以及乡村现代文明建设的一种合适的路径，是乡村现代化建设的重要任务。以往注重脱贫，在解决贫困之后应考虑乡村现代化建设，尤其是法治建设。这也是十八届四中全会以法治为导向的国家治理的基本要求。

二、基本概念的阐释

（一）乡村

基本范畴作为研究者反省、思索问题的维度，非仅仅作为工具或方法，因为基本含义的界定意味着文本逻辑已预设好，实际也暗含着学术意识受制于基本范畴的选择。从客位到主位转变不仅是方法，也是研究者与研究对象之间的学术伦理要求。基于此，本书的学术用语与社会语言在表达方面有很大差异，农村、村庄、村落、乡村及村子、寨子等表述乃在不同语境下基于各自立场的考量涵括了不同含义的称谓。前四个概念与村子、寨子作为村民

---

〔1〕　[英] 安东尼·吉登斯：《社会的构成：结构化理论大纲》，李康、李猛译，王铭铭校，生活·读书·新知三联书店出版社 1998 年版，第 78~93 页。

日常称谓的概念不具可比性，作为正式、严肃的学术、官方语言表征城乡二元结构（农村）、文化地理（村庄、村落、乡村）的通用语词，其视角是客位立场；后两者作为非官方性的生活用语，表征人们所处村落社会及地理空间，视角是主位立场。

乌蒙山区当地人的语系中，村子是描述行政村的通用表达习惯，若用"村上"时专指村委会和村党支部。寨子更倾向于行政村内部的自然村以及更具自然地理特征而形成聚落化村居的称谓，古时通常有适当治安防卫设施。如调查乡村中之寨堡〔1〕、猫猫寨、清风寨、猫鼻梁、凉风坳〔2〕等当地著名寨子。村子显然比寨子有更大的地理、政治涵括性。村落多用于南方乡村，指那种历史悠久且有本地方文化特性的"相对封闭的聚落空间"〔3〕，有时与寨子一同被认为是世居少数民族聚居地。从调查空间结构看，寨子规模要比自然村小，一个寨子可以是自然村，一个自然村并非独立寨子，可能包括多个寨子。寨子首先依赖于自然地貌形成的空间称谓，地理特征比村落较为突出。其次才是对这个聚落的社会称呼。

在汉族乡村，一个寨子多数是某一家族、族群聚落，围绕着这个地势自然地分开。村落有可能地理上等同行政村，特别是地理空间聚落化的村居，一般也可能是行政村的范围。王斯福指出村落具有传统性和文化特征："一个聚落，又细分为亲属与邻里的内部，这是一种包容性的等级式秩序。"〔4〕这个分析割裂了行政村与自然村的关联。实际上，当行政村分散性大，地理空间呈扇面状，则可以分割为不同自然村/聚落形式，这些自然村就是村落。一个行政村在地理结构上可能由多个自然村/村落或寨子组成。"村庄"一词是有着政治学式与社会学称式。〔5〕有的学者直接把村庄等同于村落。〔6〕两者还是有一点不同，村落的传承与传统很浓厚，村庄注重人居社会环境和社会秩序

---

〔1〕　是新中国成立前地主建的有坚固围墙的大宅，通常由一个大家族居住。

〔2〕　猫猫寨、清风寨、凉风坳、猫鼻梁是自然形成的有平地可居、周围有天然屏障的小型聚居群落、并根据这种地理特点相应命名的寨名。

〔3〕　刘朝晖：《村落社会研究与民族志方法》，载《民族研究》2005年第3期。

〔4〕　［英］王斯福：《帝国的隐喻：中国民间宗教》，赵旭东译，江苏人民出版社2008年版，第291页。

〔5〕　典型的是贺雪峰、吴毅对村庄政治的研究。

〔6〕　贺雪峰：《新乡土中国：转型期乡村社会调查笔记》，广西师范大学出版社2003年版，第25页。

结构的有机性。就概念之学科属性来说，"村落"一词有浓郁的文化与传统格调，具有人类学所指。[1]"乡村"一词虽然有传统基层政治单元的那种概念所指，但在现代情景中是生活化与现代性的概念。[2]乡村、农村、村落都不是特定村庄所指的量化概念，而是泛指概念。而于建嵘教授指出，"农村主要的是一个经济概念，表明的是不同于城市的经济活动方式，是与农业相联系但不相等的概念，是与工商业城市对应的农业性村庄。"[3]村落人类学味道太浓，文化偏向性也很浓，不能涵括法社会学、法人类学研究所要表达的多学科主义要求。我比较认同于建嵘的看法，把乡村看作一个社区概念，强调一个社区社会关系和社会秩序。乡村自然环境的直接支配性较强，有一定的封闭性。家庭是乡村社区之中心。乡村社区的成员心理上比较保守。[4]乡村有自己的自然边界、社会边界和文化边界、经济边界和行政边界。村民在五个边界内生活，形成内生性的共同体。[5]"乡村"一词可以通约这种学科多元的分析要求，避免其他类似范畴只取其一而难以表达异质学科之基本立场。

虽然学术用语我们采取"乡村"作为主要分析概念，但于叙事方面则较为主位立场和在地观察角度，用村民通用语习惯的"村子"作为叙事策略。故而研究者之客位立场所做的主观分析工具用"乡村"一词表述，这是一种"他者的眼光"叙事；当地人之主位立场的所做援引、叙事、材料选择用"村子"一词表述，这是一种"自我的他者"的叙事。有时两者交叠使用不影响对问题的界定。

（二）纠纷

纠纷是法学研究的基本范畴，但又是一个覆盖学科范围较大的广义概念，不同部门法对纠纷的理解存在着很大差异。即使在法理学领域，对纠纷的解释也有法律经济学、法律人类学、法律社会学和法文化学的多重解读。法律

---

〔1〕 我国一些著名学者对村的研究都是这种格调。如杨懋春、费孝通、林耀华、杨庆堃、王铭铭、阎云翔等学者对村落的民族志研究，都带有很大的文化深描的意蕴。

〔2〕 刘雪婷：《作为地方自治基本单位的"乡"——论康有为〈公民自治篇〉中的政体设计》，载［美］黄宗智主编：《中国乡村研究》（第8辑），福建教育出版社2010年版，第148~173页。

〔3〕 于建嵘：《岳村政治：转型期中国乡村政治结构的变迁》，商务印书馆2001年版，第44~45页。

〔4〕 于建嵘：《岳村政治：转型期中国乡村政治结构的变迁》，商务印书馆2001年版，第46页。

〔5〕 李培林：《村落的终结——羊城村的故事》，商务印书馆2010年版，第39页。

经济学上纠纷定量研究的基础在于信息博弈、侵权、信用的量化分析；法律社会学纠纷研究的定量更多是简单的数据总结，至于定性分析则集中于正式纠纷解决方面；法律人类学的纠纷研究体现在个案研究的质性方面。法文化学的纠纷与历史文化关联研究，强调纠纷的社会史学。从纠纷的研究范式看，法教义学的纠纷研究与社科法学的纠纷研究形成了两条独立的路径。法教义学把可诉性和可司法性作为严格的纠纷解决之必要条件，认为只有那些属于法律框架之内的诸种不协调现象，或者可以通过法律程序解决的类似现象才具有法律上的意义，这种现象就是纠纷。[1]法教义学实际缩小了纠纷的社会性及其范围，把纠纷限制为法律纠纷而非广义的社会纠纷方面。[2]这是一种制度阐释方法。有的学者把冲突分解为自然状态与法律状态，有利于我们进一步对纠纷的社会化加深认识。[3]然而任何纠纷都存在前期的自然过程，这种分类的意义不大。另一种解释则认为纠纷应当是特定主体基于利益冲突而产生的一种双边（或多边）对抗行为。纠纷是利益分歧导致的秩序危机。纠纷发生意味着一定范围内协调的均衡状态或秩序被打破。[4]把纠纷理解为一种利益关系形态，并未看到纠纷场域的生成、变化及处理过程，甚至忘记了社会关系和观念，切割了纠纷的前后逻辑及与社会背景的关联。利益论与秩序危机论关涉纠纷概念的核心问题，指出纠纷的起源和因由，但不足以解释纠纷之语言、背景、权力和文化等要素。法人类学上的制度/结构分析，也主要集中在多元纠纷解决的机制方面，很难考虑纠纷的演化过程和当事人的策略，无法把握纠纷内涵的本质和意义，存在着很大的局限。

本书对纠纷的界定定位于过程视角，纠纷是一个基于利益或其他分歧发生的争议而使社会关系、社会秩序紧张的动态演化过程，由当事者紧张关系向外扩展，争议不断扩大，从而形成公开性矛盾，即可看成是一种博弈、互动、表达的社会秩序变化，并使争议不断趋于稳定和消解的一段微观秩序发生史。这种理解贯穿于对纠纷分析的各个环节，意味着纠纷及其解决不是一种简单的利益矛盾或处理争议，而是在社会语境下综合各种力量的互动。社

---

〔1〕 赵旭东：《论纠纷的构成机理及其主要特征》，载《法律科学》2009 年第 2 期。

〔2〕 范愉：《纠纷解决的理论与实践》，清华大学出版社 2007 年版，第 69~70 页。

〔3〕 顾培东：《社会冲突与诉讼机制》（修订本），法律出版社 2004 年版，第 18~22 页。

〔4〕 范愉：《纠纷解决的理论与实践》，清华大学出版社 2007 年版，第 70 页。

科法学不过度强调纠纷与争议、矛盾、冲突的严格区分。法教义学界定的纠纷显然不适合法人类学的方法论，[1]尤其是纠纷民族志方面。[2]甚至纠纷及其解决过程是无国家社会［埃文思-普理查德（Julian Evans-Pritchard）称为有序的无政府状态］依赖地方组织或首领，[3]或在无需法律的秩序中通过非正式控制实现。[4]这些民族志实际上都把纠纷与争议、惩罚、政治、文化、习俗等多重因素结合起来而不是独立叙事。将纠纷和纠纷解决作为一种社会事实，而不是作为单纯的法律事实进行观察和分析，是人类学纠纷研究与法学中的纠纷研究的区别。[5]那么纠纷首要属性应当是社会性而非狭义的可诉性。[6]乡村纠纷并非一定具有法律意义以符合法律规定之基本条件，如《马背上的法庭》中阿洛以"中华人民共和国法律不支持封建迷信"为由不受理"猪拱灌灌山"案，结果带来更多的事端。当前乡村常见的口角之争、背离习俗的戏谑、婆媳关系等不具有法律性，对当事者来说却极端重要，甚至可能波及更大范围社会关系，以至造成双方个人间长期性、公开化的微观秩序紧张。绝大多数纠纷基本以村内个人方式、习俗及权威手段等非法律方式处理，没考虑纠纷的法律构成，若一定按照法律构成分析，则这些纠纷都可能不具有可诉性，动辄诉讼反而加深矛盾。依照上述理解，法人类学意义的纠纷可以分为四类。

1. 准纠纷

纠纷不仅是现时关系形态，它还是一个历时的微观秩序延展过程和社会认知变化结构。当社会或当事者认为"事情"已经公开化并采取诉求或救济

---

〔1〕 赵旭东：《纠纷与纠纷解决原论——从成因到理念的深度分析》，北京大学出版社 2009 年版，第 5~6 页。

〔2〕 Simon Roberts, *Order and Dispute*: *An Introduction to Legal Anthropology*, St. Martin's Press, 1979, pp. 45-63.

〔3〕 ［英］埃文思-普理查德：《努尔人》，褚建芳等译，华夏出版社 2002 年版，第 198 页。

〔4〕 ［美］罗伯特·C. 埃里克森：《无需法律的秩序：邻人如何解决纠纷》，苏力译，中国政法大学出版社 2003 年版，第 296 页。

〔5〕 张晓辉：《论人类学的纠纷研究进路》，载《贵州社会科学》2012 年第 11 期。

〔6〕 如果是广义的可诉性，即表达当事人诉求的事件，而不仅仅是诉讼，则可理解为社会性质而不是司法性质的纠纷。见 ［美］博温托·迪·苏萨·桑托斯：《迈向新法律常识——法律、全球化和解放》（第 2 版），刘坤轮、叶传星译，郭辉校，朱景文审校，中国人民大学出版社 2009 年版，第 123 页。

措施时，纠纷作为一个非常态的紧张秩序暂时稳定在某一时空点上。这一点之前某一段时空内的矛盾关系形态则是准纠纷。梅丽（Sally Engle Merry）指出，冲突往往有一个逐渐累积和发展的过程，但这一过程并不会反映在案件结构之中。[1]依梅丽所言，冲突是一个由量变到质量的过程，中间必然有一个临界点。当事者存在矛盾、冲突或对立情绪，仍未达到社会公开化的临界那一时空点上，准纠纷既可一直处在这个状态上，又可因事激发并过渡到纠纷状态。它是日常生活的一系列简单矛盾或一个长期积淀矛盾而处于半纠纷或亚纠纷状态，这个量变状态就是准纠纷。之所以看作是纠纷形式，乃是因为这种状态实与公开化纠纷并无实质不同，尤其是关系对立和秩序紧张方面，甚至还隐藏着更多仇恨情绪。通过田野调查，实际地说乡村地区真正的纠纷远少于准纠纷。面对这种关系状态时当事人表述、反映这种准纠纷之事实建构情况如下：

　　A：谁和谁没有一个心知肚明的心结？B：上次我的气还没有消，我真想找人收拾他一顿！C：看到舅爷的份上，我忍了！D：我们两家搬了十几年也没见出个名堂。E：他看起来老实，其实坏透顶了，老是为牛吃小麦的事找我家的麻烦。F：我已经通过李老三传话给他，这件事还没完！让他悠着点。G：二十年了，两妯娌总是拌嘴拌舌，吵架无数次，没有分清过一二，不知道为啥，谁对谁错。H：不管你同不同意赔，反正你的树砸了我的水稻。

　　严格地说，准纠纷只是矛盾隐蔽在关系紧张的互动中，没有公开化，但双方心知肚明的一种积势状态，可能在某个机缘巧合时机爆发，引发纠纷公开化并作为社会事实出现，紧张关系得以进一步吃紧，并使隐藏的双向矛盾、对立与冲突开始寻求策略与博弈的斗争，同时又为双方开始消灭这种紧张寻求双向合作。这种动态演变过程如下：

　　第一类关系是从正常经历非正常再回到正常的过程："正常关系—潜

────────────

〔1〕〔美〕萨利·安格尔·梅丽：《诉讼的话语——生活在美国社会底层人的法律意识》，郭星华等译，北京大学出版社 2007 年版，第 148 页。

在矛盾—准纠纷—纠纷状态—纠纷解决—正常关系"。

第二类关系是从非正常经历纠纷仍停留在非正常状态："非正常关系—潜在矛盾—准纠纷—纠纷状态—非正常关系"。

如上所示，从准纠纷到纠纷直至解决，正是乡村争议动态演变结构的过程化样式，这个与纳德（Laura Nader）等人的纠纷解决模式的结构功能主义模型本质上是一致的，[1]即法律民族志后现代性从规则到过程的反思性书写，把纠纷处理模式的制度分析转变为动态的分析。[2]然而，过程分析如果仅涉于解决方式的动态演变，忽略纠纷的动力学发生机制及其推展过程的历史考察，则过程分析也不足以渗透围绕着纠纷及其解决的这一社会系统结构。纠纷与纠纷解决割裂都看不到问题的全部。无论如何都应把准纠纷纳入纠纷的历时性维度方面来考察，而不仅是共时性、制度的角度。

2. 一般利益冲突／一般纠纷

绝大多数纠纷都由利益矛盾引起。利益既是人性追求自身福利获得自由的正当性所在，又是作为社会存在的安全性、生存及其可持续性的本性使然。利益追求与保护过程中纠纷应当看作是一种正常生活生态。小群体社会冲突／纠纷的确会破坏他们的习俗、伦理规则，但在社会空间分隔后仍以解决纠纷为契机，实现小群体社会的聚合功能。[3]这种聚合绝非恢复既有的秩序结构，它还可能是重新整合，实现秩序、关系和权力再平衡。甚至可以说，许多通行习惯中关于利益分配、损害分担的种种规定，乃经过长时期利益冲突而逐渐形成，因此能够在很大程度上表明民众关于"应然"的某些共识。[4]故冲突／纠纷揭示了社会关系非常态的同时，对小型社会秩序变迁却是一种必要的塑造过程。这些利益冲突包括个人之间、家族或家庭之间、群体之间、自然村与自然村之间，涉及经济利益、政治利益、人身利益、宗教信仰等。利益冲突是乡村纠纷体系的核心。准纠纷以及后提及的延伸性争议、"事件"都以

---

〔1〕〔美〕Laura Nader、Harry F. Todd, Jr：《人类学视野中的纠纷解决：材料、方法与理论框架》，徐昕译，载吴敬琏、江平主编：《洪范评论》（第8辑），中国法制出版社2007年，第138页。

〔2〕〔美〕Sally Falk Moore：《法律人类学》，黄维宪译，载李亦园编：《文化人类学选读》，台湾食货出版社1980年版，第250页。

〔3〕〔美〕L. 科塞：《社会冲突的功能》，孙立平等译，华夏出版社1989年版，第17页。

〔4〕梁治平：《清代习惯法：社会与国家》，中国政法大学出版社1996年版，第55页。

一般纠纷为核心形成基本概念，脱离一般纠纷，这些范畴不能成立。他们都是围绕着一般纠纷这个上位性的基本范畴而延伸出的二级概念。或者说，一般纠纷、延伸性争议、"事件"都是纠纷，不过是比较类型化和特殊的纠纷。

3. 延伸争议

纠纷不可能脱离与之关联的社会，任何纠纷都会与其他社会结构相互嵌入，从而形成纠纷连锁或——按当地人说——纠纷中有纠纷，即延伸争议。不论小型争议（影响关系）抑或"事件"（影响秩序）都会延伸出另外关联纠纷，或被其他纠纷嵌入进来形成不同个案的纠纷秩序组合。延伸争议阵列中不同纠纷都以首发纠纷（称为主纠纷）为源头，虽利益纠缠不一定与之勾连，由首发纠纷引起的个人怨恨心结引发其他问题冲突，如旧事重提、其他矛盾等。这些后发/后续纠纷可以相对独立，但解决时又与主纠纷有连带性，与首发纠纷一并形成一个纠纷的秩序阵列，用公式化表示为：

首发纠纷（主纠纷）A—连锁纠纷 B—连锁纠纷 C—连锁纠纷 D—

上面公式显示纠纷阵列不仅为时空之先后之分，也确实存在主位纠纷和次位纠纷之别。多数情形下解决主纠纷 A 时，连锁纠纷 B、C、D 一并随之处理，即使不能完全解决也会因主纠纷解决而消解后续纠纷之对立情绪，软化平时既有立场。反之却不遵循这种逻辑，后续纠纷之解决不会影响主纠纷，不至于使主纠纷也得以解决，作为前设铺垫为解决主纠纷预置基本条件，尤其为关系缓和作了准备。如此说，延伸争议并不等同于延伸个案。特纳（Victor Witter Turner）指出，"延伸个案法通过一系列个案来研究某一特定社会体系在一段时间里变迁，每一个个案处理存在于一个选定体系的或它各个部分的主要危机。这种方法提取的资料不仅使我们能够理解这个体系的结构原则，还能理解各个过程，包括结构变迁的过程。"[1]依特纳之说，延伸争议包括延伸个案但又远比延伸个案更为广延。延伸争议与纳德和朱晓阳等人的个案分析观点在方法论上相近，即个案/纠纷变成一个竞技场，各种结构性原则再次通过所涉及主要参与者的运作或交易来发挥作用。因此延伸争议有一种扩展个案的

---

[1]　[英] 维克多·特纳：《象征之林——恩登布人仪式散论》，赵玉燕等译，商务印书馆 2006年版，第 112~113 页。

味道，具有超越纠纷场域本身的时间、空间和社会的展延。[1] 与延伸个案历时性过程不同，延伸争议既强调历时过程，即纠纷演变和纠纷史，更强调其横向扩张/扩展，即对同时态社会的社会影响、社会连带与社会波及，尤其是纠纷之社会连带性和可生产性，衍生出更多纠纷，然而并不涉及田野个案史和变迁史。

第一类型延伸争议是小型纠纷延伸。当事者的纠纷未得以解决必然引起某种关系秩序紧张和敏感，在其他双边关系问题上又会形成新纠纷。如相邻两家为屋檐过水发生纠纷后，双方又因几年前孩子打架所支付医药费不足再次提出补偿，前例（屋檐水）为主位纠纷，后例（医药费）为次位纠纷。这两个纠纷相对独立，仍符合上述图示确立的原则，解决屋檐水问题，医药费也会得以解决。如果被要求补偿方不是心甘情愿给付，那么即使解决后续纠纷也会使主纠纷变得更加对立。另外的情形是，主纠纷发生后，非当事者但与当事者关联的人之间发生纠纷，构成纠纷阵列。当事者近亲之间发生纠纷被认为是当事者纠纷秩序一部分，这不属于延伸个案。

第二类型延伸争议是事件化之纠纷序列。在群体纠纷引发的事件中，不同争议被看作是群体纠纷的微观构成，这种个人间争议乃是针对主纠纷形成的对立。如某群体纠纷中 A 群与 B 群为分水发生对立，C 属于 A 群成员，D 属于 B 群人员。两人私下为此分水再次争议，并发生殴打事件。C 与 D 的治安纠纷因 A 群与 B 群的分水纠纷而引发。与前一类型区别在于，私人之间纠纷之解决不足以对群体纠纷解决产生权力支配和影响力，仅具有减缓群体纠纷社会影响的意义。具体如下：

A 群与 B 群纠纷——延伸争议 I：A 群成员 C 与 B 群成员 D 纠纷

——延伸争议 II：B 群成员 E 与 A 群成员 F 纠纷

——延伸争议 III：A 群成员针对 A 群与 B 群矛盾的纠纷

[1] [美] Laura Nader、Harry F. Todd, Jr：《人类学视野中的纠纷解决：材料、方法与理论框架》，徐昕译，载吴敬琏、江平主编：《洪范评论》（第 8 辑），中国法制出版社 2007 年版，第 139 页；卢晖临、李雪：《如何走出个案——从个案研究到扩展个案研究》，载《中国社会科学》2007 年第 1 期；朱晓阳：《纠纷个案背后的社会科学观念》，载苏力主编：《法律和社会科学》（第 1 卷），法律出版社 2006 年版，第 159~198 页。

——延伸争议Ⅳ：B群成员针对B群与A群矛盾
的纠纷

4. 事件

纠纷及其解决是一种微型政治。利益冲突的地方政治化会扩展、分化社
会舆情倾向，构成了村民所说的"事件"概念。一旦小型纠纷被扩大，延展
形成广泛意义的社会性纠纷，"纠纷"就从私人间的一般问题直接转变为社会
性的公共问题。这个过程转变绝不是称谓改变，从当事者之间进行问题处理
演变为村民对这个问题的看法，当同一社群内对这个看法类聚为不同派系时，
纠纷的政治过程就生成了。它有社会扩大化，影响较大，波及面广，舆论强
烈，是非及正义比较极端的特点，即"将事件理解为一系列更宏大要素的产
物或结果。"[1]比如家族间争斗、诉讼问题、土地买卖纠纷、时间较长的纠
纷。这些纠纷对村民来说都不能简单地看作是一般争议，它在争议之上，能
反映社会共识，激发村民讨论该问题并具有伦理、人格评价及社会派系政治
的共性。它关联着村、社群稳定，解决起来较为复杂。梅丽也认识到，纠纷
在大多数情况下被描述为与社会关系结构密切联系的社会事件。[2]它可能包
括一系列延伸争议，或溢出原本纠纷的关系空间。当事件延伸出更多纠纷时，
即围绕主纠纷形成纠纷阵列的纠纷生产与再生产，主纠纷生产小纠纷或系列
纠纷。事件的可生产性不但构成延伸争议的动力机制，事件本身亦是日常政
治、关系变迁及其权力运作的主要生产力量。

事件是村民舆情表达机制过程化在纠纷方面的反映，这种纠纷事件化正
是乡村非正式政治表达的一种形式。认定为事件的纠纷是乡村微观社会的政
治表达，必然引发针对纠纷形成的社会不同派系间的权力运作以及当事人
行为合法性的舆论塑造，进而形成支持哪一方的社会立场的地方性政治方
式。[3]从争议到纠纷再到"事件"演变即是村内社会关系从问题到社会化

---

〔1〕 强世功：《法制与治理——国家转型中的法律》，中国政法大学出版社2003年版，第257
页。

〔2〕 〔美〕萨利·安格尔·梅丽：《诉讼的话语——生活在美国社会底层人的法律意识》，郭星
华等译，北京大学出版社2007年版，第122页。

〔3〕 董建辉：《政治人类学》，厦门大学出版社1999年版，第132~141页。

转变的政治认知过程。这种通过事件映照社会秩序、日常政治和权力结构的某些内在关系，恰恰为格莱德希尔（John Gledhill）提出的"通过事件理解结构"提供一种可行的选择和基本路径。[1]更进一步说，纠纷的事件化暗含地方性知识通过非正式政治过程的建构与生产，也是纠纷嵌入社会结构之中，成为社会结构在某社会关系方面的局部反映，尤其是日常权力结构的反映。

（三）权力

乡村社会秩序本质上是权力秩序，它们是全面理解乡村社会所不能忽略的面向。本书试图综合韦伯（Max Weber）从静态支配对权力的认识与福柯（Michel Foucault）从动态运作方面对权力的认识，[2]对杜赞奇（Prasenjit Du-ara）权力的文化网络进行改造，提出一种多元权力的结构与过程在纠纷中的运作模式，并作出界定。

从静态/量化角度看，权力是指个人、群体和组织通过各种手段使他人服从的能力、资源和行为方式，一种产生社会控制的工具及其资本，这些手段主要包括强制、影响、支配、服从、反抗/反制、制约、威慑和展现力量存在的动态性场域等。权力是一种力量，可以被理解成多种多样的力量关系。"它们内在于它们运作的领域之中，构成了它们的组织。"[3]这种力量不是单一或个人化的存在，是多重因素累积或多重结构结合的能量。从动态意义看，权力是一种行为策略化的"调度、计谋、策略、技术、动作"，是一种控制的过程。[4]即一个人或集团和机构操控并塑造人们观点和行为的能力。[5]中国文化视域下权力不仅是纵向的，而且也是横向的，不仅有来自国家、官府对民众的支配与控制，在地方性环境中也存在着大量的关系性力量，它们构成当

〔1〕［英］约翰·格莱德希尔：《权力及其伪装：关于政治的人类学视角》，赵旭东译，商务印书馆2011年版，第176~812页。

〔2〕［德］马克斯·韦伯：《经济与社会》（下卷），约翰内斯·温克尔曼整理，林荣远译，商务印书馆1997年版，第264页；［法］米歇尔·福柯：《必须保卫社会》，钱翰译，上海人民出版社1999年版，第26页。

〔3〕［法］米歇尔·福柯：《性经验史》，佘碧平译，上海人民出版社2000年版，第67页。

〔4〕［法］米歇尔·福柯：《规训与惩罚：监狱的诞生》，刘北成、杨远婴译，生活·读书·新知三联书店1999年版，第28页。

〔5〕［美］安东尼·M.奥勒姆、约翰·G.戴尔：《政治社会学》（第5版），王军译，中国人民大学出版社2018年版，第2页。

地人日常生活不可缺少的权力网络。换言之，权力并不源自某一特定的因素，而是来自各方面的整体性社会因素。总之，"权力并不脱离经济、年龄、性别和场景等因素独立起作用，与他们密不可分；并不总是直接压迫性的，有时也是迂回的；权力并不是一种单向作用的力，而是一种关系；权力关系存在于日常生活的各个微观领域中，难以被分割开来。"[1]这表明不同的社会类型产生不同性质的权力形式，形成一种多元权力格局。权力多元指多种权力体系共存于同一社会结构中。乡村存在着个人权力、社会权力及国家权力等多元权力，它们相互纠缠。权力的多元化要求社会规范的多元化。[2]不论乡村社区或是城市社区，利益表达与人员流动造成的社会多元格局已经形成，不同组织、个人、精英或权威、家族/家庭、官方构成权力多元并存的格局。[3]有的学者则认为，村庄权力是占优势资源者在促成村庄政治和社会生活的一致行动中支配他人的能力。[4]明显忽略权力多元及其权力支配/抵制、服从的关系对应性，权力多元的本质是互动，非仅仅为单方面支配。

首先，多元主义视角下权力具有二重性征，有支配必有服从或抵制、反抗，有影响力必有反作用力等。斯科特（James C. Scott）的研究已清楚地证明这一点。[5]权力二重性使权力在纠纷场域下当事人的权力生产、博弈变得可能。其次，权力多元主义实际上可以概括为双结构类型，即民间性质的非正式权力和国家性质的正式权力。权力的双结构化是理解乡村权力网络的基本方式。非正式权力不需要官方授予，依赖于民间权威、组织和个人自动生成，形成具有特定社会空间的影响力和支配力。正式权力依赖官方和法律权威，具有强制性和制度性。最后，权力是各种无形的社会关系的合成，难以

〔1〕 陈柏峰：《乡村混混与农村社会灰色化——两湖平原，1980—2008》，华中科技大学 2008 年博士学位论文，第 33 页。

〔2〕 巩方健：《权力多元下的乡村"法律"实践》，载《湖南公安高等专科学校学报》2006 年第 4 期。

〔3〕 闵学勤：《社区权力多元认同中的公民性建构》，载《社会》2011 年第 4 期。

〔4〕 仝志辉、贺雪峰：《村庄权力结构的三层分析——兼论选举后村级权利的合法性》，载《中国社会科学》2002 年第 1 期。

〔5〕 ［美］詹姆斯·C. 斯科特：《弱者的武器》（第 2 版），郑广怀等译，郭于华、郁建立校，译林出版社 2011 年版。

明确分割。存在于宗教、政治、经济、宗族及亲朋等关系领域之中。[1]"权力关系不是静态的而是动态的，因为它是一种行动方式，换言之，权力只是存在于关系和行动之中。"[2]权力在此由动态和静态两个维度组成，这是权力的二维性。静态方面指权力的社会结构和关系状态；动态方面指权力的运作。

权力的二维性、二重性、多元主义、双结构化是本书分析纠纷解决的基点和路径。它表现为渗透与排挤、干预与放任/协助、支配与服从/反抗、强制与妥协/反强制、影响与接受/反对等。权力在法社会学/法人类学中既可作为方法，又是作为本体来研究，这并不是说以权力分析达致某种目的，权力就是目的。方法与本体的融合，是本研究的基本特征。甚至研究最终目的都是要通过纠纷与权力来建构法学的理论，方法与本体两者来回穿梭在问题之中。

三、已有的研究

从上权力概念分析看到，研究权力的基点有二：一是权力多元性；二是权力不同维度。前者表征权力的不同类型；后者表征权力的不同内涵，此两点基本上形成共识。具体看，表现在权力中心多元化；权力平等合作；权力运行向度多元化。权力中心呈网络形态；权力结构扁平化，权力资源在社会组织之间以及在社会组织内部流动；权力运行民主化，权力关系转变成合作、协商、伙伴关系，突出强调平等、自愿和互动。[3]根据这种现实，有关权力的研究也呈现出相应的姿态。

（一）弥散：西方学者对权力的另一种界定

经典的权力论述，莫过于韦伯的权力一元论。他认为权力是自身意志的施加，哪怕是反对也能施行其意志的事，即使这种事情违背被支配者的意愿，施加者也拥有对被支配者的权力。可以排除其贯彻意志的机会，而不问这种

---

〔1〕 ［美］杜赞奇：《文化、权力与国家——1900—1942 年的华北农村》，王福明译，江苏人民出版社 1996 年版，第 3 页。

〔2〕 欧阳谦：《福柯的新政治观：一种微观权力的谱系学建构》，载《中国人民大学学报》2012 年第 2 期。

〔3〕 姜朝晖：《权力的合法性和合理性研究论纲》，载《学海》2004 年第 4 期。

机会的基础是什么。[1]与韦伯相似的是法权主义观,指国家与公民达成的契约,人民让渡权力来求得和平。这样形成了国家统治权。它的本质是政治主义,强调权力来自于政权结构,通常所说的权力就是政治机构的统治和管理。行为主义与法理主义都是典型的二元主义。都强调"主体—客体"的支配性关系模式,即有权者与无权者的对立关系。这种主体—客体的支配关系表现为权力—无权,实际表征一元权力观,把一方支配看成绝对权力,被支配者为无权者。[2]韦伯及其法权主义的权力是去语境化的,当代学者古登斯(Anthony Giddens)认为对于权力不能独立于它所依存的社会来认识,它应当与社会行动及社会结构结合起来,这样权力来自于结构与资源,权力行动来自于一种互动关系。[3]迈克尔·曼(Michael Mann)强调权力的社会性,源于社会力量而非单一的国家力量。社会权力是一个极为广阔的概念。权力的来源主要依赖于国家,但还存在于更多复杂的社会中,尤其是战争、资本、中产阶级的兴起都会产生权力。在权力与国家关系维度上,曼强调基础性权力与专制权力的张力,从而建构国家政治形态的不同功能。[4]此与帕森斯(Talccot Parsons)"履行有约束力义务的普遍化能力"[5]之功能主义权力论不同,帕森斯更看重权力对社会约束的能力与力度。

马克思主义权力观把经济垄断集团作为整个社会的根本权力基础,以经济基础决定论来决定权力的拥有。经济基础决定论的权力观具有阶级观念的集团性质,即一个集团对另一集团的统制权力,是少数人对多数人的统治和压迫。但马克思也指出国家权力其实是公共权力的异化形式。[6]福柯认为这不能说明权力的具体问题,也不能说明被统治者的权力。马克思的权力强调

〔1〕 [德] 马克斯·韦伯:《社会学的基本概念》,顾忠华译,广西师范大学出版社 2005 年版,第 72 页。

〔2〕 Michel Foucault, *Society Must Be Defended*, Mauro Bertani and Alessandro Fontana eds., Picador Press, 2003, pp. 21-45.

〔3〕 [英] 安东尼·吉登斯:《社会的构成:结构化理论大纲》,李康、李猛译,王铭铭校,生活·读书·新知三联书店出版社 1998 年版,第 76 页。

〔4〕 Michael Mann, *The Sources of Social Power*, Vol. II: The Rise of Classes and Nation-States, 1760-1914, Cambridge University Press, 1993, p. 740.

〔5〕 [美] T. 帕森斯:《社会行动的结构》,张明德等译,译林出版社 2003 年版,第 420~430 页。

〔6〕 《马克思恩格斯选集》,人民出版社 1995 年版。

集中，认为权力具有阶级性；福柯的权力则强调分散，认为权力具有弥散性。福柯为了弥补权力一元主义的缺陷，强调权力既是主体又是客体，或者说主客体不分。主体客体化和客体主体化使两者相互转化。福柯不再纠缠于主客体间的关系上，而是跳出这种模式进行泛社会化和空间化、细微化的分析。福柯认为，权力绝不是一种简单的存在。它是一种综合性力量。它由各种因素构成，因此在人类社会中，不论是知识、话语、性、惩罚、规训与教育，都存在着权力网。[1]是一种权力物理学或权力解剖学，一种技术学。[2]这种权力的广泛性、社会性和具体化称之为权力的弥散。"权力不再等同于国家机器，它成为一种微分的多样化技术——它多样、横向、无中心，也很细微。在生产机制、家庭、局部群体、机构中形成并发生作用的力的关系，才是整个社会发生广泛差异的基础。"[3]权力"像毛细血管"无处不在且弥散于个体和社会之中。[4]它的核心论题是权力无处不在，这是一种普遍性权力观。凡是有社会关系和社会力量存在的地方，就有权力存在，就有权力发生作用。[5]这种权力是非经济学主义、非国家主义和非政治主义的。它反对权力国家化、经济学主义和政治性，它是多维、社会性、操作性的微观。当然，福柯的微观权力有点绝对，权力任何时候都不能脱离国家而存在，权力一直都是政治的支柱，甚至政治极可能变成权力的傀儡。

福柯尽量避免经济决定论和政治—法权决定论的观点，把权力范围从政治、经济以及法权扩展到社会方方面面，强调权力是一种关系。这种路径便是社会化和散由性的，强调权力被分布在不同的视角空间：一是权力被化约为无数细微的物理技术；二是空间（身体空间、社会空间与物理空间）被权力所笼罩。权力扩散在一个场域内（身体场域及纠纷场域），使整个空间弥漫着权力宰制、支配与影响。"权力普遍地存在于人们的日常生活、传统习俗、闲谈碎语、道听途说，乃至众目睽睽之中。在纠纷中表现为不同当事人身体

---

〔1〕 张之沧：《福柯的微观权力分析》，载《福建论坛（人文社会科学版）》2005 年第 5 期。

〔2〕 ［法］米歇尔·福柯：《规训与惩罚：监狱的诞生》，刘北成、杨远婴译，生活·读书·新知三联书店 1999 年版，第 241~242 页。

〔3〕 赵一凡等主编：《西方文论关键词》，外语教学与研究出版社 2006 年版，第 455~456 页。

〔4〕 Michel Foucault, *Society Must Be Defended*, Mauro Bertani and Alessandro Fontara eds. , Picador Press, 2003, p.55.

〔5〕 高宣扬：《布迪厄的社会理论》，同济大学出版社 2004 年版，第 154 页。

间的互动关系。因而，它最好被理解为多维关系，即在差异运动中，权力在各领域不断被生产出来。"[1]作为客观性、物理性存在的个人在任何情境下都享有影响性的权力，而不论他/她的身份、地位和其他方面。"总是一方面的一些人和另一方面的一些人在一定的方向上共同行使权力。"[2]福柯并未完全继承尼采（Friedrich Wilhelm Nietzsche）的权力概念。这种权力类型学是在黑格尔（Georg Wilhelm Friedrich Hgel）镇压模式和尼采战争模式的修正基础上突出权力生产性，把权力放在谱系学情景中进行分散分析。[3]凡是有人的地方，人们都行使权力。确切地说没有人是权力拥有者。[4]由于权力是流动在秩序结构中的场，一个人对他人的支配、影响同样受到被支配对象的影响和支配，这种看似共同主体化的权力互制实际消蚀了权力的主体性。主体性的消失意味着权力弥散在个体之间，承载于身体、社会结构、聚合的社群之中，演变为通过表达产生的支配与影响，进而对社会形成社会效应。弥散权力表明权力被细化到社会、制度、人及各种各样行动之中。纠纷解决、社会控制、行为策略都无不是这种权力技术实现支配与影响的效果。这种权力的解释揭示其多元化的表征关系，打破传统意义上的国家权力一元化、中心主义的观点。"国家权力不再是统治社会的唯一权力，与之并存的还有人民群众和社会组织的社会权力。"[5]基本上，本书将采用福柯的权力策略。

借助于尼采权力概念，福柯认为权力在力而不在权，权力是一种力的关系。但有的学者也指出权力在权而不在力。巴克拉克（Petre Bachrach）和巴拉兹（Moton Baratz）认为，权力是关系性的，而不是以资源为基础。当某甲与某乙之间在行动的价值或过程方面存在冲突；某乙又顺从某甲的意愿；某乙之所以这样做，是因为他害怕某甲剥夺他的某个或某些价值，而较之那些有可能通过不服从而取得的价值，他对后者更为看重，这时即存在一种权力

---

[1] 赵一凡：《福柯（四）：权力与主体》，载《中国图书评论》2008 年第 4 期。

[2] 杜慎编选：《福柯集》，上海远东出版社 1998 年版，第 210 页。

[3] 赵福生：《福柯微观政治学研究》，黑龙江大学出版社、中央编译出版社 2011 年版，第 38 页。

[4] 杜小真编选：《福柯集》，上海远东出版社 1998 年版，第 210 页。

[5] 郭道晖：《社会权力与公民社会》，译林出版社 2009 年版，第 36 页。

关系。[1]权与力的观点差异表明究竟是权的生产或力的生产其实差别非常大。权的生产意味着是机制或结构的生产，力的生产是行动、过程或策略的生产。

在布尔迪厄（Pierre Bourdieu）的权力理论中，话语作为权力的表征形式与符号与资本是分不开的。话语是布尔迪厄意义上权力的表达方式之一。资本正是权力承载的主要载体。拥有象征资本便拥有象征权力。[2]布尔迪厄不把权力与符号、资本、话语等同，他反对福柯直接把话语即是权力的看法，认为话语、资本只是获得、实现权力的主要途径，本身并不是或不能等同于权力。布尔迪厄的场域理论也联系到他的象征权力。场域应该是充满着斗争的客观关系，并通过客观关系化约为他们之间的互动。这种社会空间的位置实际上决定了他们的权力，即如空间位置，其实作为象征权力的外在表象。[3]在布尔迪厄的语系中，权力是一种资本，或者资本是一种权力。这里的资本是能够获得场域斗争胜利的关系、知识、经济、文化等，这些因素可以转化为一种斗争的力量，支配对方的主要权力资源。

（二）伦理性：权力的中国视野

与西方的权力观不同，中国学者更愿意强调社会权力的伦理性，这种伦理性与人情、面子、血缘/亲缘关系、儒家哲学等密切联系，形成一融合权力秩序的社会空间结构。翟学伟通过人情、面子在日常生活中表达的研究，以日常权威作为中国社会关系特有的概括概念，来表征关系与权力。[4]金耀基更是指出人情乃是社会秩序中人相处之道的最基本原则，是一种迪尔凯姆（Emile Durkheim）式的"社会事实"。[5]杨联升的"报"的研究则是建立在相互关系的立场，而不是以自我核心路径分析。报在儒家思想既有以德报怨，也有以怨报怨。这样的结果是避免永无休止的复仇，政府禁止的理由是

---

〔1〕 ［澳］马尔利姆·沃斯特：《现代社会学理论》，杨善华等译，李康、杨善华校，华夏出版社 2000 年版，第 259 页。

〔2〕 ［法］皮埃尔·布尔迪厄：《社会空间与象征权力》，载包亚明主编《后现代性与地理学的政治》，上海教育出版社出版时间 2001 年版，第 294 页。

〔3〕 ［法］皮埃尔·布尔迪厄：《社会空间与象征权力》，载包亚明主编《后现代性与地理学的政治》，上海教育出版社出版时间 2001 年版，第 292 页。

〔4〕 翟学伟：《人情、面子与权力的再生产》，北京大学出版社 2005 年版，第 227 页。

〔5〕 金耀基：《人际关系中"人情"之分析（初探）》，载［美］杨联升：《中国文化中"报"、"保"、"包"的意义》，贵州人民出版社 2009 年版，第 104 页。

社会的不公道交由国家来处理。[1]交互报偿的原则加强了家族系统，强化了家族内部的权力结构。还报的原则在交互报偿中使双方关系进一步凝固，从而增强内生秩序中的权力网络。学者黄光国把人情、面子看成中国人的一种"权力游戏"，成为中国人在处理日常生活时的博弈手段。情感性关系、工具性关系和混合性关系构成中国人支配社会关系的三种基本类型。[2]费孝通的差序格局以伦理，严格说是血缘伦理为核心的一种散射性权力，以己为差序格局纵横主轴的起点和中心点，形成差的权力和序的权力。[3]中国的差序权力远比血缘伦理秩序更庞大，广泛意义上的社会是一种类血缘化的多元社会结构。这样会形成"势力"。[4]乡土中国的秩序基本表现为礼治秩序。[5]伦理关系上的差序格局既分割成不同的家族、长老权力，又被这些权力结构所重新建构。所谓的无讼、无为政治其实是乡村内部权力结构所垄断和维系而无需国家、法律就能维持的结果。费孝通据此分为四类：横暴权力、教化权力和同意权力以及之后加的时势权力。[6]无论从何种角度看，这些权力都具有伦理性。这是因为对于同处一个社区或社群的人来说，除了地缘社会就是血缘社会。费孝通说，血缘与地缘的合一是社区的原始状态。[7]地缘有地缘的伦理，血缘有血缘的伦理。地缘伦理与血缘伦理共同建构的权力当然具有可塑性，甚至与正式界定的权力都有很大的分别。

其他社会学视野下的权力论更多了，有人从权力的结构空间分析乡村社会的权力谱系。认为乡村权力结构是纵横化的，它存在权力公共空间成分。从中央到地方呈现辐射状，几乎涵括乡村所有的社会秩序。比如官衙、庙宇、庭院、场坝等具有公共权力运作的地方，都构成权力公共空间的组成部分。[8]这有点

---

〔1〕　[美] 杨联升：《中国文化中"报"、"保"、"包"的意义》，贵州人民出版社2009年版，第71页。

〔2〕　黄光国等：《面子：中国人的权力游戏》，黄光国编订，中国人民大学出版社2004年版，第1~14页。

〔3〕　费孝通：《乡土中国　生育制度》，北京大学出版社1998年版，第24页。

〔4〕　费孝通：《乡土中国　生育制度》，北京大学出版社1998年版，第27页。

〔5〕　费孝通：《乡土中国　生育制度》，北京大学出版社1998年版，第48页。

〔6〕　费孝通：《乡土中国　生育制度》，北京大学出版社1998年版，第27页。

〔7〕　费孝通：《乡土中国　生育制度》，北京大学出版社1998年版，第70页。

〔8〕　裴雯等：《中国传统社会、权力与权力公共空间》，载《重庆大学学报（社会科学版）》2011年第4期。

福柯的味道。张鸣通过近代中国社会历史来考察中国乡村权力结构与秩序的变迁，指出乡村权力结构作为国家整体变迁的一个缩影，受制于国家权力结构的支配和影响。[1]阎云翔的研究发现，改革开放以来的中国家庭权力变迁，反映子女权力的上升和父母的权力、权威和地位的日益下降。[2]其实除个人与国家、皇权与农民之外，乡村存在着第三力量，与个人、家庭构成乡村的非正式权力机制。[3]赵旭东在制度化和非制度化这两个维度上，又各自分为村政府的权威、法庭的权威、民间的权威和村庙的权威这四种权威。[4]朱晓阳的地势实际也借用费孝通理论。势力是具有地缘意义的存在，势力是乡村权力的重要组成部分。[5]王启梁则把权力放在官场内考察它的日常运作技术，并把这种日常运作与中国社会中的人情、面子、关系等因素勾连起来，分析微观权力的结构及其中的生存意义，进而解构权力逻辑下中国人的生存心态。[6]

不同于政治结构的支配与影响，互惠权力更倾向于相互性关系。实际上起源于马林诺夫斯基（Bronislaw Kaspar Malinowski）的功能主义，互惠构成当地部族间建构关系秩序的基本法则，是一种权力。维护互惠权力的主要机制主要包括三个方面：心理学机制、社会机制和惩戒机制。[7]国内学者赵旭东对乡土社会的纠纷解决与法律多元的研究显然借鉴了马氏一脉的功能理论。互惠构成一种基于（部族间）社会关系的权力。这一点与布劳（Peter Michael Blau）的互动学派（符号互动论）相似，只不过互惠更倾向于相互间递减的平衡，但交换从平衡角度认识这个问题。"一个人支配另一个人的

---

〔1〕 张鸣：《乡村社会权力和文化结构的变迁（1903—1953）》，广西人民出版社 2001 年版，第 89~103 页。

〔2〕 ［美］阎云翔：《私人生活的变革：一个中国村庄里的爱情、家庭与亲密关系 1949—1999》，龚小夏译，上海书店出版社 2006 年版，第 243 页。

〔3〕 ［美］阎云翔：《私人生活的变革：一个中国村庄里的爱情、家庭与亲密关系 1949—1999》，龚小夏译，上海书店出版社 2006 年版，第 260 页。

〔4〕 赵旭东：《习俗、权威与纠纷解决的场域——河北一村落的法律人类学考察》，载《社会学研究》2001 年第 2 期。

〔5〕 朱晓阳：《地势、民族志与"本体论转向"的人类学》，载《思想战线》2015 年第 5 期。

〔6〕 王启梁：《迈向深嵌在社会与文化中的法律》，中国法制出版社 2010 年版，第 47~75 页。

〔7〕 ［英］马林诺夫斯基：《原始社会的犯罪与习俗》，原江译，贺志雄校，云南人民出版社 2002 年版，第 7 页。

权力完全取决于有没有社会替代机会。"〔1〕双方交换总存在着吃亏、不平衡，从而导致交换的权力生产与冲突，因此权力不一定是通过制度建制形成，它还可以在互动过程中生产与变动。受此影响，林端把互惠看成一种相互性，作为构建法律的基础原则。因为给予—回报所天生具有的那种公平感，是所有法律的一种基本价值体现。〔2〕林端的分析更进一步指明法律生产过程中的权利与义务约束机制，远比互惠这种理论更有法理认知感。在争议处理中，这种互惠是通过交换实现的，如利益与权力交换、权力与权威的交换等。

而社会人类学或政治人类学的视野下，乡村权力结构包括三层体系：体制精英、非体制精英和无政治的村民。〔3〕乡村权力具有权威性、网络性和秩序性的特征。俞可平直接指出权力是一种约束和规制力的复杂网络和微观社会结构。〔4〕这是一种类似于福柯的后现代权力观。福柯一直纠结知识与权力的谱系。〔5〕但要看到，权力谱系必须嵌入适当的网络结构才会展现出一种力的作用。费孝通的空间正是通过权力秩序来决定的。以往对中国乡村权力结构按照政治属性进行的分类已经失去意义，具有强烈政治色彩的阶级分层转向为以经济、社会为核心的分层体系。〔6〕相应地，乡村权力的分层、分类也应当按照新时代为基准。因此，当前学者对权力的审视基本上或多或少地受到布尔迪厄、福柯、布劳等人的影响。

（三）权力多元与纠纷解决多元

纠纷的政治学分析受到政治人类学的影响，基本上，纠纷解决的法律行动是与政治及其权力交织在一起的。〔7〕这一点与古立弗（P. H. Gulliver）研

〔1〕 ［美］彼得·M. 布劳：《社会生活中的交换与权力》，李国武译，商务印书馆 2018 年版，第 74 页。

〔2〕 林端：《法律人类学简介》，该文被译者列为马林诺夫斯基《原始社会的犯罪与习俗》（云南人民出版社 2002 年版）之附录一，第 110 页。

〔3〕 仝志辉、贺雪峰：《村庄权力结构的三层分析——兼论选举后村级权力的合法性》，载《中国社会科学》2002 年第 1 期。

〔4〕 俞可平：《权力与权威：新的解释》，载《中国人民大学学报》2016 年第 3 期。

〔5〕 刘少杰主编：《当代国外社会学理论》，中国人民大学出版社 2009 年版，第 163 页。

〔6〕 李守经主编：《农村社会学》，高等教育出版社 2000 年版，第 110 页。

〔7〕 ［美］基辛：《文化人类学》，张恭启等译，台湾巨流图书公司 1981 年版，第 373 页。

究的非洲社会控制极为相似。[1]古立弗在研究阿鲁萨人的争议时发现，虽然当地人缺乏权威，但规则对争议的控制体现了政治过程和政治权力。古立弗的研究表明，无权威社会中的权力对纠纷解决仍具有相当重要的意义。[2]梅丽用法律话语、道德话语和治疗话语来反映当事人在诉讼中的权力支配和诉求，[3]它反映当事人背后的组织、权力和权威性。穆尔（Sally Falk Moore）、纳德以及霍贝尔（E. Adamson Hoebel）、格拉克曼（Max Gluakcman）、埃文思-普理查德都专门考察过组织、权力/权威和政治结构在纠纷中的作用。如罗伯茨（Simon Roberts）指出，规则的治理与权力过程构成法律人类学——尤其是纠纷解决——方面的两大范式。规则之治强调审判及其法律在争议过程中的作用。权力过程则关注纠纷的政治参与与政治控制的关系。[4]罗伯茨认为规则与权力在现实社会中并存，因而理解纠纷解决的结果，应当把规则的运作与权力的行使作为任何社会生活中同时存在和紧密联系的特性加以观察，并且以此为开始，它们之间的确切关系和精准平衡值得进一步考察。[5]这种类似于古立弗关于司法/政治两分法研究的情形，应适当考虑不同文化情境下的规则体系与权力体系之间的层级关系。罗伯茨的论述已经注意到这个问题。注重规则的社会中，权力的介入依赖于规则作为工具实现。但罗伯茨的论述显然存在逻辑矛盾，在注重政治权力的社会中，规则总是凌驾于权力之上，权力依赖于规则实现自身目标，很少越过规则控制社会事件。

与罗伯茨二分性不同，纳德指出解决纠纷动机的功利性诉求，即解纷方式的多样性，寻求权力，获取稀缺资源，实现正义，补偿过错。在纳德和小土德（Hany F. Todd, Jr）等人的眼里，正是对权力的追逐，激发了人们运用

---

〔1〕［美］Sally Falk Moore：《法律人类学》，黄维宪译，载李亦园编：《文化人类学选读》，台湾食货出版社 1980 年版，第 250 页。

〔2〕 Max Gluakcman, "The Limitation of the Case-Method in the Study of Tribal Law", *Law and society*, Vol. 4, 1973, p. 621.

〔3〕［美］萨利·安格尔·梅丽：《诉讼的话语——生活在美国社会底层人的法律意识》，郭星华等译，北京大学出版社 2007 年版，第 146 页。

〔4〕［英］西蒙·罗伯茨：《秩序与争议——法律人类学导论》，沈伟、张铮译，上海交通大学出版社 2012 年版，第 131 页。

〔5〕［英］西蒙·罗伯茨：《秩序与争议——法律人类学导论》，沈伟、张铮译，上海交通大学出版社 2012 年版，第 131 页。

纠纷解决的各种程式的动机。[1]纠纷处理其实是一种权力的动态控制过程。[2]规则选择或是权力追求，都是基于实用主义原则而实现争议的办法。如同古立弗指出的那样，纠纷的解决决定于纠纷双方所聚集的支持品质和数量，依赖于社会组织的基础。相反，规范不重要，虽然在纠纷解决过程的连续讨论中，规范常常被引用，但是团体的相对势力在结案时比规范更重要。[3]穆尔的研究也指出纠纷如何演变成一种政治制度的过程。纷争有可能从战争政治单位中成员的单独对审，转变为两个政治实体间的一般的长期竞争。家族的累世宿仇是典型的例子。贝特蒙（Beidelman）曾对坦桑尼亚的乌卡古努王国的地方性法庭应用情形进行过精确分析，这些法庭的审判常因高层次乌卡古努的政治目的，而牺牲该地区的四个少数部落群体。其中我们看到，政治组织与政治权力与审判之间存在某种支配关系。[4]纳德指出一个区分和分层在社会中更经常存在或宣告某些不平等权力。还存在改变诉诸主要纠纷解决机构模式之职业主义和法律资格问题。这些生活问题皆融进一串变量之中——权力的分配。[5]他的理论与布莱克（Donald J. Black）社会阶层对法律的多少的决定关系体现出权力影响的一致性。斯塔尔（June Starr）和科利尔（Jane F. Collier）试图将冲突解决的概念当成是法律人类学的核心概念，在他们看来，所有的法律秩序都会产生出非对称的权力关系，因而法律绝不是中性的，冲突自然也是不可避免的。这里最看重"非对称的权力关系"，阶级的利益和斗争便被凸显出来。如果说科马洛夫（John Comaroff）和罗伯茨主张采取过程的研究范式，那是想把纠纷的解决还原到个体的目的论层面上去，

〔1〕 ［美］Laura Nader、Harry F. Todd，Jr：《人类学视野中的纠纷解决：材料、方法与理论框架》，徐昕译，载吴敬琏、江平主编：《洪范评论》（第 8 辑），中国法制出版社 2007 年版，第 165 页。

〔2〕 Laura Nader，"Controlling Processes：Tracing the Dynamic Components of Power"，*Current Ahthropology*，Vol. 38，No. 5，December 1997，pp. 711-737.

〔3〕 ［美］Sally Falk Moore：《法律与人类学》，黄维宪译，载李亦园编：《文化人类学选读》，台湾食货出版社 1980 年版，第 205 页。

〔4〕 ［美］Sally Falk Moore：《法律与人类学》，黄维宪译，载李亦园编：《文化人类学选读》，台湾食货出版社 1980 年版，第 215 页。

〔5〕 ［美］Laura Nader、Harry F. Todd，Jr：《人类学视野中的纠纷解决：材料、方法与理论框架》，徐昕译，载吴敬琏、江平主编：《洪范评论》（第 8 辑），中国法制出版社 2007 年，第 159 页。

霸权论者同样是把冲突的问题还原为阶级的问题。[1]归根到底仍然是权力问题。

就中国来说，纠纷研究使用较多的范式有权力、族群、身份及组织等社会结构，多数趋向于纠纷解决源于这些政治结构支配的结果。整体性社会结构对纠纷的支配决定了解决方式的走向。身份、族群、亲族、利益共同体都是生产权力的政治结构。关于这两方面的研究，乔丽荣强调身份问题是纠纷不可回避的，纠纷背后是村民的身份认同与族际整合，涉及更大的宗族、村落、国家，它们可能构成有意义的"他者"或"我群"。[2]张晓红认为纠纷中的性别具有政治含义，性别会对纠纷解决所呈现的在家庭、村及社会中的身份与地位有权力影响。[3]苏力则指出乡村社会分层与权力秩序实际上影响人们对待争议的问题以及对此种问题的处理方式。[4]嘉日姆几在提及族群纠纷时认为，农村不同族群民众日常纠纷解决会因当事人不同层次的身份认知和政府权威而发生作用。[5]但大多数研究着眼于农村土地纠纷所关联的村治和社会分层问题，尤其是通过纠纷揭示国家法律在乡村的治理能力方面，对具体的个案研究及其语境关系缺乏细致入微的考查。

权力过程的逻辑也被提及，乡土逻辑是维系乡村社会秩序之关键，"它会在特定的关系中赋予特定村民以特定的强制或支配能力，这种强制或支配力会敦促其他人服从乡土逻辑的秩序安排。"[6]翟学伟指出，中国乡村语境下的权力逻辑更像是关系实践，具体地说是人情与面子的实践。这种关系逻辑表现在，一个人会想方设法通过关系的建立来获得他的日常权威。"真实社会的

〔1〕 赵旭东：《秩序、过程与文化——西方法律人类学的发展及其问题》，载《环球法律评论》2005 年第 5 期。

〔2〕 乔丽荣：《石桥村纠纷中身份、认同与权利——一个人类学的个案考察》，中央民族大学 2006 年博士学位论文，第 97 页。

〔3〕 张晓红：《纠纷及其解决中的性别呈现——基于某省女子监狱的实证研究》，载《江苏社会科学》2012 年第 1 期。

〔4〕 2015 年 11 月清华大学举办的第 13 期"中国法学创新讲坛"上，苏力教授提出了社会分层问题与立法、立法与分配正义的关系。

〔5〕 嘉日姆几：《彝汉纠纷中的身份、认知与权威——以云南省宁蒗彝族自治县为例》，载《民族研究》2008 年第 4 期。

〔6〕 陈柏峰：《乡村混混与农村社会灰色化——两湖平原，1980—2008》，华中科技大学 2008 年博士学位论文，第 33 页。

建构是社会个体运用行动策略同现存的社会结构相权宜的产物。它在中国日常社会中以个人权威（权力）、道德品质、礼尚往来、连带关系为基础建构起来的，从而表现出交往的个别化倾向。"[1]这种结果在乡村争议场域中表现得尤为明显，当事人解决问题首先得看有没有人，或者说即使有权威主导调解，村民去法院打官司也是看认不认识这个主审法官，而不是看重程序权力。关于关系秩序与纠纷的权力研究，强世功在关系/事件中采用比较典型的微观权力视角。[2]权力运作的场景一旦运作起来，它就规范了权力的运作过程，即使是同一权力关系在不同场景中遵循的权力逻辑、策略和技术也完全不同。[3]与其说当事人在解决纠纷，毋宁说这种秩序是布尔迪厄式的权力场域的斗争。只不过它不是纯粹的赤裸裸的争夺，而是伦理化的具有中国儒家格调的象征权力表达。[4]陈柏峰把乡村秩序看成是各种权力关系的合成，[5]且是动静相结合的社会关系，即杜赞奇和福柯的权力相结合的分析。[6]这种权力关系通过乡村治理的角度来思考。对乡村纠纷及其解决来说，这种权力主要围绕着纠纷场域的各种动态关联，涉的乡村背景又是一种静态的社会结构关系。陈柏峰的主要基调还是站立在熟人社会这一结构来分析微观权力。对于未开放性乡村社会，这种熟人社会视角确实不失为选择，在通讯已经普及，交通直达家门口，青年人打工见过世面的乡村，熟人陌生化或半熟人状态已然成为众多乡村的"新常态"。研究纠纷应当考虑这种新常态下的权力变化。

权威多元也是权力多元的一种形式，纠纷解决必然隐含着多元权力的运作过程。科特威尔（Roger Cotterrell）强调，多元权力之间实际上是相互制衡的关系，一个人的权力并不必然构成对另一个人的权力的支配，因为权

---

〔1〕 翟学伟：《人情、面子与权力的再生产》，北京大学出版社 2005 年版，第 230~231 页。

〔2〕 强世功：《"法律"是如例实践的》，载王铭铭、〔英〕王斯福主编：《乡土社会的秩序、公正与权威》，中国政法大学出版社 1997 年版，第 493 页。

〔3〕 强世功：《"法律"是如何实践的》，载王铭铭、〔英〕王斯福主编：《乡土社会的秩序、公正与权威》，中国政法大学出版社 1997 年版，第 493 页。

〔4〕 易军：《关系、规范与纠纷解决——以中国社会中的非正式制度为对象》，宁夏人民出版社 2009 年版，第 60 页。

〔5〕 陈柏峰：《乡村混混与农村社会灰色化——两湖平原，1980—2008》，华中科技大学 2008 年博士学位论文，第 32 页。

〔6〕 〔美〕杜赞奇：《文化、权力与国家——1900—1942 年的华北农村》，王福明译，江苏人民出版社 1996 年版，第 4 页。

力本身是相互的，若缺乏这种相互性，权力关系不存在，权力的实现也没有意义。[1]科特威尔的观点显然启发了对争议问题的思考：纠纷的解决过程充满着权力的博弈关系，正是这种博弈呈现相互的制衡，表明纠纷场域内每个人都存在着权力影响和对他人权力策略的能动反应。强世功、赵晓力等人研究权力的运作技术，[2]其实是权力运作技术的一种背景性结构。较为纯粹的法律社会学路径则强调基层纠纷是一种社会治理的手段。郭星华的文章认为，（初级关系社会中）司法纠纷解决机制效果并不好，而且对于纠纷双方的关系是撕裂性的，甚至间接使纠纷演变成悲剧。呼唤一种立足于传统、自下而上（即民间权威）的以法治为主，以社会化、专业化为辅的新型纠纷解决机制来解决基层纠纷。[3]

乡村多元权力格局，一般又可称为多元权威或权力网络，在乡村转型期呈现动态的变迁过程。有学者认为主要在于农民分层导致，造成乡村社会的多元权力格局。自发的非正式组织缺乏有效的制度安排，它们的权力作用范围与乡村司法交叉冲突，并且这些冲突还未被纳入国家法律的制度框架内并有所节制，导致长老、族长、首事会等此类民间组织的首领与乡村法官享有基本平行的权力，甚至在特定语境里优位于乡村法官。[4]这使得权力多元存在着不同位序。赵旭东还通过纠纷解决来揭示权威变迁与权力运作的关系。[5]斯塔尔和科利尔合编文集《法律研究中的历史与权力》（1989）则在批评微观层次纠纷研究基础上，展示如何将历史和世界体系纳入对纠纷的分析框架，不再将变迁和权力差异看作纠纷处理结构分析或结构—功能分析中的变量，而是通过权力差异来理解法律变迁过程和某些法律思想和机制的长期传承。[6]

纠纷中的利益与权力双向关系成为一个重要话题。吴毅的研究较为典型，

---

〔1〕 ［英］罗杰·科特威尔：《法律社会学导论》，潘大松等译，华夏出版社 1989 年版，第 132 页。

〔2〕 强世功：《"法律"是如何实践的》，载王铭铭、［英］王斯福主编：《乡土社会的秩序、公正与权威》，中国政法大学出版社 1997 年版，第 493 页。

〔3〕 郭星华、刘蔚：《纠纷解决机制的失落与重建——从舅权在传统社会纠纷解决所起作用中引发的思考》，载《广西民族大学学报（哲学社会科学版）》2014 年第 1 期。

〔4〕 杨力：《新农民阶层与乡村司法理论的反证》，载《中国法学》2007 年第 6 期。

〔5〕 赵旭东：《习俗、权威与纠纷解决的场域——河北一村落的法律人类学考察》，载《社会学研究》2001 年第 2 期。

〔6〕 高丙中、章邵增：《以法律多元为基础的民族志研究》，载《中国社会科学》2005 年第 5 期。

通过一起纠纷来看行动过程与权力、利益间关系，需考虑国家、社会及个人多重因素权衡结果。"在处理绝大多数官民矛盾时，权力体系也更多地是将纠纷纳入具体的经济和利益纷争的维度考量，而非视其为对自身统治合法性的挑战。"[1]利益放在权力网络的语境下考虑，这种权力结构反过来又嵌入利益纷争之中呈现出强大的力量支配。如此权力一直在影响、制约规则的运作，从而使纠纷解决在规则与权力之间发生偏差。这就要看两者对当事人的功利与伦理以及策略方面的选择。针对这个问题，罗伯茨强调，我们需要得知更多关于规则如何使用，特别是它们与利益诉求之间的关系，以及纠纷解决程序中权力的运作方式。[2]孙立平则认为权力不仅是结构概念，而是涉及国家权力实践形态，或者说是涉及国家与农民关系的一种实践形态。所提出的结构的不可见性，实际是关系结构平常隐藏在日常生活之中，只有到纠纷发生或利益关涉时隐藏的结构才表现出来。[3]孙立平对下乡收粮的研究也得出这种类似结论。[4]实际表明，利益是引发权力介入的关键因素，权力是追求利益的手段。权力在非利益化状态下被掩盖在日常生活秩序中，一旦发生利益冲突，这种权力秩序立即发挥它既定的社会力量，表现出强大的结构性制约。

　　权力多元与纠纷解决多元显然构成法人类学纠纷研究的主要立足点，中外学者无不以此展开研究，但一些问题仍然明显存在，需要深入思索并着力解决：①对于这个问题整体而系统的考察还很欠缺，除古立弗外，主要为个案之研究，需要对之做全面分析；②正式权力与法律/诉讼的研究多于非正式权力与纠纷的研究，尤其乡村纠纷内部的微观权力方式与过程研究有待深入；③21世纪中国乡村权力的动态变化及其对乡村法治之影响的分析，需要进一步实证考察；④一套符合中国乡村实际的法治与权力关系理论还未建立起来。上述问题关系到当代乡村治理、法治，甚至于——扩大地说——乡村社会现代化如何建设，如何完成最后的农耕中国向现代文明的中国之转变，因此是

---

〔1〕　吴毅：《"权力—利益的结构之网"与农民群体性利益的表达困境——对一起石场纠纷案例的分析》，载《社会学研究》2007年第5期。

〔2〕　[美]西蒙·罗伯茨：《我们是否需要法律人类学?》，王伟臣译，载吴大华主编：《法律人类学论丛》（第3辑），社会科学文献出版社2015年版，第10页。

〔3〕　吴卫军等：《现状与走向：和谐社会视野中的纠纷解决机制》，中国检察出版社2006年版，第207~226页。

〔4〕　孙立平：《现代化与社会转型》，北京大学出版社2005年版，第360~382页。

当前乡村纠纷解决中的主要论题。

四、作为叙事空间的田野

田野是一种方法。在田野中的参与观察、亲身实践（实践民族志）和其他方式进行实证研究，是法律人类学的一般性做法。田野在此构成一种叙事空间，是民族志书写的对象。田野是地理空间与社会空间结合的产物。任何经验的法学研究都要回归法律民族志之田野这个核心问题。如有学者指出，法律的"田野"就是法律存在、运作或产生影响的所到之处，其实就是法律实践的领域。[1] 显然，田野不能仅仅被当作一个研究者获取研究材料的场域，它其实是扩展研究者视野的社会网络空间（当然包括地理和社会），感知某种意义的知识结构。田野并非得要定点化或刻意追寻与理性和事实的适配性。只要围绕着以研究者为核心形成的一种社会秩序的空间场域，就是法律民族志的田野。这就要求研究者具备基本的问题意识，一旦基于情势生成某个问题，那么这个问题所属的客观背景和社会便是田野。也即是说，田野是开放性的概念，有可能是基于问题意识产生的。这种田野既可能是地域或社区，又可能是小群体、关系圈、公司、监狱、生活网络或单位等，又或是周围的人物事的身边田野。另一种是田野作为以某特定主体为核心建构的社会网络秩序。研究者不一定先入为主地设定问题或田野场域，根据研究需要去充足之前的社会网络，而是进行客观社会的自然发现。

从上两种情形看出，田野是建构性的客观实在。田野也是一种知识表达的思维方式，更是一种学术态度（甚至是一种生活结构），是被作者及其民族志生产出来的，它无处不在，它包括我和我们。从"田野在哪里你就在哪里"到"你在哪里，田野就在哪里"可以看出田野映射的变化，这是一种实践的法律民族志。对于学术意义上的田野不能狭隘地理解，应宽泛地、开放性地看待它的主观性、客观性与现实性。这是解决法律民族志政治学与诗学悖论的关键所在。通过实践民族志方式，对特定乡村空间叙事，具备了作为地理与社会双重空间的建构原则。根据这种观念，我更看重田野对知识的建构策

---

[1] 王启梁：《法学研究的"田野"——兼对法律理论有效性与实践性的反思》，载《法制与社会发展》2017 年第 2 期。

略与"我"融入当地社会的一种感受性书写。

我选取的叙事空间为云南省永善县溪洛渡镇坝村。坝村是我的家乡，我从小就在那里生活，考上大学至今 20 年的时间内，每逢假期都要回去。参加工作以来，回乡及非正式调查构成我研究的主要任务。基于研究习惯，"坝村"这一空间分析单位为原行政村名隐去后的研究用名，在下文中出现的其他人名、单位名称和地名都遵循这一学术伦理。"坝"字所隐藏的信息具有乌蒙山区高原坝子的地理特征。坝村是云南省永善县溪洛渡镇（县城所在地）下辖十几个村子之一。坝村位于溪洛渡镇东南部，距离溪洛渡镇政府所在地 25 公里，东邻金沙江畔。南毗顺河村，西连吞都村，北接明子村。全村面积 8.9 平方公里，有耕地 2954 亩，林地 1212 亩，荒地 5558 亩。全村以种植、养殖业为主，主要农作物有水稻、玉米、土豆、红薯；经济作物有花椒、砂仁、脐橙、魔芋。养殖业有猪、牛、鸡、鸭、鹅。全村有 15 个自然村，24 个村民小组。[1]根据坝村村委会提供的村情资料，到 2015 年底，坝村总户数为 1331户，总人口为 3567 人，全村经济总收入 2557 万元。村民人均纯收入 1650 元。困难家庭 394 户，1293 人。移民家庭 13 户，45 人。五保户 6 户，7 人。孤儿家庭 5 户，6 人。坝村除几户为彝族和苗族外，几乎都是汉族，故是典型的汉人乡村。虽然收入在溪洛渡下属诸村中较高，但仍为乌蒙山片区 9 个贫困县区域之一，永善县也一直被认定为国家级贫困县。坝村也是永善县 90 个贫困村之一。

表 1　坝村不同时期社会构成情况

年　份	类　别					
	总人口	总户数	农业人口	劳动力	自然村	村民小组
1989 年	2957 人	658 户	2957 人	1450 人	9 个	16 个
2010 年	3520 人	868 户	3520 人	1930 人	15 个	24 个
2015 年	3567 人	1331 户	3567 人	2010 人	15 个	24 个

资料来源：《永善县志》，云南人民出版社 1995 年版，第 42 页（表中 1989 年数据）；坝村村委会 2015 年调查总结（表中 2015 年数据）和云南新农村建设信息网的数据（表中 2010 年数据）。

---

〔1〕　以上数据来自于 2015 年坝村村委会公示的资料。

坝村属于云贵高原上典型的坝子型地貌。从东川到黔西北，北至四川小凉山的滇东北三角地带全部为乌蒙山脉。永善全域位于乌蒙山区北麓，接近小凉山地区，属峡谷型地理，基本上全县都为山区型地貌。山地文明是坝村文化的核心。坝村老人较多地以山里人自居。坝村坡度大约在 15 度左右，梯田稻作农业为主和养殖、种植业为辅是坝村传统生产方式。坝村三面环山，一面临水。由于金沙江是滇川的省界河，坝村东北临接金沙江，因此坝村东北部金沙江江面即两省边界线。从溪洛渡电站工区边的颜家坝到佛滩村边的锅圈滩边界线，中间的喇嘛滩到锅圈滩一带属于坝村。坝村地理既险要又闭塞。全村只有一条通往县城的公路与一条历史久远的从绥江经桧溪上来并连接昭通的五尺道，是村人出行的两条主要通道。

坝村已全部实现梯田化，坝村从最低的金沙江海拔 440 米到梯田顶端的匝口石海拔 800 米，数百梯田层层相接。坝村西南部地区后山和前山海拔1300 米，正北部明子村平均海拔比坝村高 100 米，明子山是明子村最高点，有 1100 米左右。坝村正南端相临顺河村，顺河是永善县有名的峡谷，平均海拔 630 米。峡谷均宽为 300 米，两边为笔直切削般的悬崖，光照只及坝村一半，其南面是马路村，北面是坝村。从明子村一眼望去，顺河被隐藏，似乎马路村与坝村连接在一起。坝村西北面临接吞都村。吞都一直为滇东北很有名的关隘和古城，民国之前为永善仅有的两个有城墙的汛级以上管理机构之一（另一个是永善县城莲峰），也是永善三大政治经济文化重镇之一（另外两个是莲峰、米贴）。[1]"城周一里三分，高一丈一尺；四门有楼五池。乾隆二十二年重修。"[2]在坝村周围溪洛渡下辖几个村子中，吞都海拔最高，顺河海拔最低。坝村土地肥沃，物产丰盛，梯田化管理更利于保持水土，实现土肥供需平衡，不论水源、光照、植被、适宜性等在诸村中最佳，坝村自古便是乌蒙山区北麓各族人喜欢的聚居区。

坝村整体地貌呈现南高北低的自然格局。全村有三条小河：唐家河、干堰河、垭口河，经绥永公路边的喇嘛滩流入金沙江，均为季节性河沟。三条沟流把坝村切割为三个农作种植区。海拔高的南部地带主要种植水稻、土豆、

---

〔1〕 政协永善县委员会文史资料委员会主编：《永善县文史资料》（内部发行），准印证号：昭内图字（1997）第 13 号，第 118 页。

〔2〕 见《嘉庆永善县志略》。

玉米、小麦和红薯。低海拔地区的北部主要种植水稻和红薯，经济作物为砂仁、花椒、柑橘、魔芋等。介于两者之间的中间地带混合种植不同的作物。金沙江边的农户主要种植花椒和砂仁。不同经济作物受制于海拔高低带来的气候影响，一年的收成和收入并不相同，这是坝村农户间收入差距之关键原因。低海拔地区经济作物、农作物及其收成高于高海拔地区，由低海拔到高海拔不断过渡，整体上也是富裕程度的对应，低海拔农民富裕程度高于高海拔农民。反映于婚娶关系则是高海拔女性嫁到低海拔地区，反之则这种情况很罕见。除农林外，坝村有不到十户家庭式手工业，包括家庭制酒、制砖、竹艺编制。

坝村经济形式与大多数南方山区乡村经济形式类似，具有自然经济与市场经济交融特性，这种山区经济是中国特有的小镇贸易方式。村民将农、林、牧、水产等运到附近小镇出售，换回他们所需之日常用品。赶场围绕着吞都、井底、佛滩三镇进行，以一定日期循环，自成习俗。《嘉庆永善县志略》（卷一）记载，"日中为市，土人谓之赶场，或一四七或二五八或三六九为期，临期汉夷诸色人等会集，以布帛菽粟油盐交易，价值因时低昂，或寥寥数厘，贸易无定期，各从其便。吞都三六九，佛滩一四七，井底（即今日溪洛渡）二五八。"至今仍依此俗赶场。2005年井底（1980年代改为景新镇，2005年改为溪洛渡镇）到坝村公路开通后，村民往来于佛滩、吞都赶场日渐稀少，两镇农贸已凋敝不堪。随着小镇农贸方式变化，村民对外交易方式开始从初级产品向中间产品过渡，佛滩、吞都作为初级市场逐渐被溪洛渡镇中级市场替代。

坝村的正史开端于永善设置，这一历史也与吞都德昌土司、米贴土司（都是彝族）叛乱有关。《嘉庆永善县志略》云：雍正五年（1727年），米贴夷目禄永忠死，其妻禄氏掌其地，抗不服调。雍正六年（1728年）三月，遣援剿左协副将郭寿域领兵三百往谕，及至米贴。而禄氏阳为纳，阴为逆谋。于三月二十四夜半率夷目毛脸乌基等叛。寿域被害，兵三百无一存者。随报闻，发大兵灭之。钦命其名曰永善。

在新设县府过程中，又相应在米贴土司、桧溪土司、吞都德昌土司基础上改为汛级机构，受制于里的管制。"汛防把总署，一在桧溪，一在吞都，一在米贴。"[1]坝村直接接受吞都汛所辖，坝村地理正中一地名"衙门"便是当时吞都汛在此设置的办事机构，后汛裁撤，衙门由府名沿用为地名。坝村在设县之前一直是桧溪土司下属的吞都德昌土司的主要领地。雍正设永善除统治需要外，还兼顾经济考虑，朱提银为明清时代皇朝主要财政来源。永善是朱提银主要产地，现永善一些地名——新厂沟、银厂沟、大花地——都是当时的主要银矿。《新纂云南通志》（三）记载坝村旁新厂沟情形，官府设置军功一名。四川巴蛮阿大部，阿律部过江交易。[2]著名的金沙厂上厂开设于清乾隆七年（1742年），道光时尚开办，咸丰后军兴停。[3]在与四川小凉山彝族部落交易中，屡屡发生袭扰事件。[4]典型者有雷波人过金沙江对吞都、坝村等地的劫掠，坝村至今仍有防劫的石门——长门。

　　1950年4月3日中共昭通地委派代表接管永善国民党政权。但县内地主、土匪和国民党军队仍未解决，坝村存在着白登群、周华山等大地主，依附于安纯三、龙奎垣等势力，盘踞坝村。[5]直到1953年剿匪结束，白登群被镇压枪决，周华山被镇压，坝村开始全面进行土改，坝村历史迎来新的一页。新中国成立后坝村行政归属于佛滩乡政府，佛滩乡又归于井底区管辖，1969年改为佛滩公社，1962年设佛滩区，1969年取消，1974年又改为佛滩区，1988年称佛滩乡。溪洛渡镇在2005年前管辖农场、三坪、四角、桐堡、双凤、双屯、玉笋、富庆、云荞、新拉、白沙、干河、雪柏共13个村民委员会和景新居委会，264个村民小组。2005年配合溪洛渡电站修建需要，三坪改为电站建设单位住宅区，原三坪所有村民移民到思茅市（2007年更为普洱市），实行撤乡并村，并把佛滩、坝村、吞都、明子、顺河、马路、新春全部并入溪洛渡镇管辖。坝村自此从佛滩脱离出来成为溪洛渡镇一部分。[6]

　　〔1〕《新纂云南通志》（三），刘景毛点校，李春龙审订，云南人民出版社2007年版，第578页。

　　〔2〕《新纂云南通志》（三），刘景毛点校，李春龙审订，云南人民出版社2007年版，第396页。

　　〔3〕《新纂云南通志》（四），李春龙、江燕点校，李春龙审订，云南人民出版社2007年版，第143页。

　　〔4〕云南省永善县人民政府编纂：《永善县志》，云南人民出版社1995年版，第4~5页。

　　〔5〕政协永善县委员会文史资料委员会主编：《永善县文史资料》（第5辑）（内部发行），2006年印，第127~141页。

　　〔6〕永善县地方志编纂委员会编：《永善县志》（1978~2005），云南人民出版社2012年版，第399页。

坝村村治结构包括这三个方面：坝村村委—自然村—村民小组（队）。坝村行政归属改革后，下辖自然村有油坊、圆堡、岩湾、柏坪、凉水、花雕、河兴、白庙、小田坝等。这些自然村又下辖几个村民小组，有单独为村民小组。当地人并未称呼村民小组，而是"队"，仍在遵循改革之前生产队那种称谓，这种生产小组也是当年作为经济生产队过渡而来的基层自治组织形式之一。也有称之为"社"，即当初生产合作社的基层政治经济社会一体的基层单位。自然村之间相互独立，内部并没有设立任何自治组织，实际上可有可无。村民的日常生活秩序、互惠、处理矛盾、生产在"队"里完成。村民小组（队）对村民的结构性制约是建构村民生活秩序的一项政治原则。

五、研究方法

如果说分析模式是驾驭文章的基本框架和范式，那么，研究方法则是指导文章内容的具体工具和手段。法律人类学的经验研究更注重田野调查，通过实证分析来探索社会发展演变的一般规律。所以，本书的研究方法都放在田野调查这一核心点，展开的方法如下：

（一）整体论视域下的个案分析

整体论一直是人类学田野调查的主要方法。整体论意味着研究者不能只关注某方面或脱离调查地点的文化背景或社会语境做单一调查研究。对一个乡村的田野调查，必须事无巨细地把握当地人、群、家族、经济生产方式、习俗、语言、信仰等不同类型、性质和结构。只有把争端程序置于社会文化系统结构中的时候，其性质才可以被充分理解。[1]在部分形成的"整体"视域下，才能深入地展开对某个别问题研究。若仅为个案而去考察、分析个案本身，不对个案发生背景、前因后果、后续影响、关联事件做深入调查，这种个案研究就不真实。科马洛夫直接表达这种看法，认为争议过程也许提供了一个揭露总体社会文化秩序的关键因素。[2]任何个案的定性研究离不开整体为前提和铺垫。法律人类学纠纷研究方法——法律民族志、疑难案件研究、

---

〔1〕［美］约翰·科马洛夫、［英］西蒙·罗伯茨：《规则与程序——非洲语境中争议的文化逻辑》，沈伟、费梦恬译，上海交通大学出版社 2016 年版，第 247 页。

〔2〕［美］约翰·科马洛夫、［英］西蒙·罗伯茨：《规则与程序——非洲语境中争议的文化逻辑》，沈伟、费梦恬译，上海交通大学出版社 2016 年版，第 283 页。

典型案例研究、法庭观察法、扩展案例研究、纠纷过程研究、文化阐释论——都无不掺杂整体论。当然也掺杂着社会—政治分析过程——无论学者有意或为无意，这使从整体论中寻求个案的权力研究能找到某个切入点，并能深入到个案核心。霍贝尔指出，即使一个适当案例的范围和事实与准则之间有偏差，也不能遗漏它。只有案例方法导致真正法理学。[1]在疑难案例法、延伸个案和扩展案例研究之间，格拉克曼的扩展案例研究是一个恰适的方法。[2]纳德则扩展了这种含义，即将纠纷个案核心看作只是一宗长期个案的一部分，可以包括一段时间以来的一系列个案，涉及相同参与者的一些或全部，或者包括一宗数月或数年内尚未解决的详细个案。[3]长期意味着可能开始于多年以前，其结果可能会持续影响已研究一段时间的群体之社会关系。这种个案方法之运用，会将法律程序置于整个发展着的案例中来看，不会视为脱离整体的案例。个案法律民族志变成一个竞技场，各种结构性原则在此通过所涉及主要参与者运作与交易来发挥作用。[4]个案策略并非特定或个别案例，它还是存在着众多不同性质的个案阵列，并具有某种概括性特征的个案分析。[5]这样一来，众多个案构成了秩序及其法理的基本概貌。

（二）开放性的实证研究

法律实证研究应当保持开放、多元、互补与合作。[6]开放性是指不拘束于特定学科的规范性研究，而是铺展、接纳不同社会科学经验主义的实证和定性分析。只要能反映、揭示、阐释问题、客观性、价值的研究方法，都可以作为一种叙事策略而被接受。"在人的特性笼罩下的社会科学研究都只不过

---

〔1〕 ［美］霍贝尔：《原始人的法：法律的动态比较研究》（修订译本），严存生等译，法律出版社 2006 年版，第 35 页。

〔2〕 Sally Falk Moore, *Law and Anthropology: A Reader*, Blackwell Publishing Ltd, 2005, pp. 84-86.

〔3〕 ［美］Laura Nader、Harry F. Todd, Jr：《人类学视野中的纠纷解决：材料、方法与理论框架》，徐昕译，载吴敬琏、江平主编：《洪范评论》（第 8 辑），中国法制出版社 2007 年，第 140 页。

〔4〕 ［美］Laura Nader、Harry F. Todd, Jr：《人类学视野中的纠纷解决：材料、方法与理论框架》，徐昕译，载吴敬琏、江平主编：《洪范评论》（第 8 辑），中国法制出版社 2007 年版，第 139 页。

〔5〕 Erin Moore, *Conflict and Compromise: Justice in an Indian Village*, University Press of America, 1985, pp. 22-30.

〔6〕 程金华：《当代中国的法律实证研究》，载《中国法学》2015 年第 6 期。

是反映某种价值观和权力的叙事。"[1]所以更强调开放，就是要融合多学科整合的实证方法多元主义。当然，开放性基础仍然是社会学、人类学与法学实证主义。在田野调查、质性研究基础上，我会借用来自政治学、人类学和社会学等方面的知识为研究服务，本书尤其注重政治人类学方法。科际整合集中于对个案实证研究，不做纯粹理论分析，而是通过经验和实证/实践过程展开发现客观知识，并进而用理论关怀经验和实证。"理论是清晰的、抽象的和符合逻辑的，其目标是跨时空和普适的，而实践则常是模糊的、具体的和不符合逻辑的，是在某一特定时空中的特殊行为。两者之间可能是相符的，但也可能背离和互动，或充满张力和矛盾。虽然如此，在人们的认知过程中，抽象概念/理论和具体经验/实践明显都是不可或缺的一个方面。"[2]因此，本研究会以个案与普遍性案例结合的质性研究。

它的核心是案例研究，而案例研究是法律民族志的基础。对应地，在田野调查方面，趋向于参与观察和实践民族志相结合的方式，利用日常生活纠纷来考察、分析社会问题（田野调查地点以乡村地区为主），需要做到个人经验主义与社会经验主义相结合。相应地，"田野"也进入了这种"移情"式的方法论，强调经历/实践叙事，亲自感受法律生活的酸甜苦辣和喜怒哀乐。这里的个人经历及实践既包括参与感受和实践的他人经历，也包括民族志研究者的本人经历，即作者参与、融入的不同社会秩序，围绕个人生活史展开的社会网络。实践几乎不靠主观预设书写目的，有预设目的的实践就是实验。实验与体验的区别在于是感觉与感受的区别。实践的民族志以研究者为核心，寻求主位方法，把研究者在时间流与不同空间的活动形成的"多点"关联起来，以不同的人所经历的一切为叙事范围［即马库斯（George E. Marcus）指出的多点中的核心点］，明显地有建制民族志的特色，消除了传统民族志"他者"的局限。[3]

---

[1]　赵鼎新：《社会科学研究的困境：从与自然科学的区别谈起》，载《社会学评论》2015 年第4 期。

[2]　［美］黄宗智：《实践与理论：中国社会、经济与法律的历史与现实研究》，法律出版社2015 年版，第 1 页。

[3]　［美］詹姆斯·克利福德、乔治·E. 马库斯：《写文化——民族志的诗学与政治学》，高丙中等译，商务印书馆 2006 年版，第 121 页。

（三）家乡人类学

田野和法律民族志的书写必须解决"空间"问题。康利（John M. Conley）和欧巴尔（William M. O'Barr）指出，民族志与案例方法的结果始终与真实生活连接在一起，个案的调查分析始终在与研究者长期生活相关的地域完成的。[1]这种个案具有实践民族志的风格，从而，家乡学构成法律民族志最为真实有效的思考场域，这是纳德所说的本土化意识。[2]个人经验主义是整体论的一部分，一种优选的方法论是家乡学范式。[3]林耀华的小说民族志《金翼》是家乡范式的典型代表；而费孝通的《江村经济》是对久居其胞姐家所在的开弦工村的研究成果，也具有家乡学的取向；杨懋春的《一个中国村庄：山东台头》几乎就是其童年生活的真实写照。本土人类学为何偏向家乡学范式，可能是与方便性、观念的同一性和文化适应的影响有关。

家乡学范式包括历时的社会记忆和现时的场景叙事。它是人的过往史与社会历史互动与对话的结果。他们书写的是中国人本土思维的"归根"情怀，是一种"沉重的肉身"的文化释放。社会研究之口述史、集体记忆、历史的地方知识与阐释学等方法就是主观的社会记忆谱系。社会记忆使他/她在身心分离的场景中感受到来自故土的力量。作者的家乡与文本的家乡在时空序列中是叠合的。这是一种关于现实与理想、灵魂与肉身、现实之我与历史之我的既是分离又是融入的关系。即异地中的文本的家乡被以作者现实家乡作为表征空间叙事，而历史的家乡（针对当前的社会变迁来说）被作为记忆的家乡以抽象空间来叙事。这就是关于现实的家乡与历史的故乡在另一个文本中交叠，使我与"我"的对话达到身心耦合，或者说故乡的历史与现实在某时空序列上交融，现实之我（作为第一人称的我）与文本之"我"（作为第三人称的我）反复交替变换角色。

实践的法律民族志可以作为故乡情怀的田野再现，是后现代发达的技术

---

〔1〕 John M. Conley and William M. O'Barr, "Legal Anthropology Comes Home: A Brief History of the Ethnographic Study of Law", *Loyola of Los Angenles Law Reviews*, Vol. 27, November 1992, p. 41.

〔2〕 Laura Nader, "Controlling Processes-Tracing the Dynamic Components of Power", *Current Ahthropology*, Vol. 38, No. 5, December 1997, pp. 711-737.

〔3〕 王铭铭：《由彼及此，由此及彼：家乡人类学自白》（上），载《西北民族研究》2008 年第1 期。

条件对时空压缩和时空伸延过程中的一个文化再造或重建。现时的场景叙事构成置身于其中的深描，"我"在这个场景中一直存在。当作者把这些关系过程和身份表达书写出来，那么这里没有单一的主体—客体单向关系，他们是主体间或客体间的关系，或者是主—客的多向关系，退一步说也是客体主体化或主体客体化了，传统书写的对象被消灭。研究者既是主体又是客体，这里没有第三人称，也就没有法律民族志可能制造的他者。作者书写的知识来自其参与获得的共有的经验。这里没有观察者，没有观察与被观察。书写的是一种生活的写真或某个局域性的社会在"我"的经历叙事中的浓缩，因此构成一种能使"我"和我们获知的某些意义的叙事空间。

家乡人类学构成了一种以个人为核心的小群体社会的整体论。以"我们"为核心的场域，微型政治、文化、法律、社会等相互纠缠并发生整合或分裂，我们从中发现法的意义和什么是正义。但整体论绝不是局限于小群体内部秩序的整体方法，它必须与所在横向社会发生某种关联，个人的经历都是这些关联结构影响下的行动者和建构者，法治或正义塑造了他们的价值观，因而并非为小群体社会作用之结果，相反是社会本身影响的结果。通过整体论，实践民族志在社会—国家分野过程中，弥散出地方正义和法律正义、非正式方式和正式方式、习俗法/习惯法和国家法等法律多元主义观。

（四）"结构—过程"范式

依库恩（Jhomas S. Kuhn）所言，范式是研究的"范型"。[1]其实是一个高度凝练的学术共同体或研究的共用模型。范式不同于具体的研究方法，它更像是一种学术分析的基本模型，并为学术共同体所共用。结构—过程范式是政治人类学和部分法律人类学的一种基本分析工具。本书也采用"结构—过程"的范式来分析纠纷及其权力。主要基于两个原因：一是学界集中于纠纷的制度研究，法律人类学的规则—过程研究其实也属于制度研究的内容，很少考究结构—过程的整体论；二是从结构到过程有助于对纠纷秩序进行全面而整体的把握。研究的个案和特定乡村很小很微观，但通过结构—过程则会放大很宏观，具有小地方大视野的阐释功能。

---

〔1〕 〔美〕托马斯·库恩：《科学革命的结构》，金吾伦、胡新和译，北京大学出版社2003年版，第55页。

就其语义而言，结构是指网络、组织、关系内在的要素、构成以及形成这个整体模式的因果关系。结构分析一方面是解剖性的，从整体拆分为个体和微观要素。另一方面是关系性的，主要解决内部要素之间的社会关系模式。通过这种现象去了解背后促使事情发生的形式特征。从结构之宏观到微观，从有形结构到无形关系结构，展现了一个整体意义的结构图示。在本书中，结构即乡村权力结构，把权力放在一个小社会场景来思考，不论任何性质的权力都被社会化、微观化和技术化。把纠纷解决可视为一种权力的操作技术。它是指与纠纷关联的权力结构以及贯穿于纠纷的权力表达过程，一种个人间以及个人与社会间的"微观政治行为及过程"。

权力过程即行为的逻辑和表达过程，然而并非所有行为过程皆为权力过程。只有符合纠纷解决取向或为解决纠纷的策略化、技术化之过程才为权力过程。权力过程是乡土逻辑的重要部分。乡土逻辑是维系乡村社会秩序的关键，它并不是以刚硬直接的命令要求人们如何，而是在特定的关系情景中起到独特作用。它有时能够规范熟人社会原有的微观权力关系，有时能够在熟人社会中再生产权力关系。如果说现象学的权力结构以共时性、静态性、客观性的横向关系作为其分析路径，那么基于人的行为、策略选择的权力过程分析则是以历时性、动态性和主观性的纵向关系作为其分析路径。研究者参与田野调查，他/她所见到的乃是他/她本人在场时那个现象学情境，即使全程跟踪调查也只能发现这个故事的发生过程，对于现象背后的语境、人文、社会观念和内在逻辑这些不可见的因素更不能忽略。当权力处于运行过程中，权力形式的策略、方法、技术及其实现效果等把一个微观场域结构带入语境和社会情境之中，从而使我们看到权力背后支撑权力行动的关键因素。

在"结构—过程"的纠纷研究模式中，权力外部结构实际是负载于社会关系中的权力体系。这种体系是当代乡村社会的主要关系模式，它既有伦理性、道义性，也有经济理性，还存在着个人自身的人生意义和情感问题。权力过程表征行为策略和技术，即当事人通过何种手段达到他/她的预期和意义。这种微观行为技术可能是深思熟虑，也可能是直觉和共同的行为习惯等。但他们背后都是当事人或地方社会所共有的观念。任何权力过程背后其实都是观念作祟，是观念逻辑。乡村纠纷权力过程正是多元正义观念之外在表达，多元正义在权力过程中得到揭示。这种内部结构正是乡村纠纷研究的"结构—

过程"路径要表达的最终目的。

六、思路及篇章结构

本书具体的思路是，寻求特定乡村内部复杂的历史事件、社会问题、疑难案例和普遍性较强的纠纷个案，通过结构与过程中的权力变量研究，包括纠纷场域内含的权力结构以及与之关联的权力结构，以"移情"的方法和主位的态度，[1]来分析这些纠纷的发生学机制以及权力逻辑，进而找到一个理论模式和制度实践，为维护社会秩序、建构和谐社会找到一种基本的方法与策略。先解剖一个半开放山区乡村的权力结构，把乡村权力网络秩序全部原子化（即弥散处理），以特定的乡村纠纷作为场域，再细分纠纷中的权力关系。由此可把乡村纠纷的权力概括为个人权力、社会权力和国家权力。通过宏观的乡村权力结构与微观的纠纷权力结构，分析权力与纠纷解决的关系。不同的权力都关联着乡村不同的纠纷，通过三种大类的纠纷解决，进而去分析乡村动态秩序的正当化和法治化过程。把权力作为贯穿于乡村纠纷研究中的一个方法论，它不是本体，而是阐释工具。通过权力运作及其在纠纷中的复杂的相互关系，在权力结构与过程背后进一步分析纠纷解决隐藏的乡村正义体系，这种正义又牵连到法律正义，为全书得出结论打好铺垫。贯穿全书的主线是"个人—社会—国家"；分析的语境是半开放社会；文本分析过程是从乡村方式到观念；分析的核心论域是权力；研究模型（范式）是结构与过程；方法论融合法人类学、法社会学、政治人类学、语言学等多学科基础。基础性章节中提出的一些基本概念，如"筛漏"、支配、合谋、势力政治、延伸争议、事件等将会弥散在后续章节中进行具体分析。

根据上述分析策略和路径选择，本论题的研究主要分为两个部分"结构"和"过程"。导论部分作为前提性介绍单列出来，不计入篇章主体部分。在结构/规则部分方面，做的是静态分析，包括第一章"个人—社会—国家：一个半开放乡村的权力结构"，主要介绍一个南方山区乡村的权力构成，是对田野调查结果的民族志叙事；第二章"筛漏机制：乡村权力结构对纠纷的过滤"主要介绍在社会变迁过程中乡村纠纷现状以及权力如何影响纠纷解决，纠纷

---

〔1〕 朱炳祥：《社会人类学》，武汉大出版社 2004 年版，320 页。

解决方式的选择与权力关联性何在；第三章"微政治秩序：纠纷解决场域的权力构造"，把纠纷权力放在一个微观场域内，分析围绕着纠纷展开的权力结构及其功能。第四章至第七章主要讲过程问题，即权力技术，三个章节紧紧围绕着"权力"主线，权力又从"个人—社会—国家"体系中分拆为三种权力论述。第四章"个人权力的表达：话语、身份与'气'的释放"主要通过语言学的话语叙事来分析身份认同及身体表达问题；第五章"社会权力之一：家族、地势与秩序"，介绍社会权力，尤其是组织权力在纠纷解决中如何运作；第六章"社会权力之二：通过村级权力调解的治理"描述村级权力调解的过程及其在乡村政治、治理过程中的意义；第七章"国家权力在场：纠纷的延伸、外溢与诉讼"，以空间社会学为基点分析司法对乡村纠纷以及延伸性争议的判决。第八章"纠纷解决中多元权力的关系"分析纠纷解决中的权力关系，这种关系有应然的静态关系和实然的动态关系。第九章"从乡村方式到乡村观念：权力过程中的乡村正义"是对第四章、第五章、第六章、第七章、第八章的归纳进行的理性分析，是对乡村权力技术背后的民间观念的揭示。第十章"权力多元、纠纷解决与乡村治理"是对全书提出的问题进行的制度回应及其建构，实际上即解决问题，并指出了解决乡村权力之治的一种治理模式，是对中国乡村权力运作中的法治问题进行探讨，对如何建构乡村社会现代化提出基本的看法、意见和建议。第一章到第三章都是演绎的分析方法，属于建构概念、解说及铺垫的章节。第四章到"结论"是归纳性分析方法，属于过程性分析，考察权力对纠纷解决的运作、控制、过程关系，是全书解决问题的关键部分，即全书的重点。全书的结构布局如表2所示：

表2　乡村纠纷解决中的权力研究

论题	个人权力体系			社会权力系统		国家权力系统	乡村整体纠纷
	民间权威调解机制	当事人自力解决	强制	村级权力系统解决	非正式组织解决	官方权力体系解决	多元纠纷解决
范式	结构—过程	结构—过程	结构—过程	结构—过程	结构—过程	结构—过程	结构—过程
章节	二、三、四、八、九	二、五、六、八、九	二、七、八、九	二、六、九、十	二、五、八、九、十	二、七、八、九、十	十、结论

论题	个人权力体系			社会权力系统		国家权力系统	乡村整体纠纷
	民间权威调解机制	当事人自力解决	强制	村级权力系统解决	非正式组织解决	官方权力体系解决	多元纠纷解决
语境	半开放社会	半封闭社会	半封闭社会	半开放社会	半封闭社会	开放社会	转型社会
工具	个人权力、民间权威	个人权力	个人权力	半官方权力	社会权力	国家权力	权力多元
内容	调解的结构与过程	自力救济的类型	强制的方式与手段	小组长和治安员调解	家族政治与纠纷解决	司法审判	筛漏机制
主题	调解的结构与功能	解决的方式与功能	解决的结果与功能	文化政治学与权力表达	权力秩序变迁与方式	上法院、逆向路径与村民的法律性	权力对乡村纠纷解决的影响
对象	一般纠纷	一般纠纷、准纠纷	治安纠纷、一般纠纷	一般纠纷	一般纠纷	事件	权力、纠纷、乡村
命题	减少纠纷上传	减少纠纷上传	法律边缘	抑制纠纷上传	纠纷政治	最后的解决	纠纷治理是权力之治
方法	田野个案	田野个案	田野个案	田野个案	田野个案	田野个案	归纳
问题	规避排斥法律	纠纷博弈	非法治化倾向	政绩观影响	家族政治	司法救济功利主义	法治边缘化
结论	纠纷选择在基层	灵活运用多种选择纠纷处理方式	江湖化	一种文化政治学	权力网络与纠纷相互影响	司法作为一种资源性权力	纠纷解决之治是权力之治

第一章

个人—社会—国家：一个半开放乡村的权力结构

　　社会性质决定社会问题。考查一个社会的现实状况，需先搞清这是个何种性质的社会，在此基础上才能作出对问题的判断。本章旨在介绍坝村的社会变迁，对乡村社会属性、权力秩序和社会结构情况做一个全景性的考察。本章指出，现代通信手段、交通、出门打工等方式改变乡村社会，使乡村处于一个从传统到现代的过渡阶段，从而表明乡村属于既非传统社会又非现代社会的半开放状态，经典理论很难解释这种社会情态。这种半开放状态下呈现出个人—社会—国家的乡村权力结构模式，并以此权力结构作为主轴，贯穿于全文，摆脱学界流行的国家—社会二元模式。个人—社会—国家的权力秩序遍布于乡村各个角落，构成了村民的行动结构。个人权力并行于社会—国家，主要基于纠纷个案中当事者间的权力博弈进行分析，其他权力很难说清楚这个问题。它主要统领第三章和第四章。社会权力在第五章和第六章中得到体现，国家权力在第七章中得到体现。本章以"整体论"为视角，为后面的纠纷分析作基本的背景性介绍。坝村的权力呈现出一个大体的概貌，从而使纠纷解决在这个权力结构中得到更为法理的理解，这是纠纷解决分析的基本前提。

一、半开放社会：当代乡村属性界定

（一）经典理论与乡村变迁

　　对乡村村属理解，经典的"半熟人社会"理论的确反映出乡村在改革开放后社会关系的某种变迁，以及这种变迁对双向关系互动的影响。[1]它的主要理由为："村庄社会多元化，异质性增加，村民之间的熟悉程度降低。随着地方性共识的逐步丧失，村庄传统规范越来越难以约束村民行为，村庄中因

---

〔1〕　贺雪峰：《新乡土中国：转型期乡村社会调查笔记》，广西师范大学出版社2003年版，第1页。

信息对称而带来的搭便车行为，加速村庄内生秩序能力的丧失。村民对村庄的主体感逐步丧失，村庄越来越难以仅靠内部力量来维持基本的生产生活秩序。"〔1〕结果行政村虽然为村民提供相互脸熟的机会，却未能为村民相互之间提供充裕的相互了解的公共空间，即由熟识变成认识。〔2〕然而一个问题被忽略了，半熟人社会局限在特定社会关系层面，未能充分反映整个村庄社会概貌，更不能发现乡村宗教、经济方式、基层司法、生活方式变迁。在一个数千人的村庄里，相互陌生者多的是。半熟人社会理论指出行政村与自然村属于半熟人社会与熟人社会，从而发现两者之间制度压力与长老政治、地缘与亲缘、外在约束与内部约束等有很大区别。〔3〕行政村与自然村关系实际因不同乡村地域大小、人口多寡、婚姻圈范围不同而差异悬殊。贺雪峰认为由半熟人社会推导出"农村社会将来不可能走向法理社会"也许过于悲观，且不符合现实。礼俗社会作为人治与法治关键区别的概念认为与法理社会对立，也不全是，礼治包含一定的法理。梁漱溟的伦理或礼俗社会以及费孝通把"无政府"看成无国家而治的社会，预设条件是乡村无法律存在，从而不需规律的秩序，一种自动的秩序是无治而治的社会。〔4〕这种结构类同于埃里克森（Robert C. Ellickson）"无需法律的秩序"。对于今日乡村中国来说，法律与乡村内生秩序中的纠缠交织于一起，纯粹礼俗社会已不存在，或者说礼俗社会掺杂着法理社会因素。即使滕尼斯（Ferdinand Tönnies）关于礼俗社会与法理社会的分类，也并未严格地把两者对立起来。半熟人社会及礼俗社会不足以概括转型期中国乡村——尤其西部山区农村——的社会结构及其形态。这实际上是特殊主义与普遍主义立场之不同方向对乡村社会认知的某个视角，使单线论进路研究不具有方法的自洽性和概括性。〔5〕这点从坝村即可窥见一斑，

---

〔1〕 贺雪峰：《未来农村社会形态：半熟人社会》，载《中国社会科学报》2013 年 4 月 19 日，第 A08 版。

〔2〕 贺雪峰：《论半熟人社会：理解村委会选举的一个视角》，载《政治学研究》2000 年第 3 期。

〔3〕 贺雪峰：《半熟人社会》，载《开放时代》2002 年第 1 期。

〔4〕 费孝通：《乡土中国 生育制度》，北京大学出版社 1998 年版，第 49 页；梁漱溟：《乡村建设理论》，上海人民出版社 2006 年版，第 118 页。

〔5〕 林聚任、杜金艳：《当前中国乡村社会关系特征与问题分析》，载《中国农业大学学报（哲学社会科学版）》2007 年第 3 期。

对上述理论证伪的反例来自坝村社会变迁格局，意味着这些理论在特殊主义视角下已不足以解释当代乡村社会现实情况，尤其秩序多元、技术传播、交通变化和家屋制改革等方面对经典理论有非常明显的反冲效应及不恰适性。

对于坝村这种经历过历史风云的村来说，它在历史过程中以小地方身份一直参与大历史的建构，从而在小环境内经过无数外来力量和本地力量整合，最终塑造了一种小型多元秩序。首先，历史地看坝村村民都不在此世居，或早或晚从外地迁徙于此。易氏、唐氏、陈氏、张氏、袁氏等坝村大族都是一百多前的移民家族，必然地带入不同家族、民族、地域的多元文化，掺杂着各地不同观念和思维。[1]多元文化构造特定空间的互制现象，使内部约束向着外部约束转变。世居、家族化或国家权力边缘及末梢都可能形成封闭型社会，这些社会排斥多元化，阻挡外部因素渗透，但坝村真正的世居甚少。其次，地理空间决定了坝村自始都不是封闭型村落。坝村自古为四川乃至中原进入云南的交通要隘，几百年往来客商络绎不绝，不同民族及土司交替控制，在此发生的重大事件都不为一个村落所能掌控。外部事件嵌入坝村秩序决定村结构与社会变迁，微观史/小社会是宏观史/大事件的一部分或局部性反映，被嵌入大背景的一个历史支点，即便在当代这种现象也很突出。

当代中国与传统中国的不同，在于国家权力因政治、经济需要时而下沉时而上浮，尤其是技术普及而村民拥有更多自由空间时，国家权力会上浮。普适性技术以不可逆之趋势向乡村扩散，扎根于最底层的个人因此改变他们信息获取、人际往来和经济行为，生产了通过技术控制的一种知识型权力。新技术普及替代传统联络方式形成技术治理，打破传统限于地理空间传递信息的局面，手机、电视、网络使地理空间不再具有实质意义，构成一种社会空间/关系控制的新型力量。比如，除未成年人或八九十岁老人，坝村人人都有手机，甚至在圆堡、油坊自然村访问时发现十三岁左右未成年人也有二手手机。七十岁的老人也拿着手机请子女教如何使用。电视家庭普及率也是百分之百。2014年以来，坝村网络得到推广，宽带已经连接到各自然村，个别

---

〔1〕 以坝村最大的易氏家族为例，其家谱明确记载清"湖广填四川"移民而来："奉旨镇守四川东道重庆府荣昌县所属双路铺观音桥居耕为业。后高祖于康熙十三年至西蜀重庆府大足县八永安里九甲，地名水鸭堂处，遂家焉泊。化隆高祖于乾隆三十三年岁在戊子又白手入滇。勤俭自失，才恩卓越，立志振丕，振家风意。光绪年我族迁永邑吞都里田坝，始创业而成家，为起家之本，良有以也。"

富裕家庭开始安装电脑，可预见将来这种时空伸延将是一场技术导致的社会生活秩序变革。新技术普及虽然以国家投资（扶贫计划）为主，但国家权力并未渗透这一场域，未强制村民选择何种技术，移动通讯、电视、网络使用者可以自主决定他/她要表达、选择及意欲达致的目标。这意味着技术治理是国家不在场时一种弥散、无主体性的社会支配手段。技术治理过程中国家退场时社会权力自动介入，增强了基层自治的力量。美国学者柯克·约翰逊（Kirk Johnson）针对印度乡村民族志调查发现，作为技术控制的电视影响，是一种技术变革社会的过程，它不仅对村民有着结构性变迁影响，还有心理上变化，村民通过电视积极、主动地融入社会变迁过程。[1]技术导致社会变迁乃是其对社会渗透、控制的权力实践过程。国家也通过对技术内容规制、设置与控制，实现国家意欲表达的意识形态、政治要求、预期社会目标，所以技术控制也转化一部分为国家权力支配，塑造国家权威与合法性。技术是科学，但技术的运用则是政治。

交通建设改变传统家屋制和村居空间，使乡村传统聚落方式彻底被打散并再次以新家屋制形成现代聚落，这是坝村生活秩序的重大变革。这种方式属于罗吉斯（Everett M. Rogers）和伯德格（Rabel J. Berger）概括的三种乡村社区变迁的类型之集居型类。[2]体现出中外的一些共性特征，与依赖国家权力推行的城镇化不同，这是一种自力型的村镇化，它无需进城或上楼，直接形成新的社会生活方式。坝村交通经历了从"村村通"到"户户通"政策转变。2005年坝村修通到县城溪洛渡的直达公路，这是当地政府"村村通公路"措施的一部分。以前货物运输依赖人背马驮，公路修通好山间再无马铃声。2011年之后，县政府提出乡村公路硬化和支线延伸计划。[3]2013年之后"村村通"任务完成又进一步要实现"户户通"，把公路支线修到各家户门口。2015年调查期间看到，80%左右家户门口都有公路或者搬移至公路边修

---

〔1〕［美］柯克·约翰逊：《电视与乡村社会变迁：对印度两村庄的民族志调查》，展明辉、张金玺译，展江校，中国人民大学出版社2005年版，第202页。

〔2〕［美］埃弗里特·M. 罗吉斯、拉伯尔·J. 伯德格：《乡村社会变迁》，王晓毅、王地宁译，浙江人民出版社1988年版，第170页。

〔3〕参见2011年《永善县政府工作报告》（2011年3月7日永善县第十四次人民代表大会通过）。2015年《永善县政府工作报告》上已明显见到四年的建设成果。

新房，支线几乎全部柏油化。三年后"户户通"已全部实现。坝村交通重大变化不但改变传统经济模式，也使社会秩序出现某种逆向反应：一是村内机动车辆不断增加，更利于特色农业生产与交易，传统农业经济方式不断削弱，车成为当地精英身份和名望象征；二是时空压缩为村民提供了法律救济的方便性。国家可随时利用政治和法律形式控制乡村事务；三是村民为出行与运输方便，房屋建筑都在公路两侧并排修建，自动地形成类城镇化聚落方式，为此村民舍弃了传统风水学原则。花雕、油坊、河兴等自然村重建家屋过程已形成小镇，甚至已有集居型商业集市。类城镇化方式村居空间与仍然顽固的乡土观念结合导致一些结构性矛盾出现，这恰恰是坝村转型的一面。它有极强的对周围住户的吸附力，并融合非正式制度与正式制度在内的各种信仰、权力、习俗、法律，共同生产了一种新型社会空间。一方面传统习俗仍在新聚落空间内有影响；另一方面经济理性法则也开始发生效用。显然，类城镇化过程隐藏着传统与现代、隐权力与显权力的并合或分裂。

沿着公路两边新建家屋形成类城镇化聚落，它实际上也塑造一种集居型新家屋观念。新家屋空间生产不仅是新居空间和居住结构再造，它还是一种现代生活方式、权力、知识和秩序生产。坝村在 2000 年之前全部村民家屋基本上是传统土屋建筑，政府一直支持土屋改造砖房。2014 年 8 月 3 日鲁甸地震和 8 月 17 日永善地震之后，土房脆弱的防震能力无法有效保护这个地震带上的居民，政府开始以激励方式要求全部村居砖房化和水泥化，并与扶贫脱困及基层官员政绩、考核挂钩。通过每户砖房修建补贴 2 万元，滑坡带补贴 4 万元进行政策扶持。[1] 到 2015 年末，坝村 95% 的农户实现砖房化改造。[2] 从传统土房到钢筋混凝土砖房村居结构的转变，使传统家屋制度所遵循那套生活方式变得更具现代感。砖房配套的沙发、席梦思、茶几、电器取代板凳、木床、条桌。砖房布局也采用城市住宅结构。空间环境、个人卫生、装饰要求等都越来越有较高标准。家屋结构接近国家和城市，意即家居生活方式接近于现代，观念、权力、娱乐形式脱离某些传统，接纳外来因素。物理空间

---

〔1〕 2017 年春节回乡调查时，当地政府取消了 4 万元的滑坡补贴，不论滑坡与否，一律以 2 万元为标准补贴。

〔2〕 2015 年《永善县政府工作报告》提到：已改造农村危房 2510 户，农村人居环境和危房信息调查基本完成。

变革后面是抽象空间的变化，家屋空间的宇宙观认知不如以往，比如传统观念变得淡薄。正如有的学者指出，空间建构能力不仅体现在有形空间，也体现在无形空间。[1]围绕着新家屋不同人对空间的意义感知不同，必然有着很多观点差异，导致现实关系秩序的结构发生变迁。新开放性观念开始形成，老人—年轻人权力结构反转，传统知识与新知识（如建筑、种植、牌技、开车等）呈消长关系，一种新日常生活秩序替代了传统日常生活秩序。

（二）半开放社会

前述及典型秩序变化主要证明山区村落并非封闭或半封闭社会空间，实际地说处于传统与现代相互嵌入并趋向于现代化发展的一个动态过程。秩序多元、新的观念、技术、交通等是坝村21世纪以来的四种主要变化。比如技术方面，汽车、手机、电视甚至电脑改变信息的落后面貌，交通改善改变了聚落方式的同时，又改变了家屋空间格局和陈设。坝村四种变化方式促使坝村从传统封闭性村落向着有着开放性一面的现代乡村转变。它的社会形态既不是封闭社会或礼俗社会，亦非开放社会或法理社会，而是一个半开放社会。"半开放社会"用来指称当代中国农村转型期在传统与现代交融过程中的一种现实形态，也是当代大多数中国乡村的一种新常态。[2]它避免并弥补半熟人社会仅及于社会空间、礼俗社会只顾及传统治理等在当下乡村社会的一些理论缺陷。它对应的概念是封闭社会和开放社会。封闭社会缺乏与外部的交流、互动，不外流也不涵化。封闭社会是在自给自足的基础上保持独立的内部性，有确定的社区边界，依赖于自主协调的非正式治理，并较少受外部因素影响的一类社会空间。封闭社会隐含着经济的自给自足性、空间的内部性、社会的自治性以及社会关系的伦理性。开放社会与封闭社会刚好相反，用韦伯的开放关系和封闭关系来说"秩序体系不排除任何想加入者参与。"[3]向外部开放同时又积极主动参与外部社会互动，它不是乔治·索罗斯（George Soros）所指

---

〔1〕 刘晓春：《仪式与象征的秩序——一个客家村落的历史、权力与记忆》，商务印书馆2003年版，第59页。

〔2〕 "半开放社会"主要见于郑也夫的《半开放社会》书名，但该书内容是郑先生的随笔和杂文，并未对"半开放社会"进行学术上的解释和论证。参见郑也夫：《半开放社会》，文化中国出版有限公司2011年版。

〔3〕 ［德］马克斯·韦伯：《社会学的基本概念》，顾忠华译，广西师范大学出版社2005年版，第58页。

政治意义上的开放社会，[1] 而是一般社会。开放社会隐含着社会边界的模糊化，关系上的陌生人社会、多元社会控制和法治化。半开放意即封闭性社会与开放型社会的中间环节，若以社会变迁视角看则是从封闭性社会向开放型社会过渡的一个阈限过程。它部分开放性状态是小型社会中特定空间、领域对国家、外部社会、新生活模式接轨或采纳，从而抛弃这套传统观念和生活模式，即半开放状态；在另一些领域则保持着传统习俗、人情伦理的格调，或者社会—国家某些方面正处于交汇、互融的情况，即半封闭状态。半开放状态交杂着各种社会力量、观念和新旧事物，相互碰撞、兼合、对立、叠并等，在短期内出现不适应过程，但最终呈现出向着适应开放型秩序发展的趋势。[2] 对此发现半开放社会具有半封闭性和半开放性二重性特征。根据上述阐释和调查的实际情况看，半开放社会既是一个社会现实情态，又是解释当代乡村社会的基本框架。

①半开放社会是转型期乡村社会的特殊过渡阶段，刚摆脱传统但未过渡到现代的一种阈限，这个阈限掺杂着各种复杂问题的社会结构，显然它更加多元。②部分领域开放，且这些领域更易获得村民接受并带来更大福利，有些是外部强制介入，有些则是村民自动接受和积极融入。开放的主要因素是外来因素，是涵化的结果。③较为保守不便改革的领域仍处在封闭状态，如丧葬方式、"封建迷信"、日常习俗等仍不可撼动。乡村纠纷民间解决方式就具有这种半封闭性的格调，多数人希望纠纷不出村。传统仍是坝村社会秩序的基调之一。④新型纠纷及其解决方式频繁出现乃是半开放社会的结果。特别是商业交易纠纷、主动寻求诉讼、依赖于法律形式的交易及解决争议等意味着接近现代开放型社会，尤其以女性为甚，通过法律、诉讼跳出家庭压抑的历史。"法治的出现与自然国家向开放进入秩序的转轨密切相关。"[3] 通过

---

〔1〕[美] 乔治·索罗斯：《开放社会——改革全球资本主义》（修订版），王宇译，商务印书馆2011年版。

〔2〕例如，本书过程分析中的四种类型的纠纷解决方式中婆媳纠纷、电线纠纷解决呈现出半封闭性特征；村级权力体系调解、土地承包诉讼呈现出半开放性特征。另一些纠纷既有非正式解决情况（半封闭性）最终又以正式方式解决（半开放性）。

〔3〕[美] 巴里·温加斯特：《发展中国家为什么如此抵制法治》，黄少卿译，载吴敬琏主编：《比较》（第47辑），中信出版社2010年版。

接近国家与法律，瓦解了村庄传统权威，权力结构更加分散。[1]自从2005年坝村通简易公路起，明显地看到上法院的村民在增加（后面要提到）。之前纠纷处理主要靠村内非正式力量，法律解决纠纷方式极为罕见，村民法律意识亦很淡漠。之后十多年间，纠纷解决由内向型逐渐转为外向型，或内外兼修转变，村民在与法律接触中增强了权利及法律意识，打破了内生秩序固有的壁垒。⑤半开放社会下村民日趋理性，抛弃一些传统，人际关系不再依赖于人情、面子。婚姻网络的地理空间扩大。"吃亏是福"的思维发生改变，斤斤计较的利益算计不是丢脸之事，礼俗化的信任降低，越来越注重契约、成文规矩。人们之间的关联不再是通过人情来维系和强化，而是通过现实的利益纽带关联起来。越来越多的人不讲人情、不讲面子、不择手段，你算计我、我算计你的局面在村庄内部迅速蔓延。[2]"老实人"不再是正向道德评价，反而是不可靠之人。⑥乡村政治秩序发生极大变化，新农民阶层出现，造成乡村社会多元权力格局，非正式组织兴起，地方政府权力延伸。[3]传统权力/权威与新权力之间正值交接过渡。妇女进入权力体系，她们敢于行动，挑战权威，争取权力。老人权威衰落，年轻人集团和混混群当道。家族发达，但内凝关系弱化。农村人口流动性增强，人们面对社会情境的视野更为广阔，不再局限于一村一乡；坝村近乎每户都有人去过外县/省，打工成为半开放社会的一种缘起、现象和生存方式。打工现象早已超原初的经济、生存意义，具有建构本村社会秩序、重塑社会结构与生活模式的功能，它强有力地促进乡村开放及其现代转型。⑦村民从传统理性转向现代理性。村民仍然如以往相互熟识，也彼此尊重关系伦理，但采取"一是一、二是二"，交往归交往、交易归交易之实用主义原则。家庭、财产、经济利益、财富地位要高于传统伦理原则。个人社会交往圈扩大到村外甚至县外，非血缘性的朋友关系、混混圈关系、工友等逐渐替代传统熟人伦理。他们从地域情景中脱域，在更广阔的时空组织非血缘社会关系。学者指出汉人村庄的法人性格和命运共同体

---

〔1〕 Erin Moore, *Conflict and Compromise: Justice in an Indian Village*, University Press of America, 1985, p89.

〔2〕 杨华：《纠纷的性质及其变迁原因——村庄交往规则变化的实证研究》，载《华中科技大学学报（社会科学版）》2008年第1期。

〔3〕 杨力：《新农民阶层与乡村司法理论的反证》，载《中国法学》2007年第6期。

其实早已不存在。[1]实际指出了伦理品格更倾向于多元社会结构，而不是专属熟人社会和血缘社会。韦伯把社会分类为共同体关系和结合体关系，前者建立在参与者主观关系的互相隶属上，不论是情感型或是传统型。后者是指社会行为指向乃基于理性利益动机以寻求利益平衡或利益结合。[2]乡村关系从传统到现代过程转变正是从共同体关系到结合体关系转变，至少两者兼合，从纠纷解决的利益博弈和伦理衡平就能看得出来。⑧半开放型社会一方面承载着传统权力结构，另一方面又融合现代国家与新社会权威的多元权力格局的局面，因此是一个多元权力复合构成的复杂社会。⑨半开放形态形式变化后面是社会观念变化。村民心态、观念开始逐渐适应当代社会，从封闭、保守、内向性性格向开放、追求时代感和外向性性格方向改变。外部社会、国家法律、现代观念与现代技术渗透乡村日常生活。

半开放社会既是对山区乡村的村属界定，又是一个对之理解、阐释、解决转型期乡村问题的分析工具。它构成本书分析问题之语境和前提。提出这个概念的现实基础是当代中国乡村正在经历着社会—国家两方面影响。社会方面，21世纪以来新型技术大规模地渗透到乡村，尤以通讯和交通为甚，与之伴随并进而塑造新生活模式，不断介入村庄结构中；国家方面，政府以2020年完成精准扶贫任务为目标并与政绩挂钩，以权力支配的形式援助，西部贫困乡村正经历历史以来最大变化，他们开始与国家现代化保持一种同步共进趋势。[3]政府相应地通过扶贫、交通、房改、农林支持计划、送法下乡、科技下乡等使他们接近国家。接轨社会与接近国家是半开放社会的两大表征。《击壤歌》云"帝力何有于我哉"那种自生性的封闭性秩序于今日社会已不存在。

在横向层面上，半开放社会以内外为界，包含内部因素、外部因素和内外兼容因素。这三种因素不能简单地以传统—现代、社会—国家比照对号入

---

[1] 林美容：《汉人传统庄社的基本性质》，载《民俗研究》2016年第2期。

[2] ［德］马克斯·韦伯：《社会学的基本概念》，顾忠华译，广西师范大学出版社2005年版，第54页。

[3] 习近平总书记在2013年11月于湖南湘西考察时提出"精准扶贫"，后中共中央办公厅和国务院办公厅印发《关于创新机制扎实推进农村扶贫开发工作的意见的通知》，并列入《中共中央关于制定国民经济和社会发展第十三个五年规划的建议》。

座。内部因素多数为半封闭状态，外部因素多数是半开放状态。在纵向层面上，半开放社会又呈现从微观到宏观之阶序结构。微观因素主要为半封闭状态，宏观因素主要为半开放状态。

1. 半开放社会的本质具有多元互嵌的性质

半开放社会并非某一具体的社会描述，而是一种社会性质的界定，多元性是它的本质，意味着必然包含多重因素交互糅合，表现为多重权力的互嵌。乡村多元通过内外两种因素统合建构形成，总体上外部因素嵌入内部因素，核心是国家对乡村社会的嵌入，开放因素对封闭因素的嵌入，现代对传统的嵌入和不同权力体系的互嵌。嵌入不等于植入，它是自动演化接受（濡化）和渗透（涵化）的结果。它也不是封闭与开放的对半开，这里没有任何量化因素，而是在某些方面的质的交叠，社会与国家之间没有明确的社会边界。

就其内涵要素看，半开放社会内隐着半封闭性和半开放性二重性特征。从历史角度看，中国乡村仍然在传统与现代间交替或连接。半开放社会的传统与现代相互交错，共存于一个社会空间，实际上是大传统对小传统的渗透。这样导致乡村社区边界开始外溢，外部社会边界内压，从而内外边界交叠，你中有我、我中有你。与之对应的是村民社会观念发生转型并呈现观念多元化的趋势。传统观念与现代观念不断在村民行为和思维中被选择，他们纠结于传统与现代、自治与法治、社会与国家之间。

2. 多重类型是半开放社会的表征

半开放隐含着广泛的内容，它表现在伦理、经济、治理、观念、乡土等各个方面，表现出各个相关的半开放方式。这些方式都是交错共融，即相互糅合并共生于一个乡村空间，并体现出多元社会类型，很难用某单一的社会属性予以精确定位。

这种现实既不是传统的内向型熟人社会和伦理社会，[1]也不是伦理意义的礼俗社会和法治社会，而是一种去伦理化或伦理弱化的新熟人社会。半开放社会绝非封闭社会与开放社会的二元等分，它存在着开放因素在其中的主导性和趋向性，即导向于开放趋势，并处于传统与现代的交接地带的二元社

---

〔1〕　梁漱溟：《乡村建设理论》，上海人民出版社 2006 年版，第 24 页。

会，所以半开放社会不能说成半封闭社会（但不对应封闭社会或开放社会）。半开放社会内含着从纯粹的情感向着理性转变的过渡阶段，是具有中国特色的新理性主义社会。半开放社会的治理隐含着多元治理要素，既非绝对的自治，更不是国家的完全治理，而是属于半自治领域。一般来说，基层治理单元具有多种因素。[1]在横向层面治理领域，半开放社会以内外为界，包含内部治理因素、外部治理因素和内外兼容治理因素。半开放社会属于后乡土社会。21世纪的中国乡村进入后乡土社会，国家提倡的城镇化释放乡土的社会生产力，一些乡村通过整合进入半城镇化状态，乡土社会的传统生活色彩逐渐褪去，一方面保持着乡土情调，另一方面却摒弃了部分不合时宜的传统，逐渐接近城市文明，甚至城镇化。基于血缘的差序格局通过城镇化的方式被打破了，人们按照市场原则进行交往和生活，这是后乡土社会的特色。

（三）半开放社会与"个人—社会—国家"

伦理主义与理性主义在乡村呈现消长的关系，伦理主义受到理性主义的冲击。罗吉斯和伯德格的研究发现，即使在美国，传统乡村邻里关系的重要性在降低，群体关系正从以地缘和血缘为基础转变为以共同利益为基础。[2]这意味着以邻里、地缘和血缘为伦理的传统秩序衰减，共同体利益及其经济法则有显而易见的力量。这种关联与半开放社会基本一致。比如新生权威/精英权力增长而传统权威式微，这是内发变迁和关联变迁双重因素导致的结果。从血缘、地缘到业缘组织转变，由正式组织向大量存在着非正式组织格局转变。[3]有学者指出这种秩序支持系统的民间化趋势，弱化乡村司法超越其他权力的公共权威性。[4]传统权威对发挥社会控制，建构村落秩序的功能逐渐减弱，甚至消失。权威/权力的纵向格局开始向横向格局转变，因此，权威在当代村落中是弥散的，而不是集中在某个人身上。乡村内生型民主有利于矛

---

〔1〕 李增元：《农村基层治理单元的历史变迁及当代选择》，载《华中师范大学学报（人文社会科学版）》2018年第2期。

〔2〕 [美]埃弗里特·M.罗吉斯、拉伯尔·J.伯德格：《乡村社会变迁》，王晓毅、王地宁译，浙江人民出版社1988年版，第11页。

〔3〕 李守经主编：《农村社会学》，高等教育出版社2000年版，第95页。

〔4〕 杨力：《新农民阶层与乡村司法理论的反证》，载《中国法学》2007年第6期。

盾解决的多重方式化，遇到村庄事务时以家庭为代表的协商性方式不断增加，政治权力多元格局开始弥散在个体中，体现出村落社会的内生民主取向。这样一来，如果涉及村民重要利益的纠纷，村落中缺乏一个高度裁决性的调解权威，第三领域也仅仅解决小型纠纷，重要矛盾他们开始利用诉讼手段解决。在村里形成新民谣：小事不出村，大事找法院。"纠纷解决出现两条主要路径：一是小型纠纷当事人依赖于自身力量或村内权威调解的个人权力、社会权力解决；二是重要纠纷当事人利用交通和经济便利条件寻求国家权力救济。前者的纠纷路径涉及前面所说的微观权力问题，后者涉及国家公权力问题。"[1]纠纷解决方式的变迁与权威变迁呈现相适应的逻辑关系。[2]

半开放社会形态下，被外部力量冲击的山区乡村一时"礼崩乐坏"，短期内自适应能力未有效地塑造理想的关系模式，但总体上一种正向发展的趋势不可避免，那就是国家比以往更正当性嵌入乡村日常结构之中，既是对"礼崩乐坏"的矫正和修复，又是对新社会秩序的塑造。这种"嵌入性"（embeddedness）[3]与改革开放之前政治权力支配一切并使日常秩序政治化截然不同（一种强嵌入性），随着国家从向农村索取到给予所赋予的工业社会反哺农业社会的过程性转变，国家在乡村的权力支配摆脱政治控制的传统思维。新时期国家权力介入乡村是以公共服务为手段，推行乡村基本福利为目的，实际是现代意义上的"再嵌入"，使国家在新常态下与地域的时空条件契合，[4]以此来使国家权力在避免"礼崩乐坏"的情况下进行正当性、合法性重构。如坝村柏油马路建设、送法下乡、土房改水泥房、"三保"（医保、低保、老龄补贴）、

---

〔1〕　易军：《权威变迁、权力表达与纠纷解决——乡村社会的法律信任与乡村法治》，载谢晖等主编：《民间法》（第16卷），厦门大学出版社2015年版，第160页。

〔2〕　表面看纠纷解决之治优于规则之治，实则是纠纷场域内这种弥散的权力在起作用。传统规则和法律规则都会让位纠纷面临的即时情景，让位于权力的控制、约束及其意欲使问题趋向于微观社会共识的预期，甚至坝村至今也没有村约，而民国时的乡约在新中国成立初就被废弃。村民对传统的恪守多在礼俗方面而不是纠纷解决方面，除涉及宗教、祖先、世俗的纠纷外，大多是在现代意义上的非正式和正式纠纷解决之间选择完成。

〔3〕　臧得顺：《格兰诺维特的"嵌入理论"与新经济社会学的最新进展》，载《中国社会科学院研究生院学报》2010年第1期；〔英〕卡尔·波兰尼：《大转型：我们时代的政治与经济起源》，冯刚、刘阳译，浙江人民出版社2007年版。刘少杰主编：《当代国外社会学理论》，中国人民大学出版社2009年版，第325页。

〔4〕　〔英〕安东尼·吉登斯：《现代性的后果》，田禾译，黄平校，译林出版社2000年版，第69页。

农林补贴等各种国家反哺政策。国家权力正以"新常态"面目成为乡村权力秩序的重要部分。

法学界已反思流行的"社会—国家"二元分析工具的学术意义。[1]在笔者看来其缺陷在于忽略个人作为通约的变量在二元结构中所起的作用，尤其小型社会结构的个人是建构性主体，真正塑造社会结构的关键性、微观化势力。社会与国家的关系从制度与学术上人为地相互隔离，甚至对立起来，忽略连接两者的中间环节。"社会—国家"二元模式显然不具自足性和自洽性。单以坝村个人的关系秩序看，坝村村民或多或少参与了社会关系建构，塑造村庄秩序并具有影响其他人和社会的力量。至于其社会意义究竟如何，则因人而异。半开放社会中有人摆脱传统，连接外部因素；有人坚守习俗，拒斥新兴力量。

个人与国家之间依赖于社会的桥接，乡村个人很少与国家发生直接关系。只有乡绅、地主、权威、知识分子与乡村组织构成的权力场域，是连接国家与个人权力的最主要方式。[2]实际上，在微观与宏观两端需要社会来实现互动。社会并非广泛意义的扩展性关系结构，是具有收敛性和结构化的秩序体，类似于滕尼斯指称"现实的和有机的生命"的共同体社会。[3]小型社会是不同个人之间建构的规范性集合。依这种"社会"指向，坝村几乎所有具有参与社会能力的人都被归属于多元社会结构，从而使小型社会秩序趋向复杂化。具体地说，坝村的"社会"主要有老人社会、年轻人集团、家族、派系/社群、亲缘网络、朋友圈、利益圈、村委会。同一人归属于不同"社会"秩序体系，存在着不同的阶序关系，正如他/她所属家族与派系之间的关系，血缘关系更甚于关系政治考量。有时伦理因素还决定共同体中人的权力大小，当然，还涉及个人利益重要与否的选择。

很明显，坝村这种半开放社会已融汇个人、社会、国家三种权力并呈现相互勾连的动态关系，共同构成"个人—社会—国家"的权力格局。按桑托

---

〔1〕 徐昕：《论私力救济》，中国政法大学出版社2005年版，第25~50页。

〔2〕 [美] 阎云翔：《私人生活的变革：一个中国村庄里的爱情、家庭与亲密关系1949—1999》，龚小夏译，上海书店出版社2006年版，第260页。

〔3〕 [德] 斐迪南·滕尼斯：《共同体与社会——纯粹社会学的基本概念》，林荣远译，商务印书馆1999年版，第52页。

斯（Boaventura de Sousa Santos）之言，国家权力属于有序权力，属于中央集权，等级有序的宏观权力。国家权力负载于国家结构并通过国家机关或工作人员实行于社会，是一种政治性的制度权力，它相对独立且更具有法律正当性和权威性，尤其是通过乡村福利再建权威，远比社会权力和个人有更强大的社会支配。个人和社会权力寄寓于社会关系和社会交往的不规则不平衡之处：家庭中、学校内，街道里，因而是一项微观权力。它具有离心性、零散性、多元性、游离性、机动性等。[1]具体看，社会权力是指在社会关系中，民间组织和各种个人集合以其所拥有的双核资源对社会所产生的影响力。它归属于一个介于国家与个人之间的共同体。有学者称之为个人权力的联合。[2]个人权力是作为公民的个人拥有的能自由表达的权力或权利，包括私权和影响他人或社会的一般性权力。比国家与社会更灵活，通常通过语言、身体表达为手段实现权力制约。社会权力是村民最常解决问题、处理矛盾、协调关系的所在，一方面基于社群/集团自身利益进行权力博弈；另一方面成员为自身利益把社群/集团作为实现目的的手段。日常生活中常态化事件或不足以形成破坏内生秩序的争议，个人权力、社会权力有很大的可控力；国家倾向于解决非常态事件或超越、破坏内生秩序的争议。"个人—社会—国家"既是杜赞奇意义上权力的文化网络的表现形式，也是一种社会结构的存在方式。但它远比学者认为的乡村微观权力网络只有宗族、精英和混混大得多。[3]通过个人再到社会或国家的行动过程，确已成为乡村纠纷解决的一项社会结构，并且业已构成三个分化但解决纠纷时又有阶序性的政治单元，具备非正式方式解决与正式方式解决（从个人到国家）的某种连贯性。通过"个人—社会—国家"权力结构考察权力类型，可以看出乡村权力/权威的多元主义色彩。以此逻辑，个人—社会属于非制度性、非体制性权力/权威，国家属于科层

---

〔1〕　Boaventura de Sousa Santos，"Law and Community：The Changing Nature of State Power in Late Capitalismin"，in R. L. Abel ed. *The Politics of Informal Justice*，Vol. 1：the American Experience Academic Press，1982，pp. 261–263. 载 ［英］西蒙·罗伯茨、彭文浩：《纠纷解决过程：ADR 与形成决定的主要形式》（第 2 版），刘哲玮等译，傅郁林校，北京大学出版社 2011 年版，第 50 页。

〔2〕　王宝治：《当代中国社会权力问题研究——基于国家—社会—个人三元框架分析》，中国社会科学出版社 2014 年版，第 53~54 页。

〔3〕　郑智航：《乡村司法与国家治理——以乡村微观权力的整合为线索》，载《法学研究》2016 年第 1 期。

制/体制性权威。[1]个人—社会—国家系统总体上体现出正式权力非正式化与非正式权力间的组合关系。[2]在此表现个人—社会作为非正式权力对正式权力的渗透。社会—国家其实是被化约为以个人权力为主要运作方式展开。虽然个人可以归入社会范畴，但毕竟个人是主观性、个性化和任意性较强的权力主体。他/她是独立于社会与国家之外的另一层权力区分单位。这种分类的意义在于从二元对立结构到三元关系，即国家介入乡村之后，乡村小社会出现个人—社会—国家三者之间的权力关系。个人面对社会及其组织体系，还要面对国家，反之，国家在福利下乡过程中面对社会及其组织体系时，也要面对原子化个人，整体反映了末梢、边缘、中心的梯次关系。个人、社会、国家三者之间相互嵌入，并在同一空间内实现互动、重叠、选择。有的学者已间接反映了这个问题，黄宗智研究非正式性、正式性与第三领域的纠纷处理时，深刻地指出这种互动关系，"正如非正式制度受到正式制度影响一样，在正式制度运作过程中，非正式性纠纷处理也起到一定作用。"[3]在杜赞奇权力的文化网络模式中，国家权力在乡村受到某种阻碍而形成内卷化。[4]他把国家权力在乡村的量看得太重，实际并非如此。长期地看，乡村的"个人、社会、国家"三种权力根据村情、时代需要和发展情势存在着适配的比例关系，保持着一种相称性配置，甚至在微观场域也存在三种权力共存局面，至于如何配置并相称，则是一个变化的情境问题，当前则处于相称不协调而导致的内卷状态。"个人—社会—国家"是一个切面或横向关系的并列结构。三种权力在乡村情景——尤其是即时关系状态下——则是被打乱以供选择的权力秩序，排除权力差序化，被重新置于一个场域和小社会中来展现他们之间的策略化的动态关系，而不是静态结构。

我并未对所有乡村概化或量化这个权力模式，只对坝村这个特别村落进行调查并客观表达这个权力所内含的实际样态。总体表现为：个人微观权力

---

[1] 赵旭东：《权力与公正——乡土社会的纠纷解决与权威多元》，天津古籍出版社 2003 年版，第 275 页。

[2] 孙立平：《现代化与社会转型》，北京大学出版社 2005 年版，第 360~382 页。

[3] [美] 黄宗智：《清代的法律、社会与文化：民法的表达与实践》，上海书店出版社 2001 年版，第 130 页。

[4] [美] 杜赞奇：《文化、权力与国家——1900—1942 年的华北农村》，王福明译，江苏人民出版社 1996 年版，第 66 页。

方面有乡村权威/精英、家族长/户主、妇女、老人、中青年人、外人，他们属于初阶权力；多重组织化的社会权力有家族/亲缘网络、群、年龄组、混混、自治组织，他们属于中阶权力；重建权威的国家权力有驻村干部、送法下乡宣传队、乡村司法人员、乡村执法人员和国家/政府本身，国家权力中的法律、司法权力属于高阶权力。国家权力在此不是外来或上面的远离大众的那种陌生权力，乃是与村民日常生活关联的一个方面。朱爱岚（Ellen Judd）指出国家权力既是弥散性的，又是富有成效的，并以公开、集中的形式出现在人们熟知的"国家"机构中。对国家权力的理解更接近于渗透这一隐语。[1]总体上个人—社会—国家涵括乡村权力大概，覆盖福柯所指弥散的权力空间范畴，乡村权力无所不有，无缝不插。"大概没有人会否认渗透在农村日常生活中无所不在、生生不息的差异和权力等级。除社会性别、财富、职业及干群分化而外，聚落中的本族本姓认同、辈分和代际差异等皆为明摆着不可等量齐观的权力范畴。"[2]这种权力结果是否等级有序，由不同背景和地域的乡村决定，但不是桑托斯所说的"毫无秩序可言"。[3]上述内容表明，这个权力结构实际隐含着一个庞大的乡村权力体系，从初级形式的个人，到中极形式的社会组织，再到高级形式的国家，构成一个弥散的权力文化网络。在纠纷场域下，三种权力置于一个被选择的地位，形成被动性竞争秩序，从而使乡村治理具有多元的局面。

二、个人：微观权力的消长

（一）衰落的权威/精英

在坝村权力大系中，作为微观权力的个人是坝村权力结构的初级形式，权威是这种形式的一种。权威即他人所服从的权力人士具有的被信任度和能

---

[1]　[加]朱爱岚：《中国北方村落的社会性别与权力》，胡玉坤译，江苏人民出版社2004年版，第198页。

[2]　胡玉坤：《政治、身份认同与知识生产：嵌入权力之中的乡村田野研究》，载《清华大学学报（哲学社会科学版）》2007年第3期。

[3]　Boaventura de Sousa Santos："Law and Community：The Changing Nature of State Power in Late Capitalismin"，in R. L. Abel ed. *The Politics of Informal Justice*，Vol. 1：the American Experience，Academic press，1982，pp. 261-263. 载［英］西蒙·罗伯茨、彭文浩：《纠纷解决过程：ADR与形成决定的主要形式》（第2版），刘哲玮等译，傅郁林校，北京大学出版社2011年版，第50页。

力。[1]当某人对其所属群的某些头人服从是基于自愿考虑时，此头人获得非正式社会控制的权力，依靠这套非正式制度而形成权威。权威天然地暗含着权力，权力却非如此。正如韦伯所言，权威的社会正当性在于服从，权力在于（哪怕是反对）支配。[2]由于人们的自愿信服，意味着权威是嵌入一套非正式的制度安排。[3]因此权威隐含着规则，是一种客观性的结构。而权力代表着意志，有强烈的主观性。但他们都有共同点，就是都有"塑造他人的观点和/或行为意图的实施"。[4]按村民日常观念，权威就是精英。[5]但近十几年来新出现的乡村能人，相对于传统权威已不具有可支配性的权力，新精英人物拥有经济、技术、时尚等方面的引导和劝领能力，但缺乏对乡村重大事务的召唤能力。对坝村的调查显示，乡村精英包括传统权威和新生产的精英。前者有传统权威、地方宗教领袖、文化权威、家族权威、制度权威；新精英有富人、号召力强的年轻人、村领导、技术能手、乡村知识分子。他们的威望、权力与身份得到村民认同。用杜赞奇的话说，"乡村权威产生于代表各宗派、集团及国家政权的通俗象征的部分重叠及相互作用之中。"[6]但基于"规范"与"象征"的文化权力实际上淡化了。权威与新时代精英一并被统称为大人物（big man）。他们共同塑造地方权力上层结构的框架。韦伯的三大权威——传统权威、卡里斯玛权威（魅力型权威）和法理型权威——在今日乡村仍然能找到相应位置。[7]对坝村权威类型，我们以韦伯三大权威类型

---

[1] 于建嵘：《岳村政治：转型期中国乡村政治结构的变迁》，商务印书馆 2001 年版，第 47 页。

[2] ［德］马克斯·韦伯：《经济与历史；支配的类型》，康乐等译，广西师范大学出版社 2010 年版，第 298~299 页。

[3] ［美］安东尼·M. 奥勒姆、约翰·G. 戴尔：《政治社会学》（第 5 版），王军译，中国人民大学出版社 2018 年版，第 2 页。

[4] ［美］安东尼·M. 奥勒姆、约翰·G. 戴尔：《政治社会学》（第 5 版），王军译，中国人民大学出版社 2018 年版，第 3 页。

[5] 权威/精英影响与作用居首，它是这个初级体系的中心。就语词理解，权威与精英存在着区分和关联。权威隐含着某群对他/她的认同与服从，而不是强迫和基于自身意志控制。

[6] ［美］杜赞奇：《文化、权力与国家——1900—1942 年的华北农村》，王福明译，江苏人民出版社 1996 年版，第 29 页。

[7] ［德］马克斯·韦伯：《经济与历史；支配的类型》，康乐等译，广西师范大学出版社 2010 年版，第 303 页。

与当代权威类型进行叠合，通过表3可以看出乡村权威和精英的关联：[1]

表3　乡村权威类型划分

韦伯类型	乡村权威						
	政治权威/精英	社会权威/精英	制度权威/精英	技术权威	家族权威	文化权威/精英	经济权威/精英
传统型权威	老人领袖，地方头人	能人，青年领袖	退休回乡人员，退伍军人	仪式主持人，匠人	家长，族长	乡村知识分子	种植能手，地多家庭
卡里斯玛权威（魅力型权威）	宗教领袖	风水师，法师，混混老大	在外做高官的本村人	仪式主持者	长老，高辈分人	懂传统文化的人	村庄首富，在外赚钱者
法理型权威	村主任，村支书，挂职干部	治安员，自然村主任，队长	执法人员，驻村干部，司法人员，下乡人员	中医师，兽师	家族为官者	大学生村干部，技术员，乡村教师	致富能人，乡村老板

在传统型权威、卡里斯玛权威和法理型权威的三大谱系中，权力的非正式控制呈现消长关系，新生权威、法理权威递增而卡里斯玛权威、传统权威递减。半开放社会中人们对传统权威身份认同逐渐降低，其权威性大为减弱。除社会权威/精英中的传统型权威外，其他传统型权威在权力的社会结构中被边缘化，不适应外部性力量、外来知识使他们让位于其他权威。卡里斯玛权威也开始改变传统宗教领袖、法师、道士、仪式主持人的身份认同，混混江湖老大、富人和富有传奇经历人物成为新时代人们尊崇的偶像，从而替代以往的卡里斯玛权威。传统型权威治理也赶不上卡里斯玛权威和法理型权威。

从上表中的具体权威类型看，权威多元源自于乡村秩序多元格局形成的

---

〔1〕表3未表示权威的权阶关系，按照社会习俗，坝村不同权威体系总呈现高低、大小、强弱的差序之别。严格说满足权威的条件必须具备村领域方面的影响力，这种影响力可大可小，范围可广可窄。如知识权威/精英，他在此领域内拥有其他权威不可企及的话语权和控制权。这一点在坝村的宗教仪式上的权威以及人情仪式上的对联、香火、祭词等方面极为明显。但就世俗化和政治化的权威来看，表中的坝村所有权威社会控制力/权力要远远高于其他权威。考虑到权威的多元结构，我们不考虑权威的政治正当性问题，主要关注权威的文化社会学问题。

权力分配结构。不同秩序结构都内含着权威。一些权威——如匠人——只有在其秩序格局内生成权力，超出这个秩序格局的权威消失，权力也不存在。另一些权威涵括不同的多元秩序，权力支配关系远大于专业性强的权威。如政治权威中的卡里斯玛权威、社会权威中的传统型权威和制度权威中的法理型权威。在乡村纠纷场域内，拥有纠纷解决权力影响的权威主要是政治权威中的法理型权威、制度权威中的法理型权威、家族权威中的传统型权威，这些权威并没有严格意义上的权阶关系。

然而我们也看到，排除个案特殊性对不同权威产生影响，即使是日常状态下权威对已然之事仍是俗成的非正式方式实现社会控制。权威影响不由权威本身决定，由所涉及事件关联的权威选择、当事人认可、权威治理空间范围的约定俗成综合决定，基本上由问题性质界定和当事者意愿的先后关系来确定权威大小。这是中国社会中特有的权威/权力与主体嵌合的结果。权威/权力在中国文化中被人格化和伦理化了，作为这种权威/权力载体的人及其人格被权威嵌入其中，从而使人们对权威尊崇转变对人的尊崇，权威/权力与认定位序发生置换。坝村的自然村有其内部权威，行政村也有权威。不同权威具有空间范围大小和权力的社会结构大小，村民必然依照自然的常识逻辑理解，层级而上建构他们自身判断的权威阶序结构。这种情形包括地理空间和社会结构/社会空间两个方面。

第一，地理空间方面。权威塑造了空间的同时又被空间所塑造。一般来说，涉全行政村权威高于涉自然村权威，涉自然村权威又高于村民小组权威。反过来说若涉及问题、事务不及上层村设机构，只扩展到村民小组，则权威又可能恰好相反。地理空间塑造的权威与承载权力的人无关，尤其是政治型权威中的法理权威，他们是与人、职务、权威相互脱离的法理型权威，当这些权威职务届满，被调回外地或其他单位后，他/她的权威性必然随之消失，对乡村秩序社会控制不具有任何权力。但另一类权威却不同，他们是终其一生居住在坝村的政治权威的传统权威，无任何外赋性职务关系，其权威具有人身、威望和权力相互融合的特点，他们任何时候都具有事务的被动选择权。

第二，社会结构/社会空间方面。社会空间的权威多数是组织体系内的权威。各个权威生成于他所在那个社会结构/组织体系，习俗性社会控制当然及于这个体系之内。在半开放社会的变迁环境中，坝村权威所依附的社会结构不断发生改变，正如阎云翔研究的东北村庄关系变迁，[1]坝村权威也向着精英化转变。年轻人因赚钱能力大大超越老人和妇女，拥有重大事务决定权，从而在经济结构内形成年轻人的经济权威，并把这种权威扩展到其他社会空间，其他权威却很难做到这一点。

权威的另一微型场域是家族长。家族长或户主与家庭、家族连接，很少与村连接，因而他的权威只及内而罕有及外。乡村地区的政治基本单位乃是家庭，社会单位是原子化的个人。乡村社会民主方式（除村政治民主外）都是以家庭为基本单位进行协商、讨论、决策，家庭对这些方式的选择却是由家族长/户主决定。到2015年末，坝村3567人共1331户。由于一些新分家庭已分灶但没有单立新户头，分爨不分户，就出现一个法律意义上的家庭内有多个实际单立分家家庭、家长的情形，他们构成坝村的一个政治（投票）主体。可以确定坝村家长总量要高于1331户的总数。家长权威主要调控家庭社会关系；族长依附于家族，他的权威主要调控家庭和家族社会关系。户主是法律意义上的家长，即户口簿上的一家之主。大多数户主是家长，但遇到上述分灶部分户情况则为多个家长一个户主之情形。

坝村是一个多姓家族社会，十几个家族拥有的家户占坝村总家户数的80%左右，余者为独姓家户，各个家族都拥有极为明确的世系结构。家族之上并没有一个最高权威的大族长，族长出现在地理单元和房这个世系层面。地理单元的族长可以跨越房的世系，在同一地理单元内拥有家族权威。如坝村易氏家族在油坊、花雕自然村人口较多，有50户家庭，被分隔为两个不同地理单元。油坊易氏家族来自不同的可追溯上至六代的三个房系，但这个地理单元内却拥有一个跨越三房的族长。另一类族长是同一房系内权威，在房系内辈分最高，年龄较大，拥有对本房的权威，当房系内发生家户间、家事以及本房与他房、本族与异姓家族之间纠纷时，房系族长权威拥有对内调解纠纷、对外协调矛盾的权力。地理单元意义上的族长也拥有这种权力，但他的权威性还是体现在更为宏观的社会方面，如本自然村社会事务、整个家族事务、重大争议等方面，从这个角度看，他的权威性比房系内族长权威要高。

---

〔1〕 ［美］阎云翔：《私人生活的变革：一个中国村庄里的爱情、家庭与亲密关系1949—1999》，龚小夏译，上海书店出版社2006年版，第23~43页。

一些家族成员拥有公职，是"官府人员"，"他们与国家权力密切关系，掌握政治、经济、文化资源优于家族一般成员，决定他们对家族规范与传统具有解释权。"[1]家族长的内部性控制在半开放社会中不等于拥有外部控制的能力，这种能力只能通过前面这种家族成员来获得，从而，坝村的家族权威也开始呈现多元化趋势。

毛泽东在《湖南农民运动考察报告》指出"政权、族权、神权、夫权，代表了全部封建宗法的思想和制度，是束缚中国人民特别是农民的四条极大的绳索"[2]。毛泽东批评父系家长主义对中国传统社会具有消极影响，其中的纲常伦理确实对现代中国的乡村现代化有一定的阻却性。但不可否认家族长这种非正式制度起着最基本的社会治理功能，古人强调"家—国—天下"治理逻辑，治家（族）乃是治天下首要。[3]当今社会也毫不例外，家族长通过对家事纠纷治理，避免家庭暴力、离婚、子女伤害；通过家族内部关系协调，避免分家/析产、继承、相邻关系争议；通过祭祀、祭祖、修谱、修墓、族会等非正式控制重构家族秩序和文化。家族长对家庭/家户、家族、房的治理是中国基层社会非正式治理结构之极为重要的一环。以小型纠纷解决来减少基层社会单元越轨，稳定在社会的初级秩序阶段，成为国家建构微观社会的基本力量。

衰落的权威是老人。除老者权威外，大部分老人从传统权威变为一般村民，即丧失权威的年龄多数在六十周岁以上。杨懋春对山东村庄调查发现，老人权威衰退大约是 50~60 岁间，即从实质权威转变为名义权威，控制权力转移到儿子手中的大概年龄区间。[4]这在中国当代汉人村落是普遍现象。[5]坝村最近十年以来已步入老龄化社会。根据三个自然村调查，60 岁以上老人占总人口的 20%。有个自然村 80 户家庭总人口 230 人，老人有 50 余人。这个比例还在逐年增加，总体发展趋势是老人越多权力越弱。老人缺乏改变现

---

〔1〕 刘晓春：《仪式与象征的秩序——一个客家村落的历史、权力与记忆》，商务印书馆 2003 年版，第 95~96 页。

〔2〕《毛泽东选集》（第 1 卷），人民出版社 1991 年版，第 31 页。

〔3〕 见《礼记·大学》。

〔4〕 杨懋春：《一个中国村庄：山东台头》，张雄等译，江苏人民出版社 2001 年版，第 59 页。

〔5〕 [美] 阎云翔：《私人生活的变革：一个中国村庄里的爱情、家庭与亲密关系 1949—1999》，龚小夏译，上海书店出版社 2006 年版，第 239 页。

行社会秩序和经济秩序的能力，这种责任落在 20~45 岁的中青年人身上。由于当地政府要求在 2020 年前全部完成土房改水泥砖房任务。虽然政府有一般补贴 2 万元、滑坡补贴 4 万元的政策，但按照政府提供建筑样式修建 200 平方米左右砖房需要 10 万元以上，这些费用全部依靠中青年人打工承担。老人在水泥砖房修建过程中无任何话语权。新修砖房又不断采用市镇标准，包括家具、电器、生活用品都比较现代化。老人的那套传统生活用具和生活方式被青年人摒弃，因土房被推倒，老人被迫搬进砖房居住，除适应问题之外，还与年轻人发生日常冲突。如水泥砖房的家族香火、祭坛（一般在堂屋中间靠墙位置）消失。因房屋靠近公路建设，传统风水原则不被采用。这些传统秩序所蕴含的知识只有老人才知道、理解和运作，知识和秩序消解使老人成了闲人，趋于边缘化，消除了他们在这方面的权威结构，构成父母身份的非神圣化。[1]

老人保留的权威存在于祖先、神灵秩序中，这种卡里斯玛权威因传统文化和信仰未被改变，因而在祭祖、请神、祭祀、招魂等方面有很大影响力。在这些事件引发的纠纷中，老人的作用远大于世俗权威，但世俗秩序中老人很可能是纠纷当事人，不但无助于问题解决，其本身可能引发纠纷，典型的是家庭赡养纠纷、分家矛盾等，甚至父子间纠纷在坝村也有很多起。半开放社会的老人受到秩序变迁影响显得不适应，又与年轻人格格不入，当年轻人在外打工时，又要参与劳动和照顾年轻人的孩子，本应该养老休闲的老人再次下到田间地头。在老人逐渐"祛魅"的过程中，他们成为这次社会变迁和转型的代价承担者。

（二）崛起的一般村民

一般村民指那些不具有权威性，但对内生性秩序和乡村小型事务有一定、甚至有重要权力约束之人。比如妇女、中青年人、外来人等。相比老人，坝村妇女势力在崛起。这显然可以看作是乡村社会从封闭状态走向半开放的结果之一。妇女权力崛起主要原因是乡村男权观念在开放状态下逐渐瓦解。[2]

---

〔1〕［美］阎云翔：《私人生活的变革：一个中国村庄里的爱情、家庭与亲密关系 1949—1999》，龚小夏译，上海书店出版社 2006 年版，第 207 页。

〔2〕妇女势力的崛起不等于女权的崛起。妇女在生活方面、微观领域的势力是一种日常秩序化的表征，而不是意识形态的认知，本书也不考虑这种大词化的论调，把妇女势力放在一个微观的场域具体考察她们的权力对生活的影响，这才是最重要的。

男性外出打工后，女性在核心家庭中掌权或主事逐渐增多，传统意义上"嫁后从夫"原则在坝村已消失，纲常伦理仅在家族、岁时祭仪、祖先祭祀、节日活动的礼俗过程中象征性地表示一下，实际上不存在传统女人的礼治观念。在参加过的几次坝村村民小组会议上，我发现与会女人多于男人，她们对本队（即村民小组）的重大事务出谋划策，因按当地惯例每户派一代表参会，则完全说明妇女作为一家之主决定本家庭对决策的意见。一方面表明妇女确实拥有小群体社会中特有的政治权力，有一定的政治地位；另一方面表明她们在家庭中不再受礼制约束，家庭地位不低于丈夫的角色及地位逐渐形成。妇女崛起是坝村 21 世纪以来的重大事件。

近三十年来，溪洛渡镇以及坝村男女性别比失调且不断增大，妇女人口数量少于男性。妇女在婚配资源、劳动力资源等方面日渐稀缺，越来越重要，她们的地位也随之在这些问题上"水涨船高"。坝村人口比例从 20 世纪人口普查统计看，性别比不断扩大，花雕自然村 400 余人中男性比例占 220 余人，女性只有 180 余人。2015 年调查统计看这种比例还在恶化，其结果，一个村民小组中大约有 7 个大龄青年未婚，年龄最小 25 周岁，最大有 41 周岁。油坊自然村已到法定婚龄而未婚者已有 20 余人。从坝村上级行政隶属单位溪洛渡镇性别比比较可以看出这种比例严重失调：[1]

表 4　溪洛渡镇近几年人口构成

年份	2010 年	2011 年	2012 年	2013 年
户数	30 001 户	26 418 户	36 127 户	38 003 户
男性	48 100 人	44 156 人	缺失	49 567 人
女性	41 228 人	40 662 人	缺失	46 824 人
总人口	89 328 人	84 818 人	缺失	96 391 人

资料来源：《永善县年鉴》（2010 年）、《永善县年鉴》（2011 年）、《永善县年鉴》（2012 年）、《永善县年鉴》（2013 年）。

---

〔1〕 表 4 分别参考了《永善县年鉴》（2010 年）、《永善县年鉴》（2011 年）、《永善县年鉴》（2012 年）、《永善县年鉴》（2013 年），由于坝村没有具体的数据统计资料，坝村的总体性别比未列示，只考察了部分自然村的性别比及其量化。2010 年、2011 年到 2012 年户数变化很大是溪洛渡镇各管辖行政村的调整所致。

由于妇女婚姻选择权比以往更自由，坝村传统意义上的通婚网络发生改变。自 20 世纪 90 年代以来，通婚圈从村内通婚向村外通婚、小镇甚至县外通婚扩展（如图 1 示呈现的女性婚配流向）。通过与村外通婚比较看，坝村已经缺乏吸引村外妇女的优势，从而在妇女婚配交换中失去平衡，妇女嫁出多、嫁入少，这样抬高了妇女在乡村婚姻交换中的地位。妇女拥有很强的经济能力，男耕女织的传统生活方式在坝村早已消失，妇女与她们的男人一同在外打工，收入基本上一样，差距甚微，妇女经济依附性消失。经济能力增强扩展了妇女的家庭话语权和自主权。夫妻双方关系远比以往复杂，功利理性与传统夫妻伦理不断纠缠，家庭暴力开始减少，妻子主掌家产和内外事务的权力不断增加。可以看到，妇女势力崛起是一种社会结构失衡推高的结果，当然也存在她们自下而上的某种努力。这一点与朱爱岚的路径假设不一致，仅仅依靠政治改革提升她们的地位收效甚微。[1]虽然在中国确实存在这种现象，但不是普遍的。

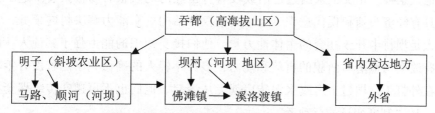

图 1　新世纪以来坝村女性婚嫁地域流向图示

妇女崛起改变了坝村传统男性政治秩序，女性打破这种秩序（男权与纲常伦理）并建构一套适合他们自身社会需要的性别政治，又连带消解其他礼制秩序。如传统观念中父母与已婚儿子家庭同居养老，但近二十年来儿媳都要求父母单过，从扩大家庭向核心家庭转变已然成风（俗），调查统计大约90%家庭都是父母单过。养老问题的解决方式成为默契，婆媳关系变得紧张且日益严峻。从儿媳向婆婆身份转变意味着从有权到无权转变。[2]坝村几乎每家都发生过婆媳纠纷（包括公媳纠纷）。由于妇女非常清楚地看到自身价值

---

〔1〕［加］朱爱岚：《中国北方村落的社会性别与权力》，胡玉坤译，江苏人民出版社2004年版，第166页。

〔2〕阎云翔：《中国社会的个体化》，陆洋等译，上海译文出版社2012年版，第195页。

和政治地位上升，对公婆和丈夫要求越来越高，一旦无法达成一致则矛盾频发。同样看到坝村在20世纪90年代之前离婚率0.5%左右，2015年调查发现一个80户的村民小组有4起离婚，每个村民小组都有离婚例子。这不能断定离婚纠纷与妇女崛起有关，但从个案情况看离婚多起是女方提起，说明以往不去法院的心理弱化。接近国家并使家事纠纷公开化，这本身是半开放社会中妇女权力的一种表达形式。

中青年人集团是坝村权力体系的主要力量。20世纪80年代后期，坝村中年人群体零星地外出打工。1990年代中后期，受沿海地区经济发展吸引，坝村年轻人开始大规模外出打工，这一阶段在2009年前后告一段落。这些年轻人年龄当时大致在16~40岁之间。柏坪自然村2011年时16~40岁的中青年人143人，[1]这些人在2011年之前都去打过工。另一自然村岩湾调查显示中青年人除个别因身体因素或疾病外都出过远门。打工成为坝村中青年人不可缺少的人生过程，一个外出打过工的人被认为见多识广、阅历丰富很易受到其他人崇拜，相反，未出过远门或没有打工经历的人很容易被人看不起。他们具有经济头脑和现代意识，远比其他权力结构更有能力解决村内事务。青年人是坝村半开放社会的主体性力量，他们接受知识的能力强于其他人，他们有改变当地落后面貌的自信和能力，多数年轻人的确做到了。若没有年轻人在外打工，坝村土房改水泥砖房就无从谈起。他们也不再遵守传统那套礼制，是"制度变迁的行动者"。

坝村一个诨名叫罗三包子的生意人长期在县城生活，"在深圳混过"。他脸长得圆，像是包子，其实村民指的是他内心很"憨包"，就是傻里傻气的人。罗三包子开门面赚了不少钱，一些紧缺急用钱的村民经常找他借钱。与其他年轻人不同的是，村民都说他很另类，很不客气。因为按照习惯借钱都不打欠条，而三包子却要求打欠条，并写明何时还债以及利息计算方式，欠条背面要复印上借款人身份证。有时候借钱多，他还用一笔小费请道上的人现场作证。这与一般混混群里的义气习性完全不同。虽然这样会遭人说辞，但罗三包子的借贷关系发生纠纷最少。这说明现代乡村青年已经掌握开放性

---

〔1〕 该数据由当事人的小组长提供李华提供。

社会的基本法则，利用正式资源或国家权力保护自己，避免纠纷发生。[1]传统意义上村民借钱不打借条乃是习俗，成了集体无意识的社会事实。但罗三包子借钱时不但要打借条，还要在借条背面复印借款人身份证件。半开放社会的经济理性及其权力破坏了习俗，建构了新型互惠机制。虽然有人在习俗遇到经济理性时利用习俗背景下不信任的弱制裁机制，来打滑头（钻漏洞），但青年人的经济理性实际也是一种避免越轨、失信、背叛而维护权益的新型权力保障机制。新型社会形态实际是修正、弥补传统秩序的缺陷而形成的再生机制，反而有利于社会关系和秩序的再生产和规整化。借用法律威压不说，请道上的人作证便是村民所言"不客气"的合谋，当发生借贷违约纠纷时，中人与当事人间的合谋构成正式与非正式权力制约，这种制约乃有理、有据、有法为基础。村民因此这样评价道，"三包子长着包子脸，却是狐狸心，鬼得很呢！"

中青年人"出过门"是建构其人生史及获得权威认同的社会记忆方式，也是衡量个人是否立足于某小型社会的关键标尺。因为出过门意味着他们具有开放性思维，不再局限于传统的条条框框。其经历的故事经过本人或参与者的回乡叙事可能演绎为传奇，被其他年轻人效仿、敬畏，尤其是涉及暴力抗争、侠义、规避法律技术等，其因具有出门获得的生存策略而被认为是成功人物。人生史及其经验知识塑造了其权力的社会资本，具有示范性符号意义。与其他乡村出行打工方式相类似，出门以老乡介绍老乡的方式形成一种在外社群化的关系链条。这会超越在家乡曾经的对立、矛盾或情绪，长期同甘共苦和类似经历的经验共鸣以老乡名义建构起类亲缘社会关系。在外遇到的苦难形成相互扶助的情感，回到家乡时这种情感关系与以往工具性关系截然不同，他们仍然维持着类亲缘化和互助状态。这些出过门的中青年人更大方，更"拿得起放得下"，不再对个别问题的斤斤计较。它的积极意义在于：首先，中青年人之间发生的纠纷极少，远远低于20年前的情形。类亲缘伦理消解私人间恩怨，进一步扩展到打工群落，也减少了这种群落的分裂和对立。其次，他们会连带感染在乡年轻人和老人，或者说影响家乡与之关联的亲友

---

[1] 赵旭东：《习俗、权威与纠纷解决的场域——河北一村落的法律人类学考察》，载《社会学研究》2001年第2期。

间矛盾和纠纷，甚至坝村在这种类亲缘化人群的干涉下，多起纠纷当事人也就"算了或给点钱了结"。由此看到，青年人在跳出传统制度之同时，又在创造新秩序和权力体系。

从外来人到成为本地人，是坝村移民从边缘到中心的身份认同与关系建构的政治与权力过程。朱晓阳把"外人"身份变迁看成是与本地情境互动的结果，包括契合地方规范和冒犯的因素。[1] 外来人与本地人既是户口意义上的区分关系，又是族群划分的主要边界。外地人进入本地人社群时存在身份认同、文化认同、利益分配的族群融合问题。在乡村个体权力结构中，外来人在阶序层次上处于较低位置。外来人包括移民、承包人。2005 年溪洛渡电站正式开工建设，永善境内需移民 4 万人，多数迁移到云南思茅一带安置。但一些移民通过承包本地农户土地获得户口等方式留了下来。另一些以投资农林形式获得国家资金支持，但不能落户，因承包期长达 30 年，也被认为是半个坝村人。他们在与本地人交往过程中产生很多矛盾和冲突。那些承包农户土地的外来移民，获得承包资格的前提是农户已经迁移到外地或县城，连同房屋一并卖与移民（当地人称之为买卖土地）。同时经过村上（村委会）签章认可，一些自然村还需要村民小组每户签字同意。村上签章是户籍合法性程序。村民签章是社会合法性程序，也是外地人进入本地获得政治、社会身份认同的一种手段。意味着通过这些程序使移民身份被去掉，以本村村民身份参与到村内社会事务中，成为众多微观权力结构之一部分。不过他们只解决身份边缘化，没有解决心理上的边缘化，只有移民自己心理以及村里人心理上达到认知观念的相互融入才能最终解决外地人的身份边缘化，从而实现与本地村民的交融。

承包人是外地人中的另一新族群。坝村荒山达 5558 亩，这些荒地几乎为薪炭林，简单开垦后可作为果林地，会产生极大的经济效益。承包人以股份公司形式与村民小组和坝村村委会签订承包协议，以集体土地形式予以承包。由于"老板"（坝村人叫法）不享有村民认可的政治资格，并且承包后用围墙把土地包围起来，从而与坝村整体上隔离，人员之间往来较少。问题是，"老板"用水、用电、过路等与坝村有关，被本地村民认为是外来人抢占本地

---

〔1〕 朱晓阳：《罪过与惩罚：小村故事：1931—1997》，天津古籍出版社 2002 年版，第 239 页。

水资源和土地资源，纠纷时有发生。仅在 2011 年到 2014 年，坝村就发生多起外地人承包集体土地纠纷而到法院诉讼的事件。

总体看，外地人与本地人族群关系具有地域身份的格调，在地方性知识、政治合法性方面，本地人认为与外地人不是一路人，除非获得本地户口、享有本地人的权利并承担村民义务，获得进入村落族群的身份认同。否则，诸如"老板"（读出来时后面还要加个儿化音）这种称呼暗含身份认同的排斥，如本村人承包集体荒地则不会以"老板（儿）"称谓，而是戏谑性称呼为"老总"。"老总"有情感性关系相互戏谑一面，即习俗允许的嘲弄、取笑而对方不得动怒的玩笑。[1]"老板（儿）"则是对纯粹以经济理性法则建构交换关系的人的概称。前者隐含着熟人伦理的内生性称谓安排。后者则是去伦理化的社会性称呼。两个称谓不同恰恰形成自己人身份（熟人）和外地人身份（陌生者）的族群边界。外来者面对的人群在生活上具有程度不同的血缘和利益关系或互助实践，恰恰外来者与本地人很少有这些互动。这与杜赞奇对华北农村研究的村内人与村外人的边界确定及相互排斥的现象基本一致。[2]基于这种生活逻辑，在纠纷中，"外人"常常作为一个符号被人为地建构出来，这是因为在特定村落文化中，符号同力量和可利用资源相联系。[3]通过这种区分不同性质的族群，很多内生性矛盾会有意无意地指向外地人，双方不断摩擦、博弈，在互动过程中互相看不起，不断贬抑对方，形成各自认为的不同阶层、社群的秩序安排。

（三）实践法律的坏人

乡村社会中的坏人实际上是一种角色，绝非一类社会概念。利用法律漏洞的规避手段，成了明显的坏人角色的基本做法。因而这种坏人并非是与法律为敌的人，而是合作者。但据戴维·卢班（David Robert）的分析，坏人是与好人对照的人。而好人是有良知的人，坏人不是。"坏人就是在模模糊糊的

---

〔1〕 [英] A. R. 拉德克利夫-布朗：《原始社会的结构与功能》，潘蛟等译，潘蛟校，中央民族大学出版社 1999 年版，第 99 页。

〔2〕 [美] 杜赞奇：《文化、权力与国家——1900—1942 年的华北农村》，王福明译，江苏人民出版社 1996 年版，第 184 页。

〔3〕 陈柏峰：《村落纠纷中的"外人"》，载《社会》2006 年第 4 期。

良知的约束之下，要为他的行为寻求依据，不论这种依据是法律之内或之外。"〔1〕乡村坏人在此成了一种娴熟地运用法律获得利益并压制、威胁他人的人。仅就行动策略而言，他们都是理性人。若从良知标准看道德与法律的分类，霍姆斯（Oliver Wendell Holmes, Jr.）的坏人与乡村坏人都是广义上站立在良知对立面的坏人，前者被后者包括。但有时，霍姆斯又把坏人纳入违规者的范畴之中，用卢班的话说，"一个很坏的人，他违反了合同，拒绝支付罚金还千方百计阻碍罚金的收取。他的确违反了义务，因为法庭可以监禁他、迫使他偿还。"〔2〕按照这种泛义的界定，"坏人"的指称包括违法者也包括侵害他人利益的人，违反法定义务的人以及规避和利用法律漏洞、缺乏"良知"的用非理性或理性手段进行算计的人，特别指那种社会评价为负的违法者或灰色势力——即黑社会性质组织成员、混混、地痞、腐败分子或刑事犯罪人、豪强恶霸等。

坝村表面上是很难找到坏人的，村民意义上的坏人是在他们心目中形成的道义评价，而不是法律评价，村民相互间给面子，不会公开表达某人很坏，只是内在的默会和不可言说的共识，换句话说是一种被群体认同的心知肚明的社会标签。就法律角度看，坝村的灰色势力却比任何村民都能从法律角度解决问题。他们一方面在村内争权夺利，另一方面又把获得的利益通过法律手段固化。村民找不到对付他们的有效办法。曾经，一个村民眼里的"坏人"（实际上是一个混混集团的头人）因为土地置换纠纷把村民告上法庭而且胜诉了。村民认为这是一种"坏人用法现象"。从法理角度看，坏人用法表现为违法者（不道德或行为不端者等）更需要法律来证明自己的正当性与合法性，反而比一般的守法者或受害者更多表现出通过法律的维护，保护既得利益的渴望与需求，对自身利益的法律支持或对非正当利益的洗白。至少在表面看，"坏人用法"确实是在遵守和实践法律，比一般人更愿意或更多地去维护法律尊严和自身利益，并获得制度上的正当性认同（虽然社会并不认同）。比如，我们所说的灰色势力表面上看不出来，哪些人是、哪些人不是，一般人很难

---

〔1〕〔美〕史蒂文·J. 伯顿主编：《法律的道路及其影响——小奥利弗·温德尔·霍姆斯的遗产》，张芝梅、陈绪刚译，北京大学出版社2005年版，第55页。

〔2〕〔美〕史蒂文·J. 伯顿主编：《法律的道路及其影响——小奥利弗·温德尔·霍姆斯的遗产》，张芝梅、陈绪刚译，北京大学出版社2005年版，第57页。

察觉的。这是因为他们在日常交往中表现出强烈的道德感（比如谦逊有礼）、社会责任心（捐资助学）和守法（也强调法治），甚至主动拿起法律打官司。我所见到的坝村坏人实际上很高明地处理处理社会问题而总是获益。地痞放高利贷也会签订合同，也害怕"赖账"要求对方抵押房产和汽车，甚至更能懂得根据何种法条来确定法律关系。2014 年春，坝村的一个混混遭邻村的人用"黑手"欺负了，村民无不拍手称快，但他被打时报警了，对方被处以行政拘留。后来他把对方起诉到法院要求伤害赔偿。"坏人用法逻辑"不能简单地说他们是假心假意，他们的确在部分情况下是在维护法律、遵守法律，但不能不说这是乡村社会治理的一个新现象。

人们看待法律的视角，通常是以正常人视角——即法院审判或守法者——对之理解并加以评判。但显然，它仅作为一个守法的道德认知而不是法律实践本身的客观性立场。然而，这仅仅是一种角度。霍姆斯曾指出，法律不过是对法院实际上将做什么的预测而已。这个命题是霍姆斯从坏蛋的角度看待法律的。霍姆斯告诉我们，如果你想知道法律而不是其他什么东西，你就一定要从坏人的角度看待法。这个坏人不在乎公理与推论，但他很想知道某一法院在做什么。这就是人们戏称的"坏蛋理论"（Badman Theory）。[1]霍姆斯的坏人理论排除道德、良知论的法律价值评介，正如我们把坏人与违法等同起来的直觉。正如霍姆斯认为的那样，如果你只想知道法律而非其他什么，你必得将人当作一个只在乎法律知识允其得以预测之物质后果的坏人，而非一个好人，其秉依冥冥中良心制裁的训谕，懂得自己行为的理由，不论其为法律或非法律的理由。[2]也就是说，道义、舆论上的坏人可能是法律上的合法公民，恰恰是这种人有极强的社会适应能力。

乡村总是远离法律的，是法律实践的边缘和末梢，村民没有天生的法律直觉感。他们对法律的深刻感悟来自某人受到法律惩戒之后的个人经验，而不是那些实际与法律的关联性很小的情况。首先，一般村民的一生多数与法律不接触，守法状态下很难感知法律真正的威力。只有在受到强大的国家暴力机器强制，被剥夺利益的情况下才深知法律为何物。因为坏人能真切地体

---

〔1〕 张文显：《二十一世纪西方法哲学思潮研究》，法律出版社 2006 年版，136 页。
〔2〕 ［美］O. W. 霍姆斯：《法律之道》，许章润译，载《全球法律评论》2001 年第 3 期。

会到他违反法律后法律的反制力量。霍姆斯提到，从那个坏人的视角而言，则必定是因为根据法律，恰恰就在此种情形而非彼种情形下，其行为必须进一步承担某些损失。[1]其次，从实证主义看，坏人视角预测结果而反向地俭省自身的行为。也就是说，法律对于一个坏人来说意味着一种预言，即倘若他做出某些事情，则必将承担监禁或强制交纳金钱之不悦后果。当然，义务也是对坏人有强烈感觉的。[2]根据这种逻辑，坏人能够以经验验证法律的实效，诸如乡村混混这些经常进派出所的人，他对法律的感知性就比一般守法者更强。这样一来，坏人通过法律来俭省、评判自身的行为标准就更有意义。它产生不同的倾向，多数走向符合法律的标准，规避法律、接近法律、利用法律都是他们运作的策略。概而言之，这种观点反映出没有不惧怕法律的人，对坏人来说这种恐惧性更甚（当然，杀人如麻或早已视法律如无物的人除外）。那么，没有理由表明坏人为何要一生都要与法律为敌，因为村民基本上都是守法者，而长期与法为敌将会边缘化甚至看着是"与人民为敌"，并进而毁灭自己的人生。

乡村"坏人"为什么要守法用法？我们通过调查可以可归结以下几点：一是，这实际上是"坏人"处世的一种策略，他并不是一定要打打杀杀，动枪动刀，而是用形式的合法性去掩盖他的"坏"，表面需要君子风度（动口不动手），从而实现生存的最优和利益最大化。"坏人"在所有社会压力下的生存环境是相当复杂的，也是危险的（对他人的危险性与受制于社会与政府打击的危险性），他会预期或感觉到不安全，可能信奉法律，操作法律却是他们的最好去处，不仅是国家要求也是社会规制。可见，乡村"坏人"的法律实践来自他们在不稳定秩序下获得"本体论安全"的一种政治需要。二是，"坏人"的"坏"相对应也有好的一面，甚至说是好占据"坏人"一生的主流时间和主要的社会空间。"坏"的定性可能就是指某几件事，也许是因一时之恶成为个人的身份性社会标签，或因某种为人不喜的恶习带来的消极性社会评价。但是要消除这种定性却是很难的，法律不失为一种手段。"坏人"不可能任何时候都坏或都在做坏事。某些情况下，尤其是自身利益占据合法性情况

---

〔1〕 ［美］O.W. 霍姆斯：《法律之道》，许章润译，载《全球法律评论》2001 年第 3 期。

〔2〕 ［美］O.W. 霍姆斯：《法律之道》，许章润译，载《全球法律评论》2001 年第 3 期。

下，"坏人"就不会轻易地动用暴力或非法制手段。即使是不合法情景，"坏人"也会极力用法律来遮蔽自身的违法。三是，保护利益（不管权益或违法利益）多数是"坏人"必要的手段，这是社会观念影响下的趋势，当然不是真正要做一个守法的道德公民。学习、遵守和维护法律是为非法律行动的规避手段，为寻求法律漏洞，如何逃离法律制裁提供帮助。若非正当手段与法律途径都可获得利益时，他们更愿意用法律。四是，利用守法获得的社会道德性和责任感会产生"好人"的形象，实际上是对"坏人"的"洗白"，实现从坏到好的社会认同。任何被社会定性为"坏人"的人，即使是真正的坏人，也是不愿意看到的，是很丢脸的事，使其很难立足于社会。如何定义"好人"便是守法的一个重要指示对象。在坏人群体里他是好人的暗示。正如《沙家浜》里的胡传魁，明明是个利欲熏心的小土匪头目，即使做坏事，也要自命为"忠义救国军"，他认为自己遵循的是一种更大的价值观，要为自己的行为寻找一种信仰上的合法性，这就是"盗亦有道"。五是，他/她们从边际成本出发更愿意遵守法律，或利用法律保护自己比违法带来的损失更小，收获更大。六是，遇到更厉害的坏人，威慑力更大，适用强制无法解决问题时，坏人更加愿意采取法律行动。

　　夏皮罗（Scott J. Shapiro）指出坏人理论的方法论意义，就是内在视角。[1] 实际上，这一问题的演变结果成为方法论而非本体论，形成夏皮罗所说的"一个局内人持有的特殊的规范态度"，即不是我们作为主体的视角而是他们（坏人）的视角、心态与立场理解法律，它的核心是"把法律看着是设定义务"。概言之，"坏"的本质仍脱离不了违法性、不道德性和非正当性，因而，相对其守法或利用法律来说，不能否定他的更大的社会破坏力量，甚至可以说守法与"坏"是不可等阶的。在村民看来，任何用法背后可能是更大的违法，法律实践不能掩盖违法。同时也表明，村民对法律的认知不仅仅是守法的形式主义看法，也是一种善良的人的道德评价。

---

　　〔1〕　〔美〕史蒂文·J. 伯顿主编：《法律的道路及其影响——小奥利弗·温德尔·霍姆斯的遗产》，张芝梅、陈绪刚译，北京大学出版社 2005 年版，第 248 页。

三、社会：权力的多重组织化

社会权力主要分为组织型社会权力和群体型社会权力。[1]由于坝村缺乏有机团结的群体型社会权力机制，社会组织便成为坝村权力结构的中级形式，是坝村社会权力的主要载体。罗吉斯和伯德格把内生性秩序的社会关系分为初级关系和次级关系。初级关系主要是地缘和血缘关系群体。次级关系是有共同利益的正式组织、商业机构等。依此分类，乡村家族、年龄组和群落都是初级关系。乡村自治组织属于次级关系。[2]于建嵘把乡村组织分为正式组织、非正式组织和非法组织。[3]正式组织是村级权力结构；非正式组织是法律无明文禁止或规定允许的那些社会化的社群单位；非法组织是法律禁止的组织。在众多关系性组织结构中，家族无疑是最基本的组织。

乡村社会由一群家庭和家族构成，他们世代相传，永久居住在那里，形成家族世系。每个农家既是社会单位，又是经济单位。[4]家族，却是乡村极为重要的政治单位，通过聚族而居形成大大小小村落，这些自治体结成蜂窝状结构。[5]坝村也是以家族为主的内生性网络社会，家族十余个，总人数超过 50 人的家族有 10 个。不过 50 人的小家族在坝村更多，独姓家庭占坝村总姓数的 1/4。多姓村落家族没有一个宗姓占主导地位，而是多宗姓并存。[6]即使坝村人数最多的易氏家族也不能说他"一家独大"，与其他家族一样长期处于"均势"态势。家族是乡村最重要的政治主体之一，各家族拥有的非正式权力具有改变乡村秩序、塑造权威、调解矛盾的能力。坝村内生秩序变迁、

---

〔1〕 王宝治：《当代中国社会权力问题研究——基于国家—社会—个人三元框架分析》，中国社会科学出版社 2014 年版，第 56 页。

〔2〕 ［美］埃弗里特·M. 罗吉斯、拉伯尔·J. 伯德格：《乡村社会变迁》，王晓毅、王地宁译，浙江人民出版社 1988 年版，第 10 页。

〔3〕 于建嵘：《岳村政治：转型期中国乡村政治结构的变迁》，商务印书馆 2001 年版，第 349 页。

〔4〕 ［美］费正清：《美国与中国》（第 4 版），张理京译，马清槐校，商务印书馆 1987 年版，第 20 页。

〔5〕 秦晖：《传统中华帝国的乡村基层控制：汉唐间的乡村组织》，载［美］黄宗智主编：《中国乡村研究》（第 1 辑），商务印书馆 2003 年版，第 2~3 页。

〔6〕 王沪宁：《当代中国村落家族文化——对中国社会现代化的一项探索》，上海人民出版社 1991 年版，第 81 页。

运行都从家族及家族间关系秩序开始，国家可以一直不在场，它形成一个秩序无需法律甚至抵制正式权力的社会。[1]事实上，家族成了村落秩序的主要建构主体、情势共谋者和政治权力中心，其他杂姓家庭都附属于这个体系。[2]比如村民小组选举或要通过一些重大事项，主要家族拥有的选举票额占据优势，极易使问题顺着家族意志来定夺，达不到通过票额时实行家族联合，操控乡村政治过程和秩序生产，最终演变成一种"主族控制下的族群杂居村落"。[3]王沪宁提到村落家族能量在"绝对意义上和相对意义上都减少"只在某些领域或相对来说是这样，总体上家族社会和政治能量还是比较大的。[4]坝村属于多联家族牵制（相互联合、相互牵制）的杂居结构。这些多联家族结构与分布情况如下表（表5）：

表5 坝村主要家族情况[5]

家族	迁移时间	户数	居住村子（2015）	主要通婚圈（2015）	凝聚	家族制度
易氏	清中期	120户	花雕、柏坪、油坊	村内通婚，少数外嫁	强	有统一墓志、家谱、香火
陈氏	清末	45户	圆堡、油坊	村内通婚	强	家谱、香火
刘氏	清末	35户	油坊、凉水、白庙	村内通婚，个别外娶	强	未见（祖先依靠社会记忆）
唐氏[6]	清中期	37户	圆堡、油坊	村内通婚	弱	家谱、香火
李氏	清末	34户	油坊、河兴、柏坪	村内通婚	弱	香火

〔1〕 曹景清：《黄河边的中国：一个学者对乡村社会的观察与思考》，上海文艺出版社2000年版，第2~20页。

〔2〕 易军：《农村法治建设中的非正式制度研究》，中国政法大学出版社2012年版，第120页。

〔3〕 张和清：《主族控制下的族群杂居村落 权力的文化网络视角》，载《社会》2010年第2期。

〔4〕 王沪宁：《当代中国村落家族文化——对中国社会现代化的一项探索》，上海人民出版社1991年版，第153页以下。

〔5〕 除易氏、袁氏、胡氏和刘氏为笔者调查外，其他姓氏为笔者委托所在家族的亲友调查。因没有家谱记载迁移至村的时间，表中的大概时间是家族老人的代传记忆的时间。

〔6〕 因没有家谱记载迁移至村的时间，表中的大概时间是家族老人的代传记忆的时间。

续表

家族	迁移时间	户数	居住村子（2015）	主要通婚圈（2015）	凝聚	家族制度
袁氏	清末	21 户	油坊	村内通婚	强	未见
胡氏	清中期	23 户	油坊、岩湾	村内通婚，个别外嫁	弱	香火
周氏	不详	约19 户	白庙、凉水	村内通婚，个别外嫁	弱	香火
夏氏	不详	不详	小田	村内通婚，个别外嫁	强	不详

资料来源：2016 年 2 月田野调查统计

从表 5 可看到家族在坝村的人口和地理分布空间，这些家族由于在此定居时间都在一百年以上，早已固化"村—族"一体的小型秩序观。比较突出的例子有二：家族村落通婚和族内向心力（凝聚性）。家族——乃至坝村整体社会——通婚圈局缩在坝村内部，次之为周缘乡村和县城。村内部通婚习俗加强了内生秩序的固化作用，包括家族间通婚与其他家户通婚。家族间通婚通常不由经济、感情决定，而是基于家族安全和利益合谋的某种政治考量。小家户和独姓家庭也愿意以婚姻形式"攀附"大家族获得安全。村内部通婚是从家族秩序向家族间秩序转变的主要形式，也是从家族结构向家族间亲缘网络建构的主要标志。这样进一步强化乡村秩序的内生性特征，加速非正式结构的生产与再生产，并使家族成为乡村最为关键的政治、经济和社会力量。如同奈杰尔·拉波特（Nigel Rapport）所说，人们正是通过亲属关系创造社会团结的关系。[1]但对于从半开放到开放过渡期的时机而言，又与坝村社会转型不相协调。

另一个非正式组织是群（若具有地缘结构可称之为群落）。坝村被分割为性质不同的群，有地缘聚居群，也有生产互助组，还有关系网络、圈子等。各个群都是一个相对独立的社会圈，如果这个群进一步塑造为以某种目的联系的共同体，则一般称为帮。怀特（William Footewhyte）的《街角社会》提到"帮"的组织问题。[2]多数群是分散和弱组织化形式，"帮"是群的高级组

---

〔1〕［美］奈杰尔·拉波特、乔安娜·奥弗林：《社会文化人类学的关键概念》，鲍雯妍等译，华夏出版社 2005 年版，第 187 页。

〔2〕［美］威廉·富特·怀特：《街角社会：一个意大利人贫民区的社会结构》，黄育馥译，商务印书馆 1994 年版，第 155 页以下。

织形式。希尔斯（Edward A. Shils）通过对赫尔曼·施马伦巴赫（Herman Schmalenbach）观点的评论指出，在没有人们共享条件下，也可能存在着一种强有力的和综合性的团聚状态。比如共同发源地和居住地，共同工作地点，学院和性联系纽带。脱离这些基本要素，只有"关联"这一内涵时，很难用兄弟伙、协会、党团、社群和帮伙派系这种强有力的互相联系的要素予以解释。[1]当然，群的组织强弱与其权力强弱也对应相关。秩序的群落化导致乡村社会生活更加复杂多元。这种分割既有纵向分割又有横向分割。任何分割出去的群都是一个自生性权力体系。它们受制于当地社会同时又反向地对当地社会构成某种制约。他们有下面几种类型：

①派系。派系是指具有地方政治意义和社会意义的派别。通常说某派、小集团乃是在发生特定事件背景下对部分人基于相同观点而形成的认知归属上的社会分类和心理归属。他们具有共同利益且有共同观点和共同体机制。[2]如对承包集体林的不同人群间的分歧；村民小组对选举候选队长的微观政治过程对不同支持者的分类；对新建电路走向的地缘利益不同而形成的群落化。派系在村庄内切割了地缘和血缘关系，这是一种横向性切割。不同辈分、年龄组、妇女、老人或打工人群等在跨越权力结构中形成派系。这种组合目的有利益、关系、观念、友情等，比希尔斯的建构要素多。不同派系间的背景性因素影响不可或缺。如纠纷关联着派系利益或派系成员利益时，纠纷处理从当事人自主移转到不同派系的博弈方面。②社群。社群与派系不同，派系是因事件引发的临时性群落，或村庄政治过程中的派别。社群则是有一定机构和分工关系的小型组织。如坝村村级老人协会是为"促进农村精神文明建设，丰富老年人精神生活"于2012年组建的老人社群，村委会为之专门开设活动室。通过文艺表演排解寂寞、丰富老人精神生活外，还促进相互间融洽相处，对曾经长期存在的矛盾在相处过程中"相逢一笑泯恩仇"，这些老人还相互作为亲友逢年过节走访，实际上是自成一系的影响村庄秩序的老人集团。③生活圈。乡村社会秩序分割主要是生活圈分割。一个小型社会中存在多个不同"圈子"。圈子包括年龄集团、熟人网络、互惠组、交往结构。这些文化

---

〔1〕[美]赖特·米尔斯、塔尔考特·帕森斯：《社会学与社会组织》，何维棱、黄晓京译，浙江人民出版社1986年版，第122~123页。

〔2〕李景鹏：《权力政治学》，黑龙江教育出版社1995年版，第83页。

结构相互交错，很难与其他秩序区隔，是权力的文化网络之间相互嵌入的结构。日常生活中的窃窃私语、聚落方式、互助都存在着"圈子"的共同行动。④混混群。坝村没有法律意义上的黑社会组织，但有混混群落（他们是否属于恶势力主要看其行为性质）。他们相对社会比较独立，在村日常生活中处于边缘。混混群有自己的规则、生存技术、运作机制和权力力学。坝村混混绝非混江湖之人，他们属于富裕阶层，拥有社会关系网但又很少参与村庄生活，多数在县城混，他们对外具有极强的极端功利主义思维，对内又有强烈的江湖义气，村民称之为"21 世纪的豪强和恶霸"，这种权力缺乏应有的道德性和正当性基础。

年龄组是坝村年轻人集团的主要组织形式，年龄组也属于群，但他们比组织化群落要分散，且集中在年轻人集团中。哈维兰（William W. Haviland）指出年龄组的组织功能包括经济互助、社会交往圈、协作以及调解纠纷等。[1]埃文思-普理查德在《努尔人》中指出年龄组对世系群有很强的政治功能。在政治不一致的地方提供身份的一致性，在政治一致的地方提供身份的区别。[2]坝村年龄组组织性弱，到 40 岁左右就解散。半开放社会结果之一是年轻人取得乡村秩序建构的支配地位。相较传统老人政治，年轻人集团的支配并非地方政治方式，而是在三个方面——经济方式、劳动力和朋友圈——建构起他们交往、生活的社会秩序网络。贯穿于这些网络的基本原则是年龄，不同年龄集团纵向切割了坝村社会秩序。几乎以每隔 8~12 岁为界限组成一个具有社会"辈差"的同阶年龄组群。15~21 岁年龄区间构成同阶年龄组；22~32 岁年龄区间间构成同阶年龄组；25~35 岁年龄区间构成同阶年龄组；35~42 岁年龄区间构成同阶年龄组。纵向分割年龄组分为去同一打工地年龄组、在乡务农互惠年龄组、在县城"混"的年龄组。年龄组属于固定生活圈，互惠、借贷、请吃、娱乐、义气等主要在本年龄组内完成，一个人可能有多个年龄组。"年龄组"可以实现当地人在同阶龄人间的身份认同、互惠和建构同阶龄人群内的半族群性社会组织，形成一种集合性社会权力。年龄组把坝村年轻

---

〔1〕［美］威廉·W. 哈维兰：《文化人类学》（第 10 版），瞿铁朋、张钰译，上海社会科学院出版社 2006 年版，第 356 页。

〔2〕［英］E. E. 埃文思-普理查德：《努尔人——对一个尼罗特人群生活方式和政治制度的描述》（修订译本），褚建芳译，商务印书馆 2014 年版，第 295 页。

人分割为不同年龄级序，拆分了村庄传统权力。

通过年龄组分割的年轻人集团，他们内部已经塑造为规范场域，这种规范具有当地江湖秩序的义气和规矩。义气是获得年龄组（包括其他年轻人集团、混混）信任的一种机制。[1]义气也是实现年龄组群对个人控制、对外凝聚群的外控力量的习惯法。义气的动力学机制塑造，把年龄组结构内部关系整合为相当于兄弟间的类亲缘伦理，又不同于兄弟间严肃的伦理关系，因为年龄组成员还存在戏谑关系。戏谑关系把严肃或紧张的情调修正为玩笑式、娱乐式关系。[2]这样会使年龄组内部极少发生纠纷，即使是一时争议也会在相互间的戏谑行为或其他成员的戏谑行为中被软化。年轻人毕竟没有老人老道守成，处理问题时容易产生非理性行动，尤其是与外村人或其他人发生纠纷时，觉得吃亏就要约本组成员"收拾"对方，义气催发情绪并导致矛盾扩大，甚至新年龄组成员以此"投名状"作为信任的入门券，这样的义气捆绑极可能使他们滑入混混群落。

坝村的正式组织是村委会。坝村村委会与村党支部被村民称为"村班子"或村上，坝村的公告栏也明确将村党支部与村委会统称为村班子。它包括以村主任和村支书为首的一整套阶序结构。村委或村党支部具有政治意义的二元结构特征，村级权力—村民具有民间法意义的二元结构特征。两层次结构构成坝村双重二元结构权力体系。第一层次的二元结构是坝村权力系统的核心部分。每个权力都有明确分工、安排，可以说做到规整有序、组织协调和结构合理，如同一个微型国家系统。坝村村班子工作具体包括：党支书主持全村工作，联系的村民小组是花雕自然村一、二组，小田自然村。村党支部副书记主持党建工作，养老保险和公共卫生。联系的村民小组是湾子自然村三个小组和柏坪自然村一、二组。另外两个党委委员负责村纪检和宣传工作。村委会主任负责计生、民政、社会稳定与土地管理。联系的村民小组是金寨自然村三个小组和白庙自然村。副主任负责村村委会工作，农合以及各类报表。联系的村民小组是河兴自然村一组。四个村委委员负责森林防火、纪检、社会治安和安全生产。坝村专设有妇女委员会，设女性主任一人开展妇女工

---

〔1〕 易江波：《近代中国城市江湖社会纠纷解决模式——聚焦于汉口码头的考察》，中国政法大学出版社 2010 年版，第 19 页。

〔2〕 苏力：《送法下乡——中国基层司法制度研究》，北京大学出版社 2011 年版，第 36 页。

作。农村指导员负责新农村建设工作。大学生村干部协助书记、主任，做各类统计和报表计算工作。坝村专设监督会员会，设治安员一人，监督员两人。监督员协助治安员做监督委员会的工作。

村级权力体系是坝村正式组织，它是"国家基层政权组织，但不是政府组织"。[1]坝村村级组织实行三级制，村党支部是村级权力组织的核心。在村委会之下有自然村，自然村之下设村民小组。[2]自然村不是村机构的一部分，只是非正式和非制度化的组织，自然村不再设村长或村主任，但村民小组有自己的队长。坝村现有湾子、河兴、油坊、柏坪、白庙、凉水、小田、圆堡、花雕等自然村，总共 24 个村民小组，仅油坊自然村就有四个村民小组。村民小组（队）在坝村也并非独立的社会、政治区分单位，只是为实现自治和关联的方便而设的非正式管理机构。它们都属于村民委员会这一自治组织的基本构成。村委会—自然村—村民小组构成坝村村级权力体系，三层结构的政治权力由上至下，但各自权威并非如此，总体上村委会权力高于其他权威，村委会内部结构不同人之间权威大小不一。由于自然村被虚置于村级权力体系，既无实际制度设置，又无自然村领导人，自然村的众多事务通过其下辖村民小组组长与村委会之间互动完成。因此，村级权力体系实际是由村一级权力（村委会结构）和村二级权力（村民小组组长）组合而成。乡村村委会体系是二重性的，在社会—国家结构中，既拥有当地权威（社会），又拥有国家赋予的半官方性的权力（虽然法律规定属于自治组织）。对应地说，村干部也具有这种身份的二重性特征。坝村党支部介入村民日常生活远远少于村委会，虽然村委会总体上受制于村党支部，但村委会主要由村民选举产生，村党支部由溪洛渡镇党委任命。从权力的政治生产体制看，村党支部向上（党组织）负责，村委会向下（村民）负责，从而村党支部在坝村的工作——尤其是解决纠纷方面——是主动性选择遗漏的。正如于建嵘的研究指出，这种权力生产机制可以确保国家政权的权力范围和效力，但也造成基层政治体制

---

〔1〕 于建嵘：《岳村政治：转型期中国乡村政治结构的变迁》，商务印书馆 2001 年版，第 350 页。

〔2〕《中华人民共和国村民委员会组织法》（以下简称《村民委员会组织法》）第 3 条第 3 款规定：村民委员会可以根据村民居住状况、集体土地所有权关系等分设若干村民小组。

的民主性规范的形式化。[1]

村级自治组织的工作方式是下队。"下队"呈现村级权力的社会运作过程，是村领导面对面（face-to-face）服务于民的权力实施方式。每次我到村委会访问时，能见到村主任和村支书情况很少，由于没有严格的上班时间安排，准点上班不多见。而且乡村干部的工作方式不是坐在办公室里看文件，他们几乎每周一半的时间都在队上，负责蹲点，解决当地纠纷，规划各队发展，调查"三保"，陪同驻村干部到访并做地方工作，监督扶贫项目实施进展，调查计划生育执行情况，召开各队及自然村会议，慰问困难户、留守儿童和留守老人。村委下属各个委员会委员、组长都在村上有自己的一间工作室，但他们也不常在那里上班，主要工作还是走村串户。虽然乡村权力运作很大程度上是非规范化的，要看到正是这种灵活的下队方式，使乡村干部在中国最基层了解村民的真正需求，他们的观念、文化、预期和意义，这个对于广大农村社会建设极为重要。他们构成当代中国乡村建设最为关键的力量。

四、国家：权威重建

村民眼中的国家是个模糊概念，国家只是一个"几乎完全以视觉和听觉来表现对现实的想象的世界"。[2]因此不是政治意义上的民族国家（nation-state），而是一套制度或官僚机构，即治理系统。这种想象只能通过表象化的制度符号予以辨别并形成观念上的认知，如果一定要发现国家，他们主要界定在政府和法院方面，尤其是为村民办事的那些机构。他们是坝村权力结构的高级形式。在坝村，有过官方背景的家族或家庭都会得到尊重，对"国家权力"的崇拜被认为理所当然。一旦某人在当地有高职位，回乡时村民或亲友都会以亲戚名义请其去吃饭。边疆或偏远乡村，国家权力很可能无法企及，因而法律、官方机构或国家工作人员都被符号化了。国家在乡村如何存在主要根据社会变迁和治理需要做出变化，而不完全地放任乡村自治，有时候管得紧，有时候又放得松，或者是某些权力直达基层，某些权力可有可无。如

---

〔1〕于建嵘：《岳村政治：转型期中国乡村政治结构的变迁》，商务印书馆 2001 年版，第 329 页。

〔2〕［美］本尼迪克特·安德森：《想象的共同体：民族主义的起源与散布》（增订版），吴叡人译，上海人民出版社 2016 年版，第 21 页。

此，村民更看重制服类权力人员带来的威慑性——虽然他们处于权力末梢。这些机构及其人员有法官、警察、执法人员以及其他实权人员。由于政府并未在坝村建立常设机构，因此国家权力在坝村都是临时或基于工作任务派出的驻村或下乡干部。

驻村干部是近些年坝村常见的一种非常设性的国家权力。自 2012 年起，永善县委为服务"三农"工作，加快扶贫步伐，要求全县企事业单位派遣干部下乡，驻村一年，并由驻村干部组建农村建设工作队，担任新农村建设指导员。县政府专门下发文件，服务乡镇，实现县、乡、村三级联动。[1]他们在体验农村生活的同时，又帮助农民解决实际困难，解决农业发展问题，正式成为乡村发展不可忽视之国家力量。除土房改造外，正在实施村村通的柏油路、所有土房改为水泥砖房计划、农村电网现代化改造、通网络计划，全部由政府出资解决。政府为实现预期目标，每个村派了工作组，督促加快实施计划和安排。县政府于 2016 年 1 月召开驻村扶贫工作队下派动员大会暨业务培训会议，在精准扶贫原则下选派驻村扶贫工作队，定点到户，专门制定《永善县驻村扶贫工作队管理办法》。做到"一乡一策、一户一策"的精准到点，在乡村独立设置扶贫工作站，贫困村不低于 5 人驻村工作队规模。根据永善县 2012 年当年统计，全县下乡干部为村民调解纠纷 650 起。坝村的驻村干部赵焕原是永善六中校长。他指出：

> 驻村之前在县实验中学当老师，从小在城里长大，不了解农村情况。上次报名被批准后，被分配到坝村。一年时间下来有一半时间还是在县城，差不多，一个星期去坝村待上一两天。调解了几个纠纷，还是很成功的。把外面的核桃种植技术和脐橙防病技术介绍过来了。现在时间到了，虽然没有多少值得夸耀的地方，但还是为他们做了点好事。没白来，怀念那个地方，不去不知道，去了你才知道老百姓真正想要的东西是什么？他们并不是死守老一套的人，他们在改变，在追求和我们一样的东西，财富、权力、多子多福，希望国家再多给一些社会福利。他们的眼光超出我们之前对他们的想象。有些长期受压制的村民，看到国家工作

---

[1] 参见《永善县人民政府办公室关于规范乡镇政务服务中心建设的通知》[（2012）184 号]。

人员就如见到救星，要求彻底解决他们的问题，感觉有一定的压力，因为他们的问题本身就长期存在，而且是错综复杂的那种。

从 1985 年到 2005 年这二十年时间，国家权力在坝村主要是通过计划生育执法展现出某种强制，更早一些（20 世纪 90 年代中期之前）则是交纳公粮和余粮任务，国家在坝村的社会、经济建设微乎其微，国家工作人员也很少被见到。新时代下乡不再是以往计划生育执法的下乡，它是服务性下乡，不再是体现国家权力支配的下乡，而是隐藏国家权力，通过社会、科技服务和政策福利来塑造国家形象，进而建构国家权威的下乡，这种下乡更易获得国家政权在乡村之正当性与合法性。以往计划生育小分队下乡、收粮等索取式的权力带来支配性观念，21 世纪以来，这种权力机制转变为反馈式服务、福利机制，改变传统注重经济发展、完成政治目标转向为关注经济发展前提下实施民生计划的政治任务，是国家权力在乡村的主要转变方式。[1]

另一种形式是送法下乡宣传队。法律宣传长期以来被作为政治任务来实践，"坚持把全民普法和守法作为依法治国的长期基础性工作，深入开展法治宣传教育，引导全民自觉守法、遇事找法、解决问题靠法。"[2]他们的主要职责是向村民宣传法律，讲解法律，增强村民法律意识。从 1986 年起，永善县政府启动"一五"普法宣传，至今已到"七五"，取得巨大实效，有 23.9 万人受到不同程度的普法教育。[3]宣传队不是固定组织，从不同单位临时抽调，司法所、文化站、派出所、法院、法制办等都是送法下乡的主要力量。他们宣传的法律与村民生活息息相关，如土地、婚姻、继承、环境卫生等。送法方式是发放《法律进乡村》《农村常用法律知识手册》等小册子，发放法律知识问答作业本，赠送内含法律知识的春联，在村庄主要路口建立宣传栏，贴上法律条文内容和与法律有关的办事程序。仅 2012 年全县在各个乡村发放

---

〔1〕　如永善县政府《关于切实做好人口和计划生育依法行政工作的通知》〔永政办发（2013）57 号〕要求各乡镇、计生办严格落实行政执法人员持证上岗制度，在征收社会抚养费时要做到"三亮三说清"的谦抑原则。

〔2〕　中国共产党第十八届四中全会《中共中央关于全面推进依法治国若干重大问题的决定》。

〔3〕　永善县地方志编纂委员会主编：《永善县志（1978~2005）》，云南人民出版社 2012 年版，第 455~456 页。

《农村常用法律知识手册》达一万册。[1]他们在送法下乡过程中还会接受法律咨询任务。多数咨询的人是存在着纠纷的当事人。他们只是咨询而不调解村内纠纷，但通过法律咨询使当事人了解、知晓法律，以及如何通过法律程序解决争议，具有非常重要的公共服务功能。村民通过这种途径改变"纠纷不出村"及"息诉"的传统观念，是乡村半开放的一个重要标志。

送法下乡还根据特定情势以传送专门法律的方式下乡，比如为实现"平安永善、法治永善"之目标专项法律宣传；"6.26"禁毒宣传活动；弘扬法治精神、建设平安永善法律宣传；"千场法制宣传活动下基层"；"万本法制书籍送农户"。永善全县成立县、乡、村三级普法依法治理工作领导小组，逐步形成党委领导，政府实施，人大、政协监督，全社会共同参与普法的依法治理工作格局。[2]为实现下乡之最大化参与与动员，县设立"金江课堂"，要求实施"群众缺什么讲什么，需要什么讲什么"的适应性下乡。通过宣传塑造村民法律意识，实际上给村民输灌了国家认同、法治认同和制度认同，使村民对传统国家的认识转变为认识什么是现代国家，成为重建国家权威的一种权力运作。因此，普法宣传是建构现代意义国家的一种重要政治方式。

苏力指出，村干部、法官和政府官员都可能成为权力支配者甚至是权力知识载体，与村民形成强弱关系态势，以法律名义支配村民。这种权力运作揭示其要实现的目的：似乎更多是改造或征服农村，权力运作的战略更多是自上而下，由城市渗透农村。[3]虽然苏力强调送法下乡是建立国家权力局部性支配的一种方式。"重视农村、深入农村是为保证共产党强有力的社会基础，保证共产党对革命的领导，因此，下乡从其一开始便是一种权力运作的战略。"[4]但这并非来自于法律作为社会控制手段体现出的局部性支配。村民在通过法律宣传与实践过程中获得认知、理念，进一步说也从中获得"好处"而建立法律生活化模式。这种送法下乡并不是基于法律威慑来建构法治，乃是塑造一种服务、保障权益的福利型秩序的必要手段，并不仅仅是威慑或控制。作为权力的法律在此演变为国家传递给村民的一种现代社会保障制度，

---

[1] 《永善县年鉴》（2013 年），第 152 页。
[2] 《永善县年鉴》（2014 年），第 155 页。
[3] 苏力：《为什么"送法上门"》，载《社会学研究》1998 年第 2 期。
[4] 苏力：《为什么"送法上门"》，载《社会学研究》1998 年第 2 期。

它以温情脉脉的面目呈现给乡村。法律作为福利获得了村民信任，通过自下而上的司法救济反馈的态度获得权威，与干部驻村、工作组一并使国家权威得以重建而不是权力作为乡村社会支配性的手段。与苏力说法刚好相反，送法下乡重建国家权威，进而塑造国家为适应乡村半开放性社会变迁过程中的正当性与合法性，修复计划生育执法以及以往过度索取带来的伤害。这种权威性重建，从韦伯意义上看从形式合法性到实质合法性的塑造。[1]虽然学者通过量化发现法律与社会控制之间的反相关关系，在国家与社会相互契合情况下，尤其是国家权力作为福利介入乡村时，这种量化关系不成立。[2]甚至学者指出一方强大时另一方面孱弱，一方孱弱时另一方变得强大。[3]这种结论在权力多元背景下很大部分不成立，任何双向二元权力关系都不可能是非此即彼或反相关的对立结构，乡村传统权力与国家权力在同一社会空间内是一种互动关系，并非反相关性，甚至互融或同进。考虑到现代乡村交通已大为改善，通信手段基本普及，电视等媒介也普及。法律在大多数人日常生活中主要不是暴力手段，而是借助宣传教育、大众传媒和影视节目塑造故事形象，来驱散疑虑而树立权威。[4]甚至国家不需要借助政治权力就能实现权威在乡村的再造。

除上述行政性工作安排外，坝村也有与法律工作相关的权力存在。坝村没有派驻法庭，也没有其他驻地司法工作人员，严格意义上的乡村司法人员少见。由于通了公路，去县城打官司耗时少多了，骑摩托半个小时就能到达县城，村民上法院逐渐增多。法官通过"汽车上的流动法庭"下乡，一方面是为审判作准备的调查取证。涉及的纠纷主要是土地承包纠纷、边界线确定和土地面积划分等纠纷。另一方面是执行判决。这类纠纷主要涉及离婚、分家析产、继承等纠纷。在离婚纠纷判决中，有四起是当事人不执行判决，法官下乡强制执行的情况。法官下乡的作用不在于执行或审理本身，而是在新

---

〔1〕［德］马克斯·韦伯：《经济与社会》（下），约翰内斯·温克尔曼整理，林荣远译，商务印书馆1997年版，第138页。

〔2〕［美］布莱克：《法律的运作行为》，唐越、苏力译，中国政法大学出版社1994年版，第8~14页。

〔3〕苏力：《送法下乡——中国基层司法制度研究》，北京大学出版社2011年版，第28页。

〔4〕冯象：《政法笔记》（增订版），北京大学出版社2012年版，第106页。

时代背景下法官进入基层，直接介入坝村家庭，使原本高高在上的法律变为村民日常生活的一部分。法律并不是冰冷规则，它会给村民带来某种好处，于此，传统崇拜国家法权——即"大檐帽"承载的公权力——转变为对法律的认可，从而提高了法律在乡村的权威。

随着时代的变迁，坝村执法也经历着一些变化。乡村执法包括交通执法、计划生育执法等。坝村很少见到国家行政工作人员，除非是涉及村政关系方面。从 2013 年起，永善县要求在村村通公路基础上，村主干公路全部建设柏油马路。2015 年末坝村实现了从村公所到溪洛渡镇全部柏油化的目标。村民出门更为方便快捷。柏油化之前，县交通局对泥巴公路不纳入管理范围。乡村公路柏油化之后，交通局决定纳入全县公路网统一实行交通管理。自 2016 年起，坝村出现交警，尤其在春节、国庆等节假日期间，实行全天型交通管理。管理的主要内容是治理超载、超限、超速、交通事故处理和交通纠纷调解等。但这种城里执法方式引发很大争议，因为村民出行主要方式是面包车和摩托，面包车法定人数只能坐 8 人，村民自身携带的货物等较多，这样面包车又存在物与人的拥挤，交警认为货物太多需要卸载，否则要扣分罚款。摩托车一般后面也同样载人载物，在坝村已成为常态。若摩托车后座拉两个人或一人一物都要扣分，罚款，重则扣车。村民认为这种执法是逢年过节人多好收钱，"这是一年收入最好的时候，罚得多，津贴多。"

20 世纪末期，对于多胎家庭，计划生育工作队尽量劝说结扎。当前的计划生育执法相比较 20 世纪 80 年代宽松得多，由于多数家庭长期出门在外打工，孩子也在外面上学，执行不易。即使在村一般也不强制，尽量劝说。与三十年前拉猪拆瓦交罚款和强制结扎相比，这种乡村柔性执法没有多大效果。最近十年来，强制执行罚款和结扎已被禁止。超生多生村民担惊受怕、往外躲情况已经消失。自从实行有限二胎转为全面二胎政策以来，计划生育小分队也从坝村撤离。坝村聘请非正式的计划生育宣传员，对超生多生家庭进行宣传，即使不去结扎也不再勉强，如果主动结扎则有相关福利保障。

从驻村干部、送法下乡、乡村司法和乡村执法在坝村的实践看到，乡村社会中非正式权力与正式权力并存局面未发生实质改变，唯一可变的是两者间互动的相关性程度。相比传统社会，"皇权不下县"的情况发生了实质变化，体现出半开放社会下乡村权力结构复杂和多元的一面。但很明显，国家正以新的面目下乡，成为乡村权力的重要部分。

五、多元权力的互嵌

从上述分析看到，坝村的"个人—社会—国家"权力结构隐含不同层次、体系之多重权力网络。正如弗里曼（Edward Friedman）等人指出，一种强有力的、普遍的文化，在亲戚关系和村庄、家庭和居住地形成一种权力关系。[1] 这些权力网络绝不是一种自处于固定的社会结构中的一种静态秩序，但确实有着自身一套体系的相对位置，形成错综复杂的关系。对于深入村庄内部权力关系的研究少，缺乏成熟的研究传统的情况。[2]这的确是一个值得关注的问题。坝村的"个人—社会—国家"分为两类：一是内生性权力结构；二是外赋性权力结构。内生性权力结构是自生于本地社会秩序而形成的地方性控制机制。这种内生性权力网络称之为镶嵌型结构，把各个内生权力看作是嵌入乡村社会秩序的一个相对独立但又是不可拆分的板块。外赋性权力结构来自外域，嵌入乡村，最终与内生性权力相互嵌入、渗透形成一个整体性权力体系。

首先，相互嵌入和渗透的权力关系表现出你中有我，我中有你的纠缠状态。虽然各个权力板块相对独立，但他们又渗入其他权力板块中或成其为一部分。正如某人既属于某家族，又属于他所在的社会组织。权力板块多向渗透把权力主体带入不同社会空间形成多重身份。当这些权力板块涉及多重权力关系时，权力表达过程便会相互制约，一种权力板块受制于另一种权力板块。最终，每个人基于对不同权力板块的依赖而作出相应选择。这样一来，多重权力之间反而缺乏一个强大的整合力量，因此乡村内生性权力呈现出弥散性或网状化格调。

其次，由于任何人都无法脱离这个权力的文化网络或意义之网，整个乡村社会秩序运作都依赖于人的权力表达。村民很难跳出这个结构性社会控制体系。即使是上面所说的混混，他们有时属于自己的混混圈和江湖帮，但在人情往来、帮工合作、村社义务方面却与村民一样积极主动参与当地社会秩

---

〔1〕 ［美］弗里曼等：《中国乡村，社会主义国家》，陶鹤山译，社会科学文献出版社2002年版，第372页。

〔2〕 金太军：《村庄权力结构研究综述》，载《文史哲》2004年第1期。

序的建构。他们的确很"混"，能获得横暴权力，他们同时又属于地方性权力，如小组互惠机制、人情交换体系等权力。一个被誉为很有能耐的人恰恰是辐射多重权力体系的人，辐射或介入的权力网络越多越复杂，他的社会关系和社会交往能力就越强大。

最后，对于这些权力，尤其是社会组织方面的权力，很难发现他们之间的高低级序问题。灰色势力、家族、村委、社会群、互惠圈等是相对平行等列的地方政治主体。虽然村委会或村级权力体系拥有半官方特征，但它仍然是一个自治性组织，除拥有较为高阶的半正式权威，并未有专属的控制其他非正式组织的权力和能力。他们之间关系总体上是互不干涉，但村委适当指导和宣传的形态。只有涉及国家方针、政策，法律宣讲或社会保障、福利，以及大规模的乡村建设时，村委权力呈现出一股强大的社会控制力量，但在平时却很难感觉到。

乡村外赋性权力是国家权力。如前所述，国家介入乡村重建权威，这个过程与乡村内生性权力呈现出一种具有阶序性的权力关系形态。坝村的国家权力并非是机制性或常设性的稳定结构。这些权力（如司法、卫生、教育、交通、治安等）都是因为上级安排或"下基层调研"的临时措施，有的工作人员甚至为提拔下乡，长则也不超过两年，短则几天，这些国家权力相互间缺乏有效链接，他们与"个人—社会"体系的关系属于纵向的上下关系。但他们最后都与村委发生联系，一旦需要下队或进驻某农户家，都要通过村委出面解决。村委接待、陪同，接受任务或代为解决问题成为村委与国家权力的主要联系方式。国家权力以村委作为中介镶嵌到基层的微观权力秩序之中。这种中介性地位并不总是如此，当国家通过强力解决地方问题时，它也可以绕开村委直接与基层互动，从而让村民感受到与国家的面对面。国家权力在乡村不但拥有高度权威，也具有正式、合法权力支配。国家权力下乡的福利性质远高于强制义务安排，更加深村民对国家权力的信任和服从，正是国家权力得以绕开村委而可以直接进入底层的关键所在。当国家权力在场时，非法组织、越轨行为或处在法律边缘的权力一般都会隐藏起来，形成一种老鼠与猫的游戏关系。由上述可知，在个人—社会—国家的权力镶嵌关系中，各个权力结构其实都是通过他们对地方性、权力的网络结构以及法律背景来考量如何镶嵌到复杂的乡村社会并参与这种地方社会的运作，进而表达不同的行为策略、权力的影响力与能动程度。总之，可以看到，权力及其网络构成坝村社会秩序的主要生产机制和控制方式。坝村权力结构如下（表6）。

表6 坝村权力结构

性质	类型	权力载体	权力形式/表征	权力程度
非正式权力（内生）	个人	权威/精英	非正式权力中心	强
		老人	权威衰弱	弱，部分领域强
		妇女	权力崛起	弱
		中青年人	秩序的主导力量	家内强，部分外强
		外地人	边缘化	弱
	社会	家族	政治结构	强
		年轻人集团	自生权力结构	内强，部分外强
		群	组织化权力	内强外弱
		混混集团	边缘的强权	内强外强
		村级权力体系	正式、权威体系	村委会强，余者弱
正式权力（外赋）	国家	驻村干部	国家权力代表	强
		乡村执法人员	权力支配	强
		送法下乡宣传队	国家权威重构力量	弱
		乡村司法人员	塑造法律权威	强
		交通警察	支配与惩罚	强

六、权力结构与作为"结构"的权力

通过对坝村半开放社会的村属界定，当代乡村融汇了"个人—社会—国家"的三重权力结构。这个权力结构总体上处于均衡状态，既不是国家权力多而民间权力因素少，也不是民间权力多而国家权力少。乡村秩序并非由不同性质的权力多寡决定，而是为满足秩序生产、运作的需要，以恰当方式对口这种权力格局，并保持稳定有序的格调。所有人的所有行动都是在这个庞大权力体系中实践和完成，无法脱域，此构成村民的日常规则、资源或"一系列转换关系"。[1]一个村民从出生到死亡的整个人生过程是基于作为"结构"的权力塑造的一层意义之网并在其中生活一辈子的过程。由于权力无所不在地渗透各个角落，作为"权力"的结构其实就是一种作为"结构"的权力。我们被这种结构赋予人的日常生活秩序，绝大多数情况下正式制度被排除在外。"中国社会中的行动主体同其社会结构之间构成的只能是一种实践关系，而非规范和制度或逻辑上的什么关系。"[2]村民都会在个人—社会—国家三重权力结构中生活生产，构成了每个人的实践背景和意义之网。坝村之所以一直是"炊烟袅袅，怡然自得"的村居生活秩序，在于个人—社会—国家三种权力之间有着某种自然协调的互动关系，随着时代不同，三者之间又展开柔性互动和消长。比如在所有纠纷都受制于权力的社会结构前提下，国家在乡村的权威重建，既方便村民解决问题的渠道和路径，又提高村民对国家权力的敬畏，提高了法律的认知能力与权威，是乡村文明的一大进步。纠纷从传统的局限于"社会层面"上扩大到从基本个人到宏观的国家层面，从而为村民提供了更多救济渠道，为乡村多元纠纷解决机制打下了基础。

---

〔1〕　［英］安东尼·吉登斯：《社会的构成：结构化理论大纲》，李康、李猛译，王铭铭校，生活·读书·新知三联书店1998年版，第89页。

〔2〕　翟学伟：《人情、面子与权力的再生产》，北京大学出版社2005年版，第229页。

第二章

筛漏机制：乡村权力结构对纠纷的过滤

权力结构对乡村纠纷解决影响的方式是什么？他们体现出何种非正式机制？这是本书需要解决的前提。本章探讨论题的核心环节，即不同纠纷解决方式中的权力如何进行社会控制，这个基本命题是任何乡村纠纷都存在着不同权力对它的控制与影响。本章是承上启下的环节，采用民族志叙事方法，分别论述不同权力解决、影响坝村纠纷，所进行的总体描述，为后面具体分析纠纷个案作准备。本章的目的在于从宏观层面来理解个人—社会—国家权力结构在乡村纠纷解决中的地位、功能和运作，是全文主题的一个缩微的介绍，希冀提出可以解释乡村社会的基本理论，这个理论又可以指导后面的纠纷个案。得出的结论是，"筛漏"机制是乡村权力在纠纷解决中的基本功能。本章提出这样的命题：乡村权力对纠纷的"筛漏"功能是一种村民的自动适应机制，但也会带来一系列的社会问题，因为这种方式有极大的自治情调，而不分纠纷性质或弱势者当事人的救济，可能阻却了国家对基层的治理，影响乡村法治意识的培育，实际上提出了全书要研究的问题。后面章节都围绕着本章的分析框架进行一种动态、过程、细化的个案研究，因此本章具有对主题进行纲目构建的作用。

一、纠纷：乡村权力秩序的表征

在"个人—社会—国家"权力结构下，乡村纠纷的规模、程度、扩展范围、社会影响都与以往大为不同。基本上，纠纷规模整体上小于新中国成立之前，纠纷负向影响程度更不如以往，比如民国年间并追溯到清朝时纠纷较多，尤以家族间械斗常见，那时会形成家族世仇。纠纷程度也不同，民国年间坝村、吞都、明子等当地地主武装矛盾、四川彝族过江等各种问题超越纠纷范围和性质，外部势力控制远大于内部权力控制。即使是三十多年前（20世纪 80 年代），坝村仍发生过一起几大家族（袁氏与易氏、刘氏）的纠纷。最近二十年由于坝村开放速度加快，封闭性、传统性的观念受到极大冲击，在多重权力网络制约下，纠纷扩展范围相当有限，除极个别纠纷外社会影响也大不如前。

传统中国乡村村界具有文化、政治和地理意义的三重意蕴，多数都由聚居区及其聚落共同体这一地理单元及其独立的地方性文化单元来确定。正如坝村地理空间，三面环山且两面是笔直的峡谷，一面临河。这种空间内发生的纠纷也具有"地方性知识"指向的本村习俗、文化性格。相应地，与之关联着不同权力的地方性文化网络。陈柏峰把乡村权力关系概括为四种类型：村庄精英与村民之间的关系；村庄共同体关系中的权力关系；村庄共同体对村民个体的权力关系；熟人社会对陌生人的权力关系等四种关系。[1] 这种分类的合理性在于以主体间关系确定乡村权力类型，涵括性较强。我们发现，纠纷所涉社会关系也及于这四种类型，四种关系具有良好的指导作用。然而，把不同权力主体分散描述只能看到权力结构的静态图示，无法有效地体察权力承载的形式及其表现/表达。这种表现/表达多种多样，如乡村政治、人际关系、贸易、互惠、伦理等。为论题研究的前提作准备，我们选择纠纷作为研究的基础工作，对之调查、总结与理解关系秩序。它们涵括乡村日常生活、经济利益、村庄政治、民间信仰、血缘伦理、地缘空间等各个微观领域。以权力主体为标准划分纠纷类型，坝村纠纷包括下面四类：

第一类是年轻人之间的纠纷。主要是为实现个人利益的经济纠纷；基于江湖义气的混混纠纷；揭发"做手脚的"赌博纠纷。第二类是家事纠纷。主要是兄弟（包括妯娌）纠纷、婆媳纠纷、离婚纠纷和分家、析产、继承方面的纠纷。第三类是不同家庭间的纠纷。主要是互惠权力引致的人情交换纠纷、祖先崇拜导致的意义秩序方面的纠纷、相邻关系纠纷、"不会说话"产生的言语纠纷。这些纠纷占调查纠纷总数的 70% 以上。从 2008 年以来的调查总结看，纠纷最多的是家事纠纷，次之者是相邻关系纠纷，余下是其他纠纷。第

---

〔1〕 陈柏峰：《乡村混混与农村社会灰色化：两湖平原，1980—2008》，华中科技大学 2008 年博士学位论文，第 33~36 页。

四类是其他社会主体的纠纷。如村社会组织与个人间纠纷、本地人与外地人纠纷等。四类纠纷涵括坝村的权力体系，几乎所有的权力主体，甚至所有成年人都发生过纠纷。

前文将纠纷界定为四种类型：准纠纷、一般纠纷、延伸性争议、事件。四类纠纷形态中，准纠纷属于未公开争议，占据所调查纠纷总数的45%。为何准纠纷数量最多，如果不是涉及个人或社会底线正义，依照"多一事不如少一事""家丑不外传""忍一忍""不想撕破面子"的保守性格，村民仍然坚持隐忍姿态，许多争议没有公开爆发，但长期积怨致使隐藏矛盾爆发的显然不在少数。具有地方政治化倾向的"事件"把纠纷的社会舆论扩展到全村，甚至村外，形成围绕着纠纷各方是非对错的派系，8起纠纷事件占调查总数的10%。延伸争议可以理解为个案的延伸或围绕着个案产生的系列争议。这类纠纷解决的难度较大，跨越时间长，涉及面广，计4起，占调查总数的5%。一般纠纷即我们常识理解的公开化利益冲突和社会争议。它是分析的核心，计32起，占调查纠纷的40%。经济理性、孝道衰落、复杂的相邻关系、生存矛盾等构成坝村纠纷的主要源头和概貌，其他纠纷围绕着这四条主线展开，可看出当地权力秩序的运作关系，这四条主线正是权力结构的柔性互动的展现形式。我们以上述四种社会主体类型的纠纷并以四种性质的纠纷界定，选取比较典型的纠纷作为参考，其他类似纠纷不再列入。具体情形如表7，调查发现的纠纷要比表中纠纷多，考虑到典型的纠纷情形，主要选取80例作为典型纠纷的文本分析对象。

表7 2008—2015年坝村典型纠纷调查情形[1]

单位：件

纠纷类型	准纠纷	一般纠纷	延伸争议	事件	小计
家事纠纷	8	5	1	1	15
人情交换	4	2	0	1	7
相邻关系	5	3	0	0	8
意义秩序	0	7	0	1	8

[1] 对近十年80件纠纷进行分析，我发现，纠纷数量越往上，分类及其性质界定与80件并无多大差别，呈现边际递减的现象。故80件纠纷量化分析恰到好处地揭示出我们分析的问题。

续表

纠纷类型	准纠纷	一般纠纷	延伸争议	事件	小计
经济纠纷	2	2	1	1	6
混混纠纷	5	4	1	2	12
赌博纠纷	6	2	0	1	9
言语纠纷	4	2	0	0	6
其他纠纷	2	5	1	1	9
合计	36	32	4	8	80

资料来源：2015 年—2016 年笔者在坝村的田野调查统计

坝村所有纠纷脱离不了"个人—社会—国家"这个权力框架的背景性制约，或者说都在这个框架内发生。小群体社会中人际纠纷不仅受制于他们互动的权力网络，还受制于他们建构的组织、社会结构，并在国家不断介入乡村塑造权威过程中发生。这说明，个人权力、社会权力和国家权力三种结构必然会在纠纷中呈现出来。在"个人—社会—国家"权力框架下发生纠纷并对之解决的过程，意味着纠纷与权力存在千丝万缕之联系，换角度看，纠纷其实是卷入权力网络并塑造不同权力秩序的表征。小型纠纷发生是一起与之关联的权力关系、结构和伦理秩序的非常态化事件。它的生成意味着人际关系危机。危机过程表明之前正态秩序中权力秩序被打破，权力之间信任机制、权威性、力量，以及对事件控制和关系人间支配因纠纷而发生变化，大多数都被削减，从常态"秩序"结构——权威控制、阶序有度、权力对比分明的超稳定结构——到权力关系不明，权力对比已经不明显，相互间都不再惧怕对方或不受社会约束的不正常状态。纠纷会瓦解权力秩序，导致小社会发生混乱，但纠纷又建构了一套权力秩序，构成对权力的重组、分配与再生产。打乱微型社会秩序权力体系同时，又为寻求纠纷解决分配某种权力，通过分配的权力支配、约束纠纷过程并进行利益分配，当事人对纠纷运作或控制过程其实也在再生产微型权力。纠纷作为权力变动的表征，它还以社会到纠纷场域（即当事人）为塑造路径，形成一种特定社会的秩序波动效果，产生震荡，扰动这个社会秩序内部的某些关系、利益、权力和日常生活。

二、纠纷解决的两个经验维度

对纠纷解决的文本考察，需要进行量化与个案结合的方式揭示其与乡村权力的互动关系。如下列图表，其中民间权威调解的总量 16 起，占分析总数的 20%；村级权力体系调解 8 起，占分析总数的 10%；官方调解 2 起，占分析总数的 2.5%；自力救济 38 起，占分析总数的 47.5%；其他救济方式 16 起，占分析总数的 20%。虽然未计入分析数量的其他纠纷还很多，但这 80 起纠纷明显具有坝村纠纷的典型性与代表特征，未计入的多数纠纷与选入统计的纠纷存在着共性。五类纠纷处理方式呈现多寡次序：自力救济为主，民间权威调解和其他救济方式次之，村级调解再其次，官方调解最少。但是，在民间权威调解之后，仍有几起纠纷找村级权威调解，未列入表中。至于自力救济，其实多数也经历过民间权威调解，但因调解不成功而采取自力救济。如此，纠纷解决方式并未严格区隔，也并未有清晰的轻重之别。

表 8　2013—2015 年纠纷解决方式情形

单位：件

纠纷类型	民间权威调解	村级调解	官方解决	自力救济	其他救济	小结
家事纠纷	5	3	0	7	0	15
人情交换	0	0	0	7	0	7
相邻关系	3	1	1	2	1	8
意义秩序	2	1	0	3	2	8
经济纠纷	2	2	1	1	0	6
混混纠纷	0	0	0	5	7	12
赌博纠纷	0	0	0	4	5	9
言语纠纷	2	1	0	3	0	6
其他纠纷	2	0	0	6	1	9
合计	16	8	2	38	16	80

（一）从纠纷范围看纠纷解决经验

一方面，由于本书采取一种扩展性的纠纷含义，一些非公开性的争议被纳入纠纷之列，这样一些纠纷解决方式就不具有社会性，很多纠纷按自身或双方救济方式处理了，可解释为何自力救济占据最大比例；另一方面，乡村纠纷存在着内隐性特征，并非任何纠纷都可能被公开化或希求社会力量处理。村民对待纠纷的态度、经济理性、观念、社会关系等都是解纷方式公开化的限制。如果能通过自身或双方力量化解，就不至于找别人处理。如在大量的准纠纷状态下，不会出现社会力量介入的情形。至于民间权威调解和其他救济也是一般性的纠纷，对村上来说不算事，对村民来说是需要解决的争议，但也不是什么大事件，因而不会提交至村上，会自我放弃。它处于纠纷解决体系的中间环节。村级权力体系调解和官方调解虽然占少数，但这些纠纷影响较大，不但具有村庄扩散性，对当事人而言也具有重大影响，这些纠纷几乎有一半是村庄意义上的"事件"。由此可以看到，准纠纷、一般纠纷、事件存在着不同的社会扩散性程度，介入其中的权力序列也是由非正式权力到准正式权力再到正式权力，不断进行着过程性选择。

（二）从纠纷性质看其与解决方式的关系

权力结构及纠纷解决关系与纠纷具有的性质有关。比如，家事纠纷解决靠家族权威（1/3）[1]，再是自力救济（7/15）——显然受到"家丑不可外扬"影响所致，除非遇到如离婚纠纷这种必须通过公权力解决才具有法律意义的纠纷。意义秩序的纠纷涉及宗教信仰、祖先崇拜和价值观，这种纠纷只有在宗教领域内解决才能体现它的合理性（自力救济3/8，社会救济1/4），宗教和民间信仰的伦理品质也使世俗权力难以介入，更遑论国家权力的干涉，国家通常不在场。混混纠纷（自力救济5/12，社会救济7/12）、赌博纠纷（自力救济4/9，社会救济5/9）呈现出与众不同的情境，纠纷秩序不具有社会存在的合法性和正当性，这类纠纷属于内部性纠纷，纠纷秩序及其解决方式之非权威性、亚社会性、边界性使纠纷基本在弥散的权力中释放，换言之，纠纷很难找到权威调解，在特定的社会空间/社会边界内形成他们的内部非正式控制。如混混集团的赌酒、争女人，赌博场域内的借贷、赌债、赌人身利益等亚社会之"纠纷"并不符合我们所见到的正常社会的利益矛盾。但我们仍然列入一般性纠纷之列，这是因为这些人在乡村秩序中有极为重要的地位，

---

〔1〕 括弧内表示该类型解纷方式占这类纠纷总数的比例，以下相同。

不可忽略，争议的影响也相当大。至于言语纠纷也类似地存在内向性格调，它的主要基础在于非利益性，即不是真正的利益冲突，涉及当事者人身、禁忌、面子、关系伦理，甚至可以说有时候仅仅一句不当言论或"不会人话"就有人找麻烦，挑事。这类冲突别人也不会管，尤其是"东家长西家短"的事，很难通过证据、事实获得客观性，从而不存在社会化问题，解决也是自力救济（3/7）或个别民间权威调解（2/7）完成。

通过前述两个维度的大概分析，看出纠纷、纠纷解决与权力结构之间的关系呈现出某种相应性。其一，纠纷形式、性质、类型、规模连接与之相关的权力结构，进而看出与何种权力体系发生关系；其二，权力性质、结构及其表现方式又影响当事人对解纷方式的选择；其三，解纷经验、村民认同、社会关系距离远近与解纷方式有密切关联性。

依第一种情况看，权力空间的影响力与其所调解的纠纷相互匹配。行政村权力结构只作用于本村之内，自然村权力也不可能超越本自然村，村民小组也一样。乡村权威/权力空间占有支配着这个空间内的纠纷解决。这些权威/权力性质与纠纷性质也具有对应性。如家族权威调解家族内纠纷。混混纠纷由内生于其圈子内的头人、"兄弟"解决。在非正式系统内，主流社会调解权力与亚社会群体解决权力与这个社会的分类密切相关，主流社会由乡村精英解决，亚社会群体由这个群体的江湖规则解决。当然村民认同度较高、权威性强并拥有良好的信誉的、公正的人解决纠纷的应然权力就更大于其他权威。纠纷性质决定它的分类：第一，可公开纠纷（家事纠纷、赌博纠纷、言语禁忌）和不可公开纠纷分类体系中，外部力量解决与自力救济是当事人对应这种纠纷分类的主要方式。外部力量很少介入不可公开的纠纷之中。可公开的纠纷就存在外部因素。第二，小纠纷与大规模纠纷的分类。通过其容易解决及难以解决之间比较，一般小纠纷在小地方层次上（村民小组一级）就地解决，大规模纠纷可能需要借助正式司法。第三，在斡旋性调解和裁决性调解之间，当权威与当事人关系紧密时，伦理或情感、面子倾向性都有利于与之关联的当事方，意味着权力更大，调解转变为一种半裁决性质的处理方式。斡旋性调解只起着协调作用，调解权其实很小。第四，非正式解决与正式解决。基本上，绝大部分纠纷最起初的救济都来自于非正式解决或自力救济。在国家力量比较薄弱的边缘地带，如山区农村、民族地区、家族、社群以及社会力量都可替代国家法律实现社会权力控制等地区，纠纷非正式解决多而正式解决少。在著名的吉诺维斯综合征中，布莱克认为等待法律的结果可能导致更大伤害。所以自我帮助（实际是个人权力）在纠纷过程中至关重要。[1]意味着非正式解决可能是当事人优先解决的事项。

上述可以说明权力与纠纷解决的适配关系乃是由权力与纠纷场域的紧密联系决定的，从而决定了它们对纠纷的支配。当与纠纷关联性最强，对纠纷场域约制力量更大时，纠纷解决方式与这种因素的权力有极大关系。最紧密适配关系既是纠纷场域产生权力的基础，又是纠纷解决之权力来源的主要依据。纠纷在权力场中内生，又被权力场内消弭，权力与纠纷之间构成一种互动适配的密不可分的关联。这些经验总结需要通过具体到微观权力及其个案考察，才能反映它为何呈现出不同的从下到上的筛选过程。这要从个人、社会、国家三种权力规制下的纠纷解决具体分析，总体上，自力救济、强制（包括暴力）、民间权威调解或双方救济具有半封闭性特征；村级调解、官方处理具有半开放性特征。然而亦不能一概而论，如民间权威调解援引法律之处理亦具有半开放性。村级调解依赖于人情面子而非接近国家方式仍是半封闭性。

三、个人力量解决

个人的社会性质属于私力。学者徐昕认为，纠纷解决同样依赖于私力（当然包括个人与社会第三方）而不是官方力量。[2]纠纷中权力是一种"力"，泛指行动者对行动对象产生预期效果的影响力。这是一个接近于福柯的权力概念。具体地说，它包括对权利救济具有影响力的一切手段——武力、操纵、说服和威慑。通常看是混合、重叠、过渡并随过程逐渐升级。纠纷中存在着作用力和反作用力。这种权力不仅包括当事人自身力量，[3]也包括对方力量，两方形成相互作用的力量纠缠。

私力（个人权力）包括民间权威和当事人个人力量。严格地说包括村级权威在内的乡村权威都是民间权威，但在村民看来村级组织的性质与纯粹民

〔1〕 ［美］唐·布莱克：《社会学视野中的司法》（中英文对照），郭星华等译，法律出版社2002年版，第82页。

〔2〕 徐昕：《论私力救济》，中国政法大学出版社2005年版，第25～50页。

〔3〕 徐昕：《论私力救济》，中国政法大学出版社2005年版，第112～115页。

间权威认定不一样，尤其是在与官方关连关系方面。民间权威解决纠纷方式包括调解、主持仪式等，作为第三方权力参与纠纷，民间权威对纠纷解决的权力来自于当事人承认，这种解决方式多数是在被动选择的状态下出现。通常以消解矛盾、扯平、人情、面子、互惠的持续性为基本原则处理问题，以"做工作"、妥协、给台阶下、规劝等方式避免问题升级。他们有着国家不在场时的地方社会控制需求，通过化解矛盾、纠纷解决来实现个人的非正式治理。

民间权威包括老人、知识分子、宗教地方领袖、自然村的"大人物"。民间权威调解范围与空间范围有关，本地域内民间权威调解本地域纠纷；宗教权威解决与信仰有关的纠纷；家族权威调解家族内部纠纷。民间权威大多数是老人，中年人较少。因为老人拥有传统知识，在特殊领域（如宗教）没有他们问题难以解决。再是老人资历老，老成持重，处事公正，能镇得住人。虽然在日常社会事务中存在着老人边缘化倾向，但在纠纷解决体系内老人权威地位还是很重要。民间权威拥有的非正式权力由本地人认可，解决社会事务时有威望和能力，民间赋予而村民认同，通过调解获得公正性、成功率，成为乡村纠纷解决体系之最基础一环，也就说这种非正式调解早已固化为习俗性权力机制。从上述列表可以看出他们处理纠纷有很大分量。国家治理体系显然没有指涉和包括他们，但民间权威对基层纠纷的治理，对维护自然村、村民小组/队这种最基本的（非正式）政治单位稳定、和谐、控制极为关键。有学者指出，每一种权威核心的原则由相应权威类型来界定，在这种核心的原则之中，还会渗入其他场域的核心原则，并成为此一场域的非正式的运作规则，一起纠纷恰是在某一种权威的场域中，通过正式的核心原则与非正式的附属原则共同运作而获得解决的。[1]穆尔援引梅丽的研究，认为，"在调解的场景中，他们大多听从于具有心理学意义的人情式的劝解。"[2]然而，民间权威并非一味依赖传统、习俗或伦理处理纠纷，调解依赖于即时情境关系和信赖，一个权威是否得到社会或当事人认可，取决于当事人对他的信任、公

---

〔1〕　赵旭东：《习俗、权威与纠纷解决的场域——河北一村落的法律人类学考察》，载《社会学研究》2001 年第 2 期。

〔2〕　Sally Falk Moore, "Certainties Undone: Fifty Turbulent Years of Legalanthropology, 1949–1999", *Journal of the Royal Anthropological Institute*, Vol. 7, No. 1, Mar 2001, pp. 22, 95.

正性和关系距离远近。

自力救济排除第三方介入，是通过当事人自身力量解决纠纷的方式。[1]自力包括和平力量和强制力量。和平方式有放弃、妥协、退让[2]、和解、仪式、羞耻、超自然行为、交谈等[3]。权力强制方式有暴力（对他人的暴力和自伤/自杀）、准暴力（如放逐）、剥夺生命等。[4]自力救济并非是单一解决方式，当事人在自力救济机制中以多头并进或"恩威并用"方式达到问题解决之目的。如强制与和解结合，妥协与要价相结合等。[5]这种自由、功利理性和社会理性相结合的方式，表明自力救济不是习俗/习惯或非正式制度的表达机制，有很大的随意性和即时情境性。

刘德是我在坝村认识十几年的村民，他 2011 年离婚，婚后女儿归他抚养。2014 年再婚后，女儿在县城读高中，他很少去管。2015 年他听说十七岁的女儿在县城被人打了几个耳光，便找到对方后返还对方几个耳光。对方很不服气，找了自己圈子的人要找刘德算账。刘德也找了十几个人，双方约在县城旁边的大爆沟对决，恰逢警察巡逻，驱散了集聚的人群。事后双方都说事情还没完，但群体性的械斗都未组织，一直拖到现在也没有解决。据了解双方的一位村民说，这件事可能这样下去不了了之了，因为最终谁都没有占便宜，也没见谁吃亏。召集人的成本也很高，今后还要一个个去还。

这起纠纷的当事人在依赖社会强权也无法解决情况下，又迫不得已采取一种僵持，实际是基于长时间考量的妥协，揭示自力救济并不具备严格的机制性特征，当事人都是根据自身的实力与对方的势力，依赖于自己可能的暴力行动或社会力量形成的强制来塑造对他有利的处理手段，如暴力威胁、利

---

〔1〕〔美〕唐·布莱克：《社会学视野中的司法》（中英文对照），郭星华等译，法律出版社 2002 年版，第 82 页。

〔2〕〔美〕唐·布莱克：《社会学视野中的司法》（中英文对照），郭星华等译，法律出版社 2002 年版，第 81~84 页。

〔3〕徐昕：《论私力救济》，中国政法大学出版社 2005 年版，第 124 页。

〔4〕〔美〕西蒙·罗伯茨：《秩序与争议——法律人类学导论》，沈伟、张铮译，上海交通大学出版社 2012 年版，第 45~56 页。

〔5〕〔美〕Laura Nader、Harry F. Todd, Jr：《人类学视野中的纠纷解决：材料、方法与理论框架》，徐昕译，载吴敬琏、江平主编：《洪范评论》（第 8 辑），中国法制出版社 2007 年，第 138 页。

用人群寻求实力均衡等。除那些真正妥协之外，任何自力救济都暗含重建并扩展权力的机会。因此，自力救济其实包括社会救济因素，如社会群体或强人介入等。正因如此，它缺乏外部边界，极易使问题被放大，反而解决不了问题。

自力救济的极端是暴力，主要是结束别人或自己生命。从 20 世纪 80 年代至今三十多年内，坝村村内未曾发生杀人事件（但一般打架斗殴每年总有那么几起），近几年出现杀人、伤人案件并不在村内，他们在外打工过程中与外地人争执引发刑事案件。青年人外出打工摆脱村内庞大的权力体系控制，又没有认识到法律制裁的意义，再加上总要争强好胜，又不想在与别人争执/纠纷中吃亏，于是出现了暴力解决问题的刑事纠纷。

张元在云阳打工时为帮同乡好友"忙"，想教训一下打过这个好友的安宁人，结果一出手把对方打成重伤，张元因此被判了 5 年有期徒刑。另一起也是同长工友之间的纠纷，李有与一个鲁甸小伙子在同一生产线上班，鲁甸小伙子传送零件过快，导致李有接不上，剩下一些零件需要加班处理，李有认为是鲁甸小伙子故意整他，要求两人对调，未成。后总出现剩余零件而需要加班完成的情况。双方在上班时没解决好，李有总想教训这个鲁甸人，下班后两人在租房处约架，鲁甸小伙子被李有打残后不治身亡。李有被判处无期徒刑。第三起刑事纠纷是龙建死亡事件。龙建在安宁一化肥厂打工。上班期间与永善务基乡的同班工友闹矛盾，龙建踢了工友小腿。工友气愤不过，拿起铁铲砸到龙建头上，龙建当日被送往医院治疗，治疗一周后由于未交钱，医院要求出院。三个月后，龙建回到家帮父亲做农活，突然鼻子大流血身亡，后法医解剖发现是当时铁铲打伤颅脑积血，未及时清理所致。

上述三起刑事纠纷发生的时间在 2001 年到 2008 年间，虽未发生在坝村境内，但却有坝村人参与。这反映从熟人社会、伦理社会到陌生人社会和经济社会转变时人受到的约束减弱趋势，虽然从一个非正式权力、弱法律社会空间（乡村）到正式权力、强法律社会空间（城市），但这种弱强变化并没有形成对这些初次出村的人的有效控制，相反却是村庄内的整体性社会控制要强于外部社会对他们的控制。这种情况也反映青年人在从传统社会到开放社会中生活、工作，面对这种陌生环境处理复杂事务时的不适应和盲从，找不到一种理性和成熟方式处理与陌生人间的纠纷，传统那套熟人伦理解决争议的方式已不起作用。反过来看，乡村非正式权力对村人的约束甚至要强于正式权力对陌生人社会的约束，毕竟法律是非常态下才出现（如事件已发生），非正式权力却实时地影响村民的日常生活。

　　由于争议当事各方无法形成有效的合作解决纠纷之合意，难以建立信任关系，暴力构成多数弱势方的能动选择。徐昕认为，当暴力在纠纷解决中日渐"常规"，其本身也转化为一种结构性因素。[1]这种结构使行为策略转变为改变力量对比失衡的当然选择，则暴力构成权力生产机制，生产了抵抗强势力量的制衡机器，又可能生产支配弱者的非正义关系。但最终，暴力解决不了问题，暴力救济按照"某种道德规范是正当的（比如站在自身立场），按照另一种道德规范是不正当的或任意的（比如站在法律立场）"[2]。因此暴力又会破坏社会秩序，不是解决问题的办法。暴力进一步恶化社会关系，致社会秩序极不稳定，解决问题之同时又制造问题，消灭既有权力之同时又生产不对等权力，形成权力体系之无终点、无平衡的恶性循环关系。这种结局意味着暴力僭越纠纷之上，改变远比纠纷更为复杂的微观社会结构，从而"为生活使用暴力的结果是暴力对生活的毁灭"[3]。私人暴力的使用最终都趋向于破坏或毁灭他们的人生。

　　暴力解决的另一极端是自杀。近十年来坝村内没有杀人事件，但自杀事件却时有发生，绝大多数自杀是因家事纠纷而起。以几起家庭纠纷的自杀为例：

　　第一个例子，陈福与汪小花是有三个孩子的夫妻，在坝村属于特困家庭。汪小花总嫌陈福不积极干活，家里入不敷出，并拿其他村民与丈夫比较。陈福认为这伤了他的自尊。1996年5月的一天赶场回来，陈福喝醉了酒，妻子又开始数落他。陈福说再也受不了这种"窝囊气"，喝掉半瓶敌敌畏自杀了。第二个例子，南香是南父家里的老大，初中毕业未再考学。1997年夏天的一个中午，父母从田里干活回来，发现南香没有做饭便开始指责起来，说她书

　　[1]　徐昕、卢荣荣：《暴力与不信任——转型中国的医疗暴力研究：2000—2006》，载《民事程序法研究》2008年第00期。
　　[2]　于语和、张殿军：《民间法的限度》，载《河北法学》2009年第3期。
　　[3]　王启梁：《为了生活使用暴力与暴力对生活的毁灭——暴力性私力救济发生的结构性原因之法律社会学考察》，载《云南大学学报（法学版）》2006年第3期。

不好好读，饭又不会做，白养了。南香被父母骂得哭起来，等父母饭做好后叫她吃饭时，发现南香已经躺在床上喝农药自杀了。另外两起典型的自杀是老人自杀。主要原因是与家人闹矛盾，觉得活着没意思。一位是78岁的王姓老人与儿媳闹矛盾，家中就一个独子，没有其他去处，吵架后跳崖自杀。另一起是胡姓老人时常生病，又治不好，与上门女婿的关系不好，也是跳崖自杀，但最终被救活了。

一般意义上自杀的主要是身份、劳资纠纷和救济不当导致行为人走向极端。自杀作为私力救济手段分真自杀和假自杀。[1]固有理性与激情混合的经济逻辑，它源自社会与救济的不公正，以生命为赌注是威慑机制和社会控制的策略和技术。社会未真正有效生发出自控机制，从而出现暴力和失序。死亡被看成是身体的毁灭，是身体存在性的消失，同时也是身体的可能性的消失。[2]身体消灭被认为是一劳永逸地解决矛盾的手段，作为一项实用性的法则，它曾经受到人类的推崇。迪尔凯姆的《自杀论》提出一般性的自杀问题。[3]在我看来，上述自杀显然不是一种维权手段，而是一种获得权力的社会控制手段，即自杀是纠纷解决的极端方式，通过自杀获得权力，产生对对方当事者的支配和控制，[4]是一种不恰当的策略选择。自杀获得的权力是无形的，不是一种物质或物理性权力，其生成的权力来自于社会道德伦理约束而不是自杀者本身制约（除非是民族地区的"死给"习惯法）。如是说，这种权力生产机制乃是心理的道义责任而不是实际的行为控制（当然那些担负自杀者的法律责任除外）。自杀可能摆脱最终功利倾向，带着明显的意义表达，这些行为最后确定都经过情感的痛苦选择过程，除绝望带来本能攻击冲动，心理上的复仇快感，决绝性的自损和损人内含着理性的深思熟虑。这不仅是社会问题，甚至还带着终极意义上的解脱甚至是哲学问题。

自我妥协、放弃或不做诉求是一种较为轻缓的自力救济方式，有些人甚

---

〔1〕 徐昕：《为权利而自杀——转型中国农民工的"以死抗争"》，载《中国制度变迁的案例研究》2008年第00期。

〔2〕 葛红兵、宋耕：《身体政治》，上海三联书店2005年版，第153页。

〔3〕 ［法］爱米尔·杜尔凯姆：《自杀论》，钟旭辉等译，浙江人民出版社1988年版，第3页。

〔4〕 徐昕：《论私力救济》，法律出版社2005年版，第343页。

至称为无救济。[1]准纠纷状态下纠纷多数都以这种方式被压制下来。黄宗智的研究发现，村民善于在妥协、道德与法律之间平衡，是"村民作为关切的是通过妥协来维护相互间的友善关系，因为大家不得不生活在一个朝夕相处的封闭的社群之中。"[2]如果是伦理性、非交易性问题的纠纷，这种方式也时常用到。半开放状态下妥协可能是基于自身实力不足以达到他/她的预期，或者在成本收效之间权衡的结果，或者纯粹不想惹麻烦或惹事。如以"花钱消灾"方式达成双方和解。因钱而起的纠纷，钱在解纷过程中消解矛盾和不愉快。下例赌博纠纷就是通过花钱请吃消除矛盾的解决方式：

我在坝村认识一个名叫肖斌的玩牌高手，他没有正式职业，也不做农活，以打牌为生。2014 年春节期间，肖斌与人在坝村柏坪玩牌。玩牌过程中彭刚加入，在短短三个小时内，彭刚就输掉 4000 多元。事后有人告诉彭刚，"你被整了！"——这个意思是肖斌做了手脚。彭刚找到肖斌要求赔钱，肖斌坚决否认，"事后说当场为何不说，事后说的都是假的"。彭刚回到家越想越生气，传出话说要提刀去肖斌家讲讲道理，"一个队的人该不该这样"。彭刚家与肖斌家相隔距离也就不到三百米。肖斌听说知道罗刚拿不到钱不会善罢甘休，主动打电话给彭斌，归还了那 4000 多元，并再加 1000 元安慰彭刚。元宵节时肖斌又在县城招待彭刚。双方在饭桌拥抱和解。

请客吃酒是亚社会纠纷解决的常见形式，它属于和解。酒是一种足以消解仇恨情绪的润滑剂，它是江湖、习俗运作中的一个关键符号。通常，在关系人陪同下吃酒这一习俗做法，淋漓尽致地展现了江湖义气对矛盾的消解功能。

除赌博纠纷外，坝村的人情交换纠纷亦有增多的趋势。在 2016 年永善县出台《整治城乡居民大操大办滥办乱办酒席的指导意见》《永善县国家公职人员办理婚丧事宜十严禁》和《红白喜事理事会章程》之前，各乡村大兴人情仪式之风，送人情成了村民极大的经济负担，年收入中很大部分被作为人情交给了别人。相互攀比的人情、面子竞争此起彼伏，矛盾越来越多。

---

〔1〕 陈柏峰：《暴力与屈辱：陈村的纠纷解决》，载《法律和社会科学》2006 年第 00 期。

〔2〕 ［美］黄宗智：《清代的法律、社会与文化：民法的表达与实践》，上海书店出版社 2001 年版，第 65 页。

佛滩大花地自然村张维办七十大寿宴，其在坝村的亲家李卫华（即张维之子的岳父）送礼金7000元，以表亲情。后李卫华妻子办六十六大寿宴，张维家正修建新房，所有的钱都投到房子去了，没有钱还礼，只好送了400元。李卫华看到礼金后很不高兴，认为被张维"要了"，又不好要求对方返还礼金。李卫华、张维二人为此打了一架，但随后也不了了之。两家再无往来，村里人都说李卫华做得不聪明，今后还可"办事"收回来，这一架闹得想收回都不可能。李卫华逢人就说，"送人情"真害死人，以后要量力而行，你给别人人情面子，别人不一定给你。

人情交换中，"走人户"或"吃酒"（即乡村人情交换）永远存在着只有一方拥有对另一方的优先权力（相互制约也有，但一定是一方权力优于另一方），这样才能保持交换持续下去。回礼者若人不到礼亦未至，则违背这项原则，打破相互制约，关系结构便呈危机感，人情的权力制约消失，很可能产生矛盾。权力支配人情交换的运作，这种权力必然均衡而非均等，绝对的人情交换均等将使人情交换系统停止，进而关系秩序也被崩溃。更要紧的是，当地递进的互惠交换是基本习俗。送礼者的高礼意味着回收比之更高的期待。按照村民的话说："收到的钱总要还回去的。"[1]反复超越形成的交换权力关系，为收礼者带来极大的压力，很可能因回礼递减而发生纠纷。这类纠纷涉及金钱较多，即使不了了之地解决，仇恨也得不到释放，结果又会生成一些其他延伸争议，对当事人来说救济行为的放弃不等于心理上放下。

个人力量不仅是当事人一方力量，还包括双方，即两个人力量。如果不需求助第三方或不希望社会介入纠纷时，当事人双方可能采取和平手段而不是强制或自力手段解决。这种双方救济方式即和解，至于以何种方法和解，则有更加多元化的路径：如双方私下解决、通过仪式方式解决、请客吃饭喝酒、谈判等，其中仪式和谈判比较常见。双方救济避免纠纷产生社会性和舆论性问题，从而不走向"事件"而只是一般纠纷阶段，混混集团多数都是这种。因为演变为事件后，可能引致公权力的介入，会牵出更多的越轨事件。总体上，双方合谋解决纠纷在坝村比较常见。

---

〔1〕 礼金的多少决定于其与主人的关系亲疏。礼号的多少也体现出主人的社会关系。因此，礼簿账面上反映的礼金数及礼号数关系到主人在关系丛的权威性。基于此，金额少人家一般都不公开数量，数多人家才会公开。

在 2011 年初春，坝村专业煮酒的王东因本村贺银在一户婚宴上说王东卖给婚礼主人的酒喝起来有点"那个味道"。村民私下传言的那个味道是指敌敌畏，意即王东加了敌敌畏，喝起来要比不加更醇香。如果是真的，这个显然违法了。这个不经意的话传到了王东那里，王东找到贺银要求说清楚，双方对质时也没有说出"那个味道"究竟指什么。婚礼结束后，双方决定在村老杨柳树下赌咒，基本套路都是一方说"我说了那样的话，我该如何如何（指向一个可能祸变的事实）"。另一方会说"我冤枉他，我该如何如何（也只向一个可能祸变的事实）"。事情虽然已经了结，双方仍没有解决好社会舆论问题，人们都在传言贺银说的"那个味道"喝了就能感觉到，王东卖出的酒越来越少。结果两个月后，王东卖出的酒就再也喝不出了那种味道了，村民说他不敢再加敌敌畏了。

在上述案例中当事人和解仪式以赌咒发誓形式表征出来。案例结构可以解剖为双方互动的三层关系：双方当事人间关系，以及每一方当事人—天（或者神灵）的关系。仪式预示事件是否发生构成对当事人的权力约束。当双方当事人无力改变对方或无法通过自己实力解决时，借助神灵的一种隐形权力支配，并通过仪式加强这种力量对人控制，正是一种都给双方台阶下的方法，很难确信他们真信仰这种力量。所谓隐形权力支配，实际是来自双方内心对于问题解决所借助的形式，不可见权力产生支配力量是当事人自愿服从仪式的一切安排。这种仪式本身所赋予的超自然的神灵力量对冲、消解争议会导致仇恨、对立。[1]仪式的解纷是基于一种隐形权力控制为双方当事人达成和解的一种妥协形式。

四、社会权力之一：村级权力体系解决

坝村社会权力体系包括村级权力体系和非正式组织，非正式组织又包括一般性非正式组织和非法组织。对于如黑社会性质组织或其他犯罪组织等非法组织，在坝村调研中还未见到，主要是村级权力体系和非正式组织两类。村级调解体系是坝村纠纷解决方式中的重要的一环。

---

[1] 张永和：《信仰与权威：诅咒（赌咒）、发誓与法律的比较研究》，法律出版社 2006 年版，第 25 页。

永善县1981年恢复建立调解组织。县、公社、大队均建立调解委员会。现在村一级建立人民调解委员会。[1]为把"问题化解到基层"，永善县政府于2014年开始设立基层调解四级网络，包括村民小组调解小组、村级人民调解委员会、乡（镇）级人民调解委员会和县级人民调解中心。[2]其中村民小组调解小组和村级人民调解委员会是四级调解网络的最基层结构。村民小组可以设置调解小组或个人调解室，组长是调解的主要人物。村级人民调解委员会由村委会、治安员和村民小组组长构成。但两个村级调解组织并未发挥组织作用，基本上还是依靠个人权威。由于坝村并未专设村级人民调解委员会的工作室，村民甚至没听过这个机构的存在，交谈中也几乎不提及，寻求治安员、村主任调解，直呼名字是他们认定调解个人权威的主要表述方式（实际这就是人民调解委员会的构成）。这种村级权力呈现出"队长—治安员—村主任"三层结构体系。调解的核心机制是合意，所以调解的过程都要以合意为目的取向。奥尔巴克（J. Auerbach）认为非正式主义以调解为中心，使当事人在共同价值基础上达成合意。[3]这一套合意机制使村级权力调解具有上可获得国家认同，下可被村接受的中间环节，因此具有较高的权威。

根据《村民委员会组织法》第2条，调解作为它的本职工作之一，有相当大的任务性。[4]2012年永善在村一级机构设置人民调解委员会之前，县内各乡村村级权力体系调解主要是村主任调解，村支书也参与调解一些重要纠纷和群体纠纷。由于村主任由村民选举产生，具有强大的民意和民主性。即使村主任政治权力不同于村支书，他的村级权威远远高于镇党委任命的村支书，人们于此更愿意选择可以贴心的村主任而不是村支书调解。2012年之后新设治安员一人专门负责坝村民间纠纷调解，他其实是人民调解委员会的角色，村主任调解越来越少。"队长—治安员—村主任"的组织形式呈现差序样

---

〔1〕 永善县地方志编纂委员会编：《永善县志（1978~2005）》，云南人民出版社2012年版，第456页。

〔2〕 但具体执行时并未落实到村民小组，可能是各小组对调解小组成员的认同问题，因此多数仍是村民小组组长一个人的调解。

〔3〕 ［英］西蒙·罗伯茨、彭文浩：《纠纷解决过程：ADR与形成决定的主要形式》（第2版），刘哲玮等译，傅郁林校，北京大学出版社2011年版，第50页。

〔4〕《村民委员会组织法》第2条第2款：村民委员会办理本村的公共事务和公益事业，调解民间纠纷，协助维护社会治安，向人民政府反映村民的意见、要求和提出建议。

式，在坝村纠纷处理方面当事人实际也遵循着这种差序权力安排。村主任、治安员等人比较看重这种极具政治意义的权阶，当村民把家庭琐事提交到他们面前希望调解时，会得到这样答复——"一步一步地来"，意思是说从基层队长调解后再由村上调解，这样才能表现出权阶性，但这是政治面子层面，非纠纷本身的层次性。严格地看，队长调解、治安员调解与村主任调解并无高低位序关系，即使村级权力也是这样。

村级调解的最高层次调解是村主任调解。由于坝村已明确治安员属于村内专职调解人，原本属于村主任调解的工作基本流向治安员调解，即使如此，也有部分村民纠纷仍然找村主任调解。村主任洪城的主要工作是下队，村民找其调解纠纷时很少有时间，村主任调解是在其下队过程中，村民若有纠纷现时调解情况。由于缺乏对真实问题的了解，调解只能通过双方协商达成合意，而不是调解人似是而非地制定强加的方案。表面看治安员与村主任之间有一定权力阶序，但在纠纷调解这一块，村民并未认为村主任一定要比治安员更具权威。调解并不是村主任的本职工作，却是治安员专职。坝村纠纷当事人与治安员打交道远比与村主任多得多，这样的结果是村主任反而并不是当事人首选解决纠纷的主要人物。村干部解决纠纷的权力既不同国家解决，又不同民间权威调解。在性质、权力的来源方面与国家的正式社会控制有着根本的差异。[1]他拥有民间权威的成分，又拥有官方背景，因而在村民不想诉讼又不愿就此了结情况下是纠纷选择处理的重要方式之一。

村级权力体系的底层调解是村民小组组长调解。村民小组组长不是国家对村委会行政体系设置的正式部分，但由村委会自行设定，也受到村委会管辖，在权力结构上作为村级权力体系对待。如果说村主任、村支书或治安员调解属于人民调解委员会调解，那么小组长调解则是民间个人调解，已完全脱离半官方性质，虽然一定程度上他仍属于村级权力体系。以坝村 24 个村民小组计算，共计 24 个村民小组组长/队长。队长除安排本小组的计划生育工作、规划集体土地承包用途、帮助上级解决村民社会福利问题外，还需处理村民日生活中的小型纠纷。我认识的第四村民小组组长郭新，从 2013 年开始

---

〔1〕 王启梁：《当代中国正式社会控制的图景与困境——以基层的实践为视角》，载《社会中的法理》2010 年第 1 期。

上任，至今已调解本队 30 余起纠纷。占据主导性纠纷的是家事纠纷，其余是相邻关系纠纷和土地边界纠纷。由于队长权威远低于村主任和治安员，他的调解成功率要低于后两者，其结果是队长调解不成村民还可再请治安员或村主任调解。郭新是一个文化层次低的人，小学三年级水平，只会写自己名字和简单的几个汉字。在自然村内他又属于自己所在的姻亲袁氏家族，一些人对他的公正性表示怀疑。村民如果认为队长存在着与对方当事人"有关系"的怀疑，则不经队长而直接找其他人调解。队长在村级权力体系中既是权力最低层次，又是权威最低层次，然而，队长作为中国最底层的自治人物，与这个同属最小的政治区分单位——村民小组——共同生活，对小群体社会控制起着至关重要作用。只有队长才知道"东家长西家短"的细微叙事，这种知根知底的近邻秩序通过队长才能最大化地抵近解决，其他逐级而上的权力做不到这一点。可见，队长是中国最基层的核心人物，尤其是小型纠纷解决方面。

虽然写字都成问题，但郭新有他自己独特的调解经验和知识，当治安员和村主任等带着当事人上门调解时，又以一种"在场"方式接近事实，融入叙事场域。由于纠纷当事人都是本队邻居，空间距离很近，近则"屋檐触屋檐"，远不过两百米。调解空间的灵活性远高于其他村级调解。所谓"在场"，是指调解人直接到纠纷发生地、当事人家等处调解。自然村作为小社会为在场调解提供便捷性，在场又为纠纷现时处理、高效处理奠定基础。在场还意味着调解不但注重小社会的情理关系，也需关注纠纷事实，包括行为的是非对错、发生背景和过程等。一旦上升到村上调解（即治安员调解）时，调解人几乎不去现场，多数在治安员办公室或双方自己家里，调查取证更无从说起。由于各个村民小组居家户数不一，各个队长面对的纠纷有复杂也有简单，多寡不同，甚至随季节变化和时令关系都有所反映。队长调解纠纷呈现这种对应的变化关系。调解场合不分地点空间，有时他正在地里干活时，当事人直接在他的"域口"（当地人称谓，即锄头翻地的地方）一边干活一边解决。有时他又到当事人家里调解。多数还是在他自己家里，临到吃饭时，与双方在他家饭桌上吃饭解决。这些非场合性是去氛围和空间感知的，小地方或小社会的村民从一家到另一家也就几分钟，这种特性使队长拥有把纠纷解决方式、过程融入日常生活之能力，从而使纠纷的严肃性被大大抵消。

的确，队长面对的司空见惯的纠纷算不上很大问题，甚至在法律视野中达不到纠纷标准和要求，多数还是准纠纷形式，但要看到，金字塔形结构中，基层社会占据中国社会基数的绝大多数，基层稳定正是金字塔稳定的根基。队长调解确实能做到"纠纷不出村"，小事队里解决，大事村上解决的枫桥式惯例。队长在小社会的权力恰到好处地实现纠纷内生性和内缩性的基本功能，有力地减少纠纷上传数量，并客观地保障了村上不必要的案件带来的麻烦。

村级调解只是乡村调解体系一部分，从更大制度链条上看，乡村调解又是整个国家—社会视域下调解体系的一部分。这意味着乡村调解可能不是当事人解决方式的核心或最终环节，它只是纠纷解决的一种方式或选择。由此可以发现调解链条上村级调解的地位。当事人通过调解的几种类型主要如下：

第一个类型是从民间个人调解到村级调解再到官方调解对应于非正式解决、准正式解决、正式解决，三者对应如下：[1]①民间个人调解——非正式解决；②村级体系调解（队长、治安员、村主任）——准正式解决；③官方调解——正式解决。第二个类型是把人民调解委员会的调解放在村委会层面，从而割裂村民小组组长的调解：①民间个人调解（社会人士、村民小组组长）——非正式解决；②村设人民调解委员会（村主任、治安员）——人民调解；③官方机构——司法调解或判决。

由此看出村民小组组长调解的地位很尴尬，首先，受到村委会权力制约；其次，调解纠纷在国家、法律层面得不到《中华人民共和国人民调解法》（以下简称《人民调解法》）承认；最后，当事人还可能弃之不问，直接找上面的人解决。《最高人民法院关于人民法院特邀调解的规定》第5条解决了这方面的难题。作为村级权力体系的调解在法律上可以被纳入特派调解和特邀调解体系之内，这样可以以正式解决之名从合法性转变为合法律性。

五、社会权力之二：非正式组织解决

在坝村社会组织体系中，家族、混混集团、年龄组和其他社群是相互独

---

　　〔1〕 对村民来说，三种解决方式还是有所区别的，存在着那种不同权威之间的权阶关系。如非正式解决，当事人反悔也没有有效的规制措施。除非准正式解决是人民调解会员调解，它具法律性而不是道义性，当事人去法院申请确认具有强制力。由此看，非正式解决、准正式解决及正式解决之间，存在纠纷解决权威的递进关系。

立的，其个体成员同时也在不同社会组织之间相互渗透，一个人同时介入多个社会组织。甚至可以说，没有一个人只在独立的组织体系内活动。这样的结果，使任何社会组织内的纷争与矛盾都受到其他组织结构制约。社会权力在多维组织网络环境下被分配到不同体系中，形成组织化弥散。

第一类是年轻人集团，他们在坝村纠纷解决中拥有不可替代的分量。坝村有自己的江湖，这个江湖存在于年轻人体系之中。年轻人有他们的规矩，对于年轻人集团的内部事情，他们更愿意用自己的方式解决。解决方式有强制、调解、群斗、请客吃酒、给钱、托人说情。"动手"是作为其他手段无法完成目标的情况下待用资源来使用的，除非迫不得已，暴力一般都不会在正常的情境中出现。年轻人都出过远门打工，社会见识、认知、人情运用能力其实要比留村的其他人要高得多。的确有时会做出很多暴力和强制的事，但讲义气、大方、甩阔都是坝村年轻人的当代品性。这种布尔迪厄式的"习性"作为非正式社会控制在年轻人集团中具有严肃的调节内生秩序、建构族群关系、解决内部争议的权力功能，但也可能使义气变成意气用事。

白庙自然村的李三娃是一个十八岁的小伙子。一次在县城与朋友在酒吧喝酒时，不小心把酒倒在旁桌的陈某身上，陈某起身就给了李三娃一个耳光。李三娃很不服气，要找人收拾陈某。半个月后双方在金沙江河滩聚集二十几个小伙子，分成两大集群，每个人手持铁棍，大有一触即发情势。期间，李三娃的表兄打电话问怎么回事，李三娃告知事情经过后，其表兄骑车前来劝架。原来其表兄是陈某的哥们，长期在一起玩的好朋友。双方看在表兄的面子上不再闹事，把各自的人劝说回去。最后陈某给了李三娃 500 元，而李三娃又到县城花了 600 多元请陈某吃饭喝酒。

这个案例反映的是年轻人集团的内部习性问题。义气作为年轻人社群秩序的建构原则，本质在于信任能力和信任机制。[1]义气强化社群内部秩序，从而构成一种针对成员的义务约束机制，不仅建构内生秩序，也成为引发内部纠纷并解决纠纷的一项政治原则。坝村年轻人组织体系分为很多不同派系，有的是同一地域方面的共同体而形成的小区域派系；有的因在外某一个工厂

---

〔1〕　易江波：《近代中国城市江湖社会纠纷解决模式——聚焦于汉口码头的考察》，中国政法大学出版社 2010 年版，第 19 页。

或地区打工形成派系；有的纯粹是为共同兴趣爱好而组合形成派系。派系没有地盘分割所划分的势力范围，但涉及利益争议时，很可能演绎为群体纷争。共同体有义务解决成员争议，成员有维护共同体伦理之责任。这种义气伦理，是相互间的一种义务关系，是硬性的和机械的。[1]内隐于其中并保障派系运作的核心机制是互助。由于年轻人集团之间争议较多，非理性因素很复杂，年轻人集团危险性高于社会上其他人，因此不得不依赖于义气维持，获得本体性安全。一方面确实存在着青年人的情谊关系；另一方面是这种关系体现应有的大方给予成员某种不求回报的气度。年轻人的这种伦理观超越经济理性，牺牲经济来换取本体性安全，使个人受到伤害时获得派系及其成员帮助。从这个意义上说，义气其实是纠纷解决中权力生成、实现和交换的主要方式。通过义气交换机制，当某成员发生吃亏现象时，派系集合很快完成，并成为对抗其他派系的权力约束机制。

年轻人集团的另一个非正式控制手段和运作机制是面子。面子是"个体对做出有关'脸面'的行为之后的自我评价判定及其判定在他人心目中的序列地位。面子在根本上是一种个人表现出来的形象类型而导致的能不能看得起的心理和行为。"[2]从而看得起与看不起之间已经形成权力支配和被支配的关系。不仅关系到个人可能享有特殊权利，而且涉及他和别人接受的可能性。[3]所以有学者指出，面子在村落整体层面生成之后，就形成能真正评价和对村民有约束力的行动准则。[4]面子交换意即权力交换，通过权力交换实现"给面子，以求原谅对方的回报"之权力平衡，解决矛盾。[5]正如上述个案中李三娃的表兄是陈某的好"哥们"。"哥们"称呼不仅是一般玩笑式表达，它类同于亲兄弟之间悌友伦理，把亲兄弟伦理观念和习俗用之于派系内关系人之间，从而塑造亲缘化伦理。当表兄出现时，陈某和李三娃之间通过

---

〔1〕 梁漱溟：《乡村建设理论》，上海人民出版社2006年版，第25页。

〔2〕 翟学伟：《人情、面子与权利的再生产》，北京大学出版社2005年版，第175~176页。

〔3〕 黄光国：《中国人的人情关系》，载文崇一、萧新煌主编：《中国人：观念与行为》，江苏教育出版社2006年版，第41页。

〔4〕 何绍辉：《乡村里的"面子"观——对湘中H村的调查及思考》，载《中国乡村发现》2007年第3期。

〔5〕 ［美］彼德·布劳：《社会生活中的交换与权力》，孙非、张黎勤译，华夏出版社1988年版，第104~114页。

表兄面子制约压制矛盾与纠纷，从而使可能产生的暴力和群体械斗消解。表兄的面子成为支配李三娃和陈某的权力动力学，这种权力当然不是一直存在着的，而是在特定个案当中发生的一种即时的情境性权力。

第二类社会组织是混混。严格地说，混混是年轻人集团异化的亚社会组织，主要指对不务正业，长期行走于黑白两道之间，游手好闲且有一定活动"圈子"之人。混混在村民中评价并不高，因为他们的行为不符合传统乡村伦理，甚至对村民的心理强制非常大。[1]比如不干农活，好赌，喜欢集群闹事，好吃懒做，欺负老实人。坝村混混已与以往混混完全不同，这些人富裕程度远高于普通村民家庭，他们与村级领导人关系密切，有自己控制的派系，甚至几个混混是其所在派系头人。概言之，他们在乡村普通生活秩序中边缘化，但在县城、年轻人社群和经济活动中却是坝村中心人物。坝村有个富人的三个儿子都是混混，但却是该自然村最早修建洋楼的家庭，让村民私底下愤懑不平的是他们都有低保。普通村民都不想惹事，有事大事化小的性格。混混恰好利用这种性格，有时候横行无忌，有小利益总先抢占。村民对之无可奈何。一些乡村重大纠纷都存在混混介入的影子，混混构成坝村无形的一股权力体系。学者强调，混混的混世主要依赖暴力威胁，这样的网络体系可以使他们能够笼络到同类混混，在需要时就有援手，能够互相照应。当有着这种背景的乡村混混介入村庄时，就成村庄熟人社会的"超级权势"。[2]他们涉入或参与的纠纷也带着某种强力。

我从小就认识夏二，小时还一起当过牧童。他从1995年以来一直在溪洛渡打拼，我则在1997年后考上大学。他在打拼过程中依靠自身"不怕死"的精神，逐渐混出了名堂，成为溪洛渡新街混混体系的一个坝村帮的头人。2014年的春天，夏二的姐姐夏大妹（坝村圆堡人）养的狗被黄顺喝醉后打了。夏大妹要求黄顺赔钱。黄顺事后发现打狗的工具是一根玉米秆，根本伤不着狗，他认为是夏大妹借此想诈点钱，拒绝赔钱。夏二听说后，从县城叫上自己的一帮"兄弟"分坐五辆小车前来黄家"讨说法"。黄顺正值感冒躺床

---

[1] 董磊明等：《结构混乱与迎法下乡——河南宋村法律实践的解读》，载《中国社会科学》2008年第5期。

[2] 陈柏峰：《乡村混混与农村灰色化——两湖平原，1980—2008》，华中科技大学2008年博士学位论文，第197页。

上，被夏二抓起来打了几下。其他人看此情景下嘲笑起夏二来，说就这么一个弱不禁风的人你还叫几车人。事后，村民一直谴责夏二，认为其带领混混们欺负本村村民，内横外不横（即欺负村民对外人却很软），没有什么好本事。

这个案例表现了强制手段是众多混混与一般村民纠纷处理方式所用的一贯手法，反映的是一种摆平策略，即为解决问题而为的工具主义和功利主义解纷思维，在遇到突发矛盾困难时采取随机的、临时的、非常规的做法加以解决的过程。[1]摆平是去法律化的过程，全部依赖人为操作，要么以法律为资源为自己服务，要么依靠"人脉"解决困境。由众多混混组成"帮"的群落，集群性行动，看起来很强大，不但为自己壮胆，也给潜在威胁他们的其他人以有效吓阻。"帮"是混混组织的最高级形式。帮有帮规，帮的头人拥有极大的号召力和控制力。在复杂的混混体系中，通过帮抱团取暖获得安全也是一种策略。我认识一个高二就辍学的姓唐的混混，问他是如何成为一个有影响力的头人的，他的回答印证了吉登斯意义上的"本体性安全"问题："如果你不强，你得屈服于别人，挨打是常有的事；如果你强大，别人就屈服于你，打别人也是常有的事。要在这里混，最好有自己的一帮兄弟，然后成为这些兄弟的老大。"唐的社会经验丰富，进过派出所，打过群架，身上有些刀疤，那是他所谓"奋斗"至现在地位的历史材料和经验过程。他有一帮弟兄，在县城还有自己的"场子"（台球室和麻将室）。为显示混混的符号威慑，唐背上是一头咆哮的老虎刺青。他19岁就有1.8米的身高，肩臂上刺上岩鹰，一旦与其他混混交涉时，哪怕是冬天也是裸露着上身，让他看起来很强。他家里一直放着几根手臂粗、类似棒球棍的铁棍，似乎是时刻准备着战斗。"这个地方，你有时候干不过别人，你得想法让别人感到害怕。"其实说这话时候，我已经明显感到唐不自信，反过来说，我相信这也是他自身的安全保护措施，也就是心理安全。这种符号暴力，我所接触的坝村混混中人人都有，小到一个"忍"字，大到全身图案。文身作为符号威慑的确增强了他的社会控制力，这是一种软权力，并无实际强力，但对于强化混混的社会恐吓作用相当有效。

---

〔1〕 应星：《从"讨个说话"到"摆平理顺"——西南一个水库移民区的故事》，中国社会科学院研究生院2000年博士学位论文，第83页。

当混混集团之间发生争议时，很难找到与村民争议那样的弱强之间不平衡的权力支配关系。混混之间的纠纷解决，多数情形下各帮都势均力敌，又互不退让，其结果只能通过群体性手段强制。调查发现，近几年来，随着国家不断介入乡村，真正意义上打群架逐渐减少。混混头人对争议解决强度分寸拿捏得很周到。群架性质在坝村属于治安事件，村委会都要立即向镇政府通报，结果警察出面拘留不在少数。所以头人带领本帮成员参与纠纷解决时都先是威胁，威胁达不到目的才强制，比如打几个耳光，踢两脚；打得赢就打，打不赢就跑；使用暗黑手段的投机主义行为，手持棍棒打人偶有所见，但一般不会伤及要害或重伤致残。谭同学的研究发现，在纠纷解决及越轨行为惩戒方面，除个别自然村之外，村庄公权衰落，村庄内部自主解决纠纷的能力弱化，实施惩罚的能力则几近消失。由于国家常规能力不足，"灰社会"介入村庄纠纷解决成为常见现象。[1]实际上，混混是乡村秩序、生活的一部分。混混多数走在黑白两道之间，尤其是白道，他们也受到后面更高权力的人的约束和压制，并非个个都是为非作歹，甚至"盗亦有道"。[2]有混混放贷写借条，承包土地时要求多人现场作证，合同写明符合法律要求，遇到纠纷可以直接诉讼。我见到一混混因移民款纠纷主动诉讼。个别混混还找村委调解纠纷。但"村民影响其核心利益时，也毫不犹豫地违反情面原则和不走极端原则，使用赤裸裸的暴力对村民殴打和疯狂伤害。"[3]

对于混混这种横暴权力体系，伦理和道德甚至正式制度都无法介入，甚至连村内习惯法机制也很难加以解决，这种亚社会成为乡村治理之棘手问题。他们成了村民意义上的坏人，一个"无需法律的秩序"。混混是当前乡村权力不可忽略的要素，甚至一些混混演变为新时期乡村豪强恶霸。"当前村庄村民关系的离散，则使得乡村混混的网络组织进入村庄的成本非常低。乡村混混已经改变乡村生活的诸种权力关系。"[4]乡村多重权力总呈现出反向性，并非

---

〔1〕 谭同学：《乡村社会转型中的道德、权力与社会结构——迈向"核心家庭本位"的桥村》，华中科技大学 2007 年博士学位论文，第 221 页。

〔2〕 徐昕：《论私力救济》，中国政法大学出版社 2005 年版，第 352 页。

〔3〕 陈柏峰：《乡村江湖：两湖平原"混混"研究》，中国政法大学出版社 2011 年版，第 212 页。

〔4〕 陈柏峰：《乡村混混与农村社会灰色化：两湖平原，1980—2008》，华中科技大学 2008 年博士学位论文，第 197 页。

总是在同向价值体系共存，在日常生活中个别化、无时间和空间界定的多重场景表现出来。混混的存在便是通过反向观照来映衬出乡村秩序中的问题。在这个动态的地方性分化、弥散及弥合过程中，乡村区权力也呈现一种动态的规整性。任何以社群为单位的结构中，不可能存在着一律的无差别化的社群人格，总有个别人（如混混）反叛和分裂，这实际为社群的权力整合与控制，并形成共有的地方感和社群伦理提供了反面教材，并最终趋向于某种秩序和知识的共识。

第三类重要组织是家族。家族是坝村历史以来最大的势力集团。一般说来，"势"属于时势权力之一，它体现乡村情势的静态结构。坝村家族的社会关系方面依赖于"势"实现自身的权力影响。当家族内部较为团结、凝聚性强时，涉及家族间纠纷，就很强势，反之家族的"势"则不稳定且影响力小。家族在对内方面还存在着长老权力。维持家族内部秩序、延续家族文化、团结家族力量的主要是家族长老集团，虽然从单个家庭角度看，老人的权威确已式微，但家族内老人集团仍具有处理族内复杂争议及事务的基本能力。

张三贵夫妻二人一直与大儿子一起生活。大儿媳打工回来后，认为两个老人总是只吃不劳作，其他两个儿子不闻不问，负担过重，要求张三贵夫妻另立单过。张三贵同意但要求提取老人劳作的土地出来单种，大儿媳不同意，认为现在土地已经很少不能再分割。张三贵于是要求三个儿子每人出份子钱养老。但二儿子和小儿子未结婚，都在外打工，几年都不归家，根本无力承担份子钱。为此，大儿媳与张三贵的争议愈演愈激烈，甚至到吃饭时都从未同桌。2016年春节刚过，张三贵叫上族里的几个最高辈分的老人，请他们处理家庭纠纷。五位老人到场后，提出张三贵夫妻与大儿子家分灶单过，暂时不分土地，由两个老人种小儿子的土地，收成归老人所有。等小儿子回来再协商。获得大儿媳同意后，第二天老夫妻俩搬出了大儿子家。张三贵有一个女儿多年前已经出嫁，所生孩子现已读初中。张三贵的女婿黄三娃办事能力较强，村民称之为"赚钱的能手"，但黄三娃好赌成性，一旦手上有钱就去县城赌钱，输的多赢的少。为此夫妻俩经常吵架，吵架后黄三娃还殴打妻子。于是张三贵给本族人打电话集合，要去黄家坝（黄三娃所住寨子）教训黄三娃。张三贵多次联系后，最终有十几个人去了，但主要是言语上的"教育"，黄三娃只明确不再殴打妻子，但还是在赌。

涉及乡村家族关系的纠纷不外有二：一是家族对内的纠纷处理；二是家族对外的纠纷处理。日本学者对中国明清乡村的研究发现，同族之间发生纠纷时，一般首先由亲族进行调停。[1]直至现在也有，家族内纠纷之解决由族内老人集团形成的辈分、年龄和资历等权威单行或联调处置，有利于压制后辈对老人的某些不孝和不敬行为。老人集团远比已经弱化的单个老人权威更有威慑性。在对外纠纷处理——尤其是家族间纠纷——方面，家族间势的力量超越了个人强力。弱势家族很难压过强势家族，因而采取的纠纷处理手段都是非强制性的。在20世纪80年代中期，有两个近邻家族为争夺河沟边一块条石，发生争议。一方悄悄地把条石运走用来雕刻门槛石，被另一方发现后准备强夺，于是发生两个家族之间的对立事件。之后两个家族多次发生互斗。5年后，两家族青年人在外打工恋爱，后结婚，家族间争议得以解决。这个案例显然不是通过具体方式使问题得到解决，纠纷化解是以消解强势方力量、缓和紧张关系为目的，家族间通婚即避免长期敌对所采取的策略，也是实现村内家族联合而建构强大权威的一种政治手段。从这个意义上看，多姓家族化乡村内部秩序主要是家族权力秩序，恰恰使他们的纠纷具有政治博弈的功能，不是简单的群斗、抗争、隔离，而是一种积极的在婚姻、政治、互惠等方面的权力合谋策略，避免乡村秩序整体被撕裂。

六、国家权力解决

国家权力对纠纷的社会控制主要通过调解和审判来实现。根据国家权力主体之不同，调解又可分为行政调解/执法调解和司法判决/调解（法院调解）。由于坝村村级调解把主要纠纷控制在基层，村级之上调解越来越少，到县级人民调解中心这一级别时就见不到村民调解的纠纷案例。总体上，国家权力解决乡村纠纷分为官方调解和判决。

（一）官方调解

坝村官方调解主要有驻村干部调解、执法调解和司法调解。驻村干部调解又与执法调解和司法调解不同，"驻村"性质是下乡到村里为村民解决实际

---

[1]　［日］中岛乐章：《明代乡村纠纷与秩序：以徽州文书为中心》，郭万平、高飞译，江苏人民出版社2010年版，第186页。

困难。调解纠纷属于这项工作之一。但驻村干部调解不是真正的官方调解，他们不具有官方权力机关赋予的执法或司法职权——把他们列入官方调解体系是因为他们是国家权力载体之一。实质上，这种调解是坝村村级调解的一部分，与治安员调解性质相似。传统乡村习惯于对国家权力的崇拜，驻村干部所体现出的权力表征正契合他们对国家的权威想象。如驻村干部身穿制服，与满身泥土灰尘的村人服装比较，干净制服看起来很有气派，有明显的正式权力、官方权威的样子。虽然这些人是教师、职员、事业单位人员或一般公务员，但村民还是习惯称为干部或"上面来的"，可见他们对权力的重视。村民有时也把纠纷提交到驻村干部处请求解决。与其他调解比较看：驻村干部调解权力来自村民对国家权力信任和崇拜，并以此形成权威。村级调解体系并不是基于权力，而是通过调解经验和调解过程中基本的公正立场而获得权威。驻村干部调解纠纷少，纠纷类型、形态不一。由于驻村干部一般在乡村进驻一年左右时间，并不能做到村民的"贴心人"，对村民而言驻村干部还是很陌生的，而且多数干部并不真正"住村"，调解只是村民认为通过其他方式解决不了后的一种投机性选择，其调解角色反而不如其他调解更具权威性。

官方正式调解之重要方式是执法人员调解。乡村执法人员主要有交通警察、林业执法、土地执法、水政等。按规定这些偶尔下乡的执法人员都有本领域的调解权限，实际情况是坝村村民不知道这些领域的纠纷解决机制，他们很少下队，村民一旦有这样纠纷也不可能去县城。即使是交警下乡，由于其执法过程与村民日常观念发生冲突，村民认为交警不能到村，即使乡村公路上发生交通纠纷，也很少让交警解决。完全可以说，乡村执法人员调解是空白，偶有一例也不能说明什么。

坝村司法调解更不如执法人员调解。前述到，司法人员下乡主要是送达文书、取证和执行判决，或者司法行政人员进行法制宣传。法制宣传队调解虽然偶有几件，基本上也算在民间调解行列。乡村司法调解罕见不等于坝村人在司法场域没有调解。法院在涉及村民官司时，考虑到乡村伦理关系，多数纠纷都建议先行调解。除离婚的法定调解程序外，对于坝村电线纠纷、承包纠纷、析产纠纷等主要纠纷基层法院都进行过调解。这些纠纷是坝村的"政治事件"，村内权力超控而不能调解，诉讼是解决这些纠纷的权威手段。对当事人来说，摆脱地方性知识约束，引用法律并通过公权机关解决纠纷，一方面可能是看到法律权威的作用，而另一方面是基于一种政治权威的潜在威慑。

　　另一种方式被认为是法律与社会妥协的执行纠纷过程中的调解，对于一些自认为"死猪不怕开水烫"的当事人，法官实在没有办法时，会请求村支书和村主任帮忙。法院执行改为村委会带领法官到当事人家中执行，甚至被当地人称为"打包"（即把执行全权交由、委托村委处理，这在村级年终考核方面被作为一种重要政绩）的执行方式，从正式权力支配转为威慑，非正式权力通过配合、协调正式权威进行直接控制。有学者强调，将传统治理术"打包"整合，植入司法秩序框架内部或边缘处，重新吸收传统治理方式养分，以延续或重构社会治理秩序，使那些传统规则被兼顾包容在司法策略的"综合逻辑"之下，继续发挥治世作用。[1]但村委会不会依照法院执行令严格要求，而是一种劝说，相当于对当事人再次进行执行调解，让申请执行方适当降低要求获得被执行人认可，从而达成执行协议。这种正式权力的非正式运作，并不等于正式权力非正式化，这是避免与地方性权力（非正式权力）相冲突而较好地实现执行目标的一种策略。[2]正好契合本地情境的一种权力转换方式，使正式权力在本地非正式地运行。贺雪峰提到，正式权力的非正式运作，生动说明农村权力的运作特征与文化及当地共通的地方性知识的关系。[3]其实表明国家权力与地方之间并没有严格对立。赵旭东也指出，当国家权力渗透民间社会后，制度化权威与非制度化权威，实际上是同时并存的。[4]有的学者认为乡村司法权力复归为判断权。乡村法官的方法必须是客观的，而不是在某种情境下所作的权宜之计，具体环境因素对他施加的影响，只能是在对一般规范进行解释的范围内才成为可能。[5]这种看法很理想，背景、情景性影响不可忽略。即使是黄宗智也小心翼翼归之为第三领域。还有的学

---

　　[1]　栗峥：《国家治理中的司法策略：以转型乡村为背景》，载《中国法学》2012年第1期。

　　[2]　强世功：《"法律"是如何实践的》，载王铭铭、[英]王斯福主编：《乡土社会的秩序、公正与权威》，中国政法大学出版社1997年版，第493页。

　　[3]　贺雪峰：《新乡土中国：转型期乡村社会调查笔记》，广西师范大学出版社2003年版，第53页。

　　[4]　赵旭东：《习俗、权威与纠纷解决的场域——河北一村落的法律人类学考察》，载《社会学研究》2001年第2期。

　　[5]　杨力：《新农民阶层与乡村司法理论的反证》，载《中国法学》2007年第6期。

者指出这是一种双二元结构形态，微观层面的二元结构存在于基层法官的司法中，宏观层面的二元结构由乡村干部的司法与基层法官的司法共同构成。这两个层面叠合起来，构成乡村司法的"双二元结构"。[1]罗伯茨等人评论桑托斯的后现代法律多元主义观念时，指出国家正在以市民社会的方式进行扩张，并预言扩张将通过权力从正式组织到非正式网络中的错位实现。尤其是纠纷解决领域，国家权力扩张形式将是非正式化，通过与私权合作，将制裁权整合到社会关系之中。[2]总而言之，嵌入乡土社会的正式权力经过托马斯的情景化渗透之后，已经不那么正式了。[3]甚至一些权力主体在"黑白两道"（即非正式权力与正式权力）之间来回穿梭使纠纷解决向着自己最有利解决方向发展的江湖博弈。[4]农村社会生活"缺少一成不变的正式程序和正式规则。在许多情况下，即使存在这样的程序和规则，有时也不好真正起作用。一些重要而敏感问题解决，往往要采取非正式方式或相机处置的弹性手段，即使政府的行动也是如此。"[5]从而，"国家与社会之间的界限越来越模糊，最终甚至可能发展出面对面的国家。"[6]

如此说，国家在这个领域的界限很模糊，甚至在面对面国家中当事人都可能感觉不到。"打包"方式构成半民、半官方、中间性质的黄宗智所称之第三领域，正式和非正式纠纷处理才在几乎平等关系下相互作用。[7]国家并不是高高在上地操控结构，它完全可以演变为非正式权力的地方性知识运作，成为人们日常生活的一部分。[8]黄宗智提出表达主义与客观主义对立，正是因为乡

---

〔1〕 陈柏峰、董磊明：《治理论还是法治论：当代中国乡村司法的理论建构》，载《法学研究》2010年第5期。

〔2〕 [英] 西蒙·罗伯茨、彭文浩：《纠纷解决过程：ADR与形成决定的主要形式》（第2版），刘哲玮等译，傅郁林校，北京大学出版社2011年版，第66页。

〔3〕 孙立平：《现代化与社会转型》，北京大学出版社2005年版，第364页。

〔4〕 易江波：《近代中国城市江湖社会纠纷解决模式——聚集于汉口码头的考察》，中国政法大学出版社2010年版，第138页。

〔5〕 孙立平：《现代化与社会转型》，北京大学出版社2005年版，第345页。

〔6〕 [美] 博温托·迪·苏萨·桑托斯：《迈向新法律常识——法律、全球化和解放》（第2版），刘坤轮、叶传星译，郭辉校，朱景文审校，中国人民大学出版社2009年版，第445~453页。

〔7〕 [美] 黄宗智：《清代的法律、社会与文化：民法的表达与实践》，上海书店出版社2001年版，第130页。

〔8〕 [美] 克利福德·吉尔兹：《地方性知识：事实与法律的比较透视》，邓正来译，载梁治平编：《法律的文化解释》，生活·读书·新知三联书店1994年版，第146页。

村地区中法律说的与实际做的存在着极大差别，法律在乡村实践都被人情、伦理及道德予以包装，从而在法律影响村民同时，乡村结构也在影响法律。[1]表达主义与客观主义差异反映乡村情景下法律迫不得已的变通实践。

（二）审判

随着社会观念的急剧变化，以往有事闷在心里、打官司怕丢人的心态早已发生变化。打官司被坝村人认为是件正常事，这些诉讼一方面是问题很复杂，通过非诉讼方式无以解决，另　方面是碍于面子、小规模社会的伦理影响，当事人宁愿跳出这个结构圈，通过简单直接方式以与面子、关系伦理无关的法律处理。司法机关与执法、送法下乡、驻村不同，司法人员一般不会主动下乡，只有当案件需要调查或取证或执行时才会到村，平时除非政治任务安排很难在村子里见到法官。对于西部崎岖山区乡村来说，学者强调基层法官"身体在场"的国家权力治理形式远没有交通发达的东部农村方便。[2]当然，村民去法院诉讼的事件，也可能因特殊因素使法官下乡。如果一些当事人不方便或不愿去法院出庭，则法官直接下乡到当事人家中，主要目的不是宣判，而是调解。乡下调解所采取的灵活性策略远比乡下判决更易获得当事人认可。设置法庭不但约束了法官的多重表达，也使当事人感觉到很不自在，不能自由自在地进行和解。下乡调解作为连接国家与基层的最有效方式仍然值得重视。但相对于主动送法下乡服务，在司法机关的审判过程中，当事人为保证在法定期限内胜诉，会比普通村民更主动、急迫地学习、了解法律知识。审判过程就是村民对法律知识、观念、程序直观感受并进而获得认知的过程。非人情化司法影响村民对传统的认识，比如借贷中更注重成文书写，而不是不打欠条。司法审判促进了坝村社会的开放，使传统非正式制度缺乏活力。以油坊村一起离婚案为例：

华晓凤 1994 年嫁给坝村的李建云，后生有两子。由于公媳关系不和，李建云又无法站在任何一方，只好避而远之出去打工，一去就是 5 年，久而久之夫妻感情越来越淡。2004 年 9 月女方要求离婚。由于男方在外，女方只好

---

〔1〕　[美] 黄宗智：《清代的法律、社会与文化：民法的表达与实践》，上海书店出版社 2001 年版，第 14～19 页。

〔2〕　郑智航：《乡村司法与国家治理——以乡村微观权力的整合为线索》，载《法学研究》2016 年第 1 期。

到法院起诉，经法院判决双方正式离婚。两个孩子归男方抚养，2005 年夏，大儿子因在金沙江游泳溺亡，李建云从昆明回来接走小儿子，从此家里无人照看，土地荒芜。华晓凤离婚后嫁给外村一个矿山老板。2012 年因矿山关停，生计困难，无法再继续经营下去。由于坝村要求每户必须耕种一定土地，不得全部荒芜，否则会被列入负面清单。李建云长期在外，无力种地。华晓凤于是在 2013 年与丈夫回到坝村，要求重新收回在李家的那一份土地。由于华晓凤的户口还在坝村，后经过村上和村民小组与李建云协商，划分了一份属于华晓凤自己的那份土地，使其成为坝村正式的村民。

仅仅 2015 年全年，油坊自然村离婚诉讼就达 3 起，2 起作出离婚判决。华晓凤回到坝村后，对于当年的离婚诉讼，她提到，不起诉找村里，村里不会让离只会叫你和好，法院判决离婚可能很大。从华晓凤的言辞中看出，其实起诉离婚的多数是女方，离的决心很大，表明夫妻感情确已破裂，需要司法机关介入重构社会生活。起诉是需要极大勇气而进行的大胆行动，反映她们选择自己需要的人生的权力表达。用阎云翔的话说，日子总是自己过着顺心。所谓自己过日子即是拥有和控制家庭财富的权力和选择的自由。换言之，自由与独立可以使人觉得顺心，亦即幸福。[1]永善县法院体系从 1994 年到 2005 年 13 年间，年审结民事案件不断增加，虽然每年婚姻家庭案件增加没有规律性，但不论案件数量或是比例，都有重要地位。在这些婚姻家庭案件，离婚案件占据首位，绝大部分离婚原告都是女性，男性提出离婚不占多数。

表 9　永善法院 1994—2005 年间审结案件与婚姻家庭案件之比较[2]

单位：件

年份	1995	1996	1997	1998	1999	2000	2001	2002	2003	2004	2005
年审结量	296	424	389	480	409	645	425	585	437	491	578
婚姻家庭	171	216	199	248	197	275	206	140	96	144	201

---

〔1〕　［美］阎云翔：《家庭政治中的金钱与道义：北方农村分家模式的人类学分析》，载《社会学研究》1998 年第 6 期。

〔2〕　永善县地方志编纂委员会编：《永善县志（1978~2005）》，云南人民出版社 2012 年版，第 492~493 页。

妇女主动接近司法的确反映了她们权力的崛起。妇女权力崛起与国家司法机关纠纷处理有着支撑性关系，国家会在审理过程中通过同意离婚或维护妇女权益，使被告感受到来自国家的压力，正是这种崛起的权力合谋和支持，打破以往乡村社会不关注妇女地位、权力、利益的"小传统"。这样一来，国家在审判过程中实现对乡村部分传统的"祛魅"功能，把不利于妇女的那套传统纲常伦理全部消除掉，进而可以说，妇女权力崛起也塑造了一种新型的现代国家—社会关系。

七、"筛漏"：乡村权力的解纷功能及问题

通过上述叙说看到，坝村纠纷解决方式与权力结构存在着很大相关性，与其说纠纷解决是人为选择，毋宁说是通过权力实现小型秩序重建的过程。权力存在的意义在于消灭纠纷的非常态秩序而回归正常生活秩序。每一个权力体系都有与之对应、关联纠纷的秩序重建之功能。三层权力格局中，基于个人的救济方式主要是民间权威调解、自力救济、双方救济；基于社会力量的解决方式是村级权力体系调解和社会组织力量解决；基于官方权力的解决方式是调解和判决。坝村权力结构与纠纷解决方式如下（表10）：

表10　坝村权力结构与纠纷解决方式

权力结构	解纷体系	解纷主体	解纷方式	解纷范围
个人权力	民间权威调解	宗教权威、老人、知识分子	调解、仪式、谈和	相邻、借贷、意义秩序、经济等
	自力救济	当事人一方	暴力/强制、忍让	人情、赌博、言语、家事等
	双方救济	双方当事人	妥协、和解	赌博、言语、相邻、经济等
社会权力	村级权力体系解决	村民小组组长	调解	意义、家事、相邻、经济等
		治安员	调解	意义、家事、相邻、经济等
		村主任	调解	意义、相邻、经济、家事等
	社会组织解决	年轻人集团	强制、调停	赌博、言语、经济
		混混群	摆平、暴力/强制	赌博、经济、借贷
		家族	调解、和谈	分家/析产、继承/养老

续表

权力结构	解纷体系	解纷主体	解纷方式	解纷范围
国家权力	民间调解	驻村干部	调解	言语、相邻、经济
	执法调解	乡村执法人员	调解	交通、林业、水等
	司法调解	司法机关	调解	离婚、相邻等
	司法判决	法院	判决	离婚、土地承包、其他
	交通调解	交警	调解	交通纠纷

基于调查、统计以及上表反映的情势，纠纷绝大多数都以和平方式解决，只有极少数（自力救济和混混群）存在强制和暴力。这说明乡村纠纷仍然处于自治、可控与秩序重塑的自发自生状态。使用暴力意味着权力不均衡或权力秩序混乱。在民间（个人、社会）与国家的二元权力秩序下，乡村纠纷被两种权力，尤其是民间权力体系极大地制约、限制它的社会性、扩散性和两极化，从而，乡村纠纷在这种权力结构规制下得以多数被内部性处理。古立弗通过谈判和约束性判决来确定解决过程的两种主要模式，实际上正好契合了本书强调的个人—社会—国家的结构。他的第一种模式包括个人、社会权力解决情况，第二种类似于官方解决，但社会中的强制却很难被划入，这是古立弗两种分类的缺陷。[1]简单地说，非正式解决与正式解决能清楚说明问题。

根据调查结果，非正式解决与正式解决之间存在着数量的等级之差。纠纷在权力结构中越往上，其数量越少。在国外，科马洛夫和罗伯茨研究博茨瓦纳人争议时发现，向年长的族人报告争议及其发生时间，并力求自行处理，再行向家族长辈或亲属求助，这些仍不能完成解决的任务时，提交给首先提出诉求的当事人者那个部落的首领处理。若不行，则最后交给当地的一种咨询机构的主席处解决。"这一系列机构展现任何纠纷都可能经历的一个层级过程，逐级向上寻求解决，只有在前一种解决措施无效时才能将纠纷提交到更高一级的机构解决。"[2]这种层级性正是不同社会权力在同一社群中之梯次

---

〔1〕 Laura Nader, *The Disputing Process: Law in Ten Societies*, Columbia University Press, 1978, p. 17.

〔2〕 John Comaroff and Simon Roberts, *Rules and Processes*, University of Chicago press, 1981, pp. 99–110.

反映。虽然社群的权力结构很难表现出高低之别，不同权力载体附载着大小不同权威，级别构成当事人解决纠纷时选择的位序，并受制于其约束力度大小。为更为具体地说清这个观点，以表中数据为根据，进一步通过图示（图2）说明。从下面金字塔形图来看，纠纷解决数量与基层权力结构之间呈反比关系。其中 A 代表正式权力或正式纠纷解决，它包括诉讼方式、司法调解等；B 代表村委会及其治安员这一层次调解；C 代表村民小组组长调解；D 代表民间权威调解；E 代表当事人自力解决、双方救济或其他救济，这个层级一定程度上也包括混混、年轻人和家族纠纷解决。

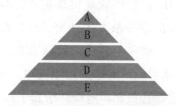

图 2　乡村纠纷解决的筛漏模型

最底层的 E 级通过当事人自控或自力化解，避免更多纠纷上浮到社会层面上，他们解决大部分社会矛盾，是金字塔结构最基本也是处理纠纷最多的层级（以表8的80起纠纷为例，54起，占解决总量67.5%）。如果其他救济方式算在这一级中，则这种比例更高。D 级纠纷解决压缩众多潜在争议、可能激化矛盾的社会关系之同时，通过不同解决方式把纠纷调控、处理在村民小组这一层面上，减少纠纷上传、往上延伸数量（16起，占解决总量20%）；进一步说，C 级纠纷解决把 D 级解决遗留或难度较大的纠纷处理，到 C 级这一层次调解时，纠纷已经非常少，最后的 B 级解决在坝村已经是凤毛麟角（C 级和 B 级占解决总量的10%，8起）。能够进入 A 级纠纷更少之又少（占解决总量的2.5%，2起）。从金字塔形由低到高的纠纷传递过程中，随着权力从最底层到村级权力的上层，以至于进入到国家权力系统时，纠纷其实随之减少。"这样一来，纠纷还剩下多少呀？一百个纠纷，可能最后到国家那里的只有两三个。"[1]这是纠纷视角上从半封闭性到半开放性过渡的过程性呈现。基

---

　　[1]　范忠信：《健全的纠纷解决机制决定和谐社会——传统中国社会治理模式对我们的启示》，载《北方法学》2007年第2期。

层社会纠纷解决的层级化递减规律，在世界许多地方都能见到，其对应方式多数都已协商、调解和判决为主。[1]协商及其他类似方式出现在 E 层面（也包括强制或暴力），调解方式出现在 B、C、D 层面，判决出现在 A 层面。随着这种层级关系递进，低层级的解决之道也会出现在高层级别，甚至一直贯穿于纠纷的各个层面之始终。如协商方式一致贯穿于各个层次，调解也如此。这些纠纷性质也呈现筛选的某些规律。如最顶层（A 层级别）的影响深度、层次和位面都是极为重要的事件。利益关系重于伦理关系，当事人权力关系更复杂。B、C 级别纠纷性质与一般利益关系更密切，个人间妥协基于利益与伦理关系协调。越往下纠纷伦理性就显得越重要，纠纷本身不大不小或面向准纠纷形态，利益可能与伦理关系发生冲突，村民往往面临艰难选择，结果妥协退让情况也比较常见。越往上，法律就越重要。大体情况下（不排除一些例外），纠纷层次性关系对应了筛选的运作机理。本书在之后要研究的婆媳纠纷属于个人权力的 E 层筛选机制。电线纠纷属于社会权力的 E 层筛选机制。村级调解属于社会权力的 B 级筛选机制。土地承包诉讼属于国家权力的 A 级筛选机制。他们总体逐级而上，涵盖各个筛漏网格。

　　这种量化结果已经说明，乡村多元权力网络如同一层层筛漏，筛选、过滤、处理那些极易解决或较为简单的小型纠纷，复杂或难度较大的纠纷不断通过严肃且层级较高的权力体系处理。这种漏筛功能，权力越接近基层，其对纠纷的过滤数量越多，作用越大，每一个权力层级是一层漏筛网，形成五级筛漏机制，最终留下的都是"疑难案例"，因为案情或纠纷关联的事实"重大"，才使更为重要的法律权威成为首要选择。每一层筛选机制构成不同权力体系区隔、位阶的边界。E、D 构成个人权力与社会权力的边界，B、C 构成社会权力与国家、个人权力的边界。筛选机制依赖于纠纷性质、权力边界以及社会关系结构等具有多重性质影响而运作。这是非正式主义在基层大行其道的缘由，它的确有助于减轻正式解决的某些压力，避免纠纷扩展到更宽社会层面。权力结构对纠纷有层层过滤、筛漏的作用，正是纠纷得以不断在权力层级结构中减少的根本原因。这些纠纷最终通过不同层级权力结构实现层

---

　　[1] ［美］约翰·科马洛夫、［英］西蒙·罗伯茨：《规则与程序：非洲语境中的争议的文化逻辑》，沈伟、费梦恬译，上海交通大学出版社 2016 年版，第 120~122 页。

级化控制，把最大多数纠纷控制在最基层，减少纠纷及社会矛盾上传的基数，使政治阶序中纠纷越往上越少，既减少司法的成本负担，又避免国家事必躬亲的麻烦。从而可以说，权力结构作为"筛漏"淋漓尽致地展现乡村基层权力通过纠纷解决实现非正式治理之基本功能和维持基层稳定的最基本作用。[1]

然而，"筛漏"又会打破与外界的连接，拒绝外部力量，并阻隔上级对地方之权力分配。地方权力结构不但过滤纠纷数量，使小型纠纷在筛漏中沉淀在底层，它也可能连带把需要法律解决、国家强制、自下而上的诉求遗漏在基层，远离国家。国家无法感知这些问题，主动介入或干涉情形也很少。这种现象还破坏国家依据不同性质法律对基层的控制，该管的管不上。结果，乡村与国家因权力的过滤、漏选成为截然的二分关系，导致乡村社会中无国家或有国家状态下的非正式权力控制。国家对乡村实际影响与控制受制于这种筛漏的阻隔，即使形式上有连接也可能位居其次，非正式权力主导而正式权力边缘化。国家要实现对乡村社会规划、政治整合、权力控制都遇到很大难题。在小传统观念制约远大于大传统制约的情况下，国家对乡村社会现代化无法实现远景和预期。筛漏机制说到底仍是传统方式、非正规性结构和人为因素共同作用的结果，绝大多数情况下把法律要求排除在外，乡村无法适应这种广域社会环境要求的法治化与现代化，进一步拉大了与城市的差距。如果没有国家渗透或治理的规范化，乡村将一直处于传统惯习之下，民间正义就继续发挥着超越作为意识形态的法律正义的社会控制作用，乡村继续保持千年不变的内化型秩序格调。只有与国家发生实质勾连并借此改变权力控制一切的模式，才是打破筛漏机制阻隔的关键所在。绝对自治与完全治理这两种极端都不可能，打破乡村与国家之间权力阻隔正是当前面临的一个主要任务，也是本论题的核心，更是本书要解决的核心问题。

---

[1] 但这里要排除通过暴力解决纠纷的情况，暴力或强制不但无助于纠纷的解决，反而会滋生更多的纠纷。即使一时能解决好，仍隐藏着仇恨和矛盾。

第三章

微政治秩序：纠纷解决场域的权力构造

乡村权力结构对乡村纠纷解决的影响是宏观层面的，回到纠纷个案上，纠纷内部的权力是什么样的形态，体现出何种权力形式？在进行行为及过程分析之前需要进一步厘清。本章与第二章对应，关注纠纷解决作为一个微型秩序隐含的权力构成，在篇章结构中具有承上启下的作用。通过微观领域的分析，解构纠纷解决秩序的权力组成，考查这些权力大小的关系。基本观点是纠纷解决场域中的权力具有差序性，这样就决定不同权力大小对纠纷解决方式及其结果的影响。核心的观点是纠纷场域的权力由里外三层构成，由里到外形成当事人、调解人、边缘社会结构由强到弱的影响关系。权力模式大体分为支配、势力政治、合意三种情形，至于如何表达则因个案情景而定。这是一个结构意义上的静态分析，后面的章节是过程性的动态分析。本章提出这样的命题和结论：纠纷解决场域是一种微型政治秩序。解决纠纷是一场基于权力博弈的微型政治活动。当事人围绕着利益以及其他需求展开行为策略，是为了获得"本体性安全"的政治过程。由于本书的篇章采取宏观到微观、静态到动态的安排，本章着力解决纠纷的权力构成，其实是为后面章节分析这些权力如何运作打下楔子。前面所分析纠纷解决是宏观的和经验性的，回到具体的纠纷个案这一微观结构上，权力更加具有技术性、弥散性和细微化，它实际回到了福柯意义上权力的物理力学。所以，从坝村权力结构这一"宏观"体系到具体纠纷这一微观场域，乃是权力再缩微在个案之中进一步展现它的面目，为下一步运作做好铺垫。

一、作为微秩序的纠纷场域

纠纷会引致秩序混乱，使微观社会处于非正常状态，但纠纷又为当事人及其他参与者建构一个新"秩序"，围绕着这个秩序之关系、权力、利益、控制等构成布尔迪厄所说的充斥斗争的"场域"。场域是在各种位置之间存在的客观关系的一个网络。[1]纠纷场域是关系性的，即"现实关系"所呈现的一种动态过程，是当事人展开各种行为策略之结构。成员在场域内实践关系，甚至场域就是个体组合而成的关系束，只有在关系中，场域才能获得它的意蕴和含义。关系由位置决定，"其根据是这些位置在不同类型的权力（或资本）——占有这些权力意味着把持了在这一场域利益攸关的专门利润（specific profit）的得益权——的分配结构中实际的和潜在的处境（situs），以及它们与其他位置之间的客观关系（支配关系、屈从关系、结构上的对应关系等）。"[2]它首先是一种社会空间，其形式上为静态，但从内部结构看却为动态，即"多面向的社会关系网络"。[3]其次，这些关系系统确定的位置空间倾向于通过立场来型塑并得以支配。最后，场域充满着各种力量间（如同玩牌）博弈和斗争，包括各种隐而未发的力量和正在活动的力量。这些斗争本质是对空间的争夺和占有，场域又成为各种策略的根本基础和力量。[4]由不同的权力形式或资本类别的关系决定的充满复杂的权力斗争。[5]实际上，斯沃茨（David Swartz）对布尔迪厄场域的解释，认为就是通过资本塑造的权力网络/权力斗争。[6]这种解释表明，场域是靠权力关系来维持和运作的。[7]资本和权力是对吉登斯行动—结构二元论的批判。"贯穿于社会场域和行动者的动力学原则，就是行动者个人和群体之间的权力关系，通过不同场域中客观存在的资本力量的相互关系和这些场域中各个群体间的象征性权力关系而表现出

---

〔1〕 [法] 皮埃尔·布迪厄、[美] 华康德：《实践与反思——反黑社会学引导》，李猛、李康译，邓正来校，中央编译出版社1998年版，第131页。

〔2〕 [法] 皮埃尔·布迪厄、[美] 华康德：《实践与反思——反黑社会学引导》，李猛、李康译，邓正来校，中央编译出版社1998年版，第134页。

〔3〕 高宣扬：《布迪厄的社会理论》，同济大学出版社2004年版，第138页。

〔4〕 [法] 皮埃尔·布迪厄、[美] 华康德：《实践与反思——反黑社会学引导》，李猛、李康译，邓正来校，中央编译出版社1998年版，第39页。

〔5〕 [法] P. 布尔迪厄：《国家精英——名牌大学与群体精神》，杨亚平译，商务印书馆2006年版，第457页。

〔6〕 [美] 戴维·斯沃茨：《文化与权力：布尔迪厄的社会学》，陶东风译，上海译文出版社2006年版，第136~162页。

〔7〕 高宣扬：《布迪厄的社会理论》，同济大学出版社2004年版，第154页。

来的。"[1]任何纠纷个案都在一个社会场域内展开，它包括纠纷事件、纠纷主体、纠纷发生及其解决过程、参与者，以及——作为核心结构体系——权力及其在纠纷中的运作。卢埃林（Ted C. Lewellen）指出"力场"中各种向心力和离心力不停地运动，形成一种不断加强的巨大张力。[2]纠纷解决秩序就是这样一个权力场域。在我看来，这种"力场"便是权力网织的社会结构，它们共同构成一个微秩序，换角度看也是微观权力秩序，即纠纷构成权力的生成与再生产，反过来这种权力关系又塑造纠纷秩序及围绕着这种秩序的社会关系结构。纠纷对既有权力的整合、分裂，又同时型塑不同关系性力量。理解微秩序内部权力结构、关系及方式等，就可以大概把握纠纷场域的秩序概貌。

二、差序的权力结构

虽然布尔迪厄看到了场域内的权力及其斗争，但他没注意到这种权力关系的层次性、阶序性和内外性。从静态结构看，纠纷场域的权力体现不同主体间的阶序层次，包括当事人、调解人/裁决者、关系人、见证人、旁观者、其他人、组织等。这是一个由内到外组成的、从中心到边缘的三层权力秩序。这个体系下纠纷当事人，处于权力场的中心点。纠纷现实、状态及趋势首先由当事人决定；其次是调解人/裁决者，他们一旦通过当事人对纠纷处理的权力让渡，会控制纠纷处理过程和结局；最后是见证人、旁观者以及其他与之关联人物，他们与纠纷有关联，影响纠纷但不具有决定纠纷取向的其他人。至于组织化实体，最终还是通过独立的个人来展现对纠纷的影响。由于这个权力体系呈现出高低不等的差序格局，不同权力主体对纠纷发挥的作用亦不同，有大有小，有正面也有负面。这种梯度关系又与权力对纠纷影响程度勾连。通过这三层关系，可以看出纠纷场域内权力支配由内至外逐渐由强减弱的层次性特征。

---

[1] 高宣扬：《布迪厄的社会理论》，同济大学出版社 2004 年版，第 141 页。

[2] ［英］特德·C. 卢埃林：《政治人类学导论》，朱伦译，中央民族大学出版社 2009 年版，第 117 页。

当事人
调解人、裁决人
边缘社会结构:关系人、见证人、旁观者等

图 3 乡村纠纷秩序的内部构造

显然，纠纷场域的权力乃基于其对纠纷解决方式、过程及其结果影响的程度而形成一种内外有别、亲疏有序、强弱有分的差序秩序。这是应然状态，当纠纷置于具体的微观情景时，可能出现某种偏差，大体上亦不能离这个应然的秩序很远。可以看到，这个微秩序隐含着复杂而多维的社会事实，形成一个多种形式的权力网络，实际也为当事人采取不同权力策略留有余地。

（一）当事人

乡村意义上的"当事人"这个概念并非专属于民事诉讼法的诉讼当事人，应当是与自身利益相关并参与纠纷过程、主导问题解决的经历者和关系人。这是一个法社会学概念。他们与诉讼法当事人（虽然区别很大）都有一个共同特征，即与利益的相关性。基于这种扩散性的当事人概念，纠纷当事人包括两种类型：第一类型划分是亲身经历者和与纠纷有关系的核心关联人；第二类型划分是纠纷当事人（实体关系当事人）和纠纷解决当事人（程序关系当事人）。

亲身经历者是纠纷过程的参与人，其又包括利益关系当事人和非利益关系当事人。只有与自己切身利益相关，而采取实际行动维护利益时，才会发生纠纷解决方式的选择并进入实质程序过程，因而只有利益关系当事人才是纠纷解决当事人，非利益关系当事人（比如契约的中人）很少成为纠纷解决当事人。与纠纷有关系的核心关联人，他们不是纠纷过程参与者和经历者，而是这些参与者和经历者的关系人，所以他们也可能是纠纷解决当事人，而不是纠纷当事人。乡村纠纷解决中存在代位处理，如亲属处理侵犯祖坟的纠纷，家长、老师处理学生间的纠纷，老者处理家族内部纠纷等。多数情形是纠纷当事人作为当然的纠纷解决当事人处理自己的纠纷。以此可以看到，两种当事人分类实际是相互交叉的关系，他们的确对乡村纠纷及其解决有很大的社会意义。

纠纷场域内的权力秩序，当事人及其权力处于场域核心。纠纷生成过程以及处理过程都依赖于当事人行动和权力表达。最基本的权力是，当事人拥有发动解决纠纷的实质程序的权力，包括自身方式和双方协商方式，都由当事人决定。选择解纷方式意味着选择解纷主体，虽然乡村权威、治安员都是当然调解人，实际地说还得由当事人主动提交并赋权才具有调解的正当性，否则即使主动介入进来也不能解决问题，当事人仍可拒绝。对应地，当事人决定纠纷结果的权力。从道义上看调解人、第三方提出的解决结果都是建议，向双方提供都可接受的方案，而是否接受这个方案由当事人双方决定。在民间调解场合下是否存在着反悔权力，基于调解权威性和社会信任关系，从道义上说契约不许反悔，的确也很少有反悔个案，也确实存在个别当事人接受建议后却不履行的情况，由于一些调解（人民调解委员会调解）的当事人没有，也不知道法律规定可以在 30 日内向所在地法院（派驻法庭）申请确认，[1]反悔后只能承担道义责任。总体看，乡村纠纷解决契约未赋予反悔权力，需履行解决结果之道义责任。

（二）调解人/裁决者

调解人/裁决者是直接介入纠纷之主要人物。因此，调解人是除当事人之外在纠纷解决权力体系中较为关键的权力支配者。当然，除法院判决之外其他形式之纠纷解决，调解人权力一直受到当事人制约。这是因为，调解人/裁决人介入纠纷是被动进入，只有当事人主动邀请调解人/裁决人时，他/她才享有解决纠纷的权力，当然也不排除个别纠纷有社会力量参与而无被动介入情况，如家事纠纷。在本森（Bruce L. Benson）的研究中，存在社会力量对纠纷的压服和强制，当与其他大家庭成员的争执出现时，原始伊富高人的大家

---

[1] 《最高人民法院关于人民调解协议司法确认程序的若干规定》第 1 条规定，当事人根据《人民调解法》第 33 条的规定共同向人民法院申请确认调解协议的，人民法院应当依法受理。此条只适用于人民调解委员会的调解，并不适用民间个人调解的非正式调解。如果从基层治理的角度看，民间个人调解完全可以通过人民调解委员会认可或以《人民调解法》第 2 条之规定邀请或事后认可方式成为人民调解之一部分，这样把广泛意义上的民间调解纳入正规渠道。

庭向他们的成员施加压力以使他们屈服于调解程序。[1]这样一来，大家庭权威就具有当然的纠纷处理权限。我国乡村家族也有这种情况，但即使主动介入纠纷，提出达成解决协议，也不能强制性迫使双方接受，接受解决结果的权力仍受到当事人双方议和影响。甚至调解人之选择也是权力博弈之结果，任何当事人都愿意选择与之亲近或互惠关系之人调解，对方也如是，且对方也会排斥、反对这类关系人参与调解，结果双方都可能尽量减少与另一方关系亲近之人，调解人最终从与双方都有同等关系距离或亲近感相近的人之中选择，这样形成的布莱克意义的权力等腰三角关系模式，实际为解决结果的公正性做好了程序性铺垫。通常，调解人不会过度渗透纠纷场域，他/她没有必要深入调查纠纷是非对错、事实佐证和纠纷发生过程性评价，即使这样做能分清楚各自责任关系，提出建议，当也不会获得感觉对己不利方的同意。既然双方让调解人参与解决纠纷，意味着他们不愿意——尤其是明显不正当方——把事情搞得过于是非分明。是非对错过于明了则又使吃亏方不愿与侵权方对问题合谋解决，利用"被害者"身份寻求利益最大化才是首选。所以，只针对问题解决而不是纠纷过于清楚的一点一滴，才会在调和原则下达成一个和解协议。

话如此说，当事人选择调解人时也有着博弈或合意的结果，这种情形下调解人具有中立品格。当事人当然希望调解人能支持他/她，以便对抗对方当事人。[2]多数调解人不可能完全有失偏颇地支持一方，形式上的中立品格对调解公正也很重要，这种品格反过来又塑造他的权威，或者说当事人选择调解人多数是乡村权威或精英。在实际解决过程中，调解人基于自身权威性获得权力远高于一般调解。调解人提出和解建议有极大的控制力，当事人即使不愿意接受，也会遭到一定训斥，至少是对调解人不尊重，影响到调解人心情。甚至可以说，于个别情形下一些家族老人权威调解族内纠纷时具备裁判性质。概言之，权威的调解权力大于一般民间调解。

---

〔1〕［美］布鲁斯·L·本森：《以私人手段解决纠纷、伸张正义的习惯法：对一个无需国家强制的法律与秩序的现代体系的描述》，尚海涛译，载《山东大学学报（哲学社会科学版）》2007年第3期。

〔2〕［美］约翰·科马洛夫、［英］西蒙·罗伯茨：《规则与程序：非洲语境中的争议的文化逻辑》，沈伟、费梦恬译，上海交通大学出版社2016年版，第123页。

纠纷场域下另一决定者是官方制度和法律。国家出现在纠纷场域意味着纠纷进入正式解决阶段，权力主体从地方权威转移到国家权威方面。当事人愿意提交国家权力处理意味着放弃一部分解决纠纷的自主权，受制于国家权力作出的决定并愿意服从。

（三）边缘社会结构

纠纷的社会边界具有扩散效应，会连带、波动到关联或就近的社会结构。罗伯茨指出，在任何小型熟人社会（face-to-face）中，两个个人间产生的麻烦会迅速引起其他成员的注意。一旦如此，其他成员很难再对该麻烦视而不见，因为只要麻烦持续，谋生的基本任务就可能会被干扰。[1]纳德把社会关系结构当作八个纠纷解决之关键变量，认为围绕纠纷当事人之各种社会关系确立的关系原则决定着当事人对结果的选择。[2]纳德的社会关系结构呈现出多重、多维及多关联因素，此理解有助于解释纠纷外围的边缘社会关系及其权力影响。纠纷场域的外围权力关联结构，与纠纷本无利益关联，却与之有非利益性社会关系。第一类是关系人，即与双方当事人和纠纷有关联的人，他/她围绕着纠纷场域外围社会关系塑造自己的影响力。纠纷不是孤立存在的，而是存在于一个社会网络系统。这个系统包括三个网络结构：一是围绕着甲方当事人形成社会关系网络；二是围绕着乙方当事人形成社会关系网络；三是围绕着甲乙双方形成共同的社会关系网络。从三个方面的网络看出纠纷场域关系范围大致包括：甲方当事人家人、亲友、族人、朋友等，即以他/她为核心的社会关系圈；乙方同样有与甲方不同的社群圈子；与双方都有交集的共同亲友、朋友及其他社会关系人。纠纷解决的行动围绕这三种"位置间关系"展开斗争。

1. 关系人

在小群体社会中，这种关系结构以社会资本形式塑造复杂的权力网络，会产生极为强大的纠纷影响力。甲方社会关系网络产生对甲的正向舆论支配，

---

〔1〕［英］西蒙·罗伯茨：《秩序与争议——法律人类学导论》，沈伟、张铮译，上海交通大学出版社2012年版，第33页。

〔2〕Laura Nader、Harry F. Todd, Jr., *The Disputing Process：Law In Ten Socitries*, Columbia University Press, 1978, Introduction. 译文另见《人类学视野中的纠纷解决：材料、方法与理论框架》，徐昕译，载吴敬琏、江平主编：《洪范评论》（第8辑），中国法制出版社2007年版。

产生对乙的负向舆论支配。乙方社会关系网络基本也如是。通过这种围绕着纠纷的社会舆论各自划分界限分明的社群边界。大体上说，"大多数第三方与对立双方在社会距离上是等距离的。"[1]布莱克认为这种等腰三角关系存在着权威高低之别，并与此等距离有着近远之分。社会网络的传言、叙事、评价等在各自所属的这个边界内展开。一旦两类社群圈子被以纠纷当事人的所属所固定，一种小群体的政治化派系便形成了，尤其是亲友关系圈的派系化。布莱克指出，"第三方的行为会因其关系结构的不同而不同，由于亲密关系造成的偏见，案件的任何一方均会从与第三方有亲戚或其他亲近的关系中获益。"[2]由此可见，派系构成纠纷权力体系分化的主要标准，通过各个派系反映纠纷社会网络的态势，成为外围权力的主要形式。

社会关系网络对纠纷当事人的博弈功能包括内外两个方面：一是对外方面通过舆论方式对其支持的当事人方予以正当化塑造。对内方面提供解决问题的方案与策略，以及提供这个策略的具体操作技术。二是社会关系网络的整合功能，即双方当事人共有的社会关系网，他们通过双方共同关系圈，以亲缘、面子、情理名义弥合关系裂痕，整合纠纷秩序，解决矛盾及冲突，成为纠纷调解人或裁决人。社会关系网络/关系人对纠纷的权力约束多数是基于道义支持，而不是实际的社会控制，除非是双方自愿接受的作为调解人的关系人解决。关系人作为外围场域所塑造的背景性权力结构为当事人壮胆，让当事人接受合理方案，或采取行动的方式为其注入一股社会动力。多数场合下一方当事人在没有外在影响的情况下，他会处处小心谨慎。有外在关系人的背景性支持或造势氛围中，当事人行动选择具有开放性和外向化。它既有利于纠纷解决，又不利于纠纷解决。在整合纠纷分裂的秩序方面，提供解决方案是有益的权力结构。若只以派系对立，不提供解决办法，会使双方对立时关系权力结构具有消极功能。

2. 见证人

外围权力结构中没有利害关系的主要是见证人。乡村纠纷确实是一套故

---

〔1〕［美］唐·布莱克：《社会学视野中的司法》（中英文对照），郭星华等译，法律出版社2002年版，第14页。

〔2〕［美］唐·布莱克：《社会学视野中的司法》（中英文对照），郭星华等译，法律出版社2002年版，第13页。

事塑造的秩序，也应看到这些故事也是作为建构的社会存在，而不是绝对的客观事实。任何已然之事要作为客观事实，必须通过第三方力量或其他物的佐证。如果不是这些物或人的要素佐证，严格法律意义的故事就是虚构；即使作为法定的人或物的佐证，也只能说是法律上的事实而不是理想的客观事实。乡村社会不可能也不会以法律设定的方式去寻求事实建构。人或物佐证不足以建构纠纷所要求的客观性。这是因为证据虽为重要，但在纠纷场域不处于核心位置，尤其是多数纠纷通过调解而不是诉讼解决的情况下，纠纷当事人过于强调证据去发现事实，反而会揭露更多问题或引发激烈冲突。调解的核心在情理，是非对错当然重要，然而情理的伦理格调已消解行为的正当性评价。

这并不是说见证人就不重要，在调解过程中见证人指证的确能辨别是非关系，从而使纠纷解决向着某个方向偏斜。问题在于，通过见证人实现一种直观的是非对错并不利于纠纷化解，这样会与乡村人情、伦理与寻求双方妥协产生对立。总体上，见证人与双方当事人之间形成互动三角力量。见证人与侵权人之间的关系用村民的话说是"抓住把柄"，侵权人被人见到侵害他人利益，见证人决定事件中正义的偏向。见证人在此获得一种符号权力，被侵害人求他/她作证，侵害人求他/她不要作证。这样拥有对纠纷（尤其是侵害人）的控制权力。见证人的任何价值观、立场和伦理关系的微小偏颇都会打破纠纷场域的权力秩序，这并非是想当然决定，他还受到社会观念和自然公正的制约，同时也会受到当事人自身实力规制。首先，强势当事人可能不会受到纠纷事实左右，我行我素者有之。即使看起来他是错的，他可能做出一定赔偿，如果他们不做赔偿，对方也可能无可奈何。如混混集团与村民之间纠纷，坝村俗语"欺负到头上、码倒耍"表明强势者权力不但对对方当事人，甚至纠纷本身的控制力和单方面操纵，证据对强势者来说只增加其道德上评价。一位村民告诉我，他有一次赶场回来时，看到一个混混正在偷邻居嫁接的脐橙幼苗，他本想制止，反而被混混威胁一通，只好心里有数。后来邻居提及脐橙苗被盗一事时，他都装着不知道。有时候，如果见证人把一些混混惹急了，见证人自身的安全也无法得到保障。其次，作为小规模、小群体社会，村民已经形成日常生活、互助共同体的惯习，遇见很多村内问题有一种

"亲亲相隐"之传统观念，见到的事都不愿过度张扬。[1]最后，见证人自身是否站出来说话，取决于他对人际关系、安全、可能的利害关系等进行综合考量的把握。

基于上述理解，乡村纠纷中的见证人很难公开站出来作证，一旦发现作证对自己不利，则对事实表示沉默，一旦作证对自己无害或有利时，他们也会公开站出来作证。

3. 旁观者

他们可能是见证人，见证人是无意识发现、知道真相，又不想表达的那类人。旁观者是有意识地看"热闹"且经常评价问题，对纠纷有一定价值立场的外围人群。旁观者是现场的"好事者"。中国人都有一种喜欢看"热闹"的习惯，作为与事件无关的第三方，其立场或无立场都不会对纠纷产生实质影响，但旁观者所起的起哄效应、从众效应和评价也会对纠纷当事人产生某种情绪性影响，从而产生某种共同的信念。[2]"观看"成了集体身份的基础。[3]通过社会力量塑造道德权威和正义观念，构成对纠纷空间的动员机制，还会通过道义评价被解释为公共正义，极大地影响纠纷解决。由此看到旁观者在纠纷场域的特征：

其一，在场性。旁观者处在事件或行为发生的同一时空并与之共在某一环境中便是一种在场。他们能亲眼所见，或经历纠纷过程或在过程中的某一阶段性事件。对纠纷来说这种人群的外围旁观本身是其社会化的标志性事件，会使纠纷向事件转变。解决方式也具有更多外部因素介入；当一些当事人不愿旁观者在场时，这种纠纷解决会内倾。

其二，公开性。究竟何种性质的纠纷导致纠纷被围观或旁观，除一部分偶发性、突发性的纠纷在人群中爆发，或有人在场后发生纠纷的情况，若涉及一方隐私纠纷时，另一方会故意地公开纠纷从而导致旁观。若涉及双方隐私时旁观可能性大为减弱。好事者的旁观来自于双方当事人默认或至少没有

---

〔1〕苏力：《送法下乡——中国基层司法制度研究》，北京大学出版社2011年版，第39页。

〔2〕［法］古斯塔夫·勒庞：《乌合之众——大众心理研究》，冯克利译，广西师范大学出版社2007年版，第145页。

〔3〕［美］林郁沁：《施剑翘复仇案：民国时期公众同情的兴起与影响》，陈湘静译，江苏人民出版社2011年版，第12页。

公开反对。并非所有旁观者都持事不关己立场，甚至只观不言者可能会招致当事人或社会舆论谴责，如强者欺负弱者情形。这样反而构成社会对他们的权力制约，并担负某种道义责任。这种情况下沉默是一种畏惧强权的软弱态度。但多数事不关己不是道德冷漠，而是自身力量不足以去干预事件发生，被迫采取规避风险保全自身安全的策略。

其三，评介性。乡村纠纷本身就是一起非常态性事件，它对非常平淡、枯燥的乡村生活注入一股好奇心和一探究竟欲望。好事者都会在这个过程中自觉不自觉地参与纠纷的社会评价，甚至作为一种公共理性塑造纠纷的外围社会权力体系，这种权力功能具有舆论性和是非性，他们在纠纷场域内是非正式权力结构。在马瑟（Lynn Mather）和英韦松（Barbara Yngvesson）的纠纷转换模型中，听众在形成和构造对纠纷的叙述中扮演关键角色。尤其是法律语境中谈话建构对行动的特殊解释，这种建构在某种程度上是由当事人和参与纠纷的听众控制。叙述被发现的方式——演说本身的形式可能被冲突的第三方任务决定。[1]评价的好与坏、真实与虚假都可能影响纠纷的价值取向。过度评价会制造矛盾，激化当事人之间以及当事人与社会第三方之间的对立与冲突，介入纠纷之中反而使解决更复杂，因为旁观者缺乏真正的事实真相和价值中立。

4. 背景性结构

吉登斯是反对尔布迪厄的，"以身体为核心的在场的时空关联，被纳入的是一种情景空间性，而不是位置空间性，个人的身体不是情景坐标，而是积极活动的身体面向任务的情境定位。"[2]纠纷的关联结构究竟是布尔迪厄意义上的纠纷场域要素或是吉登斯意义上的纠纷背景要素，其实区分并不重要，纠纷场域与纠纷情景/背景都是分析纠纷的两个面向。

纠纷场域与社会组织藕断丝连，宏观社会结构可能构成纠纷的语境或背景。在社会组织方面，一是纠纷在乡村社会组织之内发生；二是纠纷当事人、利益与社会组织有勾连关系；三是社会组织作为纠纷当事人。如果是前两种

---

〔1〕［美］萨利·安格尔·梅丽：《诉讼的话语——生活在美国社会底层人的法律意识》，郭星华等译，北京大学出版社2007年版，第15页。

〔2〕［英］安东尼·吉登斯：《社会的构成：结构化理论大纲》，李康、李猛译，王铭铭校，生活·读书·新知三联书店1998年版，第139页。

情况，社会组织权力便是背景性权力，可看作是组织—成员之间的特别权力关系，以及组织对成员保护、影响、控制和成员对社会组织的依附关系。布莱克认为组织对成员是一种社会控制手段。[1]组织化、背景性权力控制程度来自于它对纠纷的牵制力。牵制关系比较深，渗透性较强时，背景性权力显得强大，反之则小。对于当事人来说社会组织不仅是背景性存在，还是一种借助、依赖甚至是投靠的资源性力量。社会组织从背景性存在转变为解纷主体，或者成为改变纠纷当事人两派力量对比的变量，向着权重较大一方倾斜。至于何种情况下成为解决主体，何种情况下成为纠纷参与方，则由个案决定。以混混集团为例，村民与混混成员发生纠纷时，混混不足以解决纠纷而求助于混混集团，这样构成一方当事人的情境依赖，社会组织的情境权力变成支配性权力。双方都同时依赖于各自的社会组织，当事人的权力直接转变为双方背后社会组织的结构性权力，这样的结果很可能超出当事人自身权力控制范围，致使纠纷解决的正当性不复存在。当混混依靠自身力量就能处理纠纷，混混集团对纠纷影响多数是背景性的，或被作为他背后的支撑及威胁、恐吓对方的表达手段。社会组织一方面具有内部控制性，避免共同体成员关系分裂和秩序紊乱。如解决社会组织的内部成员间纠纷；另一方面具有外部控制性，可能扩散其权力支配空间，从内部关系走向外部关系，如作为成员的"保护伞"而恶化外部关系。这样一来，社会组织在纠纷场域中的作用具有两重性和双面特征。

从上述权力由内到外的层级关系可以看出，不同权力主体的权力表达基于在层级关系的地位表达不一，即使同一权力主体表达类型也不一。当事人核心表达方式是支配/决定，其次才是壮声势、施压、制造弱者身份、安全性；外围权力表达方式是施压、势；调解人/裁决人表达方式是决定及与当事人形成合意等。由此归纳，纠纷场域内权力的三种形态主要是支配/决定、势及共谋。虽然纳德把权力模式分为协调与对抗两种，他忽视从协调向对抗过渡的权力形态，这一中间阶段需要另一种"势"来表征。[2]

---

〔1〕　［美］布莱克：《法律的运作行为》，唐越、苏力译，中国政法大学出版社 1994 年版，第 101~122 页。

〔2〕　Laura Nader，"Controlling Processes: Tracing the Dynamic Components of Power"，*Current Ahthropology*，Vol. 38，No. 5，Deember，1997，p. 715.

三、纠纷场域的权力形式

(一) 支配/决定模式

对纠纷解决有主导性的权力表达是当事人或调解人、裁决人的决定，此为权力单一支配方式。韦伯将支配解释为"一群人会服从某些特定（或所有的）命令的可能性。"[1]这种命令会得到特定人服从的机会。[2]韦伯对支配的界定与其定义的权力区别很大，权力在他那里是可以排除各种干扰或抗拒以贯彻其意志的可能性。韦伯意义的支配具有广义性支配性质，可以把习惯、自愿性的纯粹理性、感情与理想等看作是人们自愿服从支配的权力基础。这些基础恰恰使支配获得某种正当性。[3]韦伯的支配概念在纠纷中既具有正当性基础又有非正当性问题。正当性支配如村级权力调解或诉讼。非正当性如暴力、强制或依靠强权支配等。

即使为同一纠纷也涉及不同参与人的支配或决定。当事人决定包括过程性选择决定和结果决定；调解人决定主要是过程/程序支配；裁决人是程序支配或一定程度上结果的支配。棚濑孝雄（Tanase Takashio）把纠纷解决过程看成是两种纵横相交的类型，根据合意性的纠纷解决和根据决定性的纠纷解决。他把后者界定为第三者就纠纷应当如何解决作出一定的指示并据此终结纠纷的场面。[4]棚濑根据决定把纠纷解决又分为非合理的决定过程、实质的决定过程、先例的决定过程和法的决定过程。[5]第一种并不属于人的决定，通俗地说乃是神判。神灵力量主要还是通过人实现，即使有不确定性支配，人的权力还是显而易见。如前述两人因是否酒里参有敌敌畏而赌咒。神灵首先是双方形成的权力让渡，从而使当事人自愿服从不确定的安排，这种现象也不

---

〔1〕[德]韦伯：《韦伯作品集Ⅱ：经济与历史；支配的类型》，康乐等译，广西师范大学出版社 2004 年版，第 297 页。

〔2〕[德]马克斯·韦伯：《社会学的基本概念》，顾忠华译，广西师范大学出版社 2005 年版，第 72 页。

〔3〕[德]韦伯：《韦伯作品集Ⅱ：经济与历史；支配的类型》，康乐等译，广西师范大学出版社 2004 年版，第 299 页。

〔4〕[日]棚濑孝雄：《纠纷的解决与审判制度》，王亚新译，中国政法大学出版社 1994 年版，第 14 页。

〔5〕[日]棚濑孝雄：《纠纷的解决与审判制度》，王亚新译，中国政法大学出版社 1994 年版，第 15~16 页。

可能出现和发生，最终权力在此是不可见的。不客气地说，棚濑的"决定"作为一种正当性之程序认定，权力被隐藏。问题在于谁有权这么决定，当事人可以服从这种决定吗？如果将决定看成是类似判决性的支配纠纷场域之权力关系，似有道理。罗伯茨强调"大人物"作为社会权力的强制性问题，看似当事人在第三方主持下调解，实际上是强制性或半强制性的决定，因而大人物权力具有半司法性质。作者还从功利主义/功能主义角度界定纠纷解决中的权力性质，"权力不可以被看成是一种物品或一种财产，它无法脱离经济或象征意义上的资本而存在，无论拥有它的人是生是死，它都不可以传递到其他人手中。"[1]这是一种动态解释，根据纠纷当事人地位、经济实力、权威以及势力的立场来对纠纷解决产生实质影响来衡量。以此而论，决定就是广泛意义上的，拥有权威的调解人、司法裁判人员、社会组织或群落内部头人等都拥有他们所属族群内事的决定权。霍贝尔对阿散蒂人的研究指出，长者的权力是对双方当事人单独盘问和调查，并根据证据作出裁判。他们在某种程度上讲，在部分法律程序中所起作用和法官一样。[2]这种决定既包括决定何种方式解决的权力、决定解决结果的内容和责任分配关系。考虑到纠纷场域权力关系的边界确定，三角关系中若一方权力大，另两方权力则小，反之亦然。至于通过司法的判决依据于法律支配，非司法或民间解决依赖于权力、道德伦理支配更甚于依赖于法律的支配。

　　一种非决定性权力表达是给对方制造压力，形成施压态势。施压——一定程度上包括示威——是介于强制与和平处理之间的一种手段。施压是权力的非暴力不合作的情境控制方式，使情势朝着施压者预期发展并得以实现的各种劝说、威慑、恐吓、给予好处等策略。施压来自社会力量而不是双方当事人，明显有着不正当性、侵权行为的当事人也存在着施压。正因为这种权力不均势，强势者利用自己势力威服对方而形成权力支配关系。梅丽的研究发现，那些有较大权力的人比那些相对弱势的人能更有效地坚持他们的解

---

　　〔1〕　〔英〕西蒙·罗伯茨、彭文浩：《纠纷解决过程：ADR 与形成决定的主要形式》（第 2 版），刘哲伟等译，傅郁林校，北京大学出版社 2011 年版，第 130 页。

　　〔2〕　〔美〕霍贝尔：《原始人的法：法律的动态比较研究》（修订译本），严存生等译，法律出版社 2006 年版，第 229 页。

释。[1]对应地，施压对象乃是这种权力支配关系中弱者或明显吃亏者。为何当事人或社会权力采取施压而不是正规的和平手段解决，很显然弱势者可能有更多"出牌机会"，或通过正式渠道解决"一看便知"的结果。或者说，当弱势者跳出双方/纠纷权力场域时，强势者不正当的预期便不再起作用，反而增加弱者正当表达机会，获得更大权力支配并实现有利于自己的结果，这种情况对强势者而言极为不利，施压行为便产生了。施压方式多种多样，语言作为施压的核心工具自始至终都存在，而这种表达通常是"恩威并用"，在给予好处/获益与坏处/受损之间让施压对象作出选择，通常给予的好处远远大于失去的利益。其他方式是威慑或恐吓，亮出自己势力，让施压对象看到施压者力量强大而作出妥协。施压目的在于避免纠纷向着对他/她不利的方向发展。施压结果可能使施压对象屈服，或认可，也可能相反。

通过权力支配解决的纠纷类型由纠纷性质决定。如家事纠纷，它的特殊性在于有隐私性，不足为外人道也。纠纷的权力秩序也是内化的。纠纷发生过程很少有旁观者，至少说当事人不愿意旁观者在场。家事纠纷的封闭性特征也减少了见证人和关系人存在。家事纠纷的权力主要有四个方面的关系结构：双方当事人、家庭/家族、家族权威。双方当事人可能是夫妻、兄弟、父子、婆媳等这种血缘、伦理关系，可能有很深的纠葛而难以弥合，又存在恢复伦理关系而共同生活的现实选择。关系伦理性远比利益关系重要。

第一种是教化权力支配。纠纷之所以发生，意味着总存在微观权力失衡的结果。一个小型共同体不可能有绝对的权力平衡，总有一方强一方弱。这种强弱关系表现在经济收入、主内或主外、身体强弱、话语权、性格、家产控制等方面。乡村家庭暴力、"出轨"、析产、家庭主断权产生的问题基本与强弱有关。如离婚诉讼原告多数是妻子而不是丈夫，离婚原因也是暴力和出轨。双方当事人背后存在着"家庭"这个结构性系统作为共同体权力支配，纠纷不仅是双方关系、情感破裂，还是一个共同体解体，失去的远不是一般纠纷指向的单纯的利益关系。家庭构成当事人最大的结构，在这个环境制约下，当事人对纠纷的解决也经历过较长忍耐期和妥协过程，除非严重到打破

---

[1]　[美]萨利·安格尔·梅丽：《诉讼的话语——生活在美国社会底层人的法律意识》，郭星华等译，北京大学出版社 2007 年版，第 124 页。

这个结构制约，当事人才会下决心解决问题。另一个避免共同体解体的因素是作为教化权力的家族权威。当事人与家族权威的权力关系也受到家庭/家族的结构性影响。家族权威是家事纠纷的调和人，拥有一种垂直性权力支配，远高于一般社会权威所拥有的控制权和处理权。[1]调解也非劝说、建议，而是决定、训导、施压、规制、教化等权力技术，是非对错在其中的表达反而多于一般社会权威注重情理而不是公正的方式。无家族权威的场合，家事纠纷权力过于均衡，双方当事人很可能互不相让，反而不利于问题解决。

第二种是身体权力支配。它其实是外围势力弱化后的选择，即通过自身体力、肉身及其行为呈现出对对方的某种威胁与控制，进而支配争议事实并指向自己要表达的预期。身体成为一种资源或符号控制手段。关于身体支配的例子在坝村非常之多，小到家庭纠纷，大到群体抗争等，都有身体表达方式，表明身体是实现个人权力的一种形势。

坝村的花雕自然村有个年届82岁的马氏老人，以前是我的邻居，2014年春节她突发高烧。她的三个儿子分担老人的义务是：二儿子负责养老、大儿子负责供粮和看病，小儿子负责"百年"事宜。实际上，主要负担都在大儿子身上。老大要求老二拿钱看病时，老二说这是老大的事。老大认为这些年老人的支出都在于他，需要老二出钱。小儿子说只管死的事，活的事由老大和老二负责。结果双方在众目睽睽之下打起架来，老大打不过老二，马氏老人欲哭无泪。经过多人劝阻，一个月后老人病症好转，事态才平息。

个体的身体应当被看作既是社会现实和社会矛盾上演的最迅捷、最近的场所，也是个人和社会抵抗、创造和斗争的所在。[2]这个例子正好反映家事纠纷当事人权力的互动关系，在无第三方决定情况下，权力转变为双方身体在场支配，通过身体支配实现问题解决，显然是当事人个人的决定，不论身体或心理都不可能实现。身体控制类似于莫斯（Marcel Mauss）的身体技术，即"根据传统了解使用他们身体的各种方式"。[3]这种技术展现他们的意图

---

〔1〕 费孝通：《乡土中国 生育制度》，北京大学出版社1998年版，第64~68页。

〔2〕 ［美］西佩-休斯、罗克：《心性的身体：医学人类学未来的研究引论》，黄剑波等译校，载《思想战线》2010年第6期。

〔3〕 ［法］马塞尔·莫斯：《人类学与社会学五讲》，林宗锦译，梁永佳校，广西师范大学出版社2008年版，第96页。

和取向。当事人对争议对象的身体控制，形成事实控制，反映通过身体解决问题可能演化为身体的暴力趋向。所以，身体表达在纠纷中也很难形成权力支配效应。身体的最大效果是反映当事人内心的某些想法，而不是身体支配的结果。当然，乡村纠纷中的身体暴力、身体示弱、身体符号威慑等也具有个人权力的物理技术特征。但总体上，身体仍然是社会化、符号化和秩序化而不仅仅是肉身化和本体化的。

第三种是横暴权力支配。通常说混混群内纠纷的是他们江湖意义的"结梁子"，这也是社会的通俗称谓。年轻人之间或混混之间一旦发生纠纷，意味着结根生仇。常说与某人"结下梁子"，意味着纠纷生成了。这种纠纷解决方式依赖于他们群体结构中的权力，如拉帮入伙，依靠所在集团，求助地痞等。这些非正式权力结构自动地形成年轻人或混混集团的政治派系，围绕着纠纷关系人、旁观者等都可能针对纠纷有很明显的立场。这些人的立场恰好是当事人加以建构自身权力的主要基础。如当事人通过拉帮入伙的方式为自己壮胆，甚至做出更大胆的行为。人多也带来一种"势"的威慑性。一些混混集团或年轻人的"帮"都是这种威慑下形成集团内部权力控制和凝聚关系。通过势的威慑性来施压对方，甚至以强制支配的权力手段来决定纠纷解决结果。混混群纠纷极易生产横暴权力。前提是双方权力不均势和严重失衡，当双方权力处于均衡态势，这种强制决定不起作用。结果，要么是混混集团间战斗，互相强制、支配结果变得不能支配，要么双方希望压制对方时找一个台阶下以求妥协或通过仪式达成和解。总之，双方采取的是反复博弈，不断塑造或增强自己，压制或弱化对方并支配纠纷的权力策略。

（二）势力政治

日常生活中的"势"是一种权力秩序态势。它反映小群体政治关系的强弱，在静态与动态之间表征位置、情势、权力、活力和社会能量。动态方面它更倾向于一种操纵逻辑。[1]势力建构是权力表达的关键要素，势的政治也是一种权力的累积过程，是行动者（当事人）不断累积资本以展开斗争而生产权力之行为方式。资本累积正好表明当事人的权力/势力扩展过程。[2]中国

---

〔1〕［法］余莲：《势：中国的效力观》，卓立译，北京大学出版社 2009 版，第 309 页。

〔2〕［美］戴维·斯沃茨：《文化与权力：布尔迪厄的社会学》，陶东风译，上海译文出版社 2006 年版，第 136 页。

语境下的权势，即基于各种关系权力综合考量而形成的社会压力及其关系态势，这种权力构成当事者占据、拥有、获得客观关系位置的社会资本。势力越强，社会资本越多，权力越大；势力越弱，社会资本越少，权力越小。势也是基于关系秩序而形成的互动场域。中国人常说的势后面另加一个"力"，便是常识意义上的势力，从而把单独的态势转变为可支配或影响的权力。势力作为个人拥有的综合性力量，其权力结构既可能来源于自身，还可能来源于社会方方面面的各种关系结构。从权力情势对比性分析看，纠纷场域可分为两个派系，即以双方当事人各自为核心的社会势力对比，并以此围绕纠纷形成政治联盟。棚濑孝雄直观地表示，力量对比关系在很大程度上决定纠纷解决的内容。[1]

势表现为静态意义的权力概念时，它是族群化、政治性、类比性的特征性范畴。所谓族群化意味着势不是单个人力量，而是一个共同体或族群的权力集合，对此也不能解释为个人权力之和。政治性意即势，通过社会力量比决而显示出力量间的大小关系，也不是民主、协商过程，而是一种均衡比较和累积。类比性即这种派系间势力攀比和竞争，已达到扯平观念。[2]问题是势的衡量标准是什么？在纠纷中究竟通过何种方式表现出权力影响，则是一个难以衡量的标准。势力的权力表征应当说是多元性的，人多、官方背景、黑道背景、派系内部动员能力、针对纠纷的干预力、一方当事人长得"牛高马大"或身强力壮，这些都是建构势之基本因素。罗伯茨认为，即使在那些亲属联系或互惠义务并不要求第三方介入的地方，相关群体的性质和规模也经常确保第三方干预。[3]可见势的核心仍是外围力量，即当事人拥有的可压制对方的社会力量。

势不经常表现为运动状态，反而表现出静态情势，因而势对当事人、纠纷的影响不是显而易见的直接支配，或者说只是一种心理意义的威慑，促使

---

〔1〕　［日］棚濑孝雄：《纠纷的解决与审判制度》，王亚新译，中国政法大学出版社 1994 年版，第 8 页。

〔2〕　［美］罗伯特·C. 埃里克森：《无需法律的秩序：邻人如何解决纠纷》，苏力译，中国政法大学出版社 2003 年版，第 276 页。

〔3〕　［英］西蒙·罗伯茨：《秩序与争议——法律人类学导论》，沈伟、张铮译，上海交通大学出版社 2012 年版，第 33 页。

弱势当事人一方采取退让策略。一旦当事人判断纠纷态势对自己不利，就会借助于背景性力量给对方看起来很强大的威慑感，从而使对方知难而退，受制于势的压力而不会采取极端行为。纠纷就会以妥协退让的方式消弭对立，甚至化解。势作为权力结构的情势，概括地说是在小群体社会中占据优势和合力，同时也反映一种权力的关系格局。权力关系结构呈现何种样态便是权力的态势。权力关系格局呈现出均衡态势时，他们可以维持一种僵局，而不是打破这种僵局。一旦失衡，弱势者可能妥协，也可能求助其他更显而易见的影响力来平衡对方的社会力量，比如弱势者避免与本地家族争斗，直接上诉至法院，即以比对方势力更为强大的支配力量实现争议解决。

如果势表现为可运作的权力格局，建构这种态势的方式是壮声势，使纠纷中的弱关系变为强关系，以增强对结果的支配性和影响力。[1]势力比决乃是一个动态的权力变化过程。任何当事人在纠纷权力态势上——不论解决前或解决中——都会采取壮大自己力量的行动。"背后有人"之说辞是村民对势的某种预期和想象，"背后"乃是事件及当事人相关的权力关联性，通过关联的权力来决定自身的策略。"找人"被看作是壮势的主要行动策略，如混混集团之间纠纷，一旦两个人发生争议而不用和平方式处理，最终会演变为两个群体的对决。的确，"人多力量大"能表达他们对群体聚集爆发时的集合性权力预期，产生极明显的集群威慑。科马洛夫的研究指出，纠纷的任何一方都会尽可能地扩充自己的支持方，并会致力于拉入有着政治影响、名望和诉讼技巧的人。[2]一个人面对或处理问题时缺乏他外围力量的支持，导致个人自信和能力大大降低，尽量找人给自己壮胆，强大自己，从而为自己行动增强自信。如同艾琳·摩尔（Erin Moore）所说，社区/社群支持可能有助于平衡对立双方不平等的权力。[3]在均衡或势力强大一方，壮声势之本质是权力扩张。壮势一定程度上产生威慑效果，使对方妥协或放弃。但一味按照强势方的意志解决而不加以约制，反而会增加对方反弹力量，演变为两个社会集团

〔1〕 刘少杰主编：《当代国外社会学理论》，中国人民大学出版社 2009 年版，第 323 页。

〔2〕 ［美］约翰·科马洛夫、［英］西蒙·罗伯茨：《规则与程序：非洲语境中的争议的文化逻辑》，沈伟、费梦恬译，上海交通大学出版社 2016 年版，第 123 页。

〔3〕 Erin Moore, *Conflict and Compromise*：*Justice in an Indian Village*, University Press of America, 1985, p. 124.

的对决。

不特定的社会力量造就了看似弱、实则强的势力。多数意义上是舆论造势。显然，当事人的舆论是塑造权力之社会资本、符号资本的一种表达形式。以纠纷为核心的"造势"，目的在于获得能影响对方的某种能力。按照布尔迪厄权力即资本，资本即权力之说，通过舆论形成的道义之压力即为社会资本塑造的结果。双方基于小群体社会的支持演变为各自通过社会话语对社会资本的建构过程。道义支持的程度即为权力的社会资本之强弱程度。通常，乡村道义体现于作为小群体社会的公众意见，不能认为是公共意见。社会越大，舆论对单个人的影响力越弱；社会越小，舆论对个人影响越强。"形式上黏合力的缺乏，部分地由公众舆论之力来弥补，而这个舆论是遍及社会交往中的一切重要事件的。"[1]罗维（Robert Heinrich Lowie）的分析切合了一个小社会的舆论塑造过程，当事人对周围的议论、说辞、白眼、窃窃私语等在低头不见抬头见的小社会中应该感到浑身不自在。这种不自在会打乱他/她与这些人的日常交流，互惠协助和人情往来。如果再进一步则会面临着孤立无助的结果，实际看是一种心理放逐。聪明的当事人都会明白如何利用舆论给对方制造麻烦，增加自己的势，即使不对纠纷解决有实质影响，也会损害他/她周围的关系结构。如此说，舆论便是一种社会权力的结构性制约。

（三）合谋/合意模式

上述权力表达形式都体现了零和关系，仅顾及一方而没有考虑对方的关系，纠纷就不可能化解。实际上，绝大多数纠纷解决都是非零和关系的结果，只有双方都存在合意的权力表达，才能在共谋机制下消弭矛盾和争议。埃里克森深刻地指出，通过合作、扯平正是当事人双方无需法律而合力解决的主要方式，合力比通过妥协而达成协议重要。双方在纠纷解决之前有一些交流义务，从而为合作解决留下可能。这是一种自我约束，也就说自己活别人也活。[2]这种非零和思维避免非此即彼的结局带来后续的伤害，从而避免把纠纷变成世仇。任何单方性权力行使都可能导致问题复杂化，除非行使的权力是放弃。共谋的权力是双方一致协商、契约化达成共识，包括对程序共谋、

---

[1] ［美］罗维：《初民社会》，吕叔湘译，江苏教育出版社 2006 年版，第 244 页。

[2] ［美］罗伯特·C. 埃里克森：《无需法律的秩序：邻人如何解决纠纷》，苏力译，中国政法大学出版社 2003 年版，第 302 页。

调解人选择共谋和处理结果共谋。任何纠纷表面看似矛盾重重，其实从纠纷始发及其过程都是暗含着他们要达成的某方面而被双方认可的结果，即达成这个结果的博弈过程。不论在决定解决方式、选择调解人或接受第三方提出的方案方面，决定权力都不是一方，而是双方明确的共识。这就是棚濑孝雄指出合意的二重性，即从纠纷处理开始及最终解决方案两方面。[1]当事人共谋的权力决定第三方介入时，双方共谋也可能演变为三方共谋。因而可以说，纠纷一旦通过社会解决，当事人之间权力合谋机制一直存在并延伸到解决之后。只有当事人的权力合谋机制失败或未实现，纠纷才通过自力救济或诉讼方式完成。既然当事人基于权力合谋形成纠纷解决，那么双方合意接受解决结果形成了自治性的纠纷解决契约，而不是决定性的强制分配。

前述到，共谋的权力包括当事人共谋及其与社会第三方"和事佬"角色共谋。在坝村纠纷解决机制中，经济纠纷共谋权力多于其他强制和支配性质的纠纷。由于半开放的影响，相比以往，坝村经济纠纷呈上升之势。经济纠纷包括家族内部经济矛盾，借贷关系、赊欠、欠薪等。经济纠纷的权力结构也符合经济理性法则。以帮工习惯为例，内生秩序的帮工一直是村里习俗，尤其是房屋建筑方面。随着用工兴起，帮工与用工之间没有找到正确区分，从而产生了关于户主协作或支付工钱的矛盾。

2015年的冬天，夏三向我抱怨。他说，他帮同队的周康修建新房，连续修了四天。由于周康找夏三建房时没有说清楚是帮工或用工。建好房后第三天，夏三暗示周康以当地用工每天200元的习惯把钱付了。但周康妻子说这是帮忙，将来夏三修房时他会返还这个"忙"的，实际上夏三的砖房早就修好了。夏三本来考虑到是邻居，都想算了。但经过周康妻子这么一说，反而有点生气，就硬扛上了，就说第一天算帮工，后两天是用工。周康妻子一直说这就是帮工。事情到这一步，只好请治安员调解，治安员根据帮工习惯，说一般情况下的帮忙是一天，最多的也就是连续帮两天，那么重体力的"活路"，连续四天免费帮忙没这种习俗，也找不到连续帮忙四天的例子。经过调解，周康推卸说是"婆娘的鬼想法"，他也希望给钱的。最后双方妥协，夏三同意前两天

---

[1] [日]棚濑孝雄：《纠纷的解决与审判制度》，王亚新译，中国政法大学出版社1994年版，第79页。

是帮工，后两天是用工。周康同意支付后两天的 400 元用工费用。

上述个案表现为三方合谋并达成双方合意之解决，纠纷过程趋向于共同接受的方案而终结。合意/合谋在小型社群中时常见到。比如基于赌博中的矛盾多数也采用合意方式。赌博是一种契约。[1]赌博纠纷包括小型赌博（娱乐性赌博）纠纷和真正赌博纠纷。小型赌博在公开、人多、娱乐性很强的氛围中实现。小型赌博纠纷在农忙、闲暇时都很难遇到，因为年轻人集团聚集必须满足一定条件：有农户"办事"，如结婚、丧葬、过生（祝寿）、搬迁等；另一聚集方式是春节，春节都能回到村上并相互来往。只有这两个时间节点或社会空间建构方面才有赌的娱乐方式。赌博纠纷表现有二：①需解决的赌博纠纷。这种真正赌博的纠纷形式主要是赌债、做手脚、输不起，以及因赌造成的家庭纠纷和社会纠纷。赌债有两方面：一是钱赌完了或无钱时通过记账式欠债，赌输了就记上一笔债；二是借别人钱来赌产生债务。谚云：赌债不是债。第一种形式的赌债，不是严格的债务，对方也很少要求还。第二种形式都要求还。做手脚或输不起要求还的情况比较少见，即使产生矛盾也是治安问题，而非简单的纠纷。赌博纠纷场域的权力也是紧凑型的，解决时也没有传统权威，国家权力更是被排斥在外，是赌博者间的合意。②戏谑的纠纷。纠纷场域的权力结构来自当事人及其所属年轻人圈子。他们的权力结构除当事人外，周围邻居、亲友圈或传统权威都会在其中。纠纷处理多数也是私下和解、妥协/放弃或社会权威与旁观者调解处理。上述两类赌博纠纷都具有内封性，排斥国家和法律在场，因而双方或都能信赖的第三方合谋成为解

---

〔1〕 乡村地区赌博有两种功能：一是年轻人集团的娱乐形式，在乡村娱乐不存在的情形下，打牌、搓麻将成为他们在闲暇时最基本的娱乐方式。二是小型赌博把年轻人吸附在一起，会聚为一个独立社群，建构他们身份认同、社会交流、行为互动的基本途径。小型赌博的本质不在于赌输赢，玩牌或麻将添加钱的因素是追求这种传统乡村娱乐的刺激性、愉悦性和技术性的关键环节。小型赌博是乡村日常生活的基本方式，建构特定群落及其内生性秩序的入门条件，在坝村不会打扑克、搓麻将的人是找不到的，否则你就无法融入其中而自我边缘化，玩牌高手作为圈子中心，背后会一直站着很多人在观看。小型赌博是年轻人圈子集群、群落化和组织性活动方式，平时各忙各的很难聚在一起。这种活动使他们更加活跃和互动，从而增加相互间交流、友好、互助的机会。赌博争议多数变为一种戏谑关系形式。玩牌与玩笑并存，争议也是在戏谑情境中消弭。这种生活方式有时候也会上升到真正赌博层面，尤其是有外人（外县或外村人、陌生人）时这种赌的成分就较大。坝村有二十来个青年专以赌博为业，我采访的其中一位就去昆明赌过，据说他技术很高超，懂得一些隐瞒技术，但只有他一个人知道。一旦真正有赌博成分，赌场规则就需要非常严格地遵守，否则被发现"做了手脚"，双方就是提刀的事，这种参赌者都会输得起拿得下。但这种情况一般人见不到，都是在封闭环境中进行。

决的主要方式。小型赌博都是一个圈子的人，都是"戏耍"而不是真正赌个你死我活。权力压制很少存在，当事人尽量软化或消弭可能出现的强制，避免超出赌博场域，以免带来更大的治安影响，双方不愿为这点利益争个头破血流，好说好商量是处理这方面的基本原则，最后还钱都远低于实际赌债。甚至一些赌博纠纷通过请吃喝酒的化解过程，猜拳划令，增进感情，消解矛盾，进一步拉近双方关系，凝聚"兄弟"关系的类血缘情感，这是一种建构小社会组织的权力及其圈子的过程，以戏耍并利用幽默对冲、消解不愉快，"不严肃地对待权力，以此来颠倒权力关系"。[1]这类小型赌博纠纷由于涉及的利益较小，纠纷规模、程度和社会影响都不大。

四、纠纷解决是一种微型政治

从微观权力结构看纠纷场域及其纠纷解决与权力秩序的关系，实际上，具体个案主要是围绕权力展开运作的，甚至，纠纷解决本身是权力运行。在同一纠纷场域内，势力政治、支配/决定、共谋/合意表现并未分开，虽表现为一种位置间的权力关系形态，其实是当事人为实现纠纷目的而采取符合本人的某种策略/斗争。这些策略综合、联动、合计，并针对某一事实来回穿梭，以期解决问题，实现解决之集合性权力结构。某一纠纷只采用一种权力方式并不多见，相反会采取对之最为有利者的行动策略，而这种策略一定是集合支配/决定、势力政治、共谋/合意的所有要素综合的结果。与之对应的另一方权力呈现两种权力互动、纠缠、反转等，两种权力一直处于有大有小、有轻有重或平衡的动态、变化关系之中。依照权力作为力量间的关系理论，纠纷中权力关系表现出渗透与排挤、干预与放任/协助、支配与服从/反抗、强制与妥协/反强制、影响与接受/反对等权力的多重关系域。这是一种微型政治式的权力博弈。可见，纠纷解决场域是一种微型政治的权力技术及其表达过程，这种过程又生产微型政治和秩序。它根据纠纷性质和当事人权力对比确定这种微观政治的运作，它针对的不是权力本身，而是争议焦点指向的利益或非利益性问题。

---

〔1〕[美]帕特里夏·尤伊克、苏珊·S.西贝尔：《法律的公共空间——日常生活中的故事》，陆益龙译，郭星华校，商务印书馆2005年版，第294页。

权力在纠纷场域中获得资本和支配关系，反过来又促使权力对纠纷形成社会控制。权力不仅是行为表达的形式，也是实现目的的手段，更重要的是它隐含着价值观念。纠纷的非常态性使双方当事人都觉得没有安全感，尤其是那些认为利益受到损害、吃亏的当事人不认为自己获得"本体性安全"。纠纷场域毕竟是封闭性的，当事人的互动在有限范围展开，一方对另一方获得安全性同时，对方也变得不安全。即使一方认为获得安全感，另一方仍然受到威胁或觉得不安全时，纠纷状态仍会持续。我们只有具体的、随时变化的、归根结底隶属于道德立场的策略选择以及支持这些立场的社会力量之对比、倾轧、聚散。〔1〕这种情况下当事人之权力运作：找人、交涉、舆论、壮大势力，寻求正式权力、社会力量，如去法院、找亲戚、朋友，甚至找黑道等，表面看是维护利益，实则是通过利益保障来实现自身安全。权力博弈结果是关系形成的网络，但又构成对对方的威胁，权力均势被打破。由此，纠纷解决主要依赖于双方当事人在安全感方面的力量平衡才变得有可能。如学者所说，"调解却可以充分考虑双方整体社会位置与软硬对比，调解中讨价还价及其协议达成正是基于双方对综合力量的一致评判。"〔2〕安全价值追求是人类本性之一，当个人觉得不安全时，他们会利用一切力量保障、维护自身利益，支配、控制、制造势能、威慑对方。这是卢埃林指出的一个"政治场域"，当事者在这个场域内上演高度紧张的政治决策和竞争的流动舞台。〔3〕对这个价值的追求使纠纷解决成为一种基于安全认知的政治过程，从纠纷到政治、事件，村民完全依赖于这个问题形成认知进而展开权力博弈。只有在双方都获得安全感时，纠纷解决才能达成一致同意的契约结果。这一点几乎是所有纠纷过程中权力技术背后真正的动机所在。这些因素构成纠纷解决的权力政治学。下表（表11）显示一个纠纷场域的微型政治生产。

---

〔1〕　冯象：《政法笔记》（修订版），北京大学出版社 2012 年版，第 34~35 页。

〔2〕　栗峥：《国家治理中的司法策略：以转型乡村为背景》，载《中国法学》2012 年第 1 期。

〔3〕　[英] 特德·C. 卢埃林：《政治人类学导论》，朱伦译，中央民族大学出版社 2009 年版，第 106 页。

表 11　纠纷场域的微型政治生产

政治生产	政治关系	势力之对比	政治主体	政治方式	政治行为	政治过程	政治结果
一般民事纠纷、准纠纷	村民之间	双方力量均衡	当事人或权威	合谋民主	协商、自治、合意	妥协、参与、和解	纠纷解决
涉混混、势力集团纠纷	村民之间、个人—组织/集团	强—弱	当事人与外围组织	支配强制	压迫、控制、暴力	妥协、反抗	纠纷持续
涉家族、精英集团纠纷	个人—家族、个人—集团	强—弱	当事人与背景力量	支配强权	制裁、压制	忍让、依附、外助	纠纷继续
纠纷（延伸争议）、事件	村民之间、个人—组织/集团	强—强、弱—弱	权威、法院、村委	支配权断	劝解、判决、决定	调和、认同、遵守	纠纷解决

　　从表 11 看出，一般民事纠纷或准纠纷这种小型纠纷中，当事人权力关系大体处于均衡状态，表现为弱—弱、强—强关系，即使有一定强弱对比也并不表现得强烈。此情形不一定要寻求第三方权力帮助，它的政治方式以民主式的共同协商、和解处理，政治结果表现为解决纠纷，双方都获得安全。如果涉及与势力集团或混混集团纠纷，当事人权力关系处于失衡状态，表现为比较明显的弱—强对比力量，强者以强制方式压迫当事人选择，进而迫使弱势方放弃或妥协。也存在某种反抗形式，最终结果是问题难以解决，对立仍在，双方都未获得安全感；当纠纷涉及家族组织时，个人—家族或家庭—家族、小家族—家族之间权力乃有强烈对比之弱—强关系，当事人面临着强权压制或制裁，结果弱势者只能选择外围力量帮助，多数当事人还是忍让或依附其他家族或集团获得安全。只有当纠纷在中立的第三方控制下，通过他们的权断来调解或裁决，如村级调解、法院等，纠纷才能获得完全解决，最后双方都获得安全感。上述政治过程也表明纠纷场域内的权力形态并非总是单一存在，有可在能恩威并用下在从支配到合谋或合谋到支配的过程中转变，在解决之前或矛盾对立高潮时，势的权力累积也可能一直不停，直到产生可支配权力而对方屈服，甚至一些纠纷存在着三种权力交替变化等多样权力表达方式。由此可知，权力的政治过程是一个多重表达方式构成的秩序。

第四章

个人权力的表达：话语、身份与"气"的释放

　　本章主要介绍个人—社会—国家的权力体系中个人权力的运作方式，选取的案例并非某个个案，而是乡村社会普遍存在的共有现象——婆媳矛盾。这是中国千年未解之难题，它包括准纠纷，也包括一般争议。选择这个问题的目的在于能较好地揭示乡村个人的行为表达、语言、逻辑、伦理等，显示了个人权力在纠纷中的身份、事实的塑造，并揭示当事人内心的某些情绪。基本的命题是婆媳纠纷具有内向性和伦理性，很难发现真相，恰恰是，双方的话语塑造了身份的认同与对立，实现对对方的某些影响，构成话语，即权力，不同的话语反映不同的权力策略。纠纷一方面揭示了婆媳双方在日常生活中的权力消长关系，又表明婆媳纠纷的权力互动是日常化和长期性的。本章认为婆媳矛盾不在于纠纷如何解决，而在于如何消除"气"，单过是一种暂时规避双方的解决办法。结论是只有基于伦理关系的话语沟通才能实现权力平衡，消弭矛盾。

一、权力、话语与身份

　　交往以语言为前提，是语言展开交往形式、沟通交往内容、达成交往共识。语言是实现交往价值的基本手段。语言构造社会。任何人都凭借语言才认识他人、进入社会。人们控制他人大多是通过语言手段。[1]可见，语言与权力的密切关系历来被认为是分析社会秩序的重要框架，历史经验与社会日常生活都证明语言受制于权力，以及权力实现依赖于语言表达。要使权力发

---

　　〔1〕［澳］马尔科姆·沃斯特:《现代社会学理论》（第 2 版），杨善华等译，李康、杨善华校，华夏出版社 2000 年版，第 245 页。

挥到最大限度，不可避免地要借助于语言、文字威力。[1]反之，"语言运用的技巧已经包含权力的运用及其效果。在这个意义上说，语言运用的技巧就是权力运作的策略。"[2]福柯较早地强调"话语即权力"的后结构主义权力论，如其所言，哪里有话语，哪里就有权力。权力是话语运作的无所不在之支配力量。[3]布尔迪厄把话语作为符号来表征权力，话语权乃一个权力所拥有的社会空间（场域）及整合标准，话语表达内涵权力关系变化。话语是实现权力的手段，但话语不是权力。布尔迪厄认为，"每一次语言交流都包含成为权力行为之潜在可能性，因为交流双方是在特定场域结构中不同位置上开展交流的。具体位置上的资源和资本都不平衡，具有较大资本一方有支配较小资本一方的力量，权力关系不可避免地发生。"[4]吉登斯认为语言反制权力反映了权力之间的某种能动性。[5]

上述理论影响着法社会学/法人类学发展。"与法学家和政治学家关注强势的、主流的、正式的法律话语不同，从事话语分析的法人类学家更想听到那些被正式法律话语掩盖的弱势群体和边缘人群的声音。"[6]语言不仅仅是形式，每个语词和每个句子都有其丰富内容，利用某种形式的语言，同时也接受某种思想内容。无论对于家庭还是社会而言，人们学习语言、接受语言，其实也就在接受构造，用米德（Mead）的话说是自我社会化的高级过程——概念化自我。[7]通过话语分析，我们看到的不再是"冰冷的、呆板的、僵硬的、毫无生机的法律过程，而是一个充满意义的、富有情感的、不断变化的、生动

---

[1] 高宣扬：《当代社会理论》，中国人民大学出版社 2005 年版，第 316 页。

[2] 高宣扬：《当代社会理论》，中国人民大学出版社 2005 年版，第 316 页。

[3] 福柯对权力的分析，主要体现在《规训与惩罚：监狱的诞生》《权力与反抗》《必须保卫社会》及《权力的眼睛》等著作中。

[4] ［法］皮埃尔·布迪厄、［美］华康德：《实践与反思——反思社会学引导》，李猛、李康译，邓正来校，中央编译出版社 1998 年版，第 35 页。

[5] ［英］安东尼·吉登斯：《社会的构成：结构化理大纲》，李康、李猛译，王铭铭校，生活·读书·新知三联书店出版社 1998 年版，第 76 页。

[6] 张晓红、郭星华：《纠纷：从原始部落到现代都市——当代西方法律人类学视野下的纠纷研究》，载《广西民族大学学报》2009 年第 5 期。

[7] 刘少杰：《社会学视野中的语言》，载张立升主编：《社会学家茶座》（2004.2 总第 7 辑），山东人民出版社 2004 年版，第 28~33 页。

的，有着不断抗争、妥协和较量的法律过程。"[1]如学者强调，话语是连接法律设置中的语言与权力关系的重要桥梁，是借以在社会中实践权力关系的基本机制，也是借以重申那些权力关系的一个手段。[2]话语是权力的核心。一种具体话语的主导地位必然反映了该社会的权力结构。[3]这种理论在法律人类学的纠纷研究中表现极为明显。语言过程伴随着纠纷/争议而发展变化。以纠纷作为研究手段来解释秩序的权力运作及其与语言关系。丹特（Dent）指出纠纷解决方式中的语言方式与非语言方式的分类。语言方式是用语言处理纠纷的模式，包括羞辱、和解仪式、语言争吵和以事实为基础寻求和解的商谈。非语言模式包括身体的暴力、追求超自然以及使用巫术的程序，还有就是躲避和放逐。古立弗的协商和审判、罗伯茨的协商和争斗等都是以语言作为分类标准的。[4]非语言方式在桑托斯的《迈向新法律常识——法律、全球化和解放》中专门进行了研究。[5]梅丽揭示法庭上三种话语力量背后的社会结构以及话语本身的功能和意义。[6]即使是梅丽的三种话语体系，也是法院根据不同当事人、不同案件或不同的情节对他们进行的化解争议的权力操作技术。当争议不再计较用何种方式处理时，细致入微的权力技术决定问题是否得以解决，也就决定争议处理的成败。语言建构权力支配微观社会关系与秩序，那么，对于纠纷而言，这种语言是否对纠纷本身存在着建构性？回答这个问题意味着纠纷解决与事实之关联性通过语言、行动能被理解，语言是认识纠纷的一个切面。

---

〔1〕　张晓红、郭星华：《纠纷：从原始部落到现代都市——当代西方法律人类学视野下的纠纷研究》，载《广西民族大学学报》2009年第5期。

〔2〕　张晓红、郭星华：《纠纷：从原始部落到现代都市——当代西方法律人类学视野下的纠纷研究》，载《广西民族大学学报》2009年第5期。

〔3〕　［美］约翰·M. 康利、威廉·M. 欧巴尔：《法律、语言与权力》（第2版），程朝阳译，法律出版社2007年版，第9~23页。

〔4〕　赵旭东：《法律与文化：法律人类学研究与中国经验》，北京大学出版社2011年版，第103页。

〔5〕　［美］博温托·迪·苏萨·桑托斯：《迈向新法律常识——法律、全球化和解放》（第2版），刘坤轮、叶传星译，郭辉校，朱景文审校，中国人民大学出版社2009年版，第99~199页。

〔6〕　［美］萨利·安格尔·梅丽：《诉讼的话语——生活在美国社会底层人的法律意识》，郭星华等译，北京大学出版社2007年版，第4页。

二、小社会结构与婆媳纠纷

家庭是最为微观的小社会结构。坝村纠纷很大部分是家庭内部纠纷，主要是公婆—儿媳关系纠纷（以下简称婆媳纠纷），15 起纠纷有多达 9 起为婆媳纠纷，次之者为夫妻纠纷和父母子女纠纷。婆媳纠纷程度较为强烈，不仅涉及整个家庭人员，还涉及姻亲关系所属的两个群。婆媳关系不但是家庭政治、小型社会的关系焦点，也是乡村日常话语叙事的主要方式，各种交流、争吵、窃窃私语、暗示、隐喻、象征等围绕着这种微观社会结构展开。2015 年中国统计年鉴的调解纠纷数据中，婚姻家庭纠纷 2013 年为 175 万件，2014 年为 184.2 万件，分别占据当年调解总量的 18.5% 和 19.7%（见表 12）。[1]

表 12　调解纠纷数量及比重

项目	调解纠纷（万件）		各类纠纷所占比重（%）	
	2013 年	2014 年	2013 年	2014 年
合计	943.9	933.0	100.0	100.0
婚姻家庭	175.0	184.2	18.5	19.7
房屋、宅基地	62.6	64.7	6.6	6.9
邻里	222.7	236.1	23.6	25.3
损害赔偿	74.5	72.7	7.9	7.8

虽然表 12 没有具体显示婆媳纠纷量，但婚姻家庭纠纷的当事人婆媳都是主角，即使公婆未参与，也会因支持儿子一方使家事纠纷演变为婆媳大战。这表明小社会结构中家事/婆媳关系的确成为中国基层社会矛盾的主要焦点，婆媳纠纷似乎成为日常。"争端过程是日常生活的缩影。"[2]可以客观地说，关于婆媳纠纷的话语其实丰富了乡村社会日常生活，虽然他们的确有时带来

---

〔1〕　国家统计局官网：http://www.stats.gov.cn/tjsj/ndsj/2015/indexch.htm，最后访问：2016 年 8 月 27 日；《中国统计年鉴—2015》，中国统计出版社 2015 年版，第 433 页。

〔2〕　[美] 约翰·科马洛夫、[英] 西蒙·罗伯茨：《规则与程序：非洲语境中的争议的文化逻辑》，沈伟、费梦恬译，上海交通大学出版社 2016 年版，第 274 页。

某些严重后果，且绝大多数都是准纠纷。[1]婆媳纠纷反映乡村秩序、日常生活及其现实情态的某种可能。婆媳纠纷既是乡村权力秩序变迁的形式特征，又是乡村半开放社会的表现结果。坝村本地性别比失衡，意味着通婚圈扩大，最近10年来，这种趋势仍在增加。就纠纷当事人通婚结构看，嫁入本村的外来媳妇越来越多。这些人早已不受制于道德说教、纲常，他们有自己看法、权力，独立设计自己的人生安排，尤其是对小家庭/核心家庭的控制更是如此。

案例1：李家婆媳纠纷。小娟从隔壁屯村嫁给本地李家二儿子已有10年。李家有四个儿子，李四未婚。现分为四个家庭。李三和李四远离原来的宅院，单独新修房屋。李二和李大在旧宅地基上重修。2007年分家时，李父李母未提取土地，李父分给李大、李三供养，李母分给李二、李四供养。但是李大家境贫寒，只有两间房屋，缺乏供养父亲的条件。李三一家五口人，全家全年在外打工，且还没有修建砖房。原本供养母亲的李四还未结婚，一直在外漂流。四子之中，只有李二有能力赡养，因为李二一直在家劳动且有较多的房子。李父、李母无办法，分家至今一直和李二一起生活。从2015年起，小娟就一直闹别扭，认为四兄弟的供养分担由其一人负责，要求各个兄弟履行各自的赡养父母的责任。这件事一直未实现，李四连房子也没有，李三长期在外打工，李大吃饭都

〔1〕婆媳纠纷并非是那种孝道衰落的表征，也不能证明因孝道问题引发纠纷，不孝并不是纠纷之源，引起公婆不快不等于生成争议，虽然不孝成为纠纷的主要话语。妇女崛起打破传统男性政治秩序，但个案的纠纷事实根据它本身具有特殊情景所决定，并不是千篇一律诱因致使。妇女权力增强导致个人独立与孝道文化产生对立，大部分家事纠纷都因此而起。改革开放以来，个人实现崛起使个人主义、消费主义增强，传统道德伦理呈现下滑趋势。传统意义上孝道体现在对双亲养、敬、顺、丧、祭、传（宗）等方面。孝道作为中华文化的伦理核心，是支撑国家政权合法（扩展到忠）和维护基层社会关键所在。有关乡村中子女、儿媳与父母之间纠纷的确反映上述孝道在现代青年人中的价值降低，双方权力呈现消长关系，但孝道衰落并不是子女不孝所致。首先，现代年轻人受教育程度远比以往高，整体知识素质高于上一代。其次，中国养老传统主要归责于儿子，女儿不养老。新来的儿媳对之认为不公平。再次，儿媳与公婆之间纠纷多数并不是不孝问题，而是一种现代与传统观念冲突。最后，大部分老人都有医保、低保和老龄补贴，政府每到逢年过节还会发放慰问品。各种福利差不多满足一个老人一年开支。问题在于，公婆与儿媳纠纷发生很易被引致孝道方面，从而形成某种天然的道德伦理正当性评论，导致很多年轻人埋怨被时人误认为不孝。这些纠纷发生范围主要是家事纠纷、语言纠纷、意义秩序等方面。

成问题。李父、李母也找不到办法要求各个儿子分担。2015年春节，小娟下了最后通牒，要求过完年就走一个人。春节后，李父李母找不到"落脚处"，只好继续留下来，但小娟不再给两个老人任何钱，也不拿钱买衣服和老人生活用品。两个老人终日老泪纵横，有苦难言，又不敢说儿媳的不是。在邻居的建议下，两个老人准备单过，但年过70，能否自立都成问题。李家儿媳与父母间的别扭现仍在继续。

案例2：肖家婆媳纠纷。肖家有两个儿子，肖父早年过世。肖母近70周岁了。肖大结婚分家后育有两子。肖二结婚晚，原本肖母每家生活一年，轮流养老，但自从肖大夫妻在外打工后，肖母就一直住在肖二家。由于居住习惯，肖大回来时肖母并未移住，居住肖二家6年。2013年开始，肖大媳妇就开始与肖大吵架，认为肖母过于偏心，只照顾肖二家的两个孩子，不照管肖大的两个孩子。要求肖母按照当初分家时每家一年的要求居住，这样公平一点，但肖母认为年龄大了，住在老屋比较方便，搬到肖大新修砖房住不习惯，身体会不适应。2015年春节，肖大夫妻又为此事吵架，肖大说"人在做，天在看；你怎么对老人，将来孩子就怎么对你"，结果肖大媳妇一气之下回到娘家。肖母没办法，为避免影响大儿子家庭，春节后提出单独分灶，"谁也不挨（依靠）!"自己脱离两个儿子家庭，平时吃穿由两个儿子供养。肖大和肖二实在没办法，只好同意，但婆媳关系仍未缓解。小儿媳来自外村，与肖二在外打工认识，嫁到肖家后，肖母说小儿媳从未叫她一声妈。肖母身体不好，做不了农活，小儿媳说她"吃现成的"，结果双方互不理睬。肖家两个儿媳与婆婆的关系几年来未见好过，有时候几天双方也不说一句话。

案例3：张家婆媳纠纷。老张有两个儿子，大儿子2001年结婚，小儿子2006年结婚。2003年大儿子新修砖房分家。老张与小儿子居住。2007年两个儿子与老张再次商议养老分担。小儿子负责老张养老；大儿子负责老张妻子养老。大儿媳家里家外都很泼辣，2005年以来与老两口吵架无数，后两个儿子各自分担养老后，情况稍许好转。由于老张怕妻子受不了大儿媳的气，就把妻子叫过来一起住。如此小儿媳很不满意，认为本应由大嫂"供老"（当地人的习俗性表达）却转嫁到小家。老两口住在小儿子家的两年中摩擦不断，不得已，2014年老两口单过。但毕竟住在同一个屋檐下，同一道门进进出出，小儿媳与老两口为孙子、锄头、养狗、共用电线的电费分担等问题在队长那里调解很多次。2015年春节，小儿媳嫌老张用电过多，要求将原来公摊改为老张负担60%，为此事大吵一架。老张说，这个春节过得很窝火，老两口都没和儿孙吃团圆饭。

案例4：夏有婆媳纠纷。夏有有两个儿子。大儿子载桂已婚，小儿子载平未婚。大儿媳来自西昌，与载桂在西昌打工时认识，后在西昌生孩子后回到老家建砖房。由于载平常年在外，一个人很少落脚。年老体衰的夏有和妻子不得不在载桂家一起生活。当初分家时，夏有并未提取土地，家里所有的土地都分给了两个儿子。夏有爱好喝酒，经常一个人酩酊大醉，大儿媳嫌弃他，说他"好吃懒做，不干活"。夏有原本单独出来另过，但没有土地无法种地，大儿媳说管理不管（赡）养。结果，夏有在大儿子家过得战战兢兢，唉声叹气，不知道怎么解决。他说，时常看儿媳脸色，儿媳不满意时就会闹。

上述4起典型案例，几乎都具有以下共有特点：其一是婆媳纠纷都处于准纠纷（亚纠纷状态），多数无严格意义上的利益之争（当然也有利益纷争）。当事人长期处在紧张、压抑、矛盾的关系状态，并不仅仅是为个人利益，有时是因为共同生活空间内双方的性格差异、不了解、观念差异、生活细节分歧等。其二是这些纠纷明显地以养老为核心展开，连带着其他系列事件。养老纠纷问题演变为坝村习俗危机。前文提到"管理不管养"在这些80后儿媳群中达成了共识。她们的丈夫常年在外打工，儿媳构成事实上的家庭主导者。其结果，老人说不上话，年龄越大其在家庭中权力越弱化。其三是婆媳纠纷具有内部性、封闭性和弱处理性特征。为什么绝大多数婆媳纠纷的延伸时间极为漫长，直到老人去世后才消解，这其中必然隐含着纠纷非公开、非利益性特征。他们几乎是要天天见面，同在一屋檐下，永远都有扯不完的纠葛。一个问题解决后又会出现另一个问题。这些纠纷不是延伸的，而是连锁或不断制造出来的。其四是伦理性高于一般争议、利益争夺。婆媳纠纷都是熟悉的"陌生人"间纠纷，这种熟悉不是关系的熟人，是一种"眼不见心不烦"（一位老人的表述）的熟悉。这种熟悉产生的关系负面效应，实际暗指互相对对方的某种反感，从而原本当作救济手段的方式被附加给对方找麻烦的对立情绪。一方看来是寻求纠纷解决，另一方可能认为"找麻烦"或"无理取闹"，相互间对身份定位与自身定位却完全不一。其五是婆媳纠纷缺乏一个有效处理之道。外部势力、权威基本不会主动参与、介入家庭事务，清官难断家务事不仅是谚语表达，的确隐含着封闭性问题不能社会化、扩张导致更大伦理和情感矛盾的问题。因此看来，婆媳纠纷都是依赖于非解决性办法：消解、释放压抑、避嫌、分灶、单过、不说话/不交流等方式来实现。即使有权威介入，也可能带着道德说教，使儿媳处于不利局面，结果反而加深双方矛盾。

在案例4中，夏有不断向我提起，"闹不过那个砍脑壳的（大儿媳），没办法，自己开锅，吃得清静，想吃啥自己煮。娃儿找个不孝儿媳，吃亏了。"在几个家族长辈在场的会议上，大儿媳公开表示不满，说动辄就拿"不孝"上口，他们单过最好。阎云翔的调查发现，年轻一代自主性的追求是代际冲突的导火索。[1]我们调查中也能发现这种情况，经过统计，所有发生婆媳纠纷的儿媳都是"80后"，她们经历社会变迁的新事物和观念，对传统不重视，不与老人同住一屋成为新常态，对老人的传统观念也比较排斥。其结果，婆媳纠纷变成传统与现代的代际矛盾。如学者所言，"婆媳关系来说，一般不会出现财产和其他权利侵害，更多的是代际矛盾和文化隔阂或者惯习延续造成的争吵。"[2]掌握不了经济的老人显然受制于拥有经济能力的儿媳，相应地老人权力在纠纷场域中也是边缘化的。

三、话语即权力：作为道德事件的婆媳纠纷

婆媳纠纷隐含第三方主体，任何婆媳纠纷都存在着三方互动的权力秩序，所以婆媳纠纷其实包含三重社会关系，核心为公婆关系，其次为夫妻关系，再次为父母子女关系。对应地存在多重身份及角色的转变，妻子—儿媳、儿子—丈夫、父母—公婆这些身份影响到他们对自己的行为选择。

（一）公婆：权威、身体与身份再造

在纠纷三角关系中，每个人都有自己的双重角色，恰恰这种双重角色在

---

[1]　[美] 阎云翔：《私人生活的变革：一个中国村庄里的爱情、家庭与亲密关系1949—1999》，龚小夏译，上海书店出版社2006年版，第243页。

[2]　杨华：《纠纷的性质及其变迁原因——村庄交往规则变化的实证研究》，载《华中科技大学学报（社会科学版）》2008年第1期。

纠纷中不是一种可调和角色，甚至相互冲突，纠纷当事人在双重角色中相互转变，成为矛盾体。以案例1为例，老人认为：

"春节后要分出来，各自到自己的两个儿子那里。他们要么人不在家，要么自己养活自己都成问题，还能去哪儿?"提到与二儿媳小娴的关系，夫妻俩满脸愁容。李父说：我们做不动了（干不了农活），吃现成，每天照看孩子，做点饭，别人肯定不高兴。我们有时候也嫌弃自己，多子不多福，几个不争气。二娃一个人负担，他也有压力，不怪他。那个小娴，甩门看眼色，把二娃挣的全部钱一个人拿着，全家人都得看她一个人决定。李父说儿子夹在中间很难，他不希望家里闹矛盾，不敢掺和。每次看到小娴与老人之间的矛盾纠葛时，他避而远之，干脆出门做活儿。他怕两头都得罪。我们不想让二娃为难，尽量让着。

在张家婆媳纠纷（案例3）中，老人一边说一边抹泪。她讲的是儿媳与老张发生的一次激烈冲突：

"那个人（小儿媳）叫小孙子来我这儿要回锄头，他爷爷找了好久没找到，她就不耐烦了。拿着黄荆条就打孩子，边打边骂，说拿个锄头都没本事，长大后跟你爸一样没出息。打得孩子哇哇叫，他爷爷看不下去了，拿到锄头后递给她，就说你打我，打孩子算啥本事。这下就不得了了，说他爷爷打她，给她父母电话，找到后家人（娘家人）来帮忙。闹得凶得很呢！她后家人一看我们这样子，也没有说过啥，倒是把她哥哥（即张家大儿子）凶了一顿。结果呢两兄弟又闹矛盾，一天没安静过。她来了（即嫁进来）这么久，（指儿媳）从来没叫过我一声妈，好像我不是这个家里的人似的。"

在另一次非正式访谈中，我遇到了张家小儿媳，她提到：

"孩子他爷爷装疯卖傻，在我面前走路巍巍颠颠，要倒的样子，在外走路就像中年人一样。我们不敢靠近他，怕他讹我。我是个女人，也是很弱的，你也不要老欺负我。他爷爷当时拿着锄头向我戳过来的，不是递过来的。他当时就是想出气，只不过借着我教育孩子的名义。他有理得很呢？事情就不是那样的，咋就从他嘴里出来就变味了呢？任何时候只要他爷爷一说，我就是成了坏人，是个没有理由的坏人。早知这样，你家儿子咋看上我的？"

很明显，双方当事人通过不同时间、地点的话语叙事，对争议事实建构是基于自身话语的过程塑造，不是我们通常意义上通过法律或证据建构的事实。梅丽认为，像其他社会过程一样，冲突过程也包含着信息交换的过程。其中一方的当事人提出的解释可能不同于任何其他当事人，并且每一方对另一方的理解都只是片面或含糊的。[1]梅丽的说法表明，不同之人面对同一纠纷事实之理解不一致，纠纷解决之所以难是因为存在着不同纠纷事实，当事人对自身建构的事实内含着他/她的意义、价值和预期。尤其是那些不断以诉说方式建构一个符合他/她意愿的事态，并赋予、塑造一个正反截然不同的形象和正义感，以期对自己有利的纠纷解决。所以科马洛夫指出，"对纠纷的定义主要取决于当事人自己最初的说明。"[2]一个封闭状态下的纠纷，无法形成社会化问题，毕竟内在发生或隐含着过程与细节，都依赖于当事人的话语建构。因而可以说，不同当事人那里都存在着自我建构的事实。加达默尔（Hans-Georg Gadamer）更是切中要害：语言所说的东西构造了我们生活于其中的日常世界——语言的真实存在即是当我们听到它时我们所接纳的东西——被说出来的东西。[3]"并不是纠纷自身发生变化或转换，而是不同当事人在不同背景下用不同方式对事件意义进行解释。这些解释中每一种都会对冲突的最终解决方式产生影响。"[4]正如张家婆媳纠纷中，老张妻子的叙事与其小儿媳的叙事差异在于，老张的核心是希望儿媳不要打孩子，儿媳的关注点是老张

〔1〕 ［美］萨利·安格尔·梅丽：《诉讼的话语——生活在美国社会底层人的法律意识》，郭星华等译，北京大学出版社2007年版，第124页。

〔2〕 ［美］约翰·科马洛夫、［英］西蒙·罗伯茨：《规则与程序：非洲语境中的争议的文化逻辑》，沈伟、费梦恬译，上海交通大学出版社2016年版，第144页。

〔3〕 ［德］汉斯-格奥尔格·加达默尔：《哲学解释学》，夏镇平、宋建平译，上海译文出版社2004年版，第65~66页。

〔4〕 ［美］萨利·安格尔·梅丽：《诉讼的话语——生活在美国社会底层人的法律意识》，郭星华等译，北京大学出版社2007年版，第125页。

借递锄头来戳她。这种矛盾的叙事建构起两个不同的核心问题：一个是老张建构的事实，一个是儿媳建构的事实。纠纷从事件的时空节点来看，确实是一种客观的实在。纠纷围绕着话语、行动、过程而展开，伴随着权力、规则、观念和关系机制，不断被塑造并取向于人的某种欲求。这样一来，纠纷是建构的存在，是被当事人、第三人或官方共同建构的"事实"和秩序。[1]所谓纠纷，是当事人通过话语塑造起来的事实差异而导致的矛盾，这构成了（基于各种立场的）纠纷事实多元。因而可以说，在缺乏真实事实的认同的情况下，纠纷本身是悬浮的，纠纷事实基本上也是隐匿的。

　　　　夏有与儿媳的纠纷中，夏有向我倾诉到："娃儿讨了个婆娘不中用。这个瓜娃子，天天在我面前说我好吃懒做。你说我咋个好吃懒做了。她经常拿着扫帚扫我，我明白得很，意思是要扫我出门，没办法啊，我修的那些老房子消了（推到），在别人的砖房住，寄人屋檐下。"夏有的儿媳是不善外传家事的人，几乎不谈及与老人间的纠纷，但周围邻居却有自己的看法。有一天，一位村民告诉我，说夏有天天在家喝酒，从不做活，六十岁也不算老，帮个忙应该可以的。儿媳看不下去，老是码着个脸，成天不高兴。夏有身体好，还是个劳动力，干活没有问题的，他就是懒。后来夏有对我说，老婆子（夏有妻子）天天下地，我高血压，做不了重力活，这个别人看不起你，就说吃闲饭，老了不中用，等有人老了那一天，我倒要看看她的笑话，怕还不如我。

我把上述这些叙事看作是权威衰减后的身份再造，当然身份再造还可能通过其他乡村事件体现出来，纠纷的确是重要且也是最有效途径。再造的本质其实是重构微型关系的权利义务。拉德克利夫-布朗（Alfred R. Radcliffe Brown）指出："个人在特定时期的身份，可以说是他在所属社会中拥有的、

---

〔1〕　我们说纠纷是一种建构的存在，并不是说纠纷是生产或人为制造的结果，而是行为、话语与观念共同塑造的一个各方认可的社会结构，它有可能与发生的真实重叠，也可能与其分离。不管与真实形成何种关系，纠纷争议都与真相完全不同，因为纠纷化的事实与真实的性质不同。尤其是，当事人在纠纷解决过程中越来越不纠缠于事实的真伪，而是关注如何解决矛盾方面。

得到社会习惯（法律和习俗）承认的权利和义务的总和。"[1]拉德克利夫-布朗并未指出这种权利义务背后的社会秩序与政治语境，未揭示身份再造本质。通过再造身份，把一种弱势者身份权力表征出来，这种表征正是通过身体来实现。西佩-休斯（Nancy Scheper-Hughes）认识到，这种身份与身体的关系表明，身体被视为一个整体，包含自我的一面和社会关系。[2]通过身体示弱，是多数家事纠纷当事人一贯做法。如老人身份与老人身体形成某种道德性权力，即纠纷转变为道德性事件，这种权力具有社会意义，从老人都喜欢与村人"摆龙门阵"（交谈），而儿媳一般不与村人交流这些事看得出来。作为儿子的父母与作为儿媳的公婆之间的二重关系，父母角色在家庭中可能有一定权威，但没有多大权力，尤其分家后这种权力基本消失。作为儿媳的公婆，不但没有权力，也没有权威。这样的双重角色暗示他们只有老人身份，这种身份恰恰是弱者化的。

老人身份在事件化中嵌入与事件无关的道义性原则。梅丽的研究发现，当事人在叙述事情的时候，总是试图说服别人，把自己的行为解释为公平的、合理的或有道德的，把对方的行为解释为不公平的，心胸狭隘的和不理智的。[3]为什么双方当事人在纠纷场景中都会把自己塑造为弱势者和受害人。可能不仅是因为他/她的确利益受到损失或是受害者，还希望通过塑造这种弱势者、受害人身份，获得社会认同，天然地隐藏着这种正当性评价，是非对错与公平正义都在这个身份之社会认同过程中相应地得到佐证。进一步说，弱者身份同情乃是一种塑造社会权力、获得对对方当事人的影响的关系。生理性身体才是建构他身份的关键因素，这是一种现象学表征主义身体观。其他社会身份（如农民）身体却是社会建构主义观，也即这种身份是被社会政治化的结果。老人身体比作为其他身份的身体更直观地感受到一种道义的社会情感支持。利用老人身体表达比其他身体（比如家庭成员身份）有效应。老人身

〔1〕［英］A. R. 拉德克利夫-布朗：《原始社会的结构与功能》，潘蛟等译，潘蛟校，中央民族大学出版社 1999 年版，第 38 页。

〔2〕［美］西佩-休斯、罗克：《心性的身体：医学人类学未来的研究引论》，黄剑波等译校，载《思想战线》2010 年第 6 期。

〔3〕［美］萨利·安格尔·梅丽：《诉讼的话语——生活在美国社会底层人的法律意识》，郭星华等译，北京大学出版社 2007 年版，第 15 页。

体被表征为虚弱、年迈、体衰、需要照顾、安享晚年等。按照社会常识，他不再过问世事，不再来回奔波，不能下地干农活，在家颐享天年。但多数老人仍在参加劳动，尤其是年轻人出门打工，家里土地荒芜，孩子无人照管，老人重返田间地头并照顾孩子。这样使纠纷很容易形成道德事件。

比如一些老人身体很虚弱，一些儿媳说他们要讹。这种身体特征是一种直观的现象学感受，极大地引发人们惜怜，对方当事人需要承载着道义伦理的某种社会责任。甚至可以说，一旦涉及脆弱的身体，生命或健康的最高伦理及连带的孝道压过家庭政治秩序，进一步说，不恰当的对身体的行动会威胁家庭政治秩序，也面临着社会舆论压力。身体反应是社会因素反应的缩影。从生物现象学视角看身体反应也是心理反应的暗喻。也即是，身体的生物学表达恰恰是他对救济手段穷尽之后对现实的不满。

（二）儿媳：从婆媳纠纷到婆媳政治

婆媳纠纷中儿媳也具有双重角色，一方面作为丈夫的妻子，另一方面作为公婆的儿媳，这都隐含着她的女人身份，更强调她的妻子—儿媳角色下的矛盾心态。纠纷解决方式与性别存在着极大关系，性别具有社会身份属性。一般眼光看，"女性是男性的反面，有其独特的性质。"[1]这一点与阿伯特（Panmla Abbott）和华莱士（Clair Wallance）的建构主义观点是一致的，[2]即纠纷中性别已经脱离生物学意义和传统权力关系：①在家庭环境中，这种性别秩序随着男性政治被打破，女性的弱者认知也开始发生变化。甚至，女性成为家庭政治、经济权力的主要角色。②在社会环境中，女性在特殊语境下利用弱者的舆论武器为事件服务，也是消解男性秩序的一种方法。女性身份不仅是生理表述，也是一种身份和道义的资源。

按照上述两种变化，女性在纠纷中的性别认知与关系秩序的行动策略，有赖于她在不同语境下的反应。一方面是她在家庭中的角色；另一方面是她在社会中的角色。大多数儿媳都指出，"拖家带口，里外跑上跑下。管内又管外，管老又管小，就是无法管自己。"坝村女人在外打工，做与男人差不多一样累的工作，生了孩子后又在家做农活，男人在外打工时一个人操持家务。

〔1〕 黄俊杰：《中国思想史中"身体观"研究的新视野》，载《现代哲学》2002年第3期。
〔2〕 ［英］Panmla Abbott and Clair Wallance：《女性主义观点的社会学》，俞智敏等合译，巨流图书公司2005年版，第283页。

用他们的话说，"很不容易，我太难了，太幸苦了，看不到头。打工赚点钱，修个房子又身无分文。""很不容易""太辛苦"所造就的家庭责任无形中加强了她们的家事权力。传统男女性别秩序实际不是男性操控一切，反而是女性主外而具有"家长权"的一面。格莱德希尔提到，如果女人行动的场域能够被看作是家庭空间延伸，就不会触犯男人和女人角色区分之下的意识形态规则。[1]这种观点在急剧变迁的当代中国来说，是站不住脚的。传统性别秩序开始瓦解，女性地位正消解传统家事权力格局。

从上述内容看，坝村儿媳的二元身份角色展现了他们的不同思维：她们不诉苦，很少向别人提起与老人的纠纷，除非是闺蜜或所属小群落。这存在老人天然具有的社会道德权力。她们也有自己的叙事群，在坝村公路上，每至黄昏，公路这一端是儿媳群，公路拐弯处另一端是婆婆群。东家长西家短，她们的共同话语除日常生活、村庄政治、私密话题之外，就是公婆问题。之所以公婆问题化，乃是她们认为公婆干涉她们的生活和家庭权力。养老义务分担以及日常婆媳关系都是她们的核心话题。共有的话语不外如下几种：

> A：不好伺候，总嫌这也不会那也不会；B：找麻烦，一点小事就找麻烦；C：没事就闹，似乎他们觉得吵架就很舒服，会治疗病症；D：赚点钱养家，还得种地，没时间扯闲工夫，他们没事干就闹架；E：放沙发的地方她们要安香火，闹了两天了；F：只要一点小事就到处说我坏话；G：有几万存款一分都不拿来建房，我们是贷款建房子，他们住进来舒服得很；H：受气得很，每天都过得不舒服，只好出去打工；I：他们老是联合瓜娃子（即自己丈夫）整人，天天做饭，吃得还不满意，说我不会做饭；J：娃生病我要看医生他们却要找法师；K：送人情没钱了跟他奶奶借了200元，才二十天就在我面前提这个借钱的事，意思是快点还钱了。晚点还就一个苦瓜脸，我还经常给他们买吃的呢。

长期以来，公路作为聚落空间，以话语形式建构某种共同问题的群落。一边是儿媳群，一边是婆婆群。各自场域的共有话语塑造了权力技术、策略

---

[1] [英] 约翰·格莱德希尔：《权力及其伪装：关于政治的人类学视角》，赵旭东译，商务印书馆2011年版，第283页。

和正当性。同一个人曾经的不愉快经历随着时间延长而逐渐淡忘，当在适当时机被经历过同样问题之人提起或再现相似情景时，产生的共振效应会被刻意地记忆为一种经验和知识。这种知识的表达很可能成为解决问题之示范或标本，并且为群体所分享。尤其当众人都有相同经历之后，个人解决问题的成功经验会演变为群体经验，在相同场景中被实践和验成。于此同时，相同或类似遭遇情景会把不同类型的人连接起来，刻意把他们之间的悲情记忆作为主要表达语言，这加强了场景中秩序的凝聚性。从"我的痛苦遭遇"到"我们的共同遭遇"意味着具备利益的一致性，因而从常识的生活秩序中延展出共同体化的意义，衍生出一股强大力量。"语言一旦被使用，一旦同特定的目的、社会情势、特定社会关系、社会力量对比、各种具有特定背景的历史事件和各种特定脉络的社会活动相结合，不同的语言运用者依据语言使用的背景和条件所发出的语言讯号和进行的实际对话，变成语言使用者及其背后的整个社会势力的社会关系的力量对比和权力竞争过程。"[1]这种从"混乱语言"到获得一致话语的行动展示，话语正是把分散个人拢合为群的一种舆论权力生产过程，隐含着对对方的某种目的性，把每个人的目标趋向一致，从而形成共同话语圈。

儿媳群与婆婆群共同形成各家婆媳纠纷的社群关系，成为坝村的一个公共现象。从单一家庭纠纷演变为村庄公共事件，从单一个体权力技术演变为两个群权力对立。群的二元对立关系不但造就老人集团的私人关系，也造就儿媳群内部的私人网络和婆媳政治。不同于婆婆群的诉苦，儿媳群用年轻人特有的戏谑、直白和挖苦方式表达她们对公婆的不满。这种不满不具有化解争议的可能性，却能消解个人心中的怨气和纠结，缓解她内在的不快。那么，群也是纠纷过后释放个人负面情绪的社会空间。通过群的舆论塑造和话语共识，当事人在主动地给对方制造压力的同时，又通过对自身弱者身份塑造形成一种获得社会支持的权力。权力既是积极存在，又是消极被动存在。当事人不但在制造积极的强大外力，也在塑造一种基于社会舆论的正当性评价而获得同情性理解的支持。另一个空间内，刚好相反的是，与丈夫的关系方面，她们通常向自己的丈夫诉苦、埋怨。大多数公婆都不向自己的儿子诉苦，甚

---

[1]　高宣扬：《当代社会理论》（上），中国人民大学出版社 2005 年版，第 301 页。

至与儿子保持一定距离，不走得过近，也不走得过远。儿媳却不同，她会"吹枕边风"，很显然，儿媳对老人的家庭秩序和关系控制要强于老人，这一点关键在她的丈夫。

婆媳纠纷反映乡村社会日常生活的身份秩序。家庭身份本性是伦理身份，一旦发生争议，伦理身份转变为强者与弱者的二元对立身份。婆媳纠纷不在于通过何种方式得以解决，在于为争口气获得一时的权力强弱，以期实现个人正义感和压制对方、控制家庭的目的。婆媳纠纷的二元身份又不断地通过话语力量塑造。这种塑造过程恰恰是掩盖他们双方真正的故事，建构一套符合各自二元身份特征的事实。通过话语的弱者身份塑造，其实是建构权力来支配微观秩序的一种策略选择。结果，话语、身份以及身份表征成为纠纷中的主要权力技术，而不是一般的找人处理问题。

（三）身份矛盾的第三方：丈夫—儿子

婆媳纠纷本质上也是女人间的战争，是一种性别政治和权力关系，作为特殊第三方的儿媳之夫与父母之子虽不是纠纷当事人，但无时无刻不被当作纠纷的主要建构者。在这个双重角色中，他作为父母的儿子，在孝道的道德、伦理制约下，不违父母的一些要求，至少不与妻子联合反对父母，已是坝村普遍的现象。他作为丈夫又要做出维护家庭完整，避免闹翻影响夫妻关系的某种努力。他变成当地人说的"出气筒"或"两头受气""两头不讨好"的尴尬角色。在每一个充满自信的年轻妇女身后，都有她的未婚夫或丈夫的支持，当年轻妇女与公婆发生争执或纠纷时，她们中的绝大多数都能获得丈夫的支持。[1]但当他们看到父母受气时，又不好去伤害父母，成为反衬关系中左右都难做人的中介角色。

在公婆、儿媳和儿子三方关系中，身份实际构成纠纷解决的一个参考因素，当然，只有被纳入社会语境中发生关系时身份才有意义。[2]当事人身份是多重的，既包括他/她一直存在着的社会身份，又包括因纠纷而产生的新身份。一旦个人的身份塑造具有社会观念的认知与认同，当事人的社会建构、秩序归属也就确定，不同身份者的表达逻辑也有所不同。在中国乡村社会语

---

〔1〕 ［美］阎云翔：《中国社会的个体化》，陆洋等译，上海译文出版社2012年版，第195页。

〔2〕 身份认同即社会对当事人社会身份的认可和共识。身份认知是当事人对社会认同的他/她身份的认可。认同与认知在纠纷中是以身体为核心形成的，进而身体行动也以此展开。

境中，身份的分类与村民依存的生活方式、根本诉求和传统观念有极大的关联性。只有与村民息息相关的因素才可能进入他们的生活秩序，从而通过这种秩序来塑造身份与角色，进一步说能确定他们的社会地位与行为表达。同时，身份又是可塑造和可转化的，根据这种变化，他们在自身所处之不同情境和关系秩序的变化中来使确定行为发生变化，进而改变身份关系。考虑到当事人在不同语境下形成不同身份认知，在纠纷中存在着多重身份交叉情况。当事人利用何种身份因素作为处理纠纷之主要手段，依赖于社会和制度对这种身份的建构与认同。

四、权力的语言表达技术

（一）公开指责：面对面的支配

以一种特定话语命名一个行为或事件，从而解释该事件意义并确定其背后动机是一个行使权力的过程。[1]比如通过某种面对面方式以声音、语言暴力性和扩张性、支配感和威慑性形成某种强大的气场压力。共同在场的语言包括公开指责、争吵、骂大街、羞辱等高低不等的表达。康利和欧巴尔的"自然争端史"中语言逻辑的生成图式如下：伤害—明确说出—定性—指责—主张，之后分裂为接受—同意和否定—争论两种相反模式。[2]这个康-欧图式表明语言在纠纷中根据问题性质进行表述，不同性质表述反映问题的影响力。当事人在面对面对话中形成互辩式语言，婆媳纠纷中最终为"同意"情况少，除非是第三方调解，"争论"情况多。康-欧模型中公开指责意指不分场合的不满与谴责。正式场合指责用坝村人的话说是"当着众人的面下不了台"。非正式场合指责是指两人或家人私下指责。因当事者不在场，因而言语所指甚为清晰，会牵连出不当行为及其否定评价。非正式场合指责与前者不同，极大可能性出现实名评价，这种场合来自饭桌上、家庭聚会或其他不具有外向性、公开性的社会空间。指责意味着纠纷公开化之表征，指责对方的同时也

---

〔1〕［美］萨利·安格尔·梅丽：《诉讼的话语——生活在美国社会底层人的法律意识》，郭星华等译，北京大学出版社 2007 年版，第 151 页。

〔2〕［美］约翰·M. 康利、威廉·M. 欧巴尔：《法律、语言与权力》（第 2 版），程朝阳译，法律出版社 2007 年版，第 127 页。

暗含着自己主张。公开场合指责包括一般争吵和骂大街。非暴力语言类似于一般争吵，这种争吵多数是公开场合下的争议。它属于对互式话语论辩。

最严厉指责是骂大街。骂大街掺杂着暴力语言和非暴力语言。前者更适合特殊语境关系，至少语言暴力含义广阔，无法概括特殊环境下的具体语义。暴力式语言可解释为，穷尽话语表述及权利救济之后的最后语言。卡西尔（Ernst Cassier）所说："语言经常被等同于理性，或者等同于理性的源泉。但是我们很容易发现这个定义并不包括所有领域。"[1]斯金纳（Quentin Skinner）从行为视角来认识"刺激—反应"的关系，证明语言互动者间的言语双向性，刺激者经反应之后又是反应者，而反应者的反应过程也是刺激过程：（刺激—反应）—（反应—刺激）来回变动。纠纷中表现为"影响—反应"及"支配—抗争"的互动关系，这类同于后期维特根斯坦（Ludwig Wittgenstein）的"语言游戏"。骂大街的话语技术即是这种通过刺激的双向过程展开，即，当行为是一个刺激时，它的意义就是它引起的反应；当行为是反应时，意义就由刺激所决定。[2]行为主义学派布龙菲尔德（Leonard Bloomfield）经实验得出，语言是一个人的行为与另一个人的刺激反应过程。[3]所谓刺激，乃是揭露个人隐私、羞辱人格、诋毁对方等在村民看来"最难听的话"，一旦一方使用"最难听的话"刺激对方，对方在双向过程中开始反应，反应的结果又是一种均势的"最难听的话"之权力话语技术。斯达尔（Paul Starr）对土耳其村庄法庭的民族志研究发现，当地人在上法庭前也经历着这种"指控"，即揭短性质的羞辱语言，形成社会性权力压制对方。[4]罗伯茨直接把羞耻看成一种强大的控制偏离行为的方式。在任何一个人们处于持续的"面对面"关系的小型紧密社会中，讥讽或厌恶的威胁都会引起羞耻和悔恨情感，并肯定代表一种重要控制机制。[5]显然它们都具有公开性，目的是

---

〔1〕 ［德］恩斯特·卡西尔：《人论》，李琛译，光明日报出版社2009年版，第25页。

〔2〕 ［澳］马尔科姆·沃斯特：《现代社会学理论》，杨善华等译，李康、杨善华校，华夏出版社2000年版，第73页。

〔3〕 刘润清编著：《西方语言流派》，外语教学与研究出版社1995年版，第185~191页。

〔4〕 Laura Nader, *The Disputing Process*: *Law in Ten Societies*, Columbia University Press, 1978, p. 137.

〔5〕 ［英］西蒙·罗伯茨：《秩序与争议——法律人类学导论》，沈伟、张铮译，上海交通大学出版社2012年版，第25页。

要让对方在村邻间听到，让对方在低头不见抬头见的熟人社会出丑、难堪和丢脸、今后难做人等，这种心理学惩罚机制具有很强大的控制功能。波斯纳（Eric A. Posner）指出，羞辱某人的行为通常被理解为行为者发出的一个信息：自己属于好人类型。[1]可见，骂大街又塑造了双方正当与非正当反差，形成一定社会力量评判是非的主要参考要素。严重羞辱、骂大街远远超越一般婆媳纠纷，可谓"深仇大恨"，塑造一种好坏之分的舆论氛围，结果双方数年内都解决不好。时间一长，逐渐演变为这种趋势：矛盾—争吵—骂大街—沉默。这种关系趋势是非线性的，时好时坏，即村人说的"绊绊磕磕"情态。关于这方面之纠纷解决，也经历从隐晦场合与矛盾到家庭间争议，再到近邻之间通过争吵、骂大街的公开化，甚至直至权威调解或世俗法庭裁决，表明婆媳纠纷如何一步步地走向对立局面的路线图：隐晦的矛盾—扩散至家庭—近邻—权威调解—诉讼至法院。

（二）沉默：权力的退让

沉默是一种话语表达的策略术，属于静态的语言。桑托斯提到语言与沉默之间的关系涉及纠纷处理过程中交流的内在节奏和交流策略的选择。沉默不过是口头语言中的无序真空，只能依照那些其缺失才能创造沉默的语言来分析沉默，而不是沉默来分析沉默。沉默的那些东西其实是对意思的一种积极表达。[2]桑托斯的话语分类认为基于纠纷处理过程的沉默类型有程序性沉默和实体性沉默，重大沉默和轻微沉默。[3]在乡村家事纠纷中，第二种分类具有实质意义，往往当事人为寻求妥协而做出重大沉默；另一种是不愿把事情闹大而做出的轻微沉默。沉默从某种意义上说代表个人的忍让，表示不愿面对面地发生激烈矛盾的互动事件。沉默也代表对立的情绪反应，可能双方

---

〔1〕　〔美〕埃里克·A. 波斯纳：《法律与社会规范》，沈明译，中国政法大学出版社2004年版，第135页。

〔2〕　〔美〕博温托·迪·苏萨·桑托斯：《迈向新法律常识——法律、全球化和解放》（第2版），刘坤轮、叶传星译，郭辉校，朱景文审校，中国人民大学出版社2009年版，第133~134页。

〔3〕　桑托斯对程序性沉默和实体性沉默举例道，程序性沉默类似于我沉默是为了别人说话，实体性沉默类似于我沉默是表达我的同意。重大沉默是对纠纷特殊紧张时刻而对纠纷处理决定有关键性转折点作用的沉默。轻微沉默则与之相反。参见〔美〕博温托·迪·苏萨·桑托斯：《迈向新法律常识——法律、全球化和解放》（第2版），刘坤轮、叶传星译，郭辉校，朱景文审校，中国人民大学出版社2009年版，第134~135页。

并非要保持忍让，而是以沉默来抗议对方的一种权力技术。

几乎所有婆媳纠纷经过长时间的日常矛盾累积，关系都会进入一种疲软状态，不再出现激烈的争吵或对立情绪，从而表现出相互沉默。在上述典型争议中，婆媳之间都出现各自沉默状态。"公婆总是对我讲，不想和她说话，说话就来气，来气就要吵。"另一家公婆也说，"有啥好说的，说不到一起还不是争吵。"一些媳妇也对我说，"年轻人的想法跟他们老一套方式不同。比如我要在家里安装沙发，他们要放凳子。这些都不能公开提出，只能先买后说。有时候做比说重要，等他们坐沙发舒服才感觉好点就不提凳子了。"一个嫁入本村多年的媳妇说，"没有共同语言，一说都是你左他右，你可他不可。"另一位新来的媳妇则表示，"都不知道该说啥，说的时候你笑他不笑，他笑你笑不出来。"沉默亦是身体语言，是通过身体表达的非公开性语言交流，甚或身体本身也参与表达，如相互见面时噘着嘴，拉着脸，不正眼看对方，急匆匆而过等。不打招呼，不对视，不与之交流，见面时"大路朝天各走半边"。不接触手段暗含着隔离效应，最终形成一场漫长时间的婆媳拉锯战，此类似于维护面子的积极沉默。[1]

消极沉默是典型的静态言语，据其义可揭示两种心理事实：一方面是基于"多嘴多舌"闹起矛盾，进而"沉默是金"；另一方面是当事人自身地位带来不安全感，或实言抗议，多事不如少事的变相抗议策略，具以表达相互间不愿面对面进行交往行动而采取的无声语言。或者说，双方都不愿进入对方"领地"而采取的规避手段。沉默在此生成一种防御性权力或权力退让，也是对纠纷的社会控制手段。不论积极沉默或是消极沉默，沉默是一种权力表达形式，当话语权被控制而无表达的途径来实现自己的反制时，无声的语言就是当事人的抗议。有时，沉默者同样可互动交流，静态性不过为非言语行为系统对话，属于自我言说的内部语言。[2]动静之别为直观性与隐喻性之异，前者现场描白，后者须转换性地解释。社会心理学家史蒂文·达克（Steve Duck）认为，非言语系统需符合下列条件：①使用非言语系统必须相同或能辨认；②必须系统地使用非言语系统；③必须将自己情感和意图转化为非言语系

---

〔1〕 翟学伟：《人情、面子与权力的再生产——情理社会中的社会交换方式》，载《社会学研究》2004 年第 5 期。

〔2〕 骆小所主编：《现代语言学理论》，云南人民出版社 1998 年版，第 78 页。

统；④对方必须明白它的含义；⑤人们对我们的行为系统能进行系统译码。[1]从这个角度看，以不理对方对应沉默态度看似两者隔绝，实则是与有声交流对应的另一种可能性，即无声的语言交流：能相互读懂并猜透对方所思所想之权力交流方式。你不说，我也知道你为何不说。你不理我，不与我打招呼，我知道你的理由。见面拉下脸内涵的故事双方都懂。双方都能"明白它的含义"，双方的表情化语言能使对方"辨认"与默会。总之，沉默的语言仍存在相互默契且心知肚明的语言互动性。

（三）暗讽：权力的隐喻

有时不沉默又不骂大街时，就会用隐喻式而非直白的语言，共同在场的权力表达正是隐而不示之策略，处于其中之人心知肚明，既能打击或威慑又能隐藏，不至于把情势推向极端。这就是隐喻或暗讽，作为纠纷中话语表达的一种修辞，反映中国人对问题的隐晦性表达。比如能通过类比、例示、暗指等暗示谁为之，进而表明他/她内心的真实想法。"不明指"使共同在场的熟人伦理发生效用，以至于给面子，不推人下悬崖、逼人上绝路，无公开地显明，又通过某种隐语表达自己的不满，并指责对方。这类行动隐藏的正是权力失衡之心理与外在反映。肯尼迪·伯克（Kennedy Burk）指出，任何意义（意思）后面必然有"动机"，语言构成本质的基础，这是语言与行为关系的焦点。[2]伯克的反讽辩证法揭示一种语言的二元对立关系，即正/反的某种意义超越指向。一方反讽暗示对方的负向问题，暗示反讽者的正向价值。它有隐喻、象征、暗示、转喻等形式。通过隐喻或暗讽等反映，使双方"较劲"。如上述老张家小儿媳对其子的教训，通过儿子拿锄头做文章，直白地指出"和你爸爸（即她的丈夫）一样没教养"，实际暗指老张的小儿子教养失败，直指老人错误。这个语言隐含的力量导致双方矛盾的爆发，并引发娘家人援助事件。另一起纠纷中，儿媳拿自己孩子出气，说不好好学，全家人都是些"大老粗"，结果公婆为此不满，双方闹了整天架。原来公婆都是文盲，没有识字能力和文化水平，结果总被儿媳拿来说事，以教育自己的孩子好好

〔1〕［美］史蒂文·达克：《日常关系的社会心理学》，姜学清译，上海三联书店出版社 2005 年版，第 37 页。

〔2〕赵一凡：《西方文论关键词》，外语教学与研究出版社 2006 年版，第 95~96 页。

读书。这些隐喻或暗讽式语言产生某些引发纠纷或延伸纠纷过程之效果，属于特殊的语言表达技术。

（四）势力政治：通过诉苦的舆论制造

诉苦策略是在新中国成立后一段时间内在共产党主导下反对地主和土豪劣绅时所采取的政治认同技术。日常生活中这种政治认同已经消解，转变为一种微观的纠纷政治。它围绕着纠纷事实所展现出的是受害者角色的话语表达，或者说构成她/他希求获得社会力量支持的共有情感，主要实现方式是话语表达技术。当事人需要塑造这样一个角色目标：诉苦让她成为受害人角色和强者抗争两面，增加当事人关系的二元对立，使其有进一步行动的正当性。

很显然，诉苦是一种寻求权力支配的社会动员策略。语言舆论化是双方当事人不同场时的语言公开化，它构成一种当事人怨气消解、释放和对对方的舆论惩罚机制。朱晓阳指出社群对单个人的区隔，以"流言、现丑、活榜样"作为日常的发落形式，正是同一社群的各种男权、家长权、族权和共有的秩序而形成的制裁机制。[1]一般在日常生活中以个别化、无时间和空间界定的多重场景表现出来。言语交流、互惠、劳作或仪式场景等会在有意无意中形成对某人格缺陷之人的日常发落。这是中国农村公众化的通过语言扩散形成的报应伦理。比如说对方的"坏话"，塑造了当事人之间好坏的相反特征。在这个动态的地方性分化、弥散及弥合的过程中，社区权力也呈现一种动态的变化。当事人的语言塑造，把对方型塑为一种非常态人格。这实际为社群的权力整合与控制，形成共有的地方感并为社群伦理提供反面教材，并最终趋向某种秩序和知识的共识。朱晓阳分析的那几起与个人隐私有关的纠纷，也基本上是通过日常谈话、诨名别号、搭台表演或其他日常形式予以反击，使之从普通村民中抽离出来，归入村中反面的典型一类。[2]从明确说出到指责，再到主张自己权利要求，是伤害、定性的逻辑推动的结果的反映。因指责暗含着弱势身份和非常态人格、强势身份的等差效应，这种言语仍是隐藏权力进行的舆论性表达，形成当事人的外围势力。话语的舆论化生产了

---

〔1〕 朱晓阳：《罪过与惩罚：小村故事：1931—1997》，天津古籍出版社年 2002 年版，第 193 页。

〔2〕 朱晓阳：《罪过与惩罚：小村故事：1931—1997》，天津古籍出版社年 2002 年版，第 217 页。

即时的社会权力支配。舆论塑造是通过外显于脸上、行动及语言的反应共识出有相同或相似遭遇者"同情的理解"，一些参与人甚至有过同样的经历（这也说明为何儿媳找他们的年轻人集团，婆婆找老人集团）。原本陌生和不在"同路上"的互不关联者相互间有一种可以共同理解、目标同一的话语体系，形成同质群体和秩序结构。正确的舆论导向能使参与者获得可信任的信息，避免"气"转变为暴力——虽然不能解决纠纷。

（五）调解的话语：第三方支配

调解的话语包括第三方的话语、当事人的话语等语言构成。相比其他纠纷，部分外溢的婆媳纠纷反而受家族权威调解少，一般都是村级权力体系调解。这种调解的特殊性在于它具有高度伦理性，解决问题同时必须处理好可能一起生活时的心理适应，这种调解是梅丽指出的三种话语中的道德话语。道德话语针对儿媳，治疗话语针对公婆群。由于婆媳纠纷总处在道德高度上覆盖争议事实。儿媳的道德责任作为一种主要的话语讨论，使她们承担家庭的道德伦理责任。道德伦理成为一种权力，通过话语支配着当事人的是非评价，在调解人的教化下，儿媳也会主动认错，或不会作过多的要求。婆媳的治疗性话语也包括一种规劝、安慰等话语，公婆也表示理解或不找儿媳麻烦。调解人对当事人采取不同话语表达形式，也是站立在道德的基点作为评价标准的话语分类。对常人来说，只要是婆媳纠纷都暗含着天然的道德伦理观，于是不论纠纷的事实而呈现一种"想当然"的思维：总是儿媳有问题，太凶狠霸道，公婆总处于受制约的地位。多数情形如此，部分纠纷却存在着很难分清是非对错的情况。

在调解过程中，以弱势者身份为标准的话语，包括她们受到对方欺压的表达，以及自己的纠纷事实如何成为弱势方的塑造。一方面通过话语建构是非对错；另一方面塑造的弱势者身份具有的道德伦理正当性，使利益或家事伦理问题被转为道德性事件。不论调解人之话语策略或是当事人的话语策略，他们显然都面临着弥合关系的情感性话语支配。亲密关系群体面临伦理共同体的制约，尤其是公婆对儿媳方面，即使现在不养老，送终才是根本大事，这事需要儿子儿媳完成，完全的分裂也不可能到了仇人相见分外眼红地步。公婆对儿媳的养老依赖构成公婆妥协的基础，这也是调解人主要的话语表述方式。

五、话语过程、"气"与单过

乡村社会的婆媳纠纷基本会演变为话语的战争。康利等人一再指出，一种话语对另一种话语的支配地位不仅影响争端解决的过程，而且也影响谁输谁赢。[1]毕竟话语战争掩盖了纠纷事实，反而纠纷都可能位居其次。故可以说，婆媳纠纷的话语行动多数不以纠纷解决为目的，不作为纠纷解决的方式，目的在于自己吃亏得不到补偿，向社会或对方传达不满，从而获得心理上的衡平感的身体、心理反应。一些纠纷解决方式基本上也是非正式的，在当事人间难以产生权威性。非正式性和边缘性是权力表达的最基本的属性。[2]这种边缘的非正式行为便是"气"的释放。

就具体的行为技术来说，纠纷是一起关系、事件的互动过程，它的基本功能在于生产一种即时情景化的话语，并通过话语再生产权力和身份。话语生产与权力技术隐含着他们内心的某种思维和动机，在具体个案中当事人要追求他/她认为的正义预期和情绪释放。它体现出萨丕尔-沃尔夫假说（Sapir-Whorf Hypothesis）的相对主义原则，纠纷秩序是语言过程的紧缩。[3]上述基于身份的话语——沉默、调解话语、暗讽、舆论化、指责——都隐含着一种个人（或个案）正义的表达。这种观念显然不是为寻求利益平衡的正义，它是一种气的释放行动。"气"是人们在村庄生活中，未能达到期待的常识性正义衡平感觉时，针对相关人和事所生发的一种激烈情感。[4]人一旦受到侵害而长期得不到补偿，在心理上会形成怨的心态，表露出来的是各种气愤、生

---

〔1〕　[美]约翰·M.康利、威廉·M.欧巴尔：《法律、语言与权力》（第2版），程朝阳译，法律出版社2007年版，第60页。

〔2〕　语言的权力表达具有任意性、多元性、自力性和非暴力性等概括性特点。任意性指当事人表达是随意的，甚至不加思考而为。不同人的身份决定了不同的表达方式，也会因情境不同而不同。多元性即表现为多种不同的形式，身体威慑、身体示威，沉默、争吵或者说各种更加细微的身体技术等。自力性也是私人性，它指当事人亲自行动，利用身体的私人动作实现个人的某些目的。非暴力性指身体表达大多数是在和平的情景中实现的。非暴力性类似于软对抗，或如学者研究的"韧武器"，这样既避免纠纷升级，又满足自己的失衡心态，当事人也不必要为惹事、找茬或出气而直接使用暴力，那样不符合其目的。权力表达的非正式性和边缘性由身份的认知来决定。

〔3〕　[美]爱德华·萨丕尔：《语言论——言语研究导论》（第2版），陆卓元译，陆志平校订，商务印书馆1985年版，第17页。

〔4〕　陈柏峰：《气与村庄生活的互动》，载《开放时代》2007年第6期。

气、气不平，气形成的主要原因是失衡心态及得不到平衡的不满心理。心中的怨长期积压得不到释放，则气的表现越来越严重，气的释放方式和程度越强。"气"针对当事人是一种极大的心理负担，在很大程度上需要排遣、宣泄、释放。实现"气"的释放的主要方式是：通过身体暴力解决；"骂大街""耍泼"的语言暴力；上访、诉讼；自杀。[1]正如有的公婆说，"我们心里有气，吵一架才好，憋气憋久会生病。"一位儿媳玩笑式说，"吵一架大快人心，心情舒畅。我都要被他们气疯了。"基本上所有婆媳纠纷的双方当事人都会说到"我有气"的正义感知。由此可知，纠纷导致气的生成，或者在一系列的准纠纷状态下个人不断累积怨恨，甚至长此以往，累积的情绪效应不断接近爆发的临界点，形成一个气场秩序。

争吵、指责、语言暴力被看作是气累积到临界点后的质化反应。气的情绪反应到极端，气的质化意味着单独憋在心里的气已经发生转变，心态方面的不舒服、不满、积压的情绪等向新的方式（如骂大街、羞辱、揭露隐私等）发展，事件会向着偏离原本预期的方向变化，甚至出现不确定和不可控的态势，释放气、延缓情绪的膨胀、压缩情势的扩张与之同时出现。

气的质化过程即为权力运作过程。权力在此是无时间性和空间性的秩序构建力量。个人在气的高潮时表现出的冲动使他们行为充满非理性色彩，其对其他人、社会和对立方的反制及规制力量造成严重威胁，甚至出现以恶对恶的非理性对抗方式。权力之间对抗只能使问题升级，充满临时起意、瞬间爆发的特点，其来源于不特定多数人内聚的气，形式过程也具有非程序性，权力运作推向极端。气的质化表达形式呈现是这样一种由强（力）至弱的非正式路径：暴力、羞辱、争吵、指责等，最后才使情绪与气最终消失。这些因素都不是解决问题的方式，因而只能算作气的质化方式。气的质化也是气的强力释放，而气的释放既可能是解决问题的方式，也可能使问题复杂化。

上述话语形式显示出气的释放方式是非诉性的，这些解决方式既有缓延的，又有激进的。通常激进的方式突发生成，大多未经预谋和策划，对社会破坏性极强，不是机制性方式，只有处于亢奋、激动的盲从和非理性判断情景中才会出现，甚至"随口而出，言出即骂"。从这个意义看，话语权力表达

---

〔1〕 陈柏峰：《气与村庄生活的互动》，载《开放时代》2007 年第 6 期。

形式是释放"气"的方式。这种方式暗含着当事人通过话语进行支配的权力形态。话语即权力表明当事人把话语作为力量，消灭对方的气势，提升自己的影响力和破坏力，从而减轻自身的关系紧张导致的负担。支配对方与气的释放属于话语要实现的两重纠纷功能。支配对方之同时也使自己消气。这里的支配显然不是物理的支配，而是势力、心理学、气势的弹压导致的压制对方的结果。比如羞辱、气对方、公开对方隐私等导致社会负面评价的支配。换言之，话语的权力支配可能是直接性的，又可能是借助社会力量形成间接性的支配，这里都看不到合意。

气的释放很难说这是一种纠纷处理过程，气释放过后回归生活正轨，意味着严肃地处理双方矛盾之方式正式开始。毫无意外，任何婆媳纠纷处理都是跳出问题本身，使其回归生活秩序。各方都不愿同爨共灶，两相情愿的单过成为解决关系矛盾的通行做法。单过是指有生活自理能力的公婆从已婚儿子家中独立出来，在儿子分担饮食及看病前提下，单立生活，不与子女同灶同桌，既避免孝道问题，又使婆媳分离，各自责任分明，有问题也不至于如同灶时般横眉冷眼。父母单过，它反映的是坝村从传统的联合家庭（小家族）、主干家庭到核心家庭过程的转变。父母独立和子女单过正是建立核心家庭的一个基本前提。单过稀释了高度紧张的婆媳权力纠缠，从扩大的家庭到核心家庭的原子化状态，可能是今后家事发展的时代趋势。

案例 5：李家婆媳纠纷。李母已有 88 岁高龄，膝下有 7 个子女。3 个儿子和 4 个女儿。7 个子女都已经成家。李家大儿子已过 60 岁，身体不好。李父由李大和李三赡养，但已去世多年。李二负责李母的赡养。二儿媳脾气暴烈，李母也是个不服理的人。两个人经常争吵，也找不到有多大价值的争议，都是一些鸡毛蒜皮之事，甚至就是"看不惯"。几年前，李母就搬出来一个人住，由几个儿子负责粮食供养。即使是高龄，也能自己做饭吃。李母单独住后，吵架倒是越来越少了，但李母生病时几个儿媳又为看病钱扯不清。

上例表明，其实任何语言过程都无法解决婆媳矛盾，单过更像是公婆对外来儿媳的权力避让，有些老人说"都是为儿子好，老两口自己过日子不闹心。"事实上，我遇到所有婆媳纠纷的家庭最终都是公婆单过。单过既是避免矛盾之源，又是矛盾解决之道，这种习俗的产生来自于共有问题形成的乡村生活考量。单过并非仅仅是一种分家形式，还是因婚姻导致家庭代际、权力、关系结构发生实质性变迁的必然结果，更是避免这种自然变迁影响婆媳危机的一种选择性机制。当婆媳发生矛盾时，单过机制开始发生作用，一旦婆媳融洽或关系缓和，单过又可转变为同爨共灶，反之亦然。即使我们看到村小组长和治安员经常调解婆媳纠纷，也仅能消解双方的不满，真正起作用的还是这层单过机制。这一点可能他们自己也未觉察到。

六、权力再平衡：基于伦理的话语沟通

类似于婆媳纠纷的最基础性、关系性纠纷构成筛漏机制的底层，考虑到他们都是准纠纷形态，纠纷很少超出筛漏的上层筛网，除少数外，多数纠纷都在最底层筛网实现处理。这类纠纷的核心在于回归它应然的伦理性方面，这是它很难外向化、向上传递的理由。正如学者强调，乡土社会有礼治而无政治，偏重于文化传统而无现代政治观念的秩序。以固有的文化观念约束着人们，教化而不是政治成为相互约束的权力，年龄则成为这种教化权力大小的标准。[1]对现代变迁的乡村来说，教化权力恰恰已经弱势，年轻人的崛起降低老人的地位。实际上，纠纷的权力过程依赖于年轻人的那套观念，而不是老人观念。这是当地家庭原子化和核心化，出现一种"夫妇为核心的更为平等的家庭生活模式"。[2]在这种家庭结构变迁中老人权力边缘化，不再介入家庭核心权力之中。

坝村的社会也说明这种新老权力转移和交替的现象，老人权威的弱化也促使他们为维护传统权威进行某些反抗，新兴权力不断保障自身力量以获得强势控制。从而可以说，婆媳纠纷的本质是弱化的传统权威与新兴权力之间如何维护权威和权力控制的一种微观政治力学。这是一种失衡状态下的权力关系模式，总体上公婆权力弱势而儿媳的权力强势。很大程度上，儿媳决定婚后与老人一起居住的时间以及主干家庭代际权力的平衡。家庭权力不可逆

〔1〕 王铭铭、〔英〕王斯福主编：《乡土社会的秩序、公正与权威》，中国政法大学出版社1997年版，第590页。

〔2〕 〔美〕阎云翔：《中国社会的个体化》，陆洋等译，上海译文出版社2012年版，第158页。

转地转移到年轻人身上，做婆婆仅仅意味着成为年轻女性的靶子。[1]纠纷演变为老人对年轻人权力的抵制。纠纷的发生在于强势的儿媳操控家庭的财产权和土地分割权，以及部分儿媳不孝。许多老人无财力和土地权利，忍受着家庭社会的弱者地位带来的不满情绪，的确是多数乡村社会面临的现实问题。国家对乡村老人的社会保障仍处在低水平状态，甚至很少，即使出现三保（低保、老龄补贴和医保）等，也无法从根本意义上解决老人群的底层社会生态。这个问题还需回到家庭权力关系模式方面。婆媳纠纷，一定程度上反映了妇女崛起的现代权力与衰落的传统老人权力之间的对立，乃是半开放社会特有的关系矛盾，如上述提及沙发—香火、医生—法师等关于房屋家居、治疗等方面的传统与现代的二元对立，正是代表半封闭社会的老人与代表半开放社会的妇女之间对立与争议。实际上，这是一个半开放社会中半封闭势力与半开放势力的冲突及其向着半开放趋势迈进的现实性，老人的半封闭势力衰落将是必然的历史选择。

纠纷性质、社会结构、处理过程及其方式、结果、当事人伦理关系等都具有半封闭性，显然这种不可公开、外向化的纠纷结构遵循着半开放社会中的传统伦理，这是作为半封闭性的底线。仅从话语背后的观念故事就可看到公婆与儿媳代表着半封闭性（传统）与半开放性（现代）的对立，他们的核心是围绕着伦理关系的纠缠。婆媳纠纷———一定程度上包括家事纠纷———是在伦理共同体内发生的争议，它不可能导致伦理秩序的解体，"过日子"及其产生的伦理原则构成家事秩序的基本结构。意即"解铃还须系铃人"是这类纠纷的关键环节。它的主要障碍在于没有建立有效的伦理共同体内私人间的权力平衡模式。打破家庭权力失衡的关键在于赋予老人基本权力，比如有能力耕种的老人应得的土地权利和对无生活能力的老人的养老责任，尤其是供养老人的钱财物的分担等，都应由村民小组的集体监督，以确保老人权利的实现。对日常生活的权力关系来说，再多的好处都不足以解决他们与儿媳的矛盾，在确保老人权利得到实现的前提下，家庭内部的话语沟通模式才是根本之道，恰恰这个非机制化因素，是当前婆媳纠纷最为欠缺的。其实乡村婆媳间不外乎是照顾小的没有照顾大的这种所谓公平，追根究底是家庭关系对

---

〔1〕 ［美］阎云翔：《中国社会的个体化》，陆洋等译，上海译文出版社 2012 年版，第195页。

生活细节上过度关注而忽略了老人的真正需求，双方对这些根本问题又没有很好交流，长期在情感对立、纠结和不正面对话的氛围中失去共建生活、伦理共同体的机会。一旦老人权益得到保障或双方权力平衡，基于此的话语交流、协商、礼让原则不但能减少对立和纷争，也能减少生"气"的可能。这便是权力内部性与伦理性之原点和根本，一个伦理共同体保持共融和谐的主要基础。

第五章

社会权力之一：家族、地势与秩序

　　家族是乡村秩序的重要构成。传统乡村中的权力格局，家族代表权力和势力，而不是姓氏和家庭。家族也是纠纷解决中不可缺少的权力，家族在乡村纠纷解决中呈现合作关系，这种关系对乡村秩序产生何种影响是乡村权力研究的不可忽视的环节。本章探讨乡村非正式组织中具有重要影响力的家族，家族在乡村社会权力体系中占有极为重要的地位，研究家族可以展现乡村社会权力中非正式权力方面的大概。本章的目的还在于揭示纠纷影响家族内部关系，"地势"理论是分析的主要工具。本章立论在于家族在纠纷解决中充斥权力的策略和利益博弈，反过来又整合家族内部结构。地势上的利益共同体与伦理上的家族共同体发生冲突时，伦理在纠纷过程中实际上是让位于地缘的。本章的研究发现，一旦纠纷过后，家族关系又回到伦理共同体方面，这种回摆现象构成了乡村自治的一种机制。这个结论也是全文结论提出"自治—法治"模式的基本前期准备，实际反映了有些乡村自治机制不是法治可以替代的。

一、乡村的空间、地势与家族

　　家族是传统中国乡村社会的基本组织，也是中国的基本政治单位和社会单元，在乡村政治秩序和日常生活中有重要影响。生活在乡村的家族大多都聚族而居，个别情况下多姓家户聚落于同一村居空间。单一家族乡村或多姓家族乡村居多数。坝村由多个寨子构成，从 24 个村民小组 50 个寨子观察看，每个寨子都要么被一个家族占据，要么是主导家族聚居的多姓寨子聚落，个别情况下多姓家户共居同一村居空间。坝村家族在血缘伦理基础上，又有地缘伦理倾向。这种区别于制度划分的乡村空间结构，通过自然条件自动类聚形成的村居伦理秩序，基本上可以被归类为一种自然—地理的社会空间。[1]地理空间是家族的物理条件和载体形式。这个空间被村属地权的外围自然边界所包围。这个自然边界是基于土地属权的地域空间，也是农民一生活动的大致范围。[2]在交通较为传统的地方社会中，距离远近对伦理关系有一定限制和影响。正如秦晖指出，如果人们不住一处，仅凭所谓共同祖先的伦理基础是很难保持稳定交往、发展公共认同并形成功能性组织的。[3]当家族在某自然地理聚落而居时，家族于该地理空间建构家族秩序、生活群落和社会关系。家族相对于地理空间有其独立的一面，家族作为社会结构反过来赋予地理空间以意义和文化，使其从单纯的自然空间上升到社会空间，即当有家族聚落化的地理空间被植入一种秩序而转变为社会空间和抽象空间。以坝村油坊自然村的易、刘、胡、袁四个大家族为例，他们都是依某一山梁子或坪子（即地势较平的小坝）集群，形成一个家族寨子。一个梁子或坪子有一个家族，个别梁子有两个家族或独姓家庭。

　　油坊自然村有三个自然地貌：西梁子、沙坪子、马蹄岩，既是三个地理单元也是三个秩序单元，计80户，220人。西梁子从南到北呈30度斜坡型地貌变化，梁子西北是唐家河沟，东边是一条未命名的沟谷。西梁子住有袁氏家族21家，计72人。袁氏家族在清末民初从外地迁移至此，高祖算起至今已有5代。高祖之下又分四房，现四房分裂为不同小家户。这是一个一百年来从一个祖先派发形成的完整世系。西梁子成为一个独立的血缘家族与"地缘家族"结合的空间结构。各个房系的家屋相对紧密，限制外来者定居。1960年代四兄弟定居于此，再也没有变动过，作为袁氏族人的地缘势力范围已成为村人共识。沙坪子位于油坊东边，其与西梁子仅隔那条无名小河沟，靠东是永善有名的顺河大峡谷。坪子在乌蒙山区是指仅次于坝子的小型平坝。从无名小河到顺河峡谷约250米。沙坪子平均宽度50米。坪子又分三个小坪子。大坪子住的易氏家族。共有四房九家户。大坪子有两房彭姓家庭。另一

---

　　〔1〕　[法] 亨利·列斐伏尔：《空间：社会产物与使用价值》，王志宏译，载包亚明主编：《空间与社会生产》，上海教育出版社2003年版，第47页。

　　〔2〕　李培林：《村落的终结——羊城村的故事》，商务印书馆2010年版，第39页。

　　〔3〕　秦晖：《传统中华帝国的乡村基层控制：汉唐间的乡村组织》，载 [美] 黄宗智主编：《中国乡村研究》（第1辑），商务印书馆2003年版，第29页。

曾姓家庭于 20 世纪 80 年代初从马蹄岩迁移上来，他不属于大坪子群落。二坪子住着胡氏家族。胡氏家族共有三房，其中一房 90 年代末期搬到昆明居住。另两房共有四家户，如把老人单过算入，则是六个家户。小坪子住的刘氏家族，共四房七个家户。油坊另一地理空间是马蹄岩，靠近金沙江，紧挨着顺河大峡谷。马蹄岩地理偏安一隅，中间有一道高 50 米左右的悬崖与西梁子和沙坪子隔开，实际上是两个悬崖之间的岩坎。十年前这个地方住有易姓两房五个家庭、欧氏三房三个家庭、曾氏两房一个家庭。现在欧氏中只留了一个家庭在此居住，另外两个家庭中的一个家庭搬到圆堡自然村，一个搬到小坪子居住了。易氏两房中大房有两个家庭搬到大坪子。小房三个儿子全部在外工作，只有两个老人居住。现在新搬来的罗氏家庭，因其在县城活动，基本不常住。离马蹄岩较远一些有贺姓家庭两户。他从地理上看属于马蹄岩。

空间人类学意义上的"地"的关联派生于社会关系。费孝通指出血缘与地缘关系一致正是文化与空间融合形成了对村民的结构性制约。[1]关于"地"的空间、位置都依赖于社会结构。朱晓阳的地势实际也借用费孝通的社会空间理论。"地势"指人类/有机体与环境之间相互关联而形成的、对人及事（包括社会地位）的变迁有影响的地理形势。"地势"是政治的内在部分。这种地势学可被称为"政治地势学"。这里将引入与"地势"相关联的本土政治概念。例如对于政治人类学中常面对的"国家"或类似政治组织和力量，可用汉语词汇——"势力"来描述。"势力"应被视为政治地势学核心概念。[2]从地缘到社群，这是朱晓阳所说的从地势到势力的转变。这种势力是地缘意义的存在，一旦超出这种地缘空间，势力明显降低。势力是乡村权力的重要组成部分。[3]朱晓阳的地势学把地势融入"人—物"的二元结构内，认为无论"地势"还是"人事"都是"地理形势"的混融。地势直接影响政治。"势力"既是地理和环境，又是人力；既是自然又是文化；既是势又是人。用传统社会学的术语说，"势力"既是系统或结构，又是行动者。[4]地势是在

〔1〕 费孝通：《乡土中国　生育制度》，北京大学出版社 1998 年版，第 70 页。

〔2〕 朱晓阳：《地势、民族志和"本体论转向"的人类学》，载《思想战线》2015 年第 5 期。

〔3〕 李守经主编：《农村社会学》，高等教育出版社 2000 年版，第 100 页。

〔4〕 朱晓阳：《水利、"天助"与乡村秩序——滇池小村的地志》，载《法律和社会科学》2009年第 2 期。

地理基础上渗透着文化、观念和秩序的地缘，即习俗化或血缘化的地理空间。地理空间不完全指向自然构造，还渗透、嵌入着社会秩序和观念结构，实际是文化建构的存在。地势即为文化、社会建构的结果。当人们指向特定梁子、坪子或崖边地势时，他们所指不再是这个地貌，而是隐喻特定文化与社会空间，成为这个空间结构的代称和符号。这里的"势"从地貌到被文化和社会意义的"势力、权势"、家族及其社会结构、群的性格和行为取向等根据不同情境的文化表达所替代。人们所称"沙坪子"包括地理上的沙坪子和那儿的人，还意指这些人的共同观念和他们作为共同体的某种人格性特征。这种从地理空间到社会空间的文化转变，正是以地缘与血缘相互融汇形成的结果。总之，聚落格局以家族为中心，进而形成不同家族对不同的空间阐释，赋予不同意义。村民寄托的象征是村落空间格局的反映。[1] 这种意义秩序的建构，既是争议焦点，又是解决问题的力量之源。

首先，地势既是家族势力的关键力量，又是家族在地缘结构上的一种态势。家族权力与家族势力有着直接关系。家族权力是家族势力的核心，是一种可以直接产生力量的支配性和控制手段的能力。家族权力要比家族势力范围小，家族权力是家族势力一部分，但不能等同于家族权力。其次，家族势力是当地人对家族外围结构和社会影响力及其态势的认知。家族权力是具体地把这种态势运作于乡村社会中的力量，是家族势力的表征。从某种意义上说，地势是家族势力的代名词，构成一种实力对比后的动态性呈现。最后，引发势力变化、调整的因素主要是被称为"事件"的村落公共问题，地势实际上与村落事件呈现对应变化。其中的重要事件便是纠纷。

问题是，一旦伦理共同体发生利益争议，利益对家族伦理共同体有何影响？它是如何分裂又是如何修正这种被分裂的地势秩序的？需要在一个调查的基础上予以过程性分析，进而寻求基层社会内部运作机制，寻找一个基层自治的解释框架。本章分析方法主要基于空间理论，对纠纷进行政治人类学和法人类学的过程展开，希冀建构一套符合中国基层的社会自治理论。命题是，家族在纠纷中充斥权力的策略和利益博弈，反过来又整合家族内部结构。

----

〔1〕 刘晓春：《仪式与象征的秩序——一个客家村落的历史、权利与记忆》，商务印书馆2003年版，第60页。

地势上的利益共同体与伦理上的家族共同体发生冲突时，伦理实际上在纠纷期间让位于地缘关系结构。纠纷过后，家族关系又回到伦理共同体方面，这种回摆现象构成了乡村自治的一种机制，并解释秩序无需法律的理由。这种回摆规律反映了乡村自治机制可以成为法治的有效补充，即使在国家不在场时也能维持其稳定或自我修复的格调。

二、地势+婚姻：乡村权力结构的生成

油坊自然村一直存在着以地缘内婚为主的婚姻交换结构。地缘内婚是在同一地理空间内（几个自然村的集合空间或同一自然村内的几个村民小组）实行内部通婚，而不实行跨地域外婚。对 80 对 1970 年代后结婚夫妇进行分析，油坊通婚的 55% 实行地缘内婚。同一地理空间主要指以村为单位或以自然村落（可能比行政村小）为划分单位。油坊地缘内婚比行政分区村庄稍大的紧邻村落内部通婚多，且通行于上一辈，越往外，通婚概率和比例就越小。

地缘内婚与族缘或血缘内婚不同，后者是在同一族缘关系或血缘关系圈通婚，地缘内婚排斥血缘和族缘关系，在同村内不同姓、不同家族之间通婚。地缘内婚致使村落内关系网络过密化。以地理为空间的通婚习惯，久而久之便形成枝蔓相连的以姻亲为核心的关系权力。关系权力过密，一是能融化严重的社会矛盾；二是形成封闭型结构，外部力量难以介入，形成血缘与亲缘结合的社会圈子；三是这种情形极易产生更多日常生活争议。当这种关系权力过密以至于人们习以为常时，社会网络又返回原本自然关系状态，亲疏性不一定与血缘远近有关。所以这种影响不是实质的，多是交往行为上的。地缘内婚另一转化形式是家族联婚。家族联婚并非指"亲上加亲"的近亲婚，而是家族间有通婚传统形成的联婚制。油坊家族几乎都存在族际通婚：

①同一村民小组内通婚
第二代：易—曾[1]
第三代：易—胡 贺—刘 袁—王
第四代：易—彭 彭—刘 王—刘 刘—袁 袁—曾 曾—易 袁—易

---

[1] 前姓表示嫁，后姓表示娶。

②同一自然村内通婚

第二代：陈—欧 刘—易

第三代：周—易 周—刘 周—胡 周—袁 陆—欧 陆—袁

第四代：陆—易 陈—彭 刘—胡 陈—刘 夏—王

　　家族联婚只占自然村通婚圈系统中的一部分，却能远比其他通婚模式建构更复杂的亲属网络。所有婚姻网络其实都依附于四个主要家族而展开，甚至四个家族相互间联婚并延伸到第四代，已形成同一村内家族世婚谱系。以家族联婚形成村落权力网络垄断内部事务，建构成村庄的家族控制结构。家族世婚即乡村权力生产的必要方式。当代村落单一家族控制基本不可能了，主要以婚姻为纽带形成多姓家族的联合控制。基于地理村居的传统格局被地缘内婚网络打破了。

　　沙坪子的社会结构分三部分：易氏家族、刘氏家族和胡氏家族，以及个别他姓家户。其中易氏家族与本地域的彭姓家庭联姻。由于本地域曾姓家庭与马蹄岩一户易姓家庭联姻，他的社会网络归入马蹄岩而不是沙坪子。马蹄岩两户易氏也归入易氏家族内。这样，油坊易氏家族具备多重地缘和婚姻的连接关系。地缘上大坪子易氏族人、彭家构成地势权力；血缘上有马蹄岩易氏族人与沙坪子一并构成家族势力。这两个地缘意义家族凝聚比较松散。袁氏家族成员自始至终在西梁子，未分散居住，由于与刘氏家族成员通婚，他们家族势力还包括这个家庭。曾姓一家与袁氏家族通婚也被包括进来。刘氏家族结构包括与之联姻的贺家。胡氏家族的一户家庭与马蹄岩易家构成社会网络。另一户曾姓家庭与马蹄岩易家通婚也被包括进马蹄岩易氏权力之中。

　　地势并非构成权力的唯一部分，但肯定是关键部分。"地势+婚姻"塑造了当地的权力网络。婚姻网络建构的亲属结构超越地势形成跨越血缘的家族权力。这样家族地缘政治又多一份婚姻网络力量，但地势权力可能不统一甚至被分割，同一地缘权力体系可能分属不同家族圈，即存在不同权力体系情形。换言之，虽然家族的这种地势权力还在，但家族权力结构不再依附于地理意义的空间权力，而是从属于以婚姻为核心建构的亲属权力体系。"地势+婚姻"权力结构构成油坊家族权力的关键支柱。这种权力结构有边缘但并无明确边界。如果 A 作为某家族成员与 B 通婚，B 的其他家庭成员与 C 通婚，那么 A 与 C 之间的亲戚关系远不如 A 与 B 和 B 与 C 之间的亲戚关系。这构成家族权力递减原则，随着通婚链往外传递，亲戚关系紧密性逐渐减弱，相互间影响也降低。通婚互动链之外围结构对家族权力塑造极为羸弱，越往内权力塑造力越强。虽无法确定消失的边界，经过第二链结构（如上述的 B 与 C 通婚链），权力基本可以忽略不计。

这种权力结构的内部凝聚关系因各个家族差异有所不同。四大家族内部凝聚关系较强的是袁氏家族，几十年来始终有共同体化的集体行动格调。对外关系上都会形成一致意见，他们属于紧密家族。次之者是刘氏家族。家族集体性很强，但对外关系方面较为分散。最后是胡氏家族和易氏家族。尤其是易氏家族，分散在沙坪子和马蹄岩两大地理空间内，内部关系极散，他们可以被看成是自家人，不具有家庭关系伦理的自家人。松散家族和紧密家族之差异正是家族权力级别和强弱的关键所在，尤其是松散家族极易因利益争议使家族权力体系瓦解。紧密家族权力社会影响力很大，控制力度较强，属于本地强势家族；松散家族权力社会影响力较弱，控制力也较弱，属于本地弱势家族，唯一例外是家族自身体量较大，家户多、人口也多的家族即使属于松散家族，也具备强大的社会影响力。

三、纠纷过程中的秩序再生产

离永善县城不到三公里的金沙江溪洛渡，地势险要，两岸绝壁千仞。2003 年 3 月溪洛渡电站外围基础设施开工，2005 年 12 月完成，同月溪洛渡电站正式开工，2014 年 6 月建成投产。与 2003 年外围基础设施同时开工的是溪洛渡电站的建设用电工程。由于永善之前一直是缺电县，县城大部分用电来自白水孔电站，以往输电线路破旧不堪，要将这条线作为电站建设用电线路，需要大规模改造。为在改造时让沿线村民共享电力资源，各个村开始对自己村内农网进行改造，以用上白水孔电站输送过来的电。坝村最早用电来自佛滩广桥湾小电站，后该电站因向家坝电站修建被淹没拆迁。坝村的电站改造摒弃原有的电站线路，直接使用从溪洛渡镇转下来的白水孔电。这样一来，电线杆、电线、电表以及线路走向都要彻底改变。

原来旧线路从佛滩沿着马蹄岩直到村中央的凉水井，现新改路线从坝村村委会直到油坊。旧线路是从北往南，新线路从南往北，路线刚好相反。线路改造不仅是路线选择问题，路线选择意味着利益格局重整。之前最近路线的马蹄岩现在离村委会最远；以前线路最远的西梁子、沙坪子现在离村委会最近。线路越远意味着电线、电杆越多，支出越大，这些支出只能由用得上这个线路的人家支出，同时它的漏电损失也最大，因为村民约定每月漏电公摊依据线路长短比例确定。线路越长公摊越大，线路越短公摊越小。要改变这个问题也不难，就是共同确定最终变压器建在何处。因为漏电损失的线路长短直接从变压器处开始计算。所有问题的焦点集中于变压器安装空间的位置选择。空间位置决定村民漏电分摊的公平性，也涉及不同的权力博弈问题。这样一来，变压器的符号意义塑造了一种空间权力。而空间位置选择恰恰又与地势格局相联系。空间在这里成为利益关注的焦点和重心，进一步地说，这个空间已经从单纯地理选择被注入利益、权力、结构、伦理和行动目标等多重社会化因素而变得具有高度符号化的乡村意义空间。

在安装变压器之前位于凉水井不远处的"刘家坡"一个建筑，建于1996年，正好处在这个自然村的地理中心，专门用来安装变压器。那个坡周围没有人家，坡度较陡，运输困难，安全无法保障，后废弃。在第一次家庭代表会议上，西梁子提出把变压器安装在队长房子旁的台地上，从地理位置看已经远离沙坪子和马蹄岩，意味着他们的线路成本很高，而漏电损失也需自己承担，[1]遭到刘氏、易氏和胡氏以及其他独姓家庭反对。村民认为他有利用职务之便而为自己考虑的嫌疑，村民不同意。这次会议不欢而散。有关乡村村民小组事务处理方面，小组组长是个尴尬角色，他要考虑到村民感受，而不得露出较明显的家族或个人偏向。另一方面他的权力主要是上传下达，因某些政治信息不对称而可资利用之一些权力优势。恰恰是这种优势，又影响他所在的袁氏家族与其他家族对争夺变压器的位置空间，若在其他场合，这种权力也无所谓，在这种情形下，村民就自然地想到他作为袁氏家族一员，

---

〔1〕 村民小组的会议机制是每个家庭派一个代表出席，家庭代表的意见便是家庭的意见。有多少个家庭就有多少个投票权，但村民从不投票决定，大多数采用协商一致机制。这种过程隐藏着权力的不公平，协商并不等于每个人都能在会上表达。我多次参加村民小组会议，过程性的控制几乎被队长（村民小组组长）和村上几个头人掌握。有的软弱之人发言机会很少，村落强人声调很大，说通过就通过了。但遇到重大问题，如变压器安装，这些弱势者也开始发声，表达自己的意见，结果权力越来越出现多重化的趋势，权威弥散了，问题还是得不到解决。

变压器放他那儿不是为村民，而是为他及他所在家族服务。村民还认为队长做得不太好的一点是，未经会议同意通过，就先行把变压器位置确定的报告提交给村委会，村民不满后，他重新把报告撤了回来。这一来一往引起了很多村民尤其是各个家庭、家族间相互生怨，一时闲言蜚语到处流传。村民开始私下串合。一个变压器成为油坊政治符号及其权力表达的策略中心，它激发人们对利益的追求，并进而改变内生性结构和权力机制。

串合意即寻求共同认可安装地点的那些人，达成私下默契，在会议上形成一致意见，从而塑造一种集合化社会权力和利益共生体。由于地缘结构的先天决定性，串合者都是同一地缘空间的人。串合显然是从个人权力到社会权力整合的一种策略选择和塑造过程。变压器位置选择与一般村民纠纷不同，它的任何位置空间确定都涉及地缘群落而不是单个人利益。对聚落化村居秩序来说，对某家有利的安装意味着对这个地缘群落有利，同时也可能是对其他任何村居群落的不利位置。变压器位置确定都不是个人间关系，乃是群的关系，是一种社会权力之间博弈的关系。反过来说，村民又不可能以个人力量推动变压器最终落位。正因如此，家族权力与地势权力产生了对立。

如果说第一次会议是单个人的主张，他们无法形成有声势的针对队长提出的那个方案的集群要求，那么后来的第二次会议则是串合后社会权力的社群表达。会上有人提出，还是把变压器安装在原"刘家坡"那个小屋内，既公平又不影响任何人，问题是无人看管，易被盗窃，而且运不过去，被多数人否决。这次会议充满了火药味，曾经西梁子与沙坪子因小河沟沿的大理石所有权发生过群体争斗，虽然最终因刘袁两家联姻而消解，这个问题仍固化为一种群落分隔的关键事件。村民虽在一个具有基层政治单元的社区内生活，但这个单元分为不同社区单位，从血缘伦理上被划为不同的身份认同的社群，尤其袁氏家族自成一系，似乎与本队关联性不大，很难在心理上合群。在村民小组的重大事务方面都存在与其他家族相左的意见。袁家人提议把变压器安装到村内政治和文化场域中心——凉水井。这个地点正好处于西梁子和沙坪子之间的中间点上，它又远离马蹄岩，意味着很难照顾到比较偏远的贺姓、易姓、曾姓、欧姓的利益，这个方案遭到强烈的反对。几番激烈的争吵后，分歧越闹越大，矛盾越积越深，甚至开始指着鼻子骂街。一个小型的变压器问题，经过不断的争吵以及对立情绪的塑造，最终演变成坝村的社会政治事件。此意味着它超越变压器安装本身，波及整个村内生性结构。比如这个问题引发矛盾，又激起村民对曾经不愉快事件的回忆，延伸出历史纠纷。社会记忆产生情感偏向影响对当前问题的价值判断，甚至累积为更大心结，导致强烈的新仇旧恨迸发。比如，会议上西梁子与沙坪子的两个中年人因曾经的打架事件再度被提及，西梁子的那个人认为当时他吃亏了，"今天要把那一拳还给你！"他便向对方打去，结果反而被踢一脚。随着情势扩散，纠纷已经演变为坝村的社会事件和公共政治，溢出了村落社区边界。

根据电线形成的地势权力，各个地理空间内都具有利益一致性。其结果，通过婚姻网络建构的传统权力秩序被打破和撕裂。虽然空间距离与同等序列亲戚关系没有关联性，近邻化的亲戚关系经常见面，小型利益扯不清，相互间交往过密影响礼俗和客套，内在心理却有些很不自在的因素使双方陌生化，反而降低相互间的紧密关系，导致次生性的纠纷发生。有两亲家为此变压器争议开始指着鼻子互骂。贺姓家庭与刘姓家庭因这事发生争吵，开会时见面两家人也经常码着脸，相互不理睬。三十年来马蹄岩易家与沙坪子易氏家族间的族内互助关系，因为这一次争议解体，杀猪请吃、建屋互助、邻里合作、家族修谱等都不复存在。坝村电改纠纷经过乡村利益格局的"事件化"塑造及其溢出效应，具有超越纠纷的社会影响力和渗透性，或者说事件构成一种社会意义的权力支配关系，约束家族关系、邻里协作和亲缘网络，重塑了村落内生秩序。

地势在这种情境下激发了它的决定性支配意义，当事人在这种情境中被迫选择与同地域的聚落形成共生利益关系群。地势超过通过婚姻建立的亲属关系，尤其是亲戚网络被利益分歧割裂时，家族权力结构开始内缩，退回以地势为归属的血缘秩序之中。各自从血缘、亲缘、族缘群中"脱域"，[1]回归地缘关系结构，地势权力成为利益重组的主要结果。罗维在研究伊佛高人时指出，从理论上说来，分裂作用尽可达到一点，使这个社会碎裂为全无联络的若干亲属群。[2]亲缘网络分裂导致家族权力回归地势结构方面：①袁氏家族原本就是内聚性强的权力体系，经过此次纠纷，相互间凝聚关系进一步

---

〔1〕　[英] 安东尼·吉登斯：《现代性的后果》，田禾译，黄平校，译林出版社 2009 年版，第 56 页。

〔2〕　[美] 罗维：《初民社会》，吕叔湘译，江苏教育出版社 2006 年版，第 240 页。

加深。与之有姻亲关系的域外权力被切割，如与之有婚姻关联的马蹄岩曾姓家户因利益分歧，各自归属于他们所居聚落。曾姓家庭脱离袁氏家族。袁氏家族与刘姓家庭的姻亲关系权力被切断，刘氏家族回归沙坪子秩序之中。②沙坪子地势权力切割他们的域外关联。本地域内易氏家族与马蹄岩两户易氏实际已经脱离了利益联盟；沙坪子曾姓家庭与马蹄岩曾姓家庭也各自回到地域上的社会权力之中。沙坪子曾姓与易姓家庭也因利益共同体归属而不再以姻亲表达他们的关联性。贺家由于属于马蹄岩地势权力一部分，他与刘氏家族的姻亲权力结构也被打破了。

上述关系秩序重组，使原来的姻亲网络分化，地势权力开始回归，共同地势重新分配社会权力并使之再体系化。纳德提到，纠纷具有同震效应，纠纷导致社会中的权力控制、限制、扩展及分配。[1]正是纠纷对秩序的生产性导致的结果。类似的观点，费孝通也指出，地域上的靠近可以说是血缘上亲疏的一种反映，区位是社会化了的空间。空间是混然的，但是我们却用了血缘的坐标划分空间方向和位置。当我们用"地位"两字来描写一个人在社会中所占的据点时，这个原是指空间的名词却有了社会价值的意义。[2]费先生的话明确表明了个人在社群中的位置不以单一身份衡量，而是多重身份影响的结果，形成多重和可变的认同标准。正如本例，纠纷的利益重构了村民的社区身份和地位，改变了血缘和族缘的关系定位。纳德的研究已经看出纠纷实际导致权力秩序的变迁，如坝村电线纠纷，他们的权力结构又呈现与地缘相同的表达。原来错综复杂的亲戚网络被以血缘、地缘再结构化变得简单起来。地势"能使分属政治、法律、经济或地理的材料重新涌现而出，获得新的意义。"[3]地势的空间重塑发挥了显著功能，空间不再是简单的地理意义上的活动/行动场景，而是一种包容各种社会因素的支配性场域。[4]地势空间被

---

[1] Laura Nader, "Controlling Processes：Tracing the Dynamic Components of Power", *Current Ahthropology*, Vol. 38, No. 5, December 1997, p. 715.

[2] 费孝通：《乡土中国　生育制度》，北京大学出版社 1998 年版，第 70 页。

[3] 朱晓阳：《水利、"天助"与乡村秩序——滇池小村的地志》，载《法律和社会科学》2009 年第 2 期。

[4] 黄应贵：《空间、力与社会》，载《广西民族学院学报（哲学社会科学版）》2002 年第 2 期。

社区赋予意义时，一种地势结构的权力得以生产。[1]这种意义就是地缘与血缘双重组合，地缘是利益共同体建构的，血缘是伦理共同体建构的。地缘伦理与血缘伦理共同建构的权力当然具有可塑性，甚至与正式界定的权力都有很大分别，之前婚姻网络作为家族权力边缘通过内缩后得以确定，不再作为家族权力一部分而以血缘和地缘界定。地缘与血缘并合构成地势权力，即一种地缘政治联盟关系。权力秩序分裂也是多元地势并合，再次回到三大地势结构：西梁、沙坪子和马蹄岩。这种从原结构分化形成的联盟关系，在纠纷过程中集合为一个强大的对外群力，会支配或影响其他地势空间，甚至发生不同地势空间的对立。总之，纠纷使特定社会中个人与个人、群体与群体间结合更为稳固，或促使不和谐强化，导致新派系发展。[2]

一个核心表现在会议的空间政治方面，空间分裂与生产致使中心空间发生转移。比如按照习惯，30年来该村开会地点选择固定的地理中间点：某户门前的大坝内。家庭主人是村落的权威人物，作为政治空间的中心所在，他也经常协调村中事务；地理上也是该村几大山头间的交界点，村落半径起点，是村落日常活动的主要空间；更由于该家户在村内未曾得罪过人，交往关系极为圆滑，是社会关系空间的连接点。电线纠纷发生后村落开会的场所从原来的中心空间转移到一处集体所有的公共场坝处。开会空间变化是三方纠纷派系在一个场域内的缩影。此时之空间场域是通过斗争、权力等生产出来的多元内生秩序，通过分裂而以三个中心为主轴形成的三类秩序结构。开会时，社会空间的建构改变了身体物理的变化，各方在场的位置表现出身体—地理的微妙性，分成三类集体组织，各自坐在属于他的派系那一方，行为的自觉性安排表现了物理空间的位置结构。"空间记忆中物体位置与空间关系的心理表征也同样需要选择特定的空间参照系。"[3]这就是纠纷导致的个人空间身份归属的地理参照。社会空间身份的归属决定了他/她的位置空间。

〔1〕［法］亨利·勒菲弗：《空间与政治》（第2版），李春译，上海人民出版社2008年版，第48页。

〔2〕Laura Nader, "The Anthropological of law", *Americal Anthropologist*, Vol. 67, No. 6, 1994, part2, pp. 3–32.

〔3〕赵民涛：《物体位置与空间关系的心理表征》，载《心理科学进展》2006年第3期。

四、会议解纷过程

乡村家族权力是一种实力对比，乡村事务处理有时是家族间势力政治博弈的结果。具体地看，是家族势力在乡村整体意义上的影响力、支配性和操作程度的综合力量差异。三个地势集团斗争明显存在着差异，就居家户数和人数看，沙坪子最多，西梁次之，马蹄岩最少；从内部凝聚关系看，袁氏家族内部统一性很强，刘氏和胡氏次之，而易氏最弱；从经济成本上看，西梁离村委会最近，沙坪子次之，而马蹄岩最远。就地势权力影响来说沙坪子和西梁子接近，马蹄岩最弱势。

坝村电改纠纷之权力运作有个人权力参与，但个人权力不足以形成与地势权力对决的能力和力量。三大地势权力恰恰以一种社会性、集团/集体性权力面目出现。古立弗指出，纠纷解决决定于纠纷双方所聚集的支持品质和数量，依赖于社会组织的基础。相反，规范是不重要的，虽然在纠纷解决过程的连续讨论中，规范常常被引用，但是团体的相对势力在结案时比规范更重要。[1]可见，社群或社团性的非正式影响力对纠纷解决极为重要。由于乡村内发性、自治性能力很强，绝大部分内部事务的处理都是依赖于自力而不是外力，国家权力被排除在外，这一点从纠纷发生直至结束都未扩展到国家权力边界就可看出，个人权力与国家权力阙如，证明内生性地势权力操控纠纷过程，约制纠纷扩张，并隐含着结束这些矛盾的内在动力。

社会权力是一种组织化权力，有内部性和外部性因素，因而权力运作也是从内部性到外部性的运作逻辑。桑托斯指出组织权力是以双面模式呈现的：组织内采用橡胶笼权力（软权力、共享权力、非权力），而对组织外，则使用铁笼权力（赤裸裸的权力、恐怖）。[2]组织内外权力行使表现出一种软硬不同的权力观。如三大权力集团形成的对外合力依赖于内部关系紧密和合意。只有达成内部一致意见时才可能形成对外话语权。纠纷解决虽然需要全村民小组整体的力量，但必须在各自内部进行权力规训之后，才可能完成最后议决。而内

---

〔1〕［美］Sally Falk Moore：《法律与人类学》，黄维宪译，载李亦园编：《文化人类学选读》，台湾食货出版社 1980 年版，第 205 页。

〔2〕［美］博温托·迪·苏萨·桑托斯：《迈向新法律常识——法律、全球化和解放》（第 2版），刘坤轮、叶传星译，郭辉校，朱景文审校，中国人民大学出版社 2009 年版，第 467 页。

部权力规训也是为实现本地缘集团的利益而做的必要准备。袁氏家族早在半年前就秘密地召开了一次小型会议，一致同意将变压器安装在队长家门口。沙坪子内部协调差不多也同时期完成。后来胡、曾、刘、彭、易等五姓达成协议，认为安装在曾姓家户与刘家之间的一块平地上，既不是沙坪子的中央，又离袁家不远。马蹄岩由于地处油坊边缘，不可能为几户人家把变压器安装在马蹄岩，他们没有任何安装位置的内部计划，只要求将承担的误差公摊义务降低。

纠纷博弈结果最后演变为一场家族和地势政治的权力斗争。势力强人家族的话语权多于势力弱小家族。独姓家户或没有话语权之小家庭，除抗争外别无他法。由于经常开会讨论变压器且都无法达成合意，村民感觉很累，相互间心生怨恨，时常采取与纠纷无关的边缘行动。西梁子埋怨马蹄岩故意捣乱，不想办成事。沙坪子指责西梁子不妥协，一定要放在队长家门口。马蹄岩认为是两大集团以强欺弱，相互之间对立性非常大。结果的转机出现在2011年6月初的一天，马蹄岩欧氏母亲生病，袁氏几个族人提着贵重礼物去欧家慰问，说了些好话，并对变压器安装进行商量，说动欧家人同意袁家要求。欧家在袁氏家族不断的好处和好话笼络后，不再与本地的马蹄岩地势权力共同表达，开会时也表示沉默。对于沙坪子来说，这种拉拢不起作用，因为这个集团人数众多，一两家人反对不足以改变地势权力整体情势，而且背叛带来的好处远低于内部制裁。强势家族对摇摆不定的家户进行渗透、拉拢，从而分化其他集团的权力表达策略，极为有效。不好拉拢或分化不奏效时，个人的强制是时常有的事，这种强制甚至暴力不但不能使对方妥协，还可能被反强制。采取强制手段的人平时关系都很要好，会互助合作帮工，但用村民话说，"纠纷把关系打回原形。"实际上，乡村存在着两种关系结构：基于亲族制度建构的亲缘关系和血缘关系，这是一种制度的关系结构；另一种是交往中产生的实际关系，这是一种实质的关系结构。形式关系结构不能代表真正的亲密性，只有问题化过程才发现他们的关系程度。实质即纠纷反映社会关系结构的外在与内在。"一个纠纷可能会提供给他展示他政治上的睿智和他的支持者的力量，或允许他去测试和重申他的追随者与反对者的关系。"[1]只有

---

〔1〕[美]约翰·科马洛夫、[英]西蒙·罗伯茨：《规则与程序：非洲语境中的争议的文化逻辑》，沈伟、费梦恬译，上海交通大学出版社2016年版，第127页。

有事情的时候，才能看出谁和谁远、谁和谁近。只有在这样的时候，社会关系才能真正地展示出来。[1]两种关系结构有可能重叠，也可能错位。在重叠情况下，关系结构体现出它正常展现中国伦理的一面。当这纠纷使关系结构错位时，伦理与功利、利益并不协调，会出现矛盾的一面。

长时间对同一问题的"耗"消解他们对这个问题的激情，如果不是在某一时空节点上处理好，村内生秩序非正常状态一直延续下去，非正常生活秩序也难以为继，超出了日常伦理及其关系运作的正常，更超出了村民对纠纷情势的不确定及无法把控的心理承受力。因此纠纷必须解决。2011年6月下旬会议上，袁氏家族仍坚持安装在原位置，但对村上做出承诺，负责日常管理和维修，拉闸和检查的义务交由队长负责。其他电杆和电线的成本由全队所有家庭平均公摊。其他家族找不到其他可以替代办法，只得同意这种相互妥协方式。一起复杂的纠纷在最终会议上达成一致意见，在各个家庭代表签字后得到解决。

会议解纷这一场景虽然是乡村政治的日常形式，它却日复一日建构着地方政治的表象，它是透视地方权力运作的重要窗口。开会作为一种"微小实践"，在某种程度上可以把它看作地方权力运作的缩影，它本身就体现着诸多地方权力运作的技术和特征。[2]因此，会议是所有政治机制，包括纠纷政治、权力机制的一种常见的合意解决方式，属于弥合秩序紧张、共谋过程及结果、协商性民主等基本政治过程。会议解纷的投票过程构成家族政治的博弈过程。这种过程表面形式是民主投票，实质上强势家族拥有较多的亲缘网络和家户数，决定了投票量。即使这些数量不够，仍然可以通过做手脚形式实现家族预期，会议的民主政治过程又回归政治专制，一种微观政治的权力方式与表达过程。它绝不是单一政治——如投票——解决，围绕着会议解纷外围，边缘行动、强制、制造声势、联盟等一系列策略并在。各种各样的权力博弈行动使得纠纷这个核心逐渐从事实转变为一个充满乡村社会秩序、观念、政治秩序和伦理图式的浓缩，而作为纠纷节点的电线及变压器成为势力政治符号。会议之群体合意结果隐含着势力政治和权力支配在过程中的嵌入，看似合意

---

〔1〕 孙立平：《现代化与社会转型》，北京大学出版社2005年版，第343~356页。

〔2〕 樊红敏：《日常政治视角下的地方权力运作研究——河南省黄市的体验观察与阐释》，华中师范大学2007年博士学位论文，第152页。

的形式及结果实是这种势力政治和支配所暗使，并通过群体合意来掩盖这样的权力过程。会议解决纠纷既表现出形式之结果与实质之过程之间的逻辑关系，又反映着背后的关系结构、社会力量变化和过程性安排等整体性博弈的社会表象。

五、非常态秩序的修复

从纠纷发生到最终处理大约七个月时间，中间经历着不断争吵，各个地势集团你争我夺，权力相互博弈和策略选择性使用，最终让位于村民日常用电这个大事件。然而，即使是纠纷这个非常态性问题已然解决，仍不能说坝村社会秩序回归正常，坝村社会秩序被纠纷撕裂后仍处于非正常状态。这意味着，解决纠纷只是自治的目的之一，解决秩序的非常态是与解决纠纷并列的两个关键任务。解决纠纷容易，解决非正常秩序却要难得多。

为什么有的纠纷会无限放大，而有的纠纷又总是在一定程度上徘徊不定。这些都需要当事人在社会关系结构上来确定自身策略，相互竞争博弈的结果总是处于平衡而不是失衡状态方面，才能把握。表明社会冲突功能既有反向功能，又有正向功能。美国社会学家科塞（Lewis Coser）指出社会冲突的群体保护、凝聚力和社会整合功用。这些因素有利于社会秩序调适与变迁。换言之，社会冲突并非是消极否定的。[1]事件化的纠纷的确会撕裂乡村社会，对于小型社会的权力网络，这种分裂不是绝对的。空间分裂形成新型地缘空间又导致原有血缘、亲缘社会空间分割，空间分裂不能维持既有村居生活和关系交往。基于纠纷利益塑造的沙坪子、西梁、马蹄岩三大地势空间建构他们的地势权力。这种空间又格式化他们既定的其他空间（如婚姻、血缘等）安排。只有从地理空间回归多重结构的空间秩序才是一个正常社会情态。也即，缺乏其他权力机制的地势权力反而不是正常的秩序表达，只有回归他们的自然秩序状态，才是乡村正常生活的立足点。纠纷撕裂的秩序根本伤害在于互惠机制打破。互惠机制丧失使村民在遇到重大问题时无法依赖自身力量解决，比如庄稼收割、房屋建筑、重物运输、人情仪式等，反而严重打乱他们的日常生活。秩序的非常态性不是他们想要的生活格局，不是村民意欲建构

---

〔1〕　〔美〕L. 科塞：《社会冲突的功能》，孙立平等译，华夏出版社1989年版，第24页。

的社会空间，甚至是反传统、习俗和常识逻辑空间的。正如列斐伏尔（Henri Lefebvre）指出，"空间既不是一个起点，也不是一个终点。"〔1〕如同本案，地缘空间/地势权力建构是为获得最小成本的电线路向安排，只为他们利益表达的工具和手段。"它是每个人手中持有的工具，不管是个人或是群体，也就说它是某个权力的工具。"〔2〕按照列斐伏尔的空间理论，只有纠纷前的空间才是一种正义、目的和习俗空间，因纠纷利益塑造的地缘空间则是工具性和即时性空间。这样一来，恢复日常秩序成为纠纷解决之后另一重要工作。

只要不是严重的人身伤害或其他暴力，大多数纠纷解决都不会做到决绝，一定要打得头破血流或极端敌对都是很罕见的。他们处理问题时都会"自动"留后路，以便为将来进行秩序修复做准备，即给对方一个台阶下来为自己留一手，为今后可能再次互惠、正常交往、保持传统关系留有余地。"留后路"具有以下特征：

①长时性。比纠纷更耗时的是秩序修复，争议背后不仅是利益争夺，而且更是这种争夺导致的伦理秩序损害。很多村民想不通，为何为一个变压器安装把几十年交情搞没了。这种损伤需要长时间的过程改变，通过点点滴滴的小型事件来修复、弥补。长时间性可能意味着半年，或一年或两年。总之，短时间内不可能把原始感情拉回自然起点，它需要相互间磨合与适应。②日常生活化。非正常秩序修复来自于日常生活，而不是故意为之的重大仪式。日常生活乃是向简单的生活秩序注入修补秩序的伦理行为。如重新恢复杀猪请客仪式，人情仪式上主动帮忙，送礼并未少于平时自然关系程度的预期；见面主动打招呼；有困难时给予帮扶。这些日常生活正是在微观个人之间互动中表现出来，是在简单生活中通过传统那一套方式实现。③心理学机制。非常态秩序修复机制乃是一种心理现象学，他们不是故意为之去解决这个问题，是非故意性、无意识的社会行动。传统固化机制演变为习俗性的非正式制度，这种文化权力自始至终都在发挥影响，或潜藏在个人或社会心理的最

---

〔1〕 ［法］亨利·勒菲弗：《空间与政治》（第2版），李春译，上海人民出版社2008年版，第29页。

〔2〕 ［法］亨利·勒菲弗：《空间与政治》（第2版），李春译，上海人民出版社2008年版，第30页。

深处，是一种习俗化的社会控制系统。习俗构成一种强调的社会权力的制约。[1]④戏谑性。修正秩序需要日常化，事件也渗透到日常生活并演变为日常生活的一部分。正如变压器成为村民话语中心，政治议题的核心话题，甚至演变为日常生活隐喻性、表征性符号。直到现在我在坝村调研，还听到当年纠纷遗留习俗性、本地化、戏谑性的"谚语"表达。[2]戏谑归戏谑，恰恰说明这个问题转变为乡村事件后成为一种日常生活化语系，而日常生活化是避免事件再升级的自动控制手段。由于坝村缺乏一个传统意义上的权力垄断权威，这种自治型秩序在面对重大问题时有自适应地溶解冲突的能力。如果是一个极为严肃、敏感或紧张的话题，则不可能用之于日常生活并以戏谑性、玩笑式语言表达。这表明，人们这样做是因为他们不想把这个问题敌对和情绪化。

不可否认的是，对友好关系的修复也许是一方获胜双方诉讼参与人的一个目的，它并不是一个必要的甚至不是一个经常被表达的机会。[3]对于上述"留后路"，实践发现沙坪子、西梁子和马蹄岩通过某些事件的关联，自纠纷发生以来两年时间内，已经实现日常生活的再建构，回归自然的地缘和亲缘关系。如2012年沙坪子易姓老人去世，恢复了纠纷以来的人情交换仪式；当年南方大旱时对贫困户支助，虽然是村上号召，村民小组内部对贫困者支持却是一种典型的人情加负行动。后来一年时间内，沙坪子老人祝寿仪式、袁氏家族娶亲等通过这些互惠机制、人情交换机制和面子再造，原来纠纷导致的裂痕消失，社会秩序又恢复到原来样子。尤其是，村里需要共同参与的集体活动，如修路、修渠，议证低保户，选举村民代表及讨论荒山出租，需要所有家庭参与民主协商，集体主义原则超越个人、社群间的功利主义追求，不论有意无意，实际进一步消弭之前的对立情绪和分裂结构。几年后已经感

〔1〕　[美] 罗伯特·C. 埃里克森：《无需法律的秩序：邻人如何解决纠纷》，苏力译，中国政法大学出版社2003年版，第276页。

〔2〕　一些村民分家时，总会提及"你想学变压器啊！""你当我是变压器啊"等言语，前一句意即追求极端个人利益隐喻，是不顾亲情而自私自利表征；后一句意即他人手中玩偶，被玩来玩去。家庭纠纷中也经常提到"你以为你是西梁子啊！"——意指过于强势，自以为很强大；"你当你是袁××"——意指当个小队长，自以为是，觉得自己是个官，讽刺家里男人之意味很浓。

〔3〕　[美] 约翰·科马洛夫、[英] 西蒙·罗伯茨：《规则与程序：非洲语境中的争议的文化逻辑》，沈伟、费梦恬译，上海交通大学出版社2016年版，第144页。

觉不到他们发生过重大内部纠纷。从纠纷发生，到秩序非正常状态再到秩序常规化，其实是从地势权力回复到地缘/血缘与姻亲权力网络的原始状态。它是可以自由型塑、可伸缩并内部修治的结构。

可以这样认为，有何种作为非常态的纠纷秩序，就必然对应存在另一种关系事实，纠纷秩序是分裂、背离的秩序，关系事实恰好弥合、修补这种秩序。结果，乡村纠纷隐含着今后会出现的另一种事实，实现两种事实的正反二元对应与契合。如果没有这样的事实出现，村民会等待，等待适当机缘、巧合的机会。[1]若机会并未出现，非常态秩序修正时间无限延长，对双方关系极为不利，无助于互惠合作解决复杂问题，在延伸到某种尴尬无以持续之临界点时，当事人亦会制造事实或给予机会。纠纷对应之后起事实一定会发生，差异在于时间先后及当事人关系对这种非常态秩序之承受程度。纠纷为负结构或反结构（−），是消蚀社会机体的负能量，后起事实为正结构（＋），是弥补、修正社会瑕疵性机体的正能量。正负相合反映了小型社会的内部运行规律。比如：①两家因田地纠纷发生矛盾，一年后一方建房另一方主动帮忙。纠纷与建房构成这种正反的二元对应，后起事实正好与纠纷延续的关系秩序契合起来，使原本走下坡路的关系趋向平衡。②有时可能后起事实并非一起，还是多起或多列事实形成的逐一累加，形成整体性的事实集合，才抵消掉纠纷的负向影响。③或者多种纠纷累积形成更多负向秩序，这种整体的纠纷集合亦对应多种事实的正向因素才得以抵消。④还有情形为多重纠纷的负面集合被一起事实所修正，但极为少见。以下公式可以清楚说明上述四个问题：

①纠纷 A（−）——事实 B（＋）

②纠纷 A（−）——［事实 B（＋）、事实 C（＋）、事实 D（＋）］

③［纠纷 A（−）、纠纷 B（−）、纠纷 C（−）］——［事实 D（＋）、事实 E（＋）、事实 F（＋）、事实 G（＋）］

④［纠纷 A（−）、纠纷 B（−）、纠纷 C（−）］——事实 D（＋）

上述可以发现纠纷导致权力失序，通过后续机制形成一种权力的再平衡，

---

[1] 苏力：《法治及其本土资源》，中国政法大学出版社 1996 年版，第 23~37 页。

以确保日常关系与社会生活的正常态。那么可以说，这种通过权力再平衡的修复，实为等待后起事实发生的机会，并通过这种机会进行磨合，再造正常社群生活，以期回到双方不可言说——有默契——的关系秩序的原初自然状态。也有学者称之为"要给人留活路"的生存伦理原则。"活路"是一个人活下去的空间，"要给人留活路"也就是要给人留有一定活的空间，不能把人逼到绝路上。[1]日常矛盾中的留后路只是日常生活中无意识的行动，而直觉地想缓和关系、修复秩序的趋势才是集体表达的目的。

六、秩序修复的权力机理

国家作为结构制约是有条件的，多数是悬浮且远离日常生活，对他们产生密切联络的还是身边小社会结构。如对村民日常生活有关键性影响的还是生活共同体。他们主要的生产生活都在这个共同体内完成。沙坪子、西梁子、马蹄岩虽然是三个独立地理空间，在政治区分单位上他们共属于一个村，他们必须在这个村范围实现互惠。他们所称"村"超越了内部那些社会结构，家族、圈子、邻居、地域等都服从于这个结构。因此，内部秩序分裂并未改变村这个政治性结构，恰恰相反，这个结构对内部单位秩序有很大的压制、整合功能，构成西梁子、沙坪子和马蹄岩的上层。"村"的权力是共有、政治性和全局性的结构及原则，拥有不可改变的固有力量。这是村民不可消解和违背的结构性权力。这个权力结构作为整体性的组织、体系、互惠、机制是村民日常生活的前提性存在，它的内部也由众多微观权力结构构成。

乡村权力不但多重化和多组织化，而且也是一个连锁性结构。权力之间相互传递，一个连接一个，形成连绵不断的权力链。即使没有任何姻亲关系的村民也是权力链上一部分，他们相互间仍能拉上某种亲戚关系——即使不是紧密关系和伦理意义的亲戚，在关键时也能说上好话或缓解矛盾，消除仇恨。实际上说，任何人都不可能脱离于社会而存在，他们都是这个权力链上的一个网格，不可能脱离这个链条。如下图（图4）A—B—C—D权力链结构，四人存在亲戚、婚姻或其他伦理关系。A、B、C、D四个人在链条上相

---

〔1〕　狄金华：《被困的治理——一个华中乡镇中的复合治理（1980—2009）》，华中科技大学2011年博士学位论文，第60页。

互嵌入，B 与 A 关联同时又与 C 有关联，其他人也同样在这个链条上形成一个权力之网。其中任何一人既受到前面之人的权力约束，又受到他后面这个人的权力约束，他的行动必然要考虑这两个人的关系。这就是福柯意义上的权力没有中心，也没有边缘。每个人都是中心，每个人又都不是。[1]如以当地人婚姻圈为例，易—彭—刘—袁—曾—易（另一条线是：王—袁—易—彭—刘—贺）[2]是两个核心婚姻链，这两个婚姻链条是闭合性的，类似于一个圆形结构的婚姻交换。任何家庭都是这个通婚圈上的一个节点，而不是起点和终点。换言之，每个家庭都是这个通婚圈上的连接点。他们必定受到前后两个与之通婚家族/家庭的亲戚关系制约。从而，这种制约逐个节点地传递，使整个链条得以形成一个权力体系。一些老人告诉我，"你能断绝吗？左拉右拽都是亲戚，打断胳膊连着筋。"一语中的。这只是以通婚圈为主线的权力链。实际还存在着很多以其他为主线的权力链，如互惠群，这种习俗性权力控制也处于多重权力网络之中，当甲参与乙的互惠活动时，乙作为受惠方就有返还帮工的义务，而乙与丙也存在互惠圈，这样一个个地传递成为互惠链。另一个显著例子是杀猪请客，同样存在这种闭合性链条。[3]多重权力链使每一个村民从单一权力链到立体性、多重性权力链之中，形成权力的差序性结构。每个人在这个结构中存在于多重权力链的组合关系，就是权力网格化。如下图所示，以 A 为例，他与 D、B、H 之间构成通婚网络的权力链，与 C、E 之间构成日常互惠（如帮工）的权力链，与 F、G 之间构成其他关系网络的权力链。这样 A 与他周围的社会处于一个网格化的社会节点上。在这个权力之网中，其他人也是一样的网格节点。

---

〔1〕 杜小真编选：《福柯集》，上海远东出版社 1998 年，第 210 页。

〔2〕 两条路线表示婚嫁方向，以出嫁为婚姻主线。

〔3〕 所谓杀猪请客，指同一地缘上的亲邻关系，在每年宰杀"过年猪"时，有邀请亲邻吃鲜（即杀猪后的第一顿饭，滇东北地区村民自称为"庖汤"）的传统。宰杀对象应为"过年猪"，而不是用于市场销售或不以过年为目的的猪。杀猪请吃的范围为关系长期亲密的近邻。在地缘上主要是邻居，地理空间越远，则请吃的可能越小，地理空间越近，则请吃的可能越大。

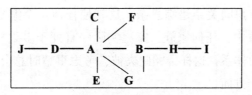

图 4 权利链结构图

上图（图 4）显示社会权力是阶序化的，一个人不断处于权力链之中，还处于以他为社会中心的那个社会秩序之中，而这个秩序是更大社会秩序的一部分，这些权力构成纵横交错的权力丛。比如以图 4 为例，A、B、C、D、E 等 5 人共同组成的微型社会结构，以 A 为中心，C 和 E 构成它的差的格局，D 和 B 构成序的格局。A 的行为表达都可能受到这个差序权力体系影响，这个微型结构又嵌入更大社会结构之中。这里 A 既可是一个人，也可是一个家庭或一个家族。他们在权力网络内构造自身之日常生活。一个内生性权力秩序由众多微型权力秩序组合而成，这些众多微型权力秩序构成乡村权力网格。每一个网格焦点正是一个权力存在。如此一来，社会权力依赖于家族、个人或家庭在这个网格中所处的社会位置。这个类似桑托斯界定的是"按照重复的、日常的和常规的顺序排列的社会关系不断流动的组织形式、形态、程序、结构或方案。"[1]权力位置决定它的大小强弱，也决定与其他社会权力间力量对比关系。处于权力网格核心时，它是一个中心权力。处于网格边缘时，它是一个无足轻重的权力。这些权力被网格在一个结构性球面半径上，从而形成一个互动且有所均衡状态的结构。一个网格被破坏，则可能导致权力秩序崩溃。一旦权力网格受损，网格就有自动修复功能，避免内生社会严重失序。或者说，当其中某双方关系发生危机时，其他网格对这种关系有制约作用，不会发展到严重破坏程度。以图表中 AFBG 四角关系为例，当 AB 发生纠纷而致微型秩序发生危机时，另外两个三角关系 ABG、AFB 构成这个秩序的修复机制，即 FA、FB 对 AB 就有权力关系制约。若 AB 发生离婚纠纷，F 是男方舅舅，G 为双方好朋友。那么，F 和 G 会基于各自与对方的关系，产生某种影响力，通过劝和作用而实现纠纷化解，或缓和双方对立情绪。同样，地缘

---

〔1〕 ［美］博温托·迪·苏萨·桑托斯：《迈向新法律常识——法律、全球化和解放》（第 2 版），刘坤轮、叶传星译，郭辉校，朱景文审校，中国人民大学出版社 2009 年版，第 463 页。

内婚使不同家族家户间关系错综复杂，这就使任何一个家庭或家族不可能只处于一个权力体系中，任何家族、家庭实际一直处于多重权力结构之中。有家庭分属多个权力体系，这样会顾此失彼，考虑事情时总会作一个周到安排，而不是只关注一个方面。

由于这个权力体系具有高度伦理性，网格中人们不仅拥有亲戚关系，而且还很熟悉。这种权力伦理包括他们的人情和面子制约。人情、面子的权力生产机制使他们注重平衡利益与伦理关系。因此，他们的关系逻辑是不撕破脸面，给自己留下活动空间余地，也给别人以台阶下。吴毅的研究指出，"乡村社会中无所不在的权力/利益的结构之网，使农民在官民博弈中一般采取忍让而非诉愿的态度，即使诉愿，也尽可能留下回旋的余地，以为诉愿后官民关系的修复留下后路。"[1]表明见好就收，不作彻底决裂的处理，正是一种纠纷处理的利益与社会平衡的最好策略。当他们在面对熟人或亲友时，任何矛盾都存在这种不想完全敌对的处理。一方面是双方要有合作解决问题；另一方面不能逼人到绝路上。第三是双方毕竟存在着"亲戚关系"。不想彻底撕破熟人伦理，给对方留情面，正是面子的心理学修复机制的主要方式。实际可以说，这种熟人伦理机制和亲戚权力网络正是对非正常秩序和纠纷的一种矫正机制。

总之，他们经过一系列非常态事件后仍会回到既定、传统或习俗控制的轨道上来。[2]社会权力网格化不但建构乡村互惠机制、人情礼俗、亲戚关系网络，还会重塑、修正这个损害的网格，维持之前的权力体系，实现象征性平衡状态，使它回归自治运作状态，多数情况下它是自动修正的。

七、秩序回摆机制：乡村社会自治的一个解释框架

通过权力网格化及其对非常态性秩序修复机制的描述，我们最终发现，小型社会的运作过程与钟摆效应相符，即基层社会的那些自我调节以适应小规模社会内部秩序稳定之能力。他们乃是自动演绎、塑造、循环或整合的闭

---

〔1〕吴毅：《"权力—利益的结构之网"与农民群体性利益的表达困境——对一起石场纠纷案例的分析》，载《社会学研究》2007年第5期。

〔2〕[美]詹姆斯·C.斯科特：《农民的道义经济学：东南亚的反叛与生存》，程立显等译，译林出版社2001年版，第29页。

合过程，一个无需国家、法律的修正结构，未逾越或溢出社区边界，成为"自动化"地来回摆动的运作机制。

首先，权力摆动来自于纠纷产生的秩序损伤所导致的影响。纠纷带来的社会消极影响越大，破坏社会秩序越广，则权力网格波动性越大，甚至作为事件的纠纷可能导致村域秩序的整体震动。权力摆动构成秩序非常态化表征形式。这种摆动实质是权力关系损坏或裂变。裂变程度——即摆动性——大小取决于纠纷对社会秩序产生震荡强弱，或者取决于对社会心理带来某种负向情绪的深浅。其次，伦理和熟人关系就是可变性和回复性运作机制，即基于一种伦理格调形成无形控制力量，返回正常伦理秩序和日常生活常态。这种回复性机制也是一种伦理化、习俗性的权力动力学原则，只不过村民很难在主观上有所觉察，推动这种动力学原则的行动多数都是一种深层次的无意识。最后，纠纷解决多数只为当事人解决利益分歧，很少处理连带损失的伦理秩序，伦理秩序并未随着纠纷解决得以处理，关系被置于一个解决纠纷而悬置的非常态的尴尬境地。乡村权力结构的回复性特征，又使得这种非常态关系被拉回、修正到原点，即正常关系状态的位置。这种拉回是缓慢而非即时的，是在点滴日常生活中潜移默化地实现的。

上述三个面向揭示了乡村权力网络/网格在纠纷过程中的摆动原理。这种规律可看出为何数千年来，我国乡村能在无国家社会、无政府社会或国家权力上浮、皇权不下县/乡过程中一直静而不变或者高度自治，并在内部治理过程中保持长久稳固。秩序无需法律的理由。正是因为这种修复性、回正性摆动规律，乡村即使没有外部力量控制和干预也能实现自我矫正的某些功能，进一步说，能够保持内部稳定，并得以形成长久不变的地方性权力运作。这种机制避免重大事件导致乡村秩序整体性质变或裂变可能，把一些影响乡村秩序的因素控制在它可以调控和修复的范围内，从而保证小型社会持久地实现内部循环，法律、皇权或西方文化等外部因素反而不足以完成修复，它成为中国乡村社会——乃至所有地方社会——自治的基本原理。为什么新中国成立以来直至改革开放之前通过乡村政治建构、党政组织控制，国家权力下沉到基层却未见到很大经济、政治或社会收效，究其原因，一个基本问题是忽略这种内部修复机制的隐形存在，它可以无需法律、国家权力、政治组织或官员就能实现乡村社会的高度自治，尤其是自我调节、自我纠正、自我循环。过渡下沉，直至最基层（如到村民小组一级）的政治建构都未实现乡村现代化，未找到一套有效的契合地方知识的科学治理机制。改革开放以来政治性治理方式不再施行，国家权力上浮实际让位于地方社会原初机制，只极少数国家才与之关联起来。这也是看到乡村社会仍存在权力摆动作用后，国家不得不采取的政治控制减弱、加强福利、社会结构不作实质变更的策略。这恰恰证明乡村日常生活之大多数问题，不会总是找国家，因为这样不但违反日常伦理，也背离权力摆动原理。这才是它极为正常之一面。

第六章

社会权力之二：通过村级调解的治理

村级权力在乡村纠纷解决扮演着极为重要的角色，以往的研究考查这种解决机制，是制度分析路径，然而村级权力在纠纷解决中是如何运行的？运作策略与地方社会有何种关系？则没有做出回答。本章讨论正式组织中的权力：村级权力体系，与作为非正式权力的家族相对应。村级权力体系也是"筛漏"机制往上选择的重要环节，即 B 这一层级。本章主要分析乡村调解技术、纠纷的分类策略、调解与村治的关系。文章的着重点在于治安员在纠纷中的权力操作术，体现出他的角色、上级要求、奖励等背景性结构制约，也关联着当事人所在的社会环境、文化和观念。本章证明了调解不仅是为了解决纠纷，而是一种文化的实践，是地方性知识的权力操作术，调解也是地方性文化的表达。村级权力通过纠纷的自治方式替代了国家的角色，具有连接个人与国家的中介作用。

一、治安员的权力与角色

乡村社会存在着连接个人与国家的常设性社会权力机制，主要以村级体制为代表，即"行政村—自然村—村民小组"体系。与其他乡村一样，坝村村级权力体系也承担着通过调解本村民间纠纷来维护基层社会稳定的基本职能。调解成为村级权力对乡村控制的基本手段。正如学者指出，作为村庄秩序调节与修复机制存在的调解与仲裁，才是经常被运用的维系村庄秩序的权力技术。[1]看出调解在村内秩序所起的润滑剂功能。一言蔽之，调解构成村级权力表达的重要方式。坝村村主任—治安员—小组长村级权力三结构体系

---

〔1〕 吴毅：《村治变迁中的权威与秩序——20 世纪川东双村的表达》，中国社会科学出版社 2002 年版，第 302 页。

中，处理纠纷最多的是治安员和村民小组组长。治安员在小组长和村主任间，权力高于小组长而不及村主任。他专事治安问题，而坝村把纠纷作为治安问题进行年终考核，因而他在纠纷处理方面实际拥有的权力比村主任多。仅依照权力阶位和级序看，民间个人权力低于村级权力体系，村级权力体系低于官方权力体系，队长是村级权力体系的边缘，而治安员和村主任是村级权力体系中心，村主任通常又被其他事务所影响，调解的纠纷也不多。因此，坝村许多重要纠纷解决都落在治安员那儿，他成为村内纠纷处理中心。

作为东方经验的调解在中国纠纷解决大系中占据重要地位，亦是基层社会筛漏结构之最核心机制，它确实起到减轻国家负担、维护基层社会小型秩序的作用。从民间个人调解到民间调解、再到司法调解等，调解体系成为一项社会最基本的调节器。仅以《中国统计年鉴—2015》为例，2013 年、2014 年的调解分别为 943.9 万件、933 万件。自 2010 年起，永善县实行以案定补，横向到边（边界），纵向到底（底层）的全县社会矛盾纠纷排查化解大调解网络格局，最大地发挥乡村组织作用，做到矛盾纠纷排查不延时、不激化、不上交，努力将矛盾纠纷排查在一线，化解在萌芽状态。仅在当年就调解 4897 件案件，成功率 100%。[1]至今实行的联动大调解制度一直把村级权力纳入其中，使其参与基层纠纷调解工作。到 2012 年已成立县乡村三级调解 155 个，共开展纠纷排查 8981 件，调解成功 8921 件，调解成功率为 100%，履行 8696 件，履行率 97.48%。[2]2013 年全县调解 8935 件，调解率 100%，调解成功 8956 件，调解成功率 98%，履行率 95%。[3]上述统计数据表明村级调解作为政府大调解一部分所起的作用，淋漓尽致地展示作为筛漏机制之基干地位及核心环节，这种"过滤、筛选"功能把绝大部分基层纠纷调控在乡村内部，为国家减轻乡村矛盾涌入官方机构的压力。作为官方在乡村的代言人，村委会调解下面自然村、村民小组或其他权力体系不能处理的纠纷。如果村民未经村级下层权力调解，直接找村主任调解，使村主任看不到"村主任"这个权力的政治位阶关系，他会认为是有意降低他的权威，显然是不高兴的事，他们特别看重这种政治代言人在村民中的身份认同。

---

〔1〕 云南省永善县人民政府编纂：《永善县年鉴》（2011 年），第 123 页。
〔2〕 云南省永善县人民政府编纂：《永善县年鉴》（2013 年），第 152 页。
〔3〕 云南省永善县人民政府编纂：《永善县年鉴》（2014 年），第 156 页。

村级权力体系的调解从性质上看是民间权威/个人调解，村民眼里村委会及其下面人员组成或多或少与官方有勾连关系，认为是一种"半官方性机构"，这种调解有准正式性质。村民甚至把治安员和村委其他人统称为村干部，这其实寄托村民某种官方背景的政治想象：他们是公家的人，从而他们的调解也具有半官半民色彩。《村民委员会组织法》第7条规定，已明确治安员调解的公域性质，有着准正式格调。[1] 准正式意味着村级调解比民间个人调解有更人权威。黄宗智直接称之为半正式调解。[2] 半正式调解优点是，适当加上一定程度的强制性，能够显著地扩大调解的适用范围，并提高其成效。"近乎纯粹自愿性的民间非正式人民调解体系正面作用无疑远大于其负面作用。"[3] 从《人民调解法》第8条规定看，村民小组组长调解不属于人民调解范畴，只有治安员和村主任调解才是人民调解委员会调解，因为后两者属于村级权力体系且也是村人民调解委员会组成成员，村民小组组长属于村级权力体系但却不属人民调解委员会成员，所以村民小组组长调解是民间个人调解而治安员和村主任调解是民间调解。《最高人民法院关于人民法院特邀调解的规定》在制度上把特邀调解及其委派调解上升到司法高度，一定意义上使村级调解获得进入司法程序的制度渠道，[4] 也使村级调解通过法院邀请、委派或确认获得法律权威，增强村级权力调解的合法性和社会控制。

坝村现在的治安员黄力已过55岁，他是比较老成持重的人。黄力家住坝村油坊，他蹲点的主要自然村是坝村南部的柏坪、河兴、白庙、凉水、岩湾等。这种安排反而有利于他在全村开展工作。油坊作为小社会对他本人来说都已经熟悉不过，相对陌生的南部蹲点顺利地实现对更大地域的了解，没有亲戚熟人的情况下更好地开展工作。黄力每周有半天到村上他的一间办公室

---

〔1〕《村民委员会组织法》第7条规定：村民委员会根据需要设人民调解、治安保卫、公共卫生与计划生育等委员会。村民委员会成员可以兼任下属委员会的成员。人口少的村的村民委员会可以不设下属委员会，由村民委员会成员分工负责人民调解、治安保卫、公共卫生与计划生育等工作。

〔2〕［美］黄宗智：《中国古今的民、刑事正义体系——全球视野下的中华法系》，载《法学家》2016年第1期。

〔3〕［美］黄宗智：《中国古今的民、刑事正义体系——全球视野下的中华法系》，载《法学家》2016年第1期。

〔4〕根据《最高人民法院关于人民法院特邀调解的规定》第25条第2款规定：经司法确认的调解协议，一方当事人拒绝履行或者未全部履行的，对方当事人可以向人民法院申请执行。

固定上班，更多时候在村委会安排下到各队蹲点，其他时间在家里做点农活，操持一些家务。他两个儿子都已结婚分家。村民找他调解时一般都在他家里，如果在村上办公室时也可调解。有时为核实当事人叙说情况也到当事人双方所在地、家庭或田间地头就地解决。总体看，黄力的调解因时因事而定，无恒常空间选择。采访时他无不骄傲地说，自2014年上任以来两年时间他调解的纠纷已经达180起，"没一件纠纷当事人去诉讼"。言下之意180起纠纷的调解成功率是百分之百。黄力似乎不关注调解结果执行，这一点他说"自己实在无能为力，没有精力去管谁执不执行的事情"。用他的话说，这些纠纷类型中，大约1/3经过村民小组组长调解，不满意后找黄力再次调解。村民并未看重队长与治安员之间谁的权力大小，而是根据调解经验获得的操作术成为"惯例"，且这种"惯例"被村民当成一种经验认知方式，但这种认知仅对个案或个人有作用，且多数是相当功利的，只有在此情形下调解术才具有规范意义。

作为治安员的黄力担负着全村几千人的重要纠纷的调解责任，且获得权威，必然隐含着他在调解过程中的某些权力技术。这不但是他成功调解的关键，也是依赖于村级权力体系治理乡村的基本方式，恰恰这种方式在当前还未得到重视。

二、纠纷的分类策略

波斯比西（Leo Pospisil）对巴布亚卡宝库人的纠纷研究，通过以权威、社会、个人、权利、合同等分类确定纠纷的类型，并建立起他的规则分析方法。[1]格拉克曼和博汉南（Paul Bohannan）也采取类似策略。纠纷分类不仅为调解的方便管理及控制需要，他也寻求一种可见的权力技术与策略实现政治、关系及当事者平衡目的。这一点在很多法人类学家之民族志中都能遇到。在黄力的180起纠纷中，实际可查的纠纷是记录在案的60起，其他120起纠纷无案可查，由于多数调解都是黄力一人担当，连帮手也没有，亲自调解并自己动笔，费时费力，调解的精力用在权力表达过程而不是记录方面。这种

---

〔1〕 Sally Falk Moore, *Law and Anthropology*: *A Reader*, Blackwell Publishing Ltd., 2005, pp. 97-98.

情形不影响他的政绩及其评价，因为没有记录，尤其是简单到可以"忽略不计"的那些小型纠纷。《人民调解法》第 27 条规定人民调解员应当记录调解情况，人民调解委员会应当建立调解工作档案，将调解登记、调解工作记录、调解协议书等材料立卷归档。乡村治安员角色一直未得到严格的权力和职能界定。这为他的调解灵活处理提供方便。黄力指出"你说鸡毛蒜皮的小事算纠纷吗？纳入治安管理，一年下来这种纠纷那也太多了，上面还得问责把不算事的事放进来，是不是为评优的奖金？"比较学者的调查，这也是全国一些乡村普遍的做法。[1] 黄力一直强调，"那些指甲大小这么点事，简易案件、细小案件没有记录的必要，有时仅仅是几句口角就跑过来。记录的时间都比调解的时间长。"显然，对于纠纷的成文记录和文本书写乃是以其简单难易或大小之类型来确定的。

纠纷管理的成文化和非成文化也体现了调解人内心的某些想法。调解纠纷的全部由统一的纸张手写，并有双方当事人的签字画押。依黄力所说，成文记录纠纷的意义在于：

> 记录下来主要是工作的需要，村上专门规定治安员是调解纠纷的，有矛盾就找我。上面检查工作时，你得拿出看得见的成绩，证明你的工作能力。不是任何纠纷都顺利处理掉，有些当事人事后觉得自己还是吃亏，之前考虑欠当，要来找麻烦或反悔，只要你拿出这个白字黑字的东西，走到哪儿都推不倒。这个也是为自己的安全着想。记录纠纷是件苦差事，我一边记录，一边调解。有时候调解完了再记录，当事人不满意还要改来改去，甚至因记录不正确、不符合他们认可的意见，修改得不成样子了，需要重新记录。这个调解得罪人不得了，要做到百分百的"和稀泥"那也不可能，公正要求还是必须坚持，否则上面检查也会发现问题。但这样，认为"吃亏了"的一方总是脸色难看，有时候还要找点儿理由说你收了别人的好处。有时候，看到那种有"老油条"的纠纷我就给他们说，这个不好处理，最好找村上，其实司法所也可以，实在不

---

[1] 许庆永：《乡土社会人民调解员群体研究》，南开大学 2014 年博士学位论文，第 132 页；强世功：《"法律"是如何实践的》，载王铭铭、[英] 王斯福主编：《乡土社会的秩序、公正与权威》，中国政法大学出版社 1997 年版，第 493 页。

行去法院。我说调解很得罪人，因为调解不可能做到绝对的双方同意，有时候你自己有个了断，导致一方服另一方不服，或双方都不服。双方同意的不多。当时不服事后服的也有，但很少。

通过文本化书写与非文本性的言辞比较，当事人、调解人可能面临着文本制约，包括调解前和调解后的制约。调解前制约因书写需要和文本控制，当事人或调解人言辞拘谨得多，自由度或任意性大打折扣。调解后的制约在于当事人不断对文本进行修改、再书写，正因这种文本化引起对权力运作的严肃性质疑，因为书写者可能在塑造纠纷事实。成文方式构成书写权力，通过书写生产一种制约语言与行为表达的权力技术。文本书写方式显然具有时间意义的权力控制能力，构成调解场域对各方的一种规训手段。文本对调解人以及当事人规训权力显然要比个人权力随意性要严肃和正式得多，因而文本生产即为权力的一种生产方式。进一步说，成文记录的纠纷问题决定其书写技术，怎么书写可能一方面基于当事人认定的事实考量，另一方面还要应付上级检查或年终考核，在两者之间综合平衡达到个人政治与个案公正两种预期，正是其书写的可塑性所在。记录在案的纠纷应当是调解已经成功，而不是半途而废或是"打模糊眼"的纠纷。黄力一再强调要迎接上面（村上和县上）检查，而坝村村委会每年一度的考核也把治安员调解作为重要内容之一。考核的等次影响奖励额度，如得优秀者有 1000 元奖金。黄力是坝村种地农民，没有其他副业，治安员月工资只有 1300 元（实际上是工作补贴，不涉人事工作问题），也没有额外补贴。纠纷过程的成文记录既是经济收入的相关基础，又是建构他村内权威的政治制作术。通过调查发现，这些纠纷基本上也是一种筛漏处理的形式，比如当事人不满意或有调解可能不成功的预感时，他一般也不做记录。

当事人经历调解而诉讼，一般被认为是村级调解失败的标志，也是村民考量调解人能力、权威与否的基准。从其成熟的调解且无一诉讼看，黄的调解工作的确相当成功。"每年治安考核的平均成绩都是 95 分以上，年年得优。每年都完成上面安排的任务。" 2013—2015 年黄力对自己调解的纠纷进行了大概统计，对 60 起（包括准纠纷、一般纠纷、延伸争议、事件等）记录在案纠纷以不同性质分类，其中家事纠纷、相邻关系纠纷、经济纠纷等记录量占据调解总记录数的一半。

　　为什么是家事纠纷、相邻关系纠纷、经济纠纷占据成文记录在案的大多数？如果不是为那一点利益而争得你死我活，那么一般就会基于一种伦理格调的考虑，即，家事问题和相邻关系都属于低头不见抬头见的血缘和地缘伦理群。"今后矛盾复发的可能性很大，记录在案意味着矛盾又起时他们会翻案。"正如尤伊克（Patricia Ewick）和西贝尔（Susan S. Silbey）指出的那样，由于人们意识到文本的权威性，所以他们常常采取一定的策略，作一些记录或"写下来"以防止未来的不确定性。[1]纠纷书写使流动的事实被固化、合意及看得见的事实替代，成为各方共同认可的事实，而不是书写前各自坚持的互不相同的事实。"文本的恒久性和稳定性使其具有了权威性，也使得该文本成为一种强制性的证据，从而使得人们很难甚至不可能更改或质疑文本。"[2]这就是说，避免调解人殃及自身而采取的一种今后还能看得见的纠纷，复原历史上的调解过程。文本能够超越现在，构成一种对事件的制度认同。

　　经济纠纷虽无涉伦理秩序，但通常能闹到村级机构，意味着这种纠纷影响很大，事关当事者核心利益，调解人不可能掉以轻心。黄力说，"涉及钱，尤其是钱多的事，都要对点点滴滴予以关注，如果遗漏别人会说你的调解问题。"上述成文过程又是黄力等人塑造权威的需要。权威建构不是口头上溜溜嘴皮子就能实现的，它需要通过事实来佐证，事实又需要文字保证，恰恰文字及其书写产生的力量控制对原本比较崇拜文字（能通过文字显现的东西村民就比较严肃和重视，村民对稍许会写字的人都认为是知识分子）的村民产生巨大威慑。而调解人在一点一滴记载中留下当事人表述及其故事的建构方式，事后也很难翻盘。成文记录反而比无文字记载调解更获得当事人的认同和尊重，反悔事例也没有。调解人权威得到极大增强。

　　纠纷的另一种类型被黄力称为小纠纷，即根本不需要费时费力去调解的微型争议，也不作记录。这个有点类似于梅丽所说的垃圾案件。即使在其他村级权力调解，他们也认为这些所谓的纠纷没必要调解，如果村民事事都要

---

　　〔1〕［美］帕特里夏·尤伊克、苏珊·S. 西贝尔：《法律的公共空间——日常生活中的故事》，陆益龙译，郭星华校，商务印书馆2005年版，第216页。

　　〔2〕［美］帕特里夏·尤伊克、苏珊·S. 西贝尔：《法律的公共空间——日常生活中的故事》，陆益龙译，郭星华校，商务印书馆2005年版，第144页。

找人解决，很费精力。这就是村民经常强调的小纠纷和大纠纷之别。由于经济理性或要面子的伦理因素，一些微型纠纷被认为是应选择性调解的主要遗漏类型。我目睹黄力调解的一个小纠纷：

> 柏坪张二娃是河兴李小毛的外甥，一日张二娃与李小毛在赶场（赶集）时相遇，张二娃买了20元的水果，身上只有100元整钞，卖家找不到零钱，就向李小毛借了20元交水果钱。半年后，两人又在集市上相遇，李小毛由于身上无钱，就向张二娃提出归还那20元钱，但张二娃说20块钱你还要，说这么久了，哪里没有20块钱，人不能太小气。李小毛听后很生气，原本不打算让对方归还，现在来了气，一心要张二娃还，两人对此发生了撕扯。回到村上，经治安员调解，张二娃归还了李小毛20元钱。事后张二娃说他舅舅很小气，不值得来往；李小毛说这次借20元不还，下次就会借200元不还。两人闹到黄力那里，没办法，黄力还得坐下来解决。他的解释是，20元应该还，这事没有商量，但不应在公开场合下要求对方还钱，私下说就行了。当着别人面要对方还20块钱伤借钱人的面子，自己也丢脸。

这个例子进一步说明黄力说的小纠纷的范围。当提及这样的纠纷完全可以拒绝调解时，黄力却说人家上门来，怎好拒绝。话虽如此，还要看到半开放社会中经济理性法则发生了变化。金钱的矛盾在家事纠纷、相邻关系、经济纠纷、人情交换、混混纠纷、赌博纠纷等方面经常见到。这类纠纷就是乡村转型的标志性事件。由此看到，经济理性有些情况下导致纠纷发生，有时又避免纠纷。这种背景是乡村权力弥散，找不到保障的习俗——如借钱不打欠条——得以继续贯彻执行的力量。

还有一种经常被调解人和村民说是"烦人的纠纷不想调解"，黄力也认为"烦人的纠纷"（其实是沉淀的小型矛盾）长期得不到处理，总是冒出来，即剪不断理还乱之家事、相邻争议。由于小社会共同体互动过于频繁，利益互渗机制早已成为日常生活中不可或缺的构成，恰恰这种关系又产生各种复杂的利益纠葛，相互间纠纷比较多。当一些纠纷司空见惯时，近邻之间矛盾转变为准纠纷状态。关系过度嵌入导致很多村民之间的烦琐之事越来越复杂化，处于说不清道不明状态。如果真要一件一件地解决，这些相邻矛盾有解不完的问题。特别是不恰当的言语可激起敏感反映，邻居关系会被长期以来的紧张所击溃，引发公开矛盾。数不清的小摩擦，久而久之从细小误会到难以释怀的对立，最终演变为死对头和天天见面又互不往来。这种情况下，一些当事人一遇到关系中的小问题，就来找调解人，依黄力所说"隔三差五地来，看得烦了，就为那小事"，实际上就是那些准纠纷。

> 陈华与陈元是亲兄弟。两家房屋是 20 世纪 70 年代分家后从老宅子分割出来并在原地基上建的新屋。陈元共有四个儿子，均已成家。陈华三个儿子也成家。二十年来，两个大家庭经常发生摩擦，有时为一把镰刀，有时背后闲言密语，或相互拆台，老死不相往来。每年杀猪时节，按照习俗同一地理单元的邻居相互请吃，唯独陈元与陈华互不相请。从 1988 年到 2018 年的 20 年间，每年总有几次闹得不可开交，其实双方闹的不是实际利益，就是一种不满对方的情绪。但陈华说，"还是由一些小问题引起的，比如屋檐水问题，他家的屋檐水流到我们院子里了。屋基问题，他建房的一面墙的屋基是我们自己的。这两个问题很难解决，因为房子建在那里不动，怎么处理都没有法子，结果是在小问题上起坎（找麻烦）。"

为这件事，两兄弟常你来我往找村上或找治安员，结果，村上或治安员都不太理睬他们。2016 年春黄力赶场时在大街上被陈华妻拉住，说两家矛盾和琐事。黄力直接说道，"该说的都说完了，再说你们的事我也是老调重弹。你们是这件事解决那件事又冒出来，永远没完没了。"最后一句可能恰到好处地解释了坝村烦人的纠纷的一种社会界定。家事问题、相邻关系不可能解决一件事就一劳永逸，的确还存在只要相互邻近或共同生活就可能不断发生矛盾的情况。这也是治安员为何表明很烦人的理由，因为他们对这种纠纷当事人找上门"一看到就头疼"。

三、"压"的权力术

村级权力调解的性质属于人民调解委员会调解，它具有半官方性，它的调解过程也明显地带有严格规定的程序形式和制度要求。这种规定是对调解人的制度约束，尤其是调解程序，程序的过程性控制既针对当事人，又针对调解人。管辖坝村的溪洛渡镇要求各村及社区明确调解的规范化和程序化：

> ①纠纷的受理：由当事人提出申请，工作人员受理、审查纠纷情况，并对纠纷进行登记。②调解纠纷：选定调解主持人，调查核实纠纷情况，拟定调解方案。③进行调解：工作人员告知当事人权力义务，并在查明事实、分清是非的基础上，充分说理，耐心疏导，消除隔阂，帮助当事人达成协议。④调解结束：对于达成协议的，人民调解委员会有责任督促双方当事人履行协议。对于没有达成调解协议的，引导当事人依法维权。

上述规定构成坝村调解之基本程序，但调解人通常有自己的一套经验知识，并灵活运用，上述规定反而成为应付上级检查时贴在村委公告栏上的一种政治安全策略，用村民的话说，"做个样子，充个门面"。他的调解掺杂着个人特色技术和知识，多数调解案例其实也没有背离这种规定多远，都是围绕着纠纷展开各色各样的策略性控制，因为上述规定是一种算不上规则的灵活要求。

成功的调解形成具有他个人风格的"惯例"，这样会得到当地人的社会认同。调解术具有的社会效应也得到上级——村委会——认可，调解具有经验主义倾向。个人经验主义与权力操作术（支配与合谋）决定了调解人解决纠纷时一方面与个人经验、风格相关，另一方面与权力运作的策略关联。个人经验也是一套非文本性的地方知识，它有助于使经验制造者不经过实质判断，就能逻辑化不同的知识结构，甚至是对纠纷解决方式、过程及其结果进行直觉建构。调解人基本上知道事件的来龙去脉，寻求原因、结果及博弈之关系整合，非常明白当事人性格、关系范围、纠纷起源及内在奥秘，他不要求证据或科学逻辑推导，仅依赖一套经验、常识和社会结构便能作出某种评价，故调解术糅合了语言、情感、过程、当事人性格、纠纷场域的关系网络等综合因素，并经过各种考量来获得当事人同意，并作出调解决定。应该说，调解术受制于情景化因素考量作出选择，针对不同纠纷性质做出不同技术安排。

所谓生成"惯例"乃是其调解过程中获得权威和认同的基本过程，而不是具体技术。其实坝村村级调解亦不全是官方背景下权力进行的主动控制，多数为通过调解过程塑造权威，并形成社会传播效应。根据政治学的解释，权威是使对方信从的影响力，这种服从基于服从者对理性的力量认同，而不是基于他对权力的接受。权威空间范围大于权力，作用力和影响力比权力更加持久。[1]黄力的调解大部分是因为权威而不是作为治安员的权力而获得成功。调解术塑造调解的成功并获得纠纷当事人对"裁决者"的身份认同，从而进一步塑造他的权威。总之，"调解过程实质上是一个权威与权力运作的过程，在调解人说理以及心服的外观表现的深层处却是权力与权威的微妙运作。"[2]我们通过下面案例看他的调解术：

> 李二娃家位于坝村圆堡一角的坡边上，2012 年溪洛渡运输电线路过于此。李二娃家屋离电线最近处不到 50 米，按照电站电路移民就近搬迁建屋的规定，获得国家 40 万元的补偿款后，李二娃新屋建在金沙江马蹄岩公路边。修建新屋时，位于新房地基靠右一侧有一座埋葬于 1958 年的彭姓死者的坟墓，但年久失修，已看不出有坟的样子。挖掘机挖完后，死者的弟弟彭国华找上门来说，其哥哥的坟被挖走了。彭姓家族最后集约了一些人找到李二娃要说法，两个月下来未达成协议。李二娃对彭家的高价要钱表示怀疑，彭家认为李二娃故意推坟，想占更多的土地建屋。两家为此事一直争论不休。后彭家来找黄力调解，李二娃表示接受治安员解决双方矛盾。

这是一起关乎意义秩序的纠纷，一般利益纠纷只要处理好利益平衡与协调即可实现争议的解决。意义秩序与实际利益无关，与民间信仰、风水、祖先崇拜有关，因而调解中语言、过程都会超越世俗。彭国华要求对方做道场之后重修坟墓，李二娃则出钱补偿，由彭家建坟，外人不能建坟。黄力也觉得还是李二娃出钱，彭家人建坟比较妥当："这个事情（指做法事，道场），

---

〔1〕 俞可平：《权力与权威：新的解释》，载《中国人民大学学报》2016 年第 3 期。
〔2〕 易江波：《近代中国城市江湖社会纠纷解决模式——聚焦于汉口码头的考察》，中国政法大学出版社 2010 年版，第 173 页。

你要别人去做他从心理上接受不了，不是自己祖先，他怎么能做呢？做法事道场是要披麻戴孝的，是要下跪磕头的。这些只有直系后代才会这样做，你外人披麻戴孝下跪磕头伤人尊严。"2016 年 2 月调解时，彭国华接受了黄力的建议，但李二娃补偿的钱多少仍没有谈拢。李二娃认为只补偿建坟的开支，不包括其他费用。彭国华认为除建坟开支外还应包括精神损害费用。建坟费用不过一万元，精神补偿则需要两万多元。在这个案例中，让调解人很为难的是，李二娃认为是彭家人在利用这件事"讹诈"，认为死者死亡时只有十五岁，并没有任何直系后代，彭国华也只是死者的弟弟，与真正的直系血统关系有一定的距离。黄力很生气地说，"如果把你祖先的骨渣用挖土机挖掉，你干不干，你咋想？将心比心你要看看别人的心情。"黄力是近 60 岁的老人，对这个问题的理解当然很在意，保持着他认为极为重要的那些传统。

黄力是一个了解并熟悉法律的人，他家里有各种关于土地、农村纠纷、民事、婚姻、继承等方面的法律实务书籍和法条。他知道这种情况适当的精神补偿还是有的，在坝村习俗看来，出钱建坟本身是一种补偿方式，而当地还未形成精神补偿习俗。黄力单独对李二娃谈论时指出民事法精神补偿规定，主要是压：一是把当事人要求压下去，"不能喊得老高。"要降低到对方愿意接受水平；二是压住纠纷不上传，避免事件扩大，即通常所说的纠纷不出村，不引起上面关注或最好不上法院。压的策略一是针对有理一方的劝解，让他们不能有理不饶人，"有理不在声高。"让人三分，适可而止。也针对无理的一方当事人，对他们进行某种教化，使其知道进行赔礼的方式。最终使双方都在调解人劝解下达成合意。比如黄力在对彭国华讲时又指出一些彭家自身的问题。"主要还是李二娃才二十几岁，他哪里知道那堆石头是座坟。彭家人也未指出来。"这样双方降低诉求而指向共有的目标，从而在李二娃补偿 3000元并支付修坟费用的协议基础上完成调解。

压的方式也讲场合，比如各自分开单独对谈，由一方当事人与调解人在私下场合形成开诚布公的语境关系。在各自都不掌握对方底线或信息情况下只有调解人控制全局，从而实现权力操作术对纠纷解决的过程性控制，扩大了权力的生成与再生产。这样一来，通过特定案例看，调解人的调解术主要是针对个案而言的，而不是普遍的集成化惯例。不同纠纷的背景、文化、观念、诉求等都构成调解人生产权力的基本材料。调解基础是一种沟通的范式，在其中，利益或权利的问题被转化成为感受以及相互间关系的问题。这是一种双方同意的、调解的、以妥协为导向的程序。这种非正式性、参与性、非专业性的程序反映出当地社会的规范的能力。[1]

　　压的过程中，他的权威甚至可以在调解过程的权力控制中得到彰显。调解作为一种权力技术，将特定的场景事件置于权力关系之中。[2]调解人会根据情景或当事人个性采取不同的"压"的技术，有温和语调，也有激烈音调，甚至还有手势等体现其权威、半官方代表的控制一切的气场。比如对明显吃亏一方采取予以安慰，劝其不要把事情闹大，否则对谁都没有好处的恩威并用策略。双方在场时，对有侵权行为一方可以高声训斥，甚至指着鼻子吼叫，有时候还要拍几下桌子，"给另一方做做样子，表示看得见的公平"。只有在当着无理一方的私下场合，黄力的语调很温和，经常提到"赔过不是，给点补偿算了"的商量口吻。"唱红脸"的对当事人利益诉求的"压"的策略和对另一方"唱黑脸"责备，有时对某一方既"唱红脸"又"唱黑脸"刚柔相济方式，[3]以声音、语言与手势，并且综合情理考虑，实际上就是恩威并用的压服手段，借用当地人话说"那才叫镇得住人"。在2016年2月的一起当事人临时赶来的家事纠纷调解中，妻子把丈夫从村里赌桌上抓来，找到黄力要调解离婚分家。黄力在双方当事人在场时指着男人呵斥。

　　　　黄力：你是干什么吃的嘛？今天赌赢几百块钱，明天会输上千块钱。不要想着从赌场里赚钱。赌博的人最后都输。（提高了声调）作为当爹的，你对得起几个孩子啊？作为丈夫，你下地干过活吗？（黄力扬着手指一划）你是没事干才赌，非得要妻离子散你才舒服啊！你对不起老婆孩子啊！

　　〔1〕　Sally Eagle Merry and Neil Milner eds. , *The Possibility of Popular Justice：A Case study of Community Mediation in the United State*, University of Michigan Press, 1983, pp. 10–15, 载［英］西蒙·罗伯茨、彭文浩：《纠纷解决过程：ADR与形成决定的主要形式》，刘哲玮等译，傅郁林校，北京大学出版社2011年版，第42~43页。

　　〔2〕　强世功：《法制与治理——国家转型中的法律》，中国政法大学出版社2003年版，第257页。

　　〔3〕　［美］戈尔德堡：《纠纷解决：谈判、调解和其他机制》，蔡彦敏等译，中国政法大学出版社2005年版，第22页。

男人（低着头，语气很低缓）：是，这个有点上瘾了。

女人（看到这种气势）：只要他遵照治安员说的改，不再赌了，以前的事就不说了。

黄力赶紧把男人拉到另一个房间，轻声对男人说："趁你女人现在心软，赶紧认个错，让她回心转意，肯定没事。"后面说的声音很小，大概都是劝说的话。

十分钟后，男人走出房间，黄力转身对女人说："你看，孩子还小，没爹没妈怎么办？你男人还是顾家的，至少他是家里赚钱的主力。他说了要改，你们还是好好过日子，平时多管管他，不让他管钱。"

女人：我的本意不是离婚，要给他点颜色，孩子读书钱都赌掉，我是看他很不争气。他其他都好，就是爱赌，我是要找人给他治治好赌恶习。

当天夫妻二人在黄的劝说下，回了家。黄力说男人做出了承诺并不管钱，女人也保证不闹离婚了。黄力很满意，他说不愿看到一个家庭分崩离析，一旦说和而重归于好，黄力说这是他"做这个工作的最大满足感，没权力也不敢要双方离婚"。

实际上，这些镇住人的不同场景、角色呈现出不同的语言、动作的权力过程控制，通过"压"的技术实现了个人权威、程序合法性与调解协议的平衡，反过来塑造了调解结果的权威（不一定是公正），从而具有棚濑孝雄意义之教化型调解、治疗型调解与判断型调解相结合的特征。[1]但是"半正式调解容易引发权力滥用，关键在于适当掌握引导和强制之间平衡"。[2]他的权力技术相当灵活，在确定当事人底线诉求与权利声称后调解人能制定自己的调解路线图，实际上也顾及调解人的权力和当事人权利的均衡。当事人权利声称与内心的底线构成利益表达的内外二元结构。权利声称是应然的，内心的底线要求是实然的。从权利声称到底线要求，这段距离便成为调解人以及当事

---

〔1〕［日］棚濑孝雄：《纠纷的解决与审判制度》，王亚新译，中国政法大学出版社1994年版，第54~69页。

〔2〕［美］黄宗智：《中国古今的民、刑事正义体系——全球视野下的中华法系》，载《法学家》2016年第1期。

人可以灵活运用策略的最好参照系。[1]权利声称贯穿纠纷解决始终，当事人从一开始的诉求到最终解决，可能与权利声称一致，也可能与之相去甚远。通常情形是，当事人心目中都有一杆秤，恰如与别人谈判时各自内心的真实想法。只要调解人通过劝说实现权利声称与底线要求的平衡，便可能实现与对方达成调解协议之意愿。

虽然学者把乡村调解当作一种权力的实践，[2]但实际上，治安员权力在此是生产性的，是通过过程和结果双重控制产出的个人权力。进一步说，在当事人愿意尊重调解人意见前提下，调解术也成为权力的控制技术和运作技术。这种压的技术并非仅仅表达权力，它还实现直接目的——解决纠纷。压的技术即通过权力强制实现对争议的合意/共谋。如果依赖于当事人分歧不足以实现问题解决，三方共谋形成问题之合意，是小规模社会中典型的文化逻辑。合意之所以可能，是当事人已经放弃一部分权力，让渡于调解人，通过权威性力量的压制，达成一致强加或协商，或和解性的协议。这里的共谋意指过程性，合意意指争议的结果。过程渗透着压的权力支配技术，合意渗透平等阶位的建议、接受权力。

调解过程显然渗透着调解人的政治抱负，通过接近国家的方式获得合法性并进而塑造他的权威。黄力接近国家的主要方式是最大化地引用法律或依据法律，并非一味讲究村落情理，由于是为完成村上交给他一定的工作任务，他的调解就带着工作性质。黄力没事时会翻看法律普及书籍，并做了一些标记。溪洛渡镇政府经常派一些法律人下乡，对村级干部和小组长宣讲法律知识和法律程序。按照黄力的话说"收获不小"。法律一直没有脱离村级调解，作为符号隐隐约约地影响调解过程，在某些形式下融入法律语言符号，而其他一些则要依赖于社区、治疗或者人际关系的语言符号。[3]如同黄力的法律认知，在长期接触法律人和调解过程、自读法律书的过程中早已实现个人对法律认知的转变，不再是传统民间权威调解，他实际更接近现代意义的法治

---

[1] 张静：《二元整合秩序：一个财产纠纷案的分析》，载《社会学研究》2005 年第 3 期。

[2] 强世功：《法制与治理——国家转型中的法律》，中国政法大学出版社 2003 年版，第 258 页。

[3] Sally Eagle Merry and Neil Milner eds. , *The Possibility of Popular Justice*: *A Case study of Community Mediation in the United State*, University of Michigan Press, 1983, pp. 10-15.

国家，接近政府或法律层面的正义。[1]村级权力体系及其权威与国家与个人之间，通过接近国家、接近/接触法律解除了传统人情关系固有的藩篱。这种靠近法治意识形态的正当方式，从内部性到外部性途径，主动而非被动地消除内生秩序的传统格调，与（后面要讲的）村民主动诉讼一并构成积极型的乡村融入模式，是当前半开放乡村的重要特征，这与以往强调国家对乡村强力控制以改变乡村内生特征之策略完全不同。我们说治安员调解是典型的民间调解（即人民调解委员会调解），黄力每月工资1300元，在他看来相当于是"半个财政饭碗"，调解是为国家做事，接近国家为其理所当然的工作方式。通过调解过程和结果来接近国家是他的政治象征表达。非正式制度在这种国家适度的财政支持下实现与正式制度统一与融合，这种由下而上的逆向法治化机制，正是当前乡村积极地融入现代开放社会的一种尝试。其实法律也已明确规定。[2]

另一种政治性源于纠纷内部的过程性。民间调解重当事人参与，决定调解结果之合意权力来自当事人，消解权威的权力集中，意味着民间调解（也包括当事人和解）过程和方式遵循着某种微观的民主政治原则，而非权威专制。纠纷解决过程是对一项微观事件进行民主决策、重构小社会权力之过程；若该过程中存在着权威，或主导性权力，如调解人权威，则这种民主内部又呈现出民主形式下内隐的个人权力专制，从而实现权威控制纠纷及其结果。当事人与调解人三方一并商量、讨论、形成合意、对等基础上形成对某一个问题之共同决定，正是微型民主的政治方式及其程式控制。这种民主又受制于调解人的权威，隐含着调解过程和结果支配，只要双方把纠纷交给调解人，这种即时性权力就生成了。对调解人自身也塑造某种权力及结构，纠纷生产调解人和当事人对这个问题的权力，甚至调解人个人权威也是通过调解过程及其结果的公正性被塑造、生产和建构。解决纠纷过程作为权力反对、合意、压制、分配等微观技术得到呈现。[3]冲突既挑战权力分配的现状，又创造一

---

〔1〕 Erin Moore, *Conflict and Compromise：Justice in an Indian Village*. University Press of America, 1985, p. 124.

〔2〕 从《人民调解法》第21条的规定看出，国家也要求民间纠纷调解向国家靠近，即通过"坚持原则、明法析理、主持公道"向法律靠近，通过这样使非正式解决与正式解决之间没有本质不同。

〔3〕 Laura Nader, "Controlling Processes：Tracing the Dynamic Components of Power", *Current Ahthropology*, Vol. 38, No. 5, Deember, 1997, pp. 711-737.

种新秩序。它同时具备破坏性和建设性。[1]除公正性之外，这种生产机制的基础在于当事人对调解人的信任，意味着他们把纠纷交由调解人控制，由双方关系控制到三方关系模式控制转变，恰恰使调解人的纠纷控制，获得某种分配权力的能力，如对某一方当事人提出质疑，要求质证或询问等，甚至带有某种人为的主观性质的偏向决定某个问题。他的结果看似是利益分配，其实分配后关系秩序内涵的权力结构也会发生重构。

四、嵌入"综合治理"政治的调解

作为事件的纠纷与坝村治安和政治秩序相联系。村级调解体系解决对象有民事纠纷，也有民事转治安纠纷。在坝村这样的社会中，一般纠纷、延伸争议、事件三者都可能隐藏着治安问题。维持既定的乡村秩序稳定是当地政府的主要任务。之所以坝村纠纷调解任务被交由治安员而不是专门调解员，"治安员"这一专业叫法暗含村委会和镇政府要实现的村治预期，即通过乡村纠纷调解来实现社会安全，因而解决纠纷也是村级安全治理的基本手段。所以，从纠纷到治安案件/问题其实是根据当地村级领导人基于政府意愿和村庄政治需要而设定。部分纠纷的确是治安问题，若治安问题未达到村里或镇政府要求，一些不符合治安案件标准的纠纷可能被认定为治安问题，这绝不是治安法律所界定的"治安案件"，因此纠纷向着村庄治理的政治要求被界定。这是吴毅提出的"具有历史性的一种基层治理术"。[2]纠纷治安化本质也是纠纷政治化，用前述提到的四类纠纷标准，这种治安问题在坝村则属于"事件"，它的政治化在于有明显的是非对错、善恶对立、社会影响很大或波及全村。

永善县社会治安整体联动防范工作领导组在 18 乡镇成立领导小组。有村委会、社区治保委、调解委 274 个。通过四级治安方法体系与创安全文明村寨结合起来，加大处置各种热点问题和排查调处各种矛盾纠纷力度。[3]溪洛

---

〔1〕　[美]萨利·安格尔·梅丽：《诉讼的话语——生活在美国社会底层人的法律意识》，郭星华等译，北京大学出版社 2007 年版，第 117 页。

〔2〕　吴毅：《村治变迁中的权威与秩序——20 世纪川东双村的表达》，中国社会科学出版社 2002 年版，第 302 页。

〔3〕　永善县地方志编纂委员会：《永善县志（1978~2005）》，云南人民出版社 2012 年版，第 455 页。

渡镇政府并未设定下辖乡村每年治安案件的任务，若无治安案件也被认为不符合常情，多了村级领导人政绩受到极大影响。治安案件如何衡量多寡则是个综合判断的事。仅以 2015 年全年为例，坝村共设定 5 起治安案件，调查中发现其实还有其他也可界定为治安案件的事件，没有认定的原因，一是的确存在着乡村复杂的人情关系网络影响，如一起本是治安问题的打架事件，因打人者是一村领导亲戚，一直被掩盖着；再就是村上会将治安问题的性质与工作责任、业绩与考核挂钩，影响这些因素者不会定性为治安案件。概言之，"事件"这一问题的认定与分类鉴别乃是基于政治、工作和社会多方面因素衡平的结果，早已超于事件的事实认定和法律界定，极具建构意义的主观性特征。而真正属于法律意义上的治安案件如下：

①夏平卖女案。夏平妻子 2011 年离家出走，去了新疆，家里留下一个 7 岁的女儿和 4 岁的儿子。夏平 2015 年国庆从外地打工回家，带着新找的女朋友，当地人说是"鸡婆"（即老鸨那类角色，但未证实）。国庆后夏平准备带上年仅 10 岁的女儿出去打工，但孩子正在坝村小学读 4 年级，引起村民的警觉，于是报了警，认为夏平及其女朋友有可能是卖孩子，夏平被拘留了七天。调查的结果并没有证实是拐卖儿童，而是向村里提出村委会和所在班级教师定期监护的要求。②圆堡自然村陈中立的儿子只有 7 岁，2014 年夏天在池塘游泳淹死事件。③白庙杨氏老人因与其子闹矛盾，合不来，其子常年在外打工。杨氏一人在家，得病无人照顾，2014 年春，死在床上一个多月都无人知晓。后亲戚来访时才发现。上述三个治安事件都有典型的乡村格调，涉及伦理、社会保障、生命等治安、刑事关联问题，当然这样也无可厚非。但另外的两起治安问题与纠纷纠缠不清：①凉水的解常有与王德家是上下坡的邻居。王德住在上坡，2015 年王德在修建自家房屋地基时挖了一个沙洞，结果滑坡洞垮塌，挤垮了下坡解家的厨房，把正在厨房做饭的解常有压死了，王德被刑事拘留。经过调解被害人家属得到 3 万元的赔偿。②坝村杨德翻车，杨德开着一辆重型卡车掉进金沙江后死亡。当时事发地没有摄像头，证人认识肇事者，但该人在逃，没有找到，对杨德家属的赔偿问题一直悬而未决。后来经查，杨德自己没有驾照，属于无证驾驶，逃逸者听说后直接

找到受害人家属私了，后被逮捕归案。

由于这些治安问题都超越了坝村内部社会控制能力，上级也没有过多责备，甚至黄对王德赔偿的调解达成合意，还受到上级镇政府表扬，认为避免被害人家属跑到政府那里闹事。就是一般民事纠纷，通过村委会或村委会治安员（当地人很少知道人民调解委员会概念）调解的例子都会纳入村治安的政治层面，在他们看来纠纷本身就是不正常现象，影响相邻关系并带来危机和紧张，应一并纳入村治安综合治理的整体规范。坝村社会治安综合治理等主要任务如下：

①打击各类危害社会的违法犯罪活动，依法严惩危害社会治安的刑事犯罪分子；②采用各种防范措施，通过管理堵塞违法犯罪活动的漏洞，加强对全体公民、特别是青少年的政治思想和法治教育，尽最大可能地预防和减少犯罪；③鼓励人民群众自觉维护社会秩序，主动同违反犯罪做斗争；④积极疏导民间纠纷，缓解社会矛盾，消除不安定因素；⑤加强对违法犯罪人员的教育、挽救、改造工作，妥善安置刑满释放人员，减少重新犯罪。

上述综合治理与前面提及的矛盾调解工作程序一并被贴在村委会公告栏的一个橱窗内，窗头上统称为"平安建设"。意思很明白，调解纠纷与治安（行政与刑事问题）都属于坝村平安建设一部分，成为村庄治理的两大关键任务，被认为是"人民群众所期盼的民心工程"。如前面第4项专门提及把民间纠纷作为综合治理的重要环节。把乡村民间纠纷上升到政治和治理层面，实际也加强了村级组织体系的权力，提高了他们的政治地位和权威。通过纠纷调解权力和权威塑造，介入国家与社会、个人之间的村级权力体系最终获得某种强大的合法权威，甚至一度成为国家在乡村的代表，这一点也是他们比较认同的方面。[1]

---

〔1〕 我国对村委会主任/委员的性质并未有严肃的法律界定，虽然《村民委员会组织法》第2条第1款规定村委会的"基层群众性自治组织"性质，不具有行政主体资格，但未有村委会主任/委员的地位，这是《村民委员会组织法》的立法缺陷。其他规定也多有矛盾之处，1993年3月29日全国人大颁布的《中华人民共和国宪法修正案》第9条规定集体经济组织"有独立进行经济活动的自主权"。根据《中共中央纪委法规室对〈关于村委会主任（党员）利用职务之便收受财物行为如何处理的请示〉的答复》，要求依《中国共产党党纪处分条例》第101条第1款规定处理，即把村主任看作是"其他单位中的非国家工作人员"。这些规定的矛盾导致村委会及其组成人员出现法律地位认定、适格性与主体性等一系列问题。

与上级的政治关系、与收入挂钩的绩效考核及工资增长等把纠纷调解的治安化和政治性上升到村治高度，通过某种激励机制来激发村干部完成国家任务，实现村治的国家预想。如 2013 年起，永善县政府采取严格的以案定补机制，一般纠纷按每件 40 元、简易纠纷按每件 20 元兑现。[1]这些激励确实激发了村干部参与调解积极性，然而过多的调解又被列入村治之治安问题，被认为是本村治安不好而影响年终考核，如此又面临着两难选择。结果又回到前面提到小纠纷不做成文记录的策略上，避免被列入治安问题，虽然没有每件 20 元奖励，但不影响村级权力之年终考核。

村干部是基层政治结构中极为重要的一环。学者指出，"村干部是国家权力的末梢，但村干部根还是乡村，他们不拿工资，也没有提升的希望，有的早已死了这条心。——他们更多属于乡土社会，不属于国家权力系统。"[2]二十年前乡村在今天早已变了模样，今天村干部拥有一定收入（虽然很低），依赖于国家获得合法性和正当性。他们通过权力的表达来塑造权威。国家通过他们介入基层，在与村民连接时他们自己都认为是代表国家。在与各个村干部交流时他们都有意地把自己归入国家权力体系行列，在与国家/上级关联时他们认为代表本村，他们灵活自如地处理与村民、国家关系。他们通过完成上级交给的"治安综合治理"任务参与国家对乡村的建设或治理，再回头看这种下发到村级权力体系的任务，实现将国家治理任务交由地方内部解决、其实转变为自治的主要功能。从治理变为自治，既减少各种社会和经济成本需要，也是一种更有效和适应的策略。这种自治—治理相互转化的双重意义在于，乡村中只有村级权力体系才能实现，国家与个人都无法在自治与治理之间转化。在面对国家时村级权力体系可能以代表村民自治的姿态行使权力及对国家提出诉求，面对村民时可能代表国家行使治理的权力或实现正式权力之控制。最近十几年来，媒体报道了一些乡村干部腐化、暴力、涉黑和霸占土地等，认为中国最基层权力出现很多结构性问题。苏力也认识到，村干部拥有的知识也有一种危险，即弱化国家权力在乡土社会的运作。[3]个别乡村的确遇到权力腐败。然而，我调研的一些乡村，诸如坝村，国家对本村投

---

〔1〕《永善县年鉴》（2014 年），第 156 页。

〔2〕 苏力：《送法下乡——中国基层司法制度研究》，北京大学出版社 2011 年版，第 36 页。

〔3〕 苏力：《送法下乡——中国基层司法制度研究》，北京大学出版社 2011 年版，第 36 页。

人极少，除乡村公路外（也不经村干部）几乎没有其他投资。这些村干部虽有时表现官本位思维，总体上还是按部就班地实践他们的权力，完成上面交给的任务。在权力实践中也有自己的难言和苦衷，比如得罪人，被混混威胁，当事人不满村级干部的调解结果拒绝与之往来，甚至黄力说"吃力不讨好，不想干了"。

五、村级调解的文化政治学——通过调解的地方治理

政治社会学方面的立场认为，基层政权具有因地制宜、因人制宜和因事制宜的权力，具有管辖本地事务的自主性——基层政权仍然有能力使用自己的方法、程序和人员治理地方确定空间内的事务。[1]解决村内纠纷实现村事务的自主性，具有乡村治理的实践意义。无疑，应理解村级权力体系调解的社会意义和秩序问题，村级调解可能是这些问题的一个焦点和形式。

第一，要理解乡村这个空间的文化性。"乡村调解成为乡村社会的公共领域制度机制之一，调解产生表达主义的个人和自由争取利益的空间，一个民主的由私人利益组成的公共场域。"[2]这个场域内，村干部是村庄地方性知识的载体，他们生长于村庄之内，了解纠纷诉求的意涵，了解纠纷的前因后果和症结，了解当事人的性格特征，了解村民的实际需求，能够"对症下药"，以出人意料的方法解决纠纷。[3]如果扩大看，会发现村级调解关涉乡村政治、权力、调解人荣辱及收入、权威等，它们共同反映村级政治秩序和乡村日常生活的整体图式。这些因素嵌入微观事件过程之中，共同构成对纠纷控制与安排。

第二，调解构成（人、纠纷、过程与结果）统合乡村一系列因素的治理过程，这些因素包括信仰、传统、习俗、人情世故、法律以及地方社会情境等一系列综合考量，也只有作为本村人的调解人才能做到上近国家、下接村民，中间的村级组织过渡等多重权力的交汇运作，因而它的本质是一种权力

---

〔1〕　张静：《基层政权：乡村制度诸问题》，浙江人民出版社 2000 年版，第 44 页。

〔2〕　王丽慧：《结构转型：乡村制度调解的体系、困境与发展》，载《甘肃政法学院学报》2015年第 4 期。

〔3〕　陈柏峰、董磊明：《治理论还是法治论：当代中国乡村司法的理论建构》，载《法学研究》2010 年第 5 期。

的文化实践，基于地方情景塑造的知识体系，"它把对所发生的事件的本地认识和对于可能发生的事件的本地想象联系在一起。"[1]构成了我们所见到的地方性事件的权力现象学。这一点与杜赞奇权力的文化网络有本质不同，权力的文化网络上"小到一家一户，大到数个村庄之间的组织和联系"[2]。它是静态秩序和关系结构，权力生产、过程及其技术都是悬而未决之事。扩大一点说，当这些权力关系、组织及其权威在特定空间（如乡村）运行，而这个空间充斥着地方性知识、传统观念、国家/政府以及错综复杂的血缘、地缘等多重文化结构，那么权力运作就与这种情景关联，成为一种多元文化实践。

第三，权力的文化实践对于分析乡村问题无疑具有极大价值和方法论意义。权力在纠纷中运作不单是为纠纷获得圆满解决，它还是在具体的地方情境中的文化实践过程，包括政治事件、观念表达、权力生产、伦理秩序演示与呈现等。调解人、当事人以及纠纷关联人都受到地方情境考量而做出与之适应表达、象征及其隐喻等。学者强调，"任何不同的人在不同的情境中，理解和引用法律的方式不断变化。"[3]同样适用于一个地方文化笼罩之纠纷场域。

第四，村级权力体系调解不仅为解决纠纷，还需考量通过调解纠纷要实现村庄之社会目的。通过坝村的实践发现，这种目的是政治与地方文化情境的协调过程。调解过程具有的权力的文化实践方式其实是为村级政治/权力适应这种情境的方式。或者说，通过调解的村庄治理，就是使权力在乡村实践过程中获得权威，树立威信，维持治安，保障村序及实现和平民安的政治目标，而这种目标又恰到好处地契合村民传统习俗、观念和生存心态及其方式。只要实现这个契合关系和政治目标，村级权力调解就具有远比解纷本身更宏大的政治抱负和村治意义，当然这些目标及意义的实现都依赖众多调解，乃至长期调解纠纷的不断塑造的过程，而非个别纠纷或短时间内所能实现。换

---

〔1〕 ［美］克利福德·吉尔兹：《地方性知识：事实与法律的比较透视》，邓正来译，载梁治平编：《法律的文化解释》，生活·读书·新知三联书店1994年版，第145页。

〔2〕 ［美］杜赞奇：《文化、权力与国家——1900—1942年的华北农村》，王福明译，江苏人民出版社1996年版，第4页。

〔3〕 ［美］帕特里夏·尤伊克、苏珊·S.西贝尔：《法律的公共空间——日常生活中的故事》，陆益龙译，郭星华校，商务印书馆2005年版，第68～78页；陆益龙：《法律性的社会学建构——评尤伊克和西尔贝〈法律的公共空间——日常生活中的故事〉》，载《社会学研究》2006年第6期。

言之，目标政治、社会治理与纠纷解决之间其实是宏观与微观、价值与工具、理想与现实、秩序与问题/事件之间的应然与现实的双重关系。

第五，村级调解作为我国基层治理的重要环节，仅仅依赖于治安员（人民调解员）的调解工作是远远不够的。由于多重权力体系参与乡村治理过程，因而需要进行多元整合，诸如乡闲、老人权威或下乡人员均可被纳入村级调解体系之中，以枫桥经验确立的"小事不出村、大事不出镇、矛盾不上交、就地解决"，做到与司法与行政衔接，实现委托调解、邀请调解、联合调解、制定调解等，争取成为大调解的一部分，既是村级调解法治化的路径选择，又是乡村社会治理体系的主要机制。

第七章

国家权力在场：纠纷的延伸、外溢与诉讼

虽然不少学者一直强调国家在乡村司法中的核心作用，基本把地方系统当成"他者"排除在外，事实上地方因素在乡村法律治理过程具有极其重要的地位，同时也表明国家/法律对地方的某种依靠关系。本章主要解释国家权力在乡村纠纷解决中的地位和作用，是本书理解个人—社会—国家权力体系之最后的一环节，也是"筛漏"机制中最上层结构，它处理的纠纷是具有延伸性的"事件"。本章旨在说明，村民主动选择诉讼，打破以往纠纷不出村、息诉的观念，是因为半开放社会下法律不再是高高在上的无形威慑，而是一种可以利用的权力资源。内部权力控制失败时，借用法律解决诉求，这是送法下乡与迎法下乡难以解释的问题。本章反映了村民追求的正义感并非传统的民间正义，还可能是法律正义。进一步论证当前村民的纠纷解决多元背后是观念的开放，以往的乡村司法理论不适应这种变化。

一、土地合同中的权力塑造

农耕中国的土地是最为重要的资源，对土地的控制构成农村权力的基础。[1]因此土地会制造权力，土地多寡和肥瘦及人对土地的控制，都可能产生不平等权力。[2]这种权力束缚整个国家与社会结构，基于土地占有、分配及其之上建立的一套制度，左右着国家政治与基层权力。任何一块土地的权利关系变化都可能引致微观社会和政治层面的权力变化及冲突。这个权力的政治基

---

〔1〕〔美〕詹姆斯·C.斯科特：《农民的道义经济学：东南亚的反叛与生存》，程立显等译，译林出版社 2001 年版，第 65 页。

〔2〕〔美〕弗雷德里克·巴特：《斯瓦特巴坦人的政治过程：一个社会人类学研究的范例》，黄建生译，上海人民出版社 2005 年版，第 60~72 页。

础还在于它构成农耕中国的"宪制"，直至今天也不例外。因土地产生的纠纷变成重要的乡村事件。

自 2003 年以来，溪洛渡电站淹没区的当地政府转变之前的"移民投资"，实行投资性移民的地方扶持政策。雷波县五官乡的贺氏兄弟三人决定利用数百万元的政府扶持资金建立移民合资的农业开发公司，与坝村下属油坊自然村达成初步意向，承包坝村的 200 亩牧场，主要用于脐橙种植。2010 年油坊第四村民小组与贺氏兄弟确认承包地的总面积、大致走向和方位。2011 年 4 月双方正式签订了 200 亩荒山的承包合同，合同有效期为 30 年。主要内容如下：

发包方：溪洛渡镇坝村油坊四社

承包方：雷波县五官乡青杠村五组（贺五、贺四、贺三）

一、土地面积、位置：

甲方经村民会议同意，并报乡政府批准，将位于永善县溪洛渡坝村油坊四组，面积 200 亩的荒山承包给乙方使用，地块方位：东至岩边、西至曾华、罗徐自留地，北至演变，南至老横向堰沟。

二、荒山用途及承包形式

1. 荒山用途为农业种植和养殖。2. 承包形式：个人承包经营。

三、地块承包经营期限

该荒山承包经营期限为三十年，自 2011 年 4 月 18 日至 2041 年 4 月 18 日止。

四、地上物的处置

该地上有青椒及柑橘树等若干棵，由乙方一次性补偿甲方 2 万元整人民币，由油坊四社自行内部分配补偿给村民。

五、承包金及交付方式

1. 该荒山的承包金为每亩每年人民币 200 元，承包金每年共计 4 万元。2. 甲方自愿自 2014 年 4 月至 2017 年 4 月（三年）免费为乙方开发利用，但自合同签订之日起交付定金 5 万元，自 2014 年 4 月开始由乙方以每三年一付的方式交年承包金（定金在今后的承包金内扣除）。

六、甲乙双方的权利和义务

（一）甲方的权利和义务

1. 按合同约定收承包金，在合同有效期内，甲方不得提高承包金。2. 保障乙方自主经营，不侵犯乙方的合法权益，在乙方补助 2000 元工时费的前提下提供修公路的劳动力。3. 甲方无偿提供乙方从井桧公路途径圆堡三社至承包地块的路、水、电时要占用的土地和地上物，公路修通后，甲方负责处理人为因素造成的堵塞公路的事件。双方有权无偿使用本公路，双方有义务共同维护本公路。4. 在合同履行期间，甲方不得重复发包该地块。5. 按本村村民用电价格收取电费。

（二）乙方的权利和义务

1. 按照合同约定的用途和期限，有权依法利用和经营所承包的地块。2. 不享受国家规定的对油坊四社的优惠政策。3. 享有承包地块上的兽医，可在承包地地块上建设与用途有关的生成、生活设施，可自行兴建、购置财产并享有其财产的所有权。4. 保护自然，搞好水土保持，合理利用该地块，与改组村民共同平等承包维护主线、电路的费用。5. 与当地村民和睦相处，遵守该村村规民约，提供修公路的全部机械和材料，在承包地边界起一公里之内无偿为该组修通一条主道。

七、合同的转包

1. 在合同有效期内，乙方在不改变原合同内容的前提下，可以将该地块全部或部分转包给第三方。2. 本合同转包后，甲方与乙方之间仍按原承包合同的约定行使权利和义务，乙方与第三方按转包合同的约定行使权利和义务。

八、合同的签订

三十年后，除按合同约定的权利和义务执行之外，该地块的承包金变更为每年每部 1200 元整人民币，付款方式到时候再协商。如甲方不愿按此价格执行，将按照该地块该时段的价值赔偿乙方。如乙方不愿按此条件执行，则视为自动无偿放弃该地块及地上物。

九、违约责任

1. 在合同履行期间，任何一方违反本合同视为违约，违约方应按该地块利用的实际投资额和实际价值的 5 倍支付对方违约金，并赔偿对方因违约造成的实际损失。2. 乙方应按照合同的约定期限足额支付承包金，如乙方逾期50日内未支付承包金，则甲方有权解除合同。3. 本合同转包后，因甲方的原因致使转包合同不能履行，给转包后的承包方造成损失的，甲方应承担相应责任。

十、在合同履行期间，如果该地块被政府征用，乙方依法获得该时段当地政府对该地块的补偿费后，按该时段当地政府对荒山的补偿标准依法补偿给甲方（按实际征用面积计算），该地块被征用的承包金按征用后的实际承包面积计算。

十一、本合同经甲乙双方签订后生效。

十二、本合同未尽事宜，可由双方约定后作为补充协议，补充协议（经公证后）与本合同具有同等法律效力。

十三、本合同共5页，一式四份，甲乙双方各一份，镇政府保存一份，村委会保存一份。

发包方盖章承包方签字

村委会盖章村组代表签字

所有村民签字

2011 年 4 月 18 日

上述合同于2011年4月18日在队长袁国家达成，所有村民代表和所有家庭代表都在上面签了字。签订后第二日，村民代表持有双方签字的承包合同到村委会盖章签字。自此，从法律以及程序、形式上，油坊村民基本完成200亩荒山牧场的承包过程。如上述合同条款，明确双方责任和义务，享受权利与利益。双方通过契约形式建构一种制度性的社会关系，约束双方行为表达，塑造一种法律事件。[1]合同签订便是一种微观权力生成，即相互之间关于土地细分性的那些问题支配与制约，此构成高度制度化、严肃性和形式化的权力关系。基于合同，毫无权力关系的人被建制为非零和的相互关联的土地权力关系。

---

〔1〕 ［法］米歇尔·福柯、保罗·雷比诺：《空间、知识、权力——福柯访谈录》，载包亚明主编：《后现代性与地理学的政治》，上海教育出版社2001年版，第14页。

二、"事件"的产生

签订合同后，长期住在县城的罗徐一直拒绝在合同上签字，不愿将他的那部分柴山分包出去，由于罗徐的柴山位于这个荒山正中，如果他不同意，意味着整个荒山都会碎片化，不能规整统一管理，老贺不会承包，即使承包，因罗徐的荒山横在中间也无法进行。罗徐的荒山林对他本人来说并无多大利用价值。罗徐也是承包工程的老板，村民说他是"罗总"，意即很有钱的那种人。2011 年下半年，村民代表再次找到罗徐时，他提出他的土地不承包，如果不影响 200 亩荒山的顺利包出，则需要单独划出至少 15 亩连片的荒山地给他。经多次协商后，罗徐获得了比原来他拥有的荒山大得多的土地，并以村集体的名义与罗徐本人签订了《关于油坊四社与罗徐分段荒山及承包的部分土地规划成片的协议》的附带合同，[1] 协议的具体内如下：

（1）为将我社放牛坪等荒山、地变废为宝，改善民生脱贫致富奔小康，将我社部分荒地承包贺文等人。罗徐、罗力的荒山不承包，为了方便管理，于 2011 年 5 月 29 日经群众与罗徐等人反复协商，同意将罗家的分段荒山及有关土地（堰塘田坎下的荒山除外）全部规划在本户座居的北方，面积 15 亩。四至界线为：东至罗力的承包地，西边界直上横路，直下岩边。南至横路，西至欧永承包地，北至袁福友花椒地坎子等。

（2）不改变罗力承包的坟山地头使用权外，罗徐、罗力等户应向永善县林业局部门申请变更荒山面积及四至界线，有关部分同意变更，以变更后的林权证为依据执行。

（3）罗徐等户在十五亩荒地内无条件提供修公路时占地，在五分地左右罗家自行消化，多余部分由贺文划出补给罗徐。

（4）本协议一式四份，公证处，坝村村民委员会，油坊四社，罗徐各执一份。

（5）本协议至签字之日起，公证后生效。

2011 年 12 月 6 日

---

[1] 合同复印本由当时的队长袁国提供。

罗的反对导致合同履行推延，给村民带来很大的心理阴影，正如村民所说"这件事一开始就隐藏了分裂"——虽然以村集体名义承包，然而正是这种集体承包形成统一的合意极为困难。村民甚至私下说，正是罗徐要价，给其他人提供一种借鉴，"开始胡闹，还能捞到更多的好处"。以为这样一种个人间的策略可以得到意想不到的利益，跟着效仿。当"老贺"（村民对承包荒山的贺氏兄弟的统一称谓，暗含一种"他者"的身份观）正开始依照合同履行修建从金沙江到坝村凉水井的泥巴公路的义务时，有村民认为合同不合理，表示反悔倾向。一个重要理由是签字村民家庭代表中老人居多，那些居家或分家年轻人在外打工，并未参与土地承包过程，这些老人能否代表他们已经分家而建立新家庭的资格性和权力问题；二是200亩土地承包不合理，认为承包金太低了，30年都不变，多年以后200元价格算不了什么，且承包前3年分文不交。三是只计算承包金而未考虑老贺用水用电过程中村民早已建好线路、渠道等成本问题，承包显然吃亏了。这些问题归根究底是直接指向他们没有提到的，坝村实现"户户通"公路之后，土地在非农业化生产过程中价值得到明显提高，尤其是溪洛渡电站移民到坝村购买村民土地（其实是长期承包村民土地而获得本地户口，但价格都在30万元左右）带来的收益。[1]反对最为强烈的6户村民：老李头、易勤、张顺、刘波、易兵、彭华，一直要求修改合同或主动违约，虽然一些村民也表示支持，但找不到解决的办法。已签字的土地承包合同对他们来说是一个新事物，以往从未接触这种与法律相关的文本。即使是当初签字时也是"糊里糊涂的"，用张顺的话说：

> 这个只知道队长叫过去签字，这个签字很随便的样子。签字这个以往在领取救济、低保时有过，那是表示你本人去了。这次还是当成与那些事情一样看待，没看到这件事很严肃的。事后队长说，这就相当于法律，你签了字你就要认，不能反悔。当初要是这样，我咋会签呢？现在叫我签，打死我也不会做，三十年——到时我在不在这个世上都成问题。这个价和期限等于把可留用的地卖了。

---

〔1〕 人口快速增长而土地面积却一直保持不变。人均占地逐年减少，有些家庭人均占地仅一亩左右。30年土地承包期对于今后可能发生的土地危机来说，很难留有余地、延伸自然空间。可能的将来，土地作为生存空间的内部社会竞争将不可避免，失去最大保留地将使这种紧张趋向更紧张的预感。

签字之后的几个月内，这六个家庭逐渐从单一的个人反对开始形成集体组织，从整个村社集体中独立出来。问题在于，合同的甲方即发包方是坝村油坊四社，这是一个以村民小组名义缔结合同的集体主体。反对者之反对包括对集体的反对和对承包方的反对。而对集体的反对则是前提，包括两种争议，一是村民小组这个集体内部的争议；二是六户村民与承包方的争议。从情感的角度看他们与集体内的争议具有某种"气"的情绪；从利益的角度看他们与老贺的争议有某种权力博弈的功能。只有处理好集体内部争议，才能解决与承包方的争议。

六户村民的不满并不是对承包方不满，而是因家庭代表资格以及对队长某些问题私自处理，从而导致承包土地明显吃亏带来的不满。换言之，是队长自作主张或为利用某些隐藏的利益而牺牲村民利益。六户村民的观点很大程度上代表其他村民的看法——虽然他们没有参与公开的纠纷过程。随着问题加深，村民对利益的诉求已经明朗、具细，不同矛盾掺杂在六户村民与队长、老贺的争议过程之中。

三、延伸争议：纠纷的扩张

纠纷并不总是呈现单一的结构形态，可能围绕其存在众多与之关联的小型纠纷。这些纠纷多数从主纠纷/核心纠纷中延伸出来，成为延伸争议。可以看到，延伸性是指纠纷并不是由一个明显起因或一个确定标的引起，而是在漫长的社会生活过程中形成的一系列小矛盾的集合与生存利益的整体诉求。[1]主纠纷所具有的事件性，产生一种震荡效应，超越主纠纷形成某些社会波动，延展到纠纷之外围秩序及关系结构。最终以主纠纷为核心围绕特定社会秩序形成一个差序阵列。确切地说，事件化纠纷的波动导致秩序扩张，它的阈限、边界/视界愈来愈模糊，并通过主次沿顺序扩展至外围社会。纠纷差序阵列塑造了多重关系、权力及技术，使纠纷变得更复杂。就坝村土地承包纠纷来说，已经形成围绕着核心纠纷的系列纠纷形式，它们共同构成坝村土地纠纷结构。其核心纠纷为六户与队长和老贺的纠纷，余者为其他与之关联的纠纷。他们共同构成前述延伸争议图示：首发纠纷（主纠纷）A—连锁纠纷B—连锁纠纷

---

〔1〕 栗峥：《乡土正义：鲁南周村的纠纷解决》，载《法制与社会发展》2010年第1期。

C—连锁纠纷 D—。具体为下面几个纠纷阵列。

1. 延伸争议之一：胡氏兄弟与老人纠纷

胡林与胡伟两兄弟在签订合同时已分家，其父同意合同条件并代表全家签字，其时胡林在外打工。合同签完后，胡林回家过春节，认为父亲未经他同意签字，而他本人是反对承包的。要求其父把提成的土地拿出来补偿，遭到拒绝。问题在于，2011 年签合同时是以 1996 年坝村第二次划分荒山的农户数量为基准的签字，而当年这些年轻人只有十几岁，不可能分家。2011 年胡氏兄弟以及分家单过的父母一起，已经从 1996 年的一个家庭分为三个家庭。这样一来，谁拥有代表三个家庭的签字权必然引发内部纠纷，这个要害在于，三个家庭意见不一致，父亲主张承包，大儿子胡林反对承包，小儿子胡伟主张承包一部分。由于签字已经完成，单个人力量又不足以改变合同的效力。于是胡林把这种气"往父亲和兄弟身上撒"，2012 年双方为这件事吵了架，胡林打了其兄弟一拳。胡伟认为自己吃了亏，在 2012 年的夏天，叫上其妻舅和妻舅的表弟，从十几公里的山外赶来，打了他的哥哥。其父亲看着也是唉声叹气，老泪纵横，却无能为力。2012 冬天，经村上治安员黄力的调解，双方在老父亲的见证下，哥哥赔偿弟弟 2000 元医疗费，弟弟赔偿哥哥 2300 元医疗费。自从调解协议达成后，原本两家紧挨着房屋居住，弟弟搬到另一个梁子上修建新屋，远离了原来的家屋格局。

2. 延伸争议之二：修公路与占用土地的各家之争

根据合同，老贺承担了从马蹄岩到坝村凉水井的简易公路修建责任。这一段 1.5 公里的泥巴路面坡度陡，但占用村民大量的耕地和田地。如何减少占地的损失，村民也想方设法用尽不少手段。其一个主要的方式是希望改变道路方向，使公路从本家土地上经过。原本划定的路线最后变得弯弯曲曲，开行起来很不方便。涉及的土地之争有王府二、胡小丽、刘顺等人。王府二的稻田位于马蹄岩，恰好公路修建时经过该地，村民都说王府二是村里的豪强，他找到队长和老贺要求更改路线，结果公路从直线转了一个弯，占用胡小桃的砂仁地。胡小桃认为这是王府二有意和他对着干，损人利己，但公路已经修好，不可能恢复，村里在土地承包金中以每平方米 100 元的形式予以补偿。刘顺的土地同样涉及这种情况，要求不能挖的果林被挖掉，或者说要求少挖的土地挖多了。最后的解决方案都是从承包金中拿出一部分钱来补偿。

3. 延伸争议之三：承包金分配纠纷

从 2014 年起，老贺正式交纳土地承包金，每年 4 万元。除去因公路占地的补偿款外，第一年只剩余 2 万元，但第二年每年能足额分配 4 万元的承包金。问题是如何分配承包金是件很头疼的事情。有的坚持以1996 年第二次荒山承包时的 26 户为标准分配，理由是承包合同是以 26户为基本签字单位形成的集体承包形式。有的坚持以现在的家户数量为标准进行承包金分配。结果分家少的大家庭（联合家庭或房的小家族）坚持第一种说法；分家多的家庭坚持第二种说法。村上也组织过多次会议讨论这个问题。一次村主任调解时提出，还得以合同为标准，按照 26家户为基本分配单位，而不是现在的 80 多户家庭。他又提出，每个大家庭根据分家数量形成的小家庭来进行内部分配。村民采纳了这个意见，既考虑到合同的规定，又照顾分家家庭的利益，但各个大家庭又因这个数千元的承包金份额纠葛不断。不论是 1996 年的 26 户，或现在的 80 余户，都是通过合同实现土地承包来调整利益的再分配格局。

从上面三起延伸争议看到，三起纠纷都因土地承包问题引发，但他们又不是主纠纷，只是土地承包中的附带纠纷。只有六户村民与队长和老贺的纠纷构成一个结构性的争议。三起纠纷针对的对象一是与队长有关，二是针对承包者老贺。针对队长的理由是队长自作主张，且有越权行为，擅自替村民做主，结果使村民不满意。以土地纠纷为主塑造的小型纠纷系统，把整个小社会的人连带并互动起来。

在针对老贺的纠纷关系上，村民并未有太多的言辞，也并未明说老贺如何违反承包合同。村民对老贺的不满可能是其他原因。村民提到，在成文合同之外，老贺还与村民达成一份口头协议，即老贺在承包地种植脐橙时，凡是合同上签字的村民都有优先用工权。这只是口头协议而未写入合同文本之中。结果，合同签订后，老贺在建台地、修水池、安喷管、日常维护等用工都没有履行口头协议，而是雇用了马蹄岩几个年轻人，老贺的认识是这几个人"老实本分"，用工基本上被他们包了，引发村民的不满，说老贺不履行协议，违背当初的承诺。这样又造成其他村民与马蹄岩长期受雇用的年轻人间的隔阂，生活中也有一些闲言碎语，甚至有意讽刺。在合同签字的当年，老贺家用水泥砖把 200 亩荒山全部圈起来，他们的房屋也修在里面，几乎不再与村民来往。上面这些行为有点不近人情，村民看来这是很势利的，违背村落人际关系的伦理法则，一种内心的不满自然而生。

四、过程中的权力技术

（一）老贺家：拥有时势权力的当事人

总体上，坝村村民与老贺家的合同表现为一种传统权力与现代权力（时势权力）的认知与博弈。坝村的半开放状态已经让村民接触到外部知识而不是地方性知识，一些知识结构对他们来说具有技术化、策略化或知识性。他们在这种一知半解过程中往往会吃亏，过后反悔又不知道如何处理，从而出现一些非理性表达。对于老贺家这种公司化运作的家族，村民显然不如他们懂得更多制度知识。实际上，雷波贺氏家族在溪洛渡蓄水金沙江淹没之前，已经是当地很有名的企业化家族。老贺家共有 5 弟兄，老大在成都购房，定居成都并长期在那里经商；老二在宜宾定居经商。余者三兄弟分别在昭通、昆明和攀枝花经商，坝村的承包是成立脐橙生产基地，三兄弟合伙并联合其他四家移民成立企业，所以经营管理较为规范。

贺提到，承包地每年虽然只有 4 万元，但从 2011 年到现在（2016年）的 5 年时间，共在这里投入达到 700 万元，后续资金缺口很大，尤其是脐橙的行情不明，价格时高时低。

笔者问：你们不是有政府对移民投资有资金支持吗？这些资金是多少？应该对脐橙种植和承包有很大的减负力度。

贺不以为然：政府有扶持，但需要严格的考察和程序，仅审批过程就很复杂。扶持金额不是很多，大头还是我们自己出，但对我们的投资还是很有帮助的。

笔者说道，政府应该很支持你们这种投资性移民，而不是单纯的那种异地安置。你们是一种增值性的移民方式，移民促进经济发展。

贺回应说，那是当然。投资的法律程序和政府帮扶都是很到位的。我们这个脐橙基地是农业开发企业，股份公司化运作，有专门的法律、政策顾问。你们的很多问题我们都会想得到，规避不少风险。我们只是承包土地，不是来压制或剥削你们的什么牧场、土地资源等。我们真心实意地来与你们合作，当初想的这个用工就近原则，但是这些工人不是年轻人——他们都出去了，我们只得请中年妇女，我们看到的是干活不积极，偷懒，要价高——

在这里，知识就是权力，权力就是知识，通过以知识为核心掌握了权力，知识匮乏者掌握信息缺失将是权力弱势一方。知识掌控者就其掌握知识完全可以操控契约关系过程、未来及预期。老贺家常年在外经商，知晓相关法律知识和操作技术，懂得如何规避风险和责任，即使发生问题也游刃有余，处理起来得心应手。更主要的是，他们通过掌握的知识避免直接卷入复杂而长期纠缠的村庄争议之中，虽然他们也是当事人，但从村民谈话、表达及日常实践来看，直接针对者并非作为外来者的老贺家，而是当时的队长袁国。这就是使全部家庭代表在合同上签字，以严格执行合同的办法，抵制村民的反悔行为。这种消极对待的态度实际是一种稳坐钓鱼台的策略。合同签订前，老贺有求于村民，村民掌握主动权，但缺乏相关知识和法律认知，他的主动在这种知识欠缺时被消解。一旦签订合同，老贺家便通过履行合同条款压制村民的非理性表达，尤其是合同的合法性使他获得签订之前的那种势位。由此，老贺家与村民之间权力关系在签订合同之前与之后呈相反态势。合同之前权力关系、力量对比在于村民强而老贺家弱；合同签订之后权力关系和力量对比在于老贺家强而村民弱。合同签字作为合法性占有土地的主要标志，构成权力相互转变的关键一环。谁合法地控制土地，谁就拥有权力，当村民签订合同后，该块土地的权力已转到老贺家，反悔者的弱势权力只能转变为抗争。老贺还利用村民对队长的不满，置身事外，专事于他们的脐橙种植。

（二）队长：两头不讨好

2012年春节我见到袁国队长，2016年再次见到他时他已经从村出纳退休，闲赋在家，看看书，做点农活。袁国是一个典型的乡村知识分子，他在家里放置很多医疗养生和农业种植的书，他也自诩为读书人——他是初中文化程度。传统乡绅与今日的乡村精英区别在于，传统乡绅拥有当代乡村精英不具有的权威，乡绅填补国家鞭长莫及或悬浮所留下的权力真空，他们对乡村社会的控制具有国家半官方控制的性质，与国家的关系都保持着藕断丝连。今日的乡村精英缺乏权威，从袁国在土地承包纠纷过程中村民对其态度，并成为村民不满的主要对象看到，袁国虽拥有某些村治权力，但权威已经丧失。而这种丧失带来的村治问题，是他无法建构一套整合、号召、规制的个人魅力和权力，"队长"或村民小组组长这个位置是很尴尬的，上受村委的制约，下受村民的牵制，因而在处理村务时需顾及两头，否则会上得不到信任下又得罪人，村民对承包户无能为力时，就会把气撒在队长那儿，结果队长觉得自己"很受伤"。其中公开且有严重冲突的如下两例：

1. 延伸争议之四：欧银荒山纠纷

欧银在马蹄岩的地原是他父亲在包产到户之前，村里允许各家户自行开荒，种地收入不计入村里生产，并归自己所有的垦荒模式，包产到户时村里承认这部分垦荒地不纳入承包地之列，成为自行拥有的土地。其实也是一种变相的承包地。本次荒山承包时，恰好欧银的这块 1.5 亩土地位于荒山边缘。在测量承包地面积时，队长把这块地一并计入 200 亩的承包地之中。在会议上，欧银看到当时的说明，即承包荒山的边界在欧的这块土地边界上，遂找到队长要求说明并更正。队长说这是荒山。欧银说不是。原来欧银的土地已经荒废多年，没有开挖种植，地坡上长满杂草和藤蔓，同与之相隔的原始薪炭林无任何区别。队长说这就是荒山。2011 年 4 月中旬，欧银再次找到队长要求更正承包地理位置，以把自己的土地划回来。队长不同意，坚持认为作为荒山一部分承包。欧银很气愤，结果两人打起来，袁国被欧银一拳打在肩臂上，双方解决不好，又去找治安员调解。治安员与队长经常在村委会见面，也算是熟人。欧银感觉很不满意，他说治安员只提打队长肩臂的事，不提土地问题。问题仍得不到解决。但欧银也有自己的策略，因为涉及的问题不仅他一家，在小组会议上他串联相关的家庭，共同反对荒废的承包地纳入荒山承包之列。与会的村民都反对这类荒地作为荒山，除少数人提到不知道这件事之外，绝大部分人都认为欧银的那块土地是自垦的土地，而不是荒山。

2. 延伸争议之五：张顺承包地划入荒山纠纷

张顺的位于沙片片（较陡峭的沙地）的一块约 0.7 亩的承包地与此次承包荒山地相连，在荒山承包时，他刚好和妻子在外打工，对荒山承包一事知之甚少，尤不知道荒山的地界如何划分，且其土地也荒芜，看似与接壤的荒山别无二致，在划地时被当时的测量员划入荒山之中。虽然张顺也委托在村的村民签字，他对承包荒山具体的过程和细节却不了解。在 2013 年夏，张顺打工回家准备建房时，发现他的沙片片地已经被老贺用围墙圈起来。在找老贺论理的过程中，老贺拿出当初测量的地图，的确是承包地的一部分。张顺很生气，找到队长，队长说是当时的测量员划的，之后大家签字认可。但张顺认为不能在主人在外时划地，这样他就不承认。这块地已经被正式列入承包，已拿不回来了。张顺认为这是队长的责任，要求队长从其他集体林地中划分一部分出来补偿，其他集体荒山、林地已经没有，显然张顺的要求得不到满足。从 2014 年到 2015 年两年间，张顺两次找到队长要求解决，几乎每次都不欢而散，要吵上一阵子。2016 年 2 月，张顺与队长在公路上相遇，双方提到土地补偿问题，结果说不到一处，相互推搡殴打。至今，队长已经退休，张顺的土地问题不但未得到解决，双方的仇恨越闹越大，几乎不能见面，已到一见面就要厮打的地步，被村民称为一对活冤家。

与之相类似的还存在易佳与袁国关于张顺的承包地划入荒山的争议。易佳多次找袁国要求解决，但袁国在荒山承包之后不久，辞去了队长职务，村民说"他想推掉一切"。易佳的诉求也不知道该找谁。一提到袁国，他就咬牙切齿。

若村委会是仍具有半官方性（即使它是自治组织）的机构，那么队长则真正地远离正式权力，袁国在这种权力结构中身份及其地位都会受到影响。队长——即村民小组组长——的弱权威性无法震慑纠纷场域，大家都看不起他，用他的话说是"吃力不讨好"，袁国辞职也许真地不想再涉此事，但得罪的那些人的关系事件仍在延伸。他提到：

队长这个位置谁都不愿干，不是件好差事。有好处都来巴结你，有坏处都会整你。这件事（主要指土地承包）看到了吗？得罪一大片人。我主要为大家好，那块地本来就荒废不堪，多年没有一点收入，除了砍点做饭的炭柴。承包了每年就是4万元，这个不用掐指算的简单道理，居然这么多人不理解，鸡毛事都来闹。没有那4万元租金的事，二十年相安无事，有了好处反而要闹架。你说这是为何？还不是不满足，贪婪心太重。看不到好处，只看到更多的好处。村上都说了是件好事，保障三十年有固定的收入，但有些人就是不理解。说得罪人，是我没给他们更多更大的利益。这件事真让我看透了人心（他说的是人性或是人心我没听清楚），不干了，吃力不讨好，付出了得到的是上门闹架，"无官一身轻。"国家（其实是村上）一年给你那么点待遇（一个月有500元），得罪一大片。

带来好处还得罪人，这就是队长在乡村治理体系中的尴尬角色。权威弱化，甚至丧失，意味着权力表达缺乏村民认同，他与村民之间关系不再是上下级阶序关系，而是一种与村民平行的关系，也就说队长在村民眼里也是村民。袁所说的得罪人是指上述延伸争议中欧银、张顺、易佳的承包地是否划分荒山之争，以及修建公路时的占用承包地，老贺家用水、过水之争，这些争议本是与老贺家的矛盾，老贺家以合同为据不理睬，结果袁国成了这系列争议的"替罪羊"。当然，作为主要参与人，袁国的确在承包过程中缺乏与村民沟通，或者没有考量个别人感受，导致他自己牵涉其中不能自拔。

（二）村民：从解决纠纷到边缘抗争

古立弗对阿鲁沙人调查发现，"协商解决方案的胜利方往往是在政治上强有力的一方。虽然在谈判过程中也涉及了规范，规范不能决定结果。"[1]从纠纷类型看，延伸争议围绕着主纠纷展开，这些争议不具有影响主纠纷的能力。甚至从主纠纷所呈现的四个权力派系结构：队长、老贺家、六户反悔村民、其他签字村民，四方权力结构与六个延伸争议的当事者都不完全一致。这表明，整个纠纷体系隐含着各个关联村民的自身利益考量，而不是从整体利益

---

〔1〕 Sally Falk Moore, "Certainties Undone: Fifty Turbulent Years of Legalanthropology, 1949-1999", *Journal of the Royal Anthropological Institute*, Vol. 7, No. 1, Mar 2001, pp. 22-95.

来作出行为选择。延伸争议做出的是个人表达；主纠纷做出的是集体行动。在四重权力结构中，队长属于无权威者之弱权力，但在延伸争议的个人利益表达中，队长明显地占据优势。因为队长在四重权力中面对的是群的集体权力，而在延伸争议中面对单个人的表达。这就解释为何村民个人无法用支配性手段来满足他的预期。

反悔六户无法通过正式而公开的权力手段解决他们面临的问题，与队长、老贺家三方间权力不对等，即合同已签字情况下无法通过反悔恢复之前土地秩序状态。尤其是，六户村民在合法性、道理论证和社会控制方面都不足以颠覆这一套被合同建构的土地秩序时，他们权力态势更为势弱，正常诉求就很难实现。那么，隐藏在日常秩序的个人反抗——或者说非正式权力表达——成为他们诉求的另一种非常态形式。在此，权力既是结构性的，即建立一种权力支配或影响对方；又是反结构性的，即破坏一种双方形成的权力或打乱之前的权力关系。村民表达诉求的正常形式，如找队长交涉属于正常权力表达，要求补偿家庭联产承包责任时那部分失去土地损失，或者说在村民小组会议上不断提及问题，发表自己观点和主张，或者向上呈送诉求和材料，这些都可被归入结构性权力技术。在村委会、治安员多次调解都无法消解矛盾时，内部权力控制、非正式纠纷解决方式总体上是失败的，但这又在权力结构下受到限制，正常表达方式受到正常权力结构制约使他们难以实现预期目标，因为内部权力无法打破既定权力结构，纠纷解决就会演变为反抗。一些延伸争议——如家庭内关于分配承包金，不涉及上述权力结构时，问题解决比这个容易得多。

基本上，农民的日常反抗都是以日常形式表现的弱者武器。[1]斯科特提到，"无权群体的日常武器主要行动拖沓、假装糊涂、虚假顺从、小偷小摸、装傻卖呆、诽谤、纵火、破坏等。他们几乎不需要协调或计划，他们通常表现为一种个体的自助形式，避免直接地、象征性地与官方或精英制定的规范相对抗。了解这些平凡的反抗形式就是理解大多数农民尽其所能为维护自身利益而进行的

---

〔1〕〔美〕詹姆斯·C. 斯科特：《农民的道义经济学：东南亚的反叛与生存》，程立显等译，译林出版社 2001 年版，第 310~332 页。

经常性反抗。"[1]表明反抗权力的起始点一定是个体的策略，它反抗特定的支配形式，即使以微不足道的形式。[2]反抗具有三重特征："①反抗包括一种在与权力关系中权力较弱的意识；②反抗意识到某种情景是自己可以介入其中并获得优势的；③反抗行为包括对权力造成不公的条件和机会进行评价，对正义追求以及对不公情景负责的责任心。"[3]村民在结构性权力制约情况下，反抗而不是采用正式诉求方式是他们的一种无奈选择，这是一种反结构性权力技术。典型例子如下（老贺与村民的用水纠纷，如下例——延伸争议之六）：

在所有反悔的家户中，刘小文父子俩最为激烈。起初，刘氏父子也是在队长的号召下"稀里糊涂"签字，但据刘氏所说，"不了解情况，合同书没有仔细读，被老贺和队长骗了，上当了。原意不是承包，而是合作。"几次接触下来，刘的上述话语显然只是他不满原因之一。真正让他产生怨气的是老贺脐橙种植的过水问题。2013年初，老贺在承包地的南面制高点修建达7000立方米的四个水池。200亩脐橙有数万棵，几乎每日都在喷灌，导致用水量巨大。夏秋的雨季则罢，到其他干旱季节时，就存在着脐橙与村民日常用水、农地浇灌的水源之争的问题。虽然凡是村民用水时，老贺就不用，村民有用水的优先权。但村民不用时，老贺一直在用。这样给村民产生某种水资源被抢占的感觉。村民看来，这些珍贵的资源应该被补偿但却没有。村里开始传谣言，说队长收了老贺2000元（这个无法证明），在合同书里没有规定用水补偿，村民不知道如何诉求，当然也累积很多怨气。

从坝村的无名河到荒山承包地，一条直通往四个水池的水泥堰沟于2013年底修成，这条堰沟直接利用以前坝村的老堰沟，与堰沟相邻的承包户要求赔偿，否则不让通过。彭国的稻田正好临接这条堰沟，他要求老贺补偿5000元，但遭到拒绝，老贺说"合同允许用水，并无赔偿要

---

〔1〕［美］詹姆斯·C.斯科特：《农民的道义经济学：东南亚的反叛与生存》，程立显等译，译林出版社2001年版，第35页。

〔2〕［英］约翰·格莱德希尔：《权力及其伪装：关于政治的人类学视角》，赵旭东译，商务印书馆2011年版，第203页。

〔3〕［美］帕特里夏·尤伊克、苏珊·S.西贝尔：《法律的公共空间——日常生活中的法律故事》，陆益龙译，郭星华译，商务印书馆2005年版，第245~246页。

求"。当这些堰沟正式通水时，却发现被人挖断或被土填埋，一些暴露于地表的水管时常被人剪断几节，重结上又被人剪断，找人守候却无法查到。老贺说，可能是晚上干的。但村里知情的人私下说，就是刘小文和彭国联合搞的。村里又传出一些话，说是不补偿水资源费用和堰沟占地费用，就别想通过。但老贺并未当回事，在多次出现断沟或覆沟后，一些村民也看不下去了，老贺雇用专门管水工人日夜守候，为此老贺说增加很大成本，但挖断堰沟和剪水管事件越来越少，之前的损失也就不了了之。因这件事的影响，原本利用坝村既有电线的老贺，不想再生事端，自行从佛滩拉线到承包地，弃用坝村电线。

对于挖断老贺家堰沟、剪断其水管来说，这些微型权力技术正是具有弱强权力不对等时的抗争表达，比如不为人知的策略——村民都心知肚明——已有很多次，不过它是秘密和隐晦的。再如不与之建立互助协作关系，从未有人要帮老贺家修建、送礼，只以用工而不是帮工形式与村民形成经济关系，村民之间却是非经济性互助关系。提高用电价格，甚至高于政府定价，最后迫使老贺家单独拉线。往老贺围墙内投石子，据说打坏了不少树苗。塑造不利于老贺家的社会舆论，村民都异口同声说老贺家为人不好，只想到钱，不想到村民感受。村民种植与老贺家同样的脐橙，"挤垮对方的本地市场。"脐橙开始推广，都认为有好价钱，能挤走老贺的市场等。这些行为"无组织动员，无权威信息，无规则底线，无利益诉求。"[1]他们没有具体的行动预期和安排，仅仅是为了出气。

即使我们看到来自不同学科对抗争政治进行的似乎定论的解释，我仍认为抗争政治在纠纷中还需要完善，我更倾向于用"边缘行动"来补充纠纷中抗争的权力表达技术。言之边缘，其一是与强势当事人的弱势者身份地位；其二为这些行动不足以影响纠纷本身，系纠纷秩序之外围、单方面行为。概言之，他们处于纠纷权力场域的边缘，是一种弱势者。这种非正式方式并不是解决纠纷策略，而是不为外人道的泄愤。这种走在公开与隐晦、正式与非正式之间的行为，正是他们的知识结构决定的一种权力技术。边缘行动（即

---

〔1〕 于建嵘：《抗争性政治：中国政治社会学基本问题》，人民出版社 2010 年版，第 156~160 页。

边缘抗争）亦是一种抗争，远比公开、面对面抗争更隐讳，以往抗争研究注重抗争的社会影响力，忽略非公开性及非面对面的另一种抗争形式，实际上抗争乃是权力关系不对等导致的结果。比如，这些村民文化层次普遍在初中以下，大部分都是文盲，部分人签字都找人代写。发生纠纷所在自然村的高中及其之上学历者寥寥可数，那些拥有核心权力的成年人几乎都只是小学文化。文化水平虽不至于影响个人的社会参与能力，在正式制度的知识结构、技术方面的确与之相关。他们的知识结构来自于个人参与地方社会的经验，他们对合同这种新情势懵懂茫然，又似觉新鲜好奇，它的形式及其效力、控制都是一种外来制度形式。这种知识超出村民基于本地经验的知识范围，在这种知识结构在地方经验之间无法嵌入时，利益诉求机制必然也是本地经验和地方性知识意义上的选择。当拥有知识即拥有控制事态之资本时，抗争与泄愤由"知识就是权力"的关联性决定。

五、纠纷外溢与上法院

从上述四重权力结构看到，村民与队长、老贺家的合同纠纷在知识结构偏差、信息差异和权力结构方面，都存在着很大的不对等性。自力救济无法撼动既定的合同秩序，调解作为乡村精英和权威的权力运作也未实现村民的诉求，在乡村权力体系中纠纷处理失败了，而纠纷状态一直持续，意味着纠纷必然溢出乡村空间范围，从乡村内部走向乡村外部。纠纷外溢是指当事人之间权力失衡，呈现弱强态势，内部权力不起作用时，外部权力成为当事人寻求解决问题的主要途径和工具，内部控制失败后趋向外部控制。上法院是他们的终极选择。虽然学术界形成共识，认为传统中国乡土社会人们解决纠纷心态是息诉、厌诉，村民不愿去官府打官司，除成本、路途及时长关系外，也存在着不愿闹大、影响熟人伦理和面子问题，把很多内部纠纷限制在小型社会结构内。这是一种具有现代影响的独特的中国法文化。[1]作为区分传统与现代的显著标志，从息诉到诉讼构成村民从传统伦理文化到现代法治文化治理转变的关键性环节。诉讼这个新型法律行为方式在坝村这样的半开放乡

---

〔1〕〔日〕贺滋秀三：《中国法文化的考察——以诉讼的形态为素材》，载《比较法研究》1988年第3期。

村已不再陌生，打破了传统社会"纠纷出村"的生活格局。村民通过打工接触国家制度、文化和技术，法律、司法表现出的符号已经不再冰冷而远离大众，接近、利用法律，接近司法正是他们与国家联络的一种方式。在接近国家过程中，法律和司法原来与村民的距离感消失了，他们通过自身实践不断累积对法律的认知和熟悉，通过法律获得支配对方的权力手段。即使没学习过法条的村民，他们也有朴素的法律意识，此构成他们日常生活秩序的法律性。[1]这是一种类似于伊林（Иван Александрович Ильин）强调的自律性法律意识。[2]当这种意识被转移到生活事件时，就具有功能性意义，高高在上的法律逐渐从结构转变为村民表达利益的工具。本地权威性资源和国家具有的配置性资源都可能被纳入资源性权力的选择性控制体系中。这两种资源构成权力扩张性的中介。[3]上法院恰恰是通过配置性资源获得或扩张权力的中介因素，法律由此被理解为一种权力资源。[4]实际上，上法院为原告们提供一种象征性权力，这样既可以挑战那些脆弱的等级制度，又可以保护自己不稳定的地位。同时，他们求助于法律也利用法律权威，可以与家庭和邻里权威相抗衡，并在抗衡中厘清这些问题。另一方面，求助法律的目的在于逃避社区的束缚，并在家庭和邻里建立起一种更符合个人喜好的秩序状态。[5]法律被看成是权力关系的表述，又是使这种关系正式化和合法化的重要机制。在复杂的现代大规模社会中，有权力的人需要一套精心制定的规则体系指导配合他们的权力行使，这既凭靠法律，又凭靠法律结构。[6]法律在这些社会构成更为广泛而全面的权力关系，并表现为一个富有价值的、更为可靠的稳定因素。当年的起诉方一直这样提到：

---

〔1〕［美］帕特里夏·尤伊克、苏珊·S. 西贝尔：《法律的公共空间——日常生活中的法律故事》，陆益龙译，郭星华校，商务印书馆 2005 年版，第 73~78 页。

〔2〕［俄］伊·亚·伊林：《法律意识的实质》，徐晓晴译，清华大学出版社 2005 年版，第 175 页。

〔3〕［英］安东尼·吉登斯：《社会的构成：结构化理论大纲》，李康、李猛译，王铭铭校，生活·读书·新知三联书店出版社 1998 年版，第 378~379 页。

〔4〕强世功：《法制与治理——国家转型中的法律》，中国政法大学出版社 2003 年版，第 258 页。

〔5〕［美］萨利·安格尔·梅丽：《诉讼的话语——生活在美国社会底层人的法律意识》，郭星华等译，北京大学出版社 2007 年版，第 117 页、232 页。

〔6〕［英］罗杰·科特威尔：《法律社会学导论》，潘大松等译，华夏出版社 1989 年版，第 132~133 页。

　　不起诉问题总悬在那里，得不到解决，不是个事儿。村里谁都搞不定这件事。谁都不怕让谁，找不到一个处理方法，也没有人能有能力处理这件事。村上的人也不听。只要找官家。官家说谁对就谁对，谁错就谁错。

　　村民的行动过程也正是基于空间选择的权力制约表达，权力技术也就是其选择空间的策略。在特定时空内利用法律[1]，通过法律失败进行空间选择[2]。不同空间的选择表明农民的选择和计谋是深层的连续性促成的[3]。比如群体的自力救济，村级机构调解等失败后，内部空间权力选择明显已经穷尽，无其他方式可以替补或优选时，跳出空间进入双方不可控结构中，对弱势者而言就是从明显的强弱关系转变一种均衡的权力关系。作为权力的等腰三角的第三方空间制约消解双方原本的权力格局，反映当事人对空间权力支配逐渐递减的趋势。若权力的空间支配增强，那么当事人选择解决的路径策略应当是逆向的。

　　纠纷溢出社区边界，进入司法，证明了民间秩序整合失败迫使国家法直接面对个人的实质性需求。[4]在正义供给体系无法有效回应乡土社会秩序需求之前提下，纠纷主体借助国家法律机关的出场来维护自身生活利益的实质是对"社会—法律"系统张力的能动整合。[5]如果弱势者当事人角色变为一种微观政治学抗争，诉讼则看作是一种通过法律的权力反抗形式。2011年11月6户村民正式向永善县法院起诉，要求法院判决合同无效。诉状提到：

---

〔1〕〔美〕帕特里夏·尤伊克、苏珊·S. 西贝尔：《法律的公共空间——日常生活中的故事》，陆益龙译，郭星华校，商务印书馆2005年版，第213~214页。

〔2〕〔荷〕Benjamin van Rooij：《法律的维度——从空间上解读法律失败》，姚艳译，载《思想战线》2004年第4期。

〔3〕〔美〕弗里曼等：《中国乡村，社会主义国家》，陶鹤山译，中国社会科学文献出版社2002年版，第390页。

〔4〕储卉娟：《从暴力犯罪看乡村秩序及其"豪强化"危险　国家法/民间法视角反思》，载《社会》2012年第3期。

〔5〕印子：《乡土纠纷的解决与正义供给——来自赣南宋村的田野经验》，载《环球法律评论》2014年第2期。

2011 年 4 月 8 日，被告袁国在原告方不知情且有两户人不在家的情况下，擅自将本社 70 余户农户的土地及荒山的经营权转让给被告贺文兄弟经营，三被告给付了袁国转让定金 5 万元后，袁国持一页空白纸叫本社农户签字盖手印，本社农户并不知道袁国与贺文、贺康、贺琦所签订合同的内容。四被告的行为严重违反法律规定，侵犯了本社农户承包土地及荒山的合法权益，请求判决袁国与贺文、贺康、贺琦所签土地转让合同无效。[1]

庭审过程中，双方围绕着合同的性质展开辩论，即合同是否应当作为一个集体合同，而不是签字的每户都是一个缔约主体。从土地的性质看，1996 年第二次荒山承包时分给了当时的 26 户，本次承包却以集体荒地的性质发包，承包合同以集体承包地对待。法院据此认为，6 户原告不能作为单独的诉讼主体，必须征得其他缔约家户的同意，或授权代表他们诉讼。如果没有这两方面的授权或同意，他们没有这种诉讼的适格性。这种法经济学意义的理性主义思维，虽然使那些服务于更广泛更平等地分配权力的法律有可能支撑非正式的体系，[2]但当这种分配不是按照平等原则而是按照意思自治原则进行时，分配权力的非正式方式可能失效。当事者的权力基于契约的意思自治时，权力的非正式方式会让位于法律的判决。判决书指出：

> 本院认为，原告所诉合同属油坊四社多户人参加签订的合同，合同效力并非涉及原告六户的权利，涉及在合同上签名捺印的所有人的权利，原告未取得其他在合同上签名捺印的人授权，不得请求对合同权利的处分。公民在行使权利的时候，不得损害国家的、社会的、集团的利益和其他公民的合法权利。民事案件当事人有权在法律规定的范围内处分自己的民事权利和民诉权利，但必须依法行使民事权利，不得超出自己的权利范围。本案在合同书上签名捺印的油坊四社社员，是土地承包经营

---

〔1〕 云南省永善县人民法院民事裁定书（2011）永民初字第 700 号。

〔2〕 ［美］罗伯特·C. 埃里克森：《无需法律的秩序：邻人如何解决纠纷》，苏力译，中国政法大学出版社 2003 年版，第 353 页。

权流转的主体。六原告请求本院判决确认合同无效，在诉讼中不能提供其起诉行为已得到其他在合同上签名捺印的人委托授权的证据，因此六原告请求法院判决确认合同无效，根据《中华人民共和国民事诉讼法》第十三条、第一百零八条、第一百四十条（三项之规定），裁定如下：驳回原告起诉。[1]

上述判决之后，村民并未上诉，意味着合同效力被"定型"，承认现实是无奈的选择。与之关联的上述 6 起纠纷，除承包金在诉讼之前解决，其他 5 起都因本判决而销声匿迹了。法院判决承认合同有效，意即欧银、张顺两家土地被正式划入承包地之中。胡氏兄弟与其父的纠纷也尘埃落定，至于过水权之争以及修路占地之争，经过两年折腾之后，也逐渐归于平息。坝村土地承包纠纷矩阵在"上法院"选择中被对冲、消解，表明主纠纷对延伸争议的某种制约与稀释功能。延伸争议渗透、嵌入主纠纷之中，也必然随着主纠纷的变动而变动。然而这只能认为是村民的隐忍而非放弃，多数人都说不想"折腾"。有些问题法院判决亦未解决，如究竟谁代表已分家之家庭签字才具有合法性，一个分家的三个家庭统合为一个签字权，很难形成家庭内合意的签字权，仍是坝村时常遇到之事。

六、乡村司法的逆向路径

前面提及，村民主动提起诉讼构成当代乡村半开放社会积极型的一面，村民的诉讼促成乡村走向半开放社会，不但改变乡村传统权力秩序（如对妇女权力、弱势当事人等将诉讼作为权力平衡的主体极为重要），且也正是它们的这种行为使乡村观念趋向现代，村民自然成为乡村半开放社会变迁之重要主体。这样一来，"上法院"对乡村司法理论构成挑战。

乡村权力多元并不存在学者认为的"语言混乱"[2]，"结构混乱"也不是对立性的，而是竞争性、选择性和策略性的情态。[3]进一步说，它存在着

---

〔1〕　云南省永善县人民法院民事裁定书（2011）永民初字第 700 号。

〔2〕　朱晓阳：《"语言混乱"与法律人类学的整体论进路》，载《中国社会科学》，2007 年第 2 期。

〔3〕　董磊明：《宋村的调解：巨变时代的权威与秩序》，法律出版社 2008 年版，第 144 页以下。

逻辑性、层次性和嵌入性，国家权力从来都不是置身事外的，正如穆尔所指出，一直处于被作为资源和结构的情境中。[1]所谓国家权力上浮本身是一个伪命题。乡村自治并非是绝对的，农民也不一定欢迎任何事件都依赖于内部处理，在权威控制、强人支配或混混当道的地方，国家反而成为他们的依赖。利用代表国家权力的法庭/法律解决个人问题的人会越来越依靠国家来操纵他们的私人生活。所以，利用法院来解决问题的人通常迫不得已而为之，去法院是他们最后的一条路。上法院为原告提供一种象征性的权力。[2]法律社会学强调法律作为资源或结构展开有力的论证和研究，形成法律的工具主义、资源论与法律的目的论、结构论等不同的学说，甚至构成尤伊克所说的利用、敬畏和对抗的三分关系。法律作为资源与结构体现法律工具主义与法律权威论，仍不能有效地解决法律对人的有效性问题，因这种论调脱离不了法律客观性问题，忽略主观性和意识形态。[3]资源是知识、资本、财产、政治关系和体力。[4]这些因素构成一个人、组织或集团之社会控制力量，即权力。不论把法律作为资源抑或结构，都不可避免走向法律霸权。[5]它会影响人们在法律活动中的某些能动性选择。这是一个悖论：当人们参与法律活动希望实现自己欲求时，法律往往并不按照他/她意愿进行下去，甚至反其道而行。资源论或结构论都不足以说明人们对诉讼结果的矛盾心态。因为法律本身远非逻辑统一而自足自洽的体系。[6]法律只是那些支配并充斥着生活现实的各种权力

---

〔1〕 Sally Falk Moore, *Law and Anthropology*: *A Reader*, Blackwell Publishing Ltd, 2005, p. 347.

〔2〕 ［美］萨利·安格尔·梅丽：《诉讼的话语——生活在美国社会底层人的法律意识》，郭星华等译，北京大学出版社2007年版，第117页。

〔3〕 吴艳红、李红琼：《中国农村的纠纷解决：资源与可及性——以湖南一个村落的研究为例》，载《中外法学》2007年第3期；王启梁：《不信任背景下的权利意识生长》，载《中国法律评论》2016年第2期；［美］萨利·安格尔·梅丽：《诉讼的话语——生活在美国社会底层人的法律意识》，郭星华等译，北京大学出版社2007年版，第242页。

〔4〕 ［美］帕特里夏·尤伊克、苏珊·S. 西贝尔：《法律的公共空间——日常生活中的法律故事》，陆益龙译，郭星华校，商务印书馆2005年版，第179~221页；陆益龙：《法律性的社会学建构——评尤伊克和西尔贝〈法律的公共空间——日常生活中的故事〉》，载《社会学研究》2006年第6期。

〔5〕 这里的资源实指法律资源，是一切可以由法律界定和配置，并具有法律意义和社会意义的价值物，如权利、权力、义务、责任、法律信息、法律责任等，其中权利和权力是最重要的法律资源。见张文显：《法理学》（第3版），高等教育出版社2007年版，第328页。

〔6〕 冯象：《政法笔记》（增订版），北京大学出版社2012年版，第105页。

关系的象征。[1]正如本案中，当事人满怀信心走上法庭，结果却得不到法院认可。

问题不在于村民想要何种结果，而在于对"上法院"这种积极而主动寻求法律的一种政治和观念认知。对此有必要评价送法下乡与迎法下乡两种理论。送法下乡是"建立局部支配性权力关系的一种可行方式，甚至可能是在既定制约下唯一可行的方式。"[2]另一种局部性权力支配是迎法下乡。[3]送法的因由主要是"制度与社会的经济生产方式和社会组织结构可能有更深刻的逻辑关系，并不完全服从意识形态的逻辑"[4]。法律在此不再是"为人民服务"，而是一种以福柯式权力运作逻辑实现对乡村秩序的控制，或者说是加强政权建设的方式。乡村纠纷解决的官方处理是送法下乡的一种形式。然而，乡村秩序早已不同于改革开放前"国家强势力量推行"的法律实践，"这些年中国社会发生的巨大结构变迁，使得更多的农民已经有了迎法下乡的需求"[5]。甚至国家法律进入（乡村）的实践，并不仅仅是国家一厢情愿地送法下乡，更表现为乡村社会产生内在需求的迎法下乡。[6]迎法下乡仍然不现实，官方权力很多时候仍蜷伏在城市，如果不是政治任务和升职要求，村民的迎法可能是一厢情愿，得不到官方权力的配合。迎法也只是为寻求对自己有利，带来好处及福利，化解矛盾等方面的选择性、功利性方式。不论送法下乡或迎法下乡，两者反映被动选择与主动建构的权力秩序生成方式。[7]送法下乡与迎法下乡理论都是以乡村为客位视角，站在第三方或官方角度来分析乡村权力，乡村变成"他者"。恰恰在于，村民并不是这种"他者"化和被动的客体，而是具有高度能动并反映国家权力的主体，在内部结构对纠纷

〔1〕 陈柏峰：《乡村混混与农村社会灰色化：两湖平原，1980—2008》，华中科技大学 2008 年博士学位论文，第 36 页。

〔2〕 苏力：《送法下乡——中国基层司法制度研究》，北京大学出版 2011 年版，第 41 页。

〔3〕 董磊明等：《结构混乱与迎法下乡——河南宋村法律实践的解读》，载《中国社会科学》2008 年第 5 期。

〔4〕 苏力：《为什么"送法上门"》，载《社会学研究》1998 年第 2 期。

〔5〕 董磊明等：《结构混乱与迎法下乡——河南宋村法律实践的解读》，载《中国社会科学》2008 年第 5 期。

〔6〕 董磊明：《宋村的调解：巨变时代的权威与秩序》，法律出版社 2008 年，第 123 页。

〔7〕 狄金华：《迎法下乡及其社会基础——读〈宋村的调解：巨变时代的权威与秩序〉》，载《中国农业大学（社会科学版）》2009 年第 3 期。

解决过程失败情况下，国家法律/权力作为村民的某种工具和资源，寻求法律、国家权力控制来牵涉对方，并成为一种结构性约束，一种积极而主动寻求法律、找法院、接近国家的方式已然成为村民的常规性表达。国家建构乡村法治、重建乡村权威的送法下乡或村民主动利用法律下乡形式培育乡村法治秩序已经发生改变，他们不再是被动的法律支配对象，而是积极地、主动地走向法律，找法院解决问题，早已不是消极等待而被支配的角色。上法院之过程、行动、技术增强了当事人对法律的认知、了解及可预期性，又强化当事人对权利意识与利益保护的某种敏感性。迎法下乡或送法下乡缺乏这种敏感度，在无权利及利益博弈时法律被选择或置于某个可能不重要的位置。本质的不同在于，法律知识之竞争与被动地学习法律形成的心理反差效应，当然上法院获得的知识效果要好。上法院对于当事人之法律知识增长远远强于被动选择的知识获取，法律权威、信任与权利意识在利益勾连过程中得到联系。更直接一点，法律不仅是一种制度，也是一种知识，一种提供合法性的知识。[1]这样的知识通过权力技术的运用进入一个权力场域之中，审判过程构成一种以知识表达的权力操作过程。国家通过送法下乡、法律服务和宣传等方式再造权威，法律获得村民信任，反过来又提升了法律裁决的权威性和效力。"上法院"理论更能有效地说明现代乡村国家权力支配的某种路径和关系形态，它表明国家可能不总是介入事务，然它的确一直在身后或在场，未曾远离。法律不再是作为他者的异质系统，而是村民置身于其中的一种活生生的权力网络。

七、多重结构影响下的筛漏选择

对村民来说，法律究竟是一种资源或是一种结构，或两者都是？这可能要站立在具体语境中考量。不论将他们作为资源而加以利用，满足自己预期的工具，或是愿意接受其控制的制度，都证明法律离不开他们的背景性力量。筛漏功能确已减少纠纷上传数量，然从本案例看到筛漏不能操控某些事件。实际上，

---

〔1〕 强世功：《法制与治理——国家转型中的法律》，中国政法大学出版社 2003 年版，第 258 页。

筛漏决定于这些结构安排，形成结构性制约的选择机制。[1]究竟何种力量能让他们不顾及邻居、熟人间情面，一定要用法律裁决呢？回到纠纷标的，也即村民一直以土地为中心展开博弈，农业经济、生产模式已不如市场经济模式，村民主要收入依赖于打工，农产品收入仅为其次，这些都不会降低土地在农民社会中的价值。土地转变为超越传统经济模式，尤其是有台地的承包地，不论农业生产、种植都极为重要。那些多子家庭的土地更是弥足珍贵。土地自古就是稀缺资源。作为日常生活、社会观念和关系实践的主要载体，土地一直深深地嵌入本地人社会秩序。没有土地就没有他们一切，土地构成他们生命中极为重要因素。仅以油坊为例，从 2014 年到 2016 年两年时间，因地界、承包、置换等发生的纠纷多达十余起，纠纷激烈程度远大于日常生活纠纷。两个兄弟分家时，因土地置换不公而大打出手，其父规劝不住，老泪纵横，村上调解和家族联合调解，在老父亲将提取的土地让渡一部分后才得以平息。[2]这是农民的"依赖性危机"。这些纠纷反映了他们关于土地生存伦理的道义法则。

这种"结构"又与乡村伦理社会不相协调，甚至发生严重对立。在讲究人情、面子和亲疏远近的近邻社会中，任何严肃的对立情绪和极端利益的强调都可能伤及这些伦理秩序。土地争夺与结构性制约实际面临着伦理秩序损伤，结果他们不得不艰难地协调两者关系。当这种关系最终无法磨合时，摒弃传统相邻关系伦理，通过法律途径寻求土地权利保障就是这种"结构"的逻辑，即土地生存伦理与近邻社会伦理之间无法找到村民看来两厢可行办法时，法律就显得很重要；如果土地与近邻伦理之间能够有孰轻孰重，或有协

---

[1] 但并不是所有乡土社会纠纷的当事人，甚至是绝大部分当事人，都愿意把争议诉诸法庭或官方解决，虽然今日多数村庄都实现了村村通公路、人们的收入远远高于诉讼的费用，并且打官司成为一种随时威胁对方当事人的口语，然错综复杂的权力网络与血缘、地缘伦理关系仍是主要障碍。乡村一些人是富起来了，交通也很便捷，法治意识比较强，使用成本、地缘结构或心理因素来都是把法律作为资源考量，而不是不计成本、息诉、伦理等方面考虑一味寻求法律，这种结构论观点不足以说明问题。

[2] 相邻关系的土地置换近些年逐渐多起来。包产到户时，乡村的土地分配是以三六九等为标准，划分一等土、二等土和三等土并以此分割到家户。它造成每家每户的土地条块化和碎片化，种地很不方便。一些农户为了打破条块分割的局面，通过置换的方式将自己土地连成一片，是土地承包后惯常的做法。土地置换带来一些问题，主要还是一些村民对置换的土地不满，反悔了。但土地置换后有人在上面种植果林，改造为农田，纠纷很难通过恢复原状实现。这种纠纷在调解的基础上以补偿的方式解决。

调可行办法，法律就不重要。[1]半开放社会条件下，这也是他们正常的思维。法律、土地、近邻伦理与三者之间呈现出衰减趋势。法律在这三重结构中不再是超然存在，而是一种终极控制，既是解决问题的手段，又是实现权力支配的策略。

在为生存伦理而选择诉讼之后，各方底线都尽已展现，面子重不重要，本身就不重要，村民把纠纷结局交给法院，意味着不再为此争得你死我活，法院如何裁决是法院的事，生活在同一空间却是不可改变事实，这种社会伦理同样作为事实结构无法被突破，因而面子在纠纷中不再是一项原则，顶多是一个低位变量，是一种非决定性存在。这里还存在一个面子位阶的层次性和与利益变化的反相关。当纠纷未及解决、土地利益压制面子时，诉讼比面子重要。当纠纷已然判决，土地利益关系被固化和法律建构，面子对纠纷的影响被忽略不计，转而恢复日常生活的关系塑造，就极为重要。虽然面子在诉讼中位于低阶位，但在纠纷后的日常生活秩序有重要之整合功能。人情面子与纠纷过程反映的利益变化有着极大的关联，如果搞不清这点，一味强调人情面子的心理学机制，当然看不到这是半开放社会中这种心理学机制发生的某些变化所致。

判决后村民表现也证明人情面子与诉讼悖论不成立，如坝村土地承包诉讼直至判决后，没有任何村民上诉、上访或再为此事争议，等于承认法院判决及其法律展现出的权威——这是一种国家权力威慑，他们仍然一如既往地进行互惠、协助、人情交换等，不能简单地把诉讼看成是将"事情闹大"，情感诉苦、博得同情，进行舆论造势，面子竞争，使其主张合理化。其他隐情等都不足以说明村民诉讼的真实背景。[2]在当代半开放乡村社会中，村民诉讼行为就是解决纠纷，如果重要一点，也许还要平衡村内社会伦理，不至于使生存伦理与社会伦理这两种结构之间发生偏斜。这就是要达到新型乡村半开放性价值观。之所以得出上述结论是因为坝村土地承包纠纷裁决到现在已经过去多年，这些年该判决并没有影响关系、权威、互惠和村庄结构。甚至

---

　[1]　Sally Falk Moore, "Certainties Undone: Fifty Turbulent Years of Legalanthropology, 1949–1999", *Journal of the Royal Anthropological Institute*, Vol. 7, No. 1, Mar 2001, pp. 22–95.

　[2]　栗峥：《乡土正义：鲁南周村的纠纷解决》，载《法制与社会发展》2010年第1期。

求助法院来解决问题，它能使原告在与邻居和亲属的关系中变得更加有力，但同时也将他们自己置于法院的掌控之下。[1]这已说明，邻里诉讼已经成为一件极为平常的法律事件。传统观念与现代法律观念之间并无实质冲突，甚至还想方设法建立起一种新型的平衡关系——官司要打，互助协作仍继续。

---

〔1〕［美］萨利·安格尔·梅丽：《诉讼的话语——生活在美国社会底层人的法律意识》，郭星华等译，北京大学出版社 2007 年版，第 4 页。

第八章

纠纷解决中多元权力的关系

在前述第一章，笔者提及个人—社会—国家三重权力在静态层面的关系格局，即在日常生活秩序中体现出的一种自然关系。我们得出乡村中权力"互嵌"这一纠缠不清的复杂关系形式。从中，我们看到国家在乡村面临着正式权力的某些影响。我们还要看到，权力在微观领域实际上更为动态而复杂。首先，三重权力在乡村日常生活秩序中无孔不入，乡村秩序实际上就是权力秩序；其次，三重权力在某些事项存在着竞争，当然这种竞争多数是被动选择的竞争；最后，乡村权力在流动的关系和变化的秩序中更复杂，远比静态角度看更能揭示权力关系的实质。而纠纷恰好成为动态秩序中展现权力的最佳样本。那么，纠纷解决场域中权力如何展开竞争并形成复杂的动态关系？或者说，纠纷解决中的多元权力如何表现出现实的关系结构？这些问题没有得到解决。本章试图从不同的关系模式入手，分析纠纷解决中的权力关系样态。

一、纠纷解决中多元权力的应然关系

应然关系是指应该表现出的理想化的关系形式。基于一般常识，个人权力和社会权力都会出现在纠纷解决过程中，只有纠纷解决的底层机制无法完成，被诉至司法机关或政府部门时，国家权力才在场。只要乡村内部完成纠纷的治理，国家就很少介入。国家权力是被动的存在，是一种可见但隐含在纠纷背后的权力体系。从这个意义说，个人—社会权力是必然的，是村民第一可见的日常生活机制，当他们遇到问题时首先想到的就是基层的个人—社会权力结构。国家权力是可欲的，是非常态性的陌生者，与村民的日常生活并没有常规化的联系机制。对村民来说国家权力——尤其是法律——的直接介入可能是由本人的非常规事件引发或导致其本人非常规性事件，熟人伦理群产生的舆论机制对其极为不利。正因为如此，三种权力并不一定处于同一微观场域，甚至多数情况下都不同场，除非问题得不到解决，需要动用多方力量，多重权力才可能同时出现。总之，个人、社会、国家三种权力在纠纷解决过程中并不总是共生的，除非面临艰难的选择或复杂问题时才有可能。我们说三者共存，乃是它们因问题复杂或单一权力结构得不到解决时的选择。

较之以往，学界一直强调非正式权力（个人—社会谱系）作为国家权力的补充、弥补或替代，融合国家权力等论调。在位阶和权重方面，国家权力构成核心及其支柱性地位，个人—社会体系则处于次要地位。在数量上和日常性方面，国家权力则居次位，个人—社会体系形成常规和主要方式。显然，国家、社会、个人之间有量和质的不同，但不能进行量化比较。实际上，由于权力被置于被动选择的位置上，每种权力都可能被选择，最终何种权力对纠纷的过程及其结果有决定性作用，在于当事人的自己决定或双方联合决定。也就说，当事人视角上三种权力关系并不是纠缠、矛盾状态，而是选择、候用的关系状态。而当事人选择何种权力主要基于两点：一是自身利益考量和预期效果；二是双方当事人博弈后平衡的结果。

先讨论第一个问题，自身利益考量和预期隐含着很多内容。在具体的个案中，权力控制对当事人是否重要，取决于权力对本人的有利性，即，如果某种权力能使纠纷利益导向本人，当事人更偏向于该权力而采取行动。第二个问题比较复杂。现实生活中，与当事人关系较为熟悉的人、与纠纷有利益关联的人、所属的社会圈子都可能偏向于某一方当事人而被选择。相反，某种权力结构对当事人构成危害时就可能被摒弃，或者对对方当事人有利时，可能招致反对，两种情形都不能达成解纷合意。这样一来，如果双方都基于零和的心态，反对有利于对方而不利于本人的权力干涉纠纷，则最终会导致纠纷无法解决，反使矛盾扩大化。结果，任何当事人都不可能决然地坚持自己的主张而不顾及对方的诉求，减低自己的预期和要求来求得平衡，最终达成双方都可接受的妥协方案，为纠纷处理结果的妥协作铺垫。即使在法院，法官拥有巨大的裁决权，也不可能拒绝当事人达成的解决协议而径行判决，除非协议违反了法律的规定。直接依照当事人达成的解决协议而得出处理结果是一项重要的程序原则。由此看到，当事人解决纠纷包括程序的妥协和实体的解决。纠纷解决中的权力问题本质上是程序的妥协。

问题是，纠纷解决场域中三种权力是相互排斥的吗？或者说任何纠纷解决都只能依赖一种权力解决而不是综合处理？从纵向视角看都有可能，但纵向视角中的权力并没有让当事人预期他理想的结果出现的时候，当事人就可能同时选择多元权力实现预期。比如当事人诉讼至法院并请律师的同时，还会通过走后门拉关系，想方设法靠近法官，使等腰三角关系变为差序关系。①在这个诉讼秩序中，一方面存在着作为国家权力的司法权；另一方面存在着个人—社会权力。恰恰在这种共存的社会空间内，国家权力为避嫌通常都会保持与非正式权力的距离，实际上多数情形下相互之间是陌生的，至少是装着不认识的。②总体上，除当事人权力外，其他权力都是被动而非能动的，村民发生纠纷时在个人、社会、国家三种权力之间来回穿梭选择，寻求最为有利的预期和手段解决问题。三种权力场既可能作为一种资源被当事人所利用，这是一种功能主义观；又可能作为一种结构成为被选择的工具，这是一种社会控制观；还可能作为一种直觉、不加思考的行动，还会以不同级别和权威寻求逐级而上的纠纷控制，这是一种现实主义观。纠纷解决中的多元权力被当事人以各种装饰打扮或作为工具而被利用或放置。③国家视角看，国家通过纠纷治理的范围仅及于村民愿意提交到官方解决的纠纷，绝大部分纠纷都通过民间处理，这也是官方愿意让渡权力的缘由。当事人发现这一规律，就会利用国家权力的权威性寻求正式救济。

乡村多元权力关系模式与乡村的空间和开放性有极大的关系。从理论上讲，地域特点和地理空间的广阔可能影响权力的运作方式。[1]并不是所有乡村都存在相同的关系模式，一些边缘乡村，如边疆农村或山区农村，仍有可能存在着权力末梢或"山高皇帝远"的可能，地方性权力的自治因素可能远高于国家权力的规训。即使是中东部乡村，国家权力可能只有在其熟悉的环境内行使才更为有效。在混混当道、村级权力演变为村霸的地方，国家权力就极为弱势。[2]所以，纠纷解决中的三种权力可能因为不同乡村的村情不一，体现出不同的实践关系。

---

〔1〕 苏力：《送法下乡——中国基层司法制度研究》，北京大学出版社 2011 年版，第 28 页。

〔2〕 如广东省陆丰市甲西镇博社村，被称为全国"第一毒村"，2016 年 2 月 3 日，佛山市中级人民法院对博社村村支书蔡东家作出一审判决，判处其死刑。

二、融合与共谋

（一）共存与相融

个人权力与社会权力中乡村纠纷中总是相互共存的，共存的前提是两种权力有一定的通约性，即对纠纷解决的价值导向或利益保持同向。乡村纠纷的非正式解决过程呈现个人交涉、双方谈判、社会力量介入、村级组织调解、官方处理的逐级递进过程。除官方解决外的其他民间解决方式，都存在个人与社会两大权力的共融：一是当事人之间的共谋；二是当事人与社会力量的共谋。当事人的共谋并非仅仅是双方的妥协，任何纠纷解决都存在社会力量的渗透，这些社会力量包括各自的支持者、熟人等。这些权力结构一旦介入纠纷，就会发生不同权力的纠缠。所谓的共融，主要是这些社会支持者处于一个中立两分的地位，因此任何支持者不仅是对一方的支持，还是对双方的支持。这样一来，社会力量的介入实际上处于一个中人的角色，从而使双方的解决转变为三方的共谋。调解权力与当事人权力的融合来自于相互承认，当事人承认调解人权力对纠纷过程及结果的调制，意味着让渡了双方对问题的裁判权，增强调解人对问题的解决能力。如果没有当事人对裁决主权的让渡，调解人很难参与纠纷解决，会成为局外人。当然，个人与社会权力的共融绝不是非正当权力的共融，比如混混介入村级事务——他们解决问题是摆平而不是依法。共融的前提是强调权力本身的正当性，即符合法律规定和制度要求的一种融合。

具体地看，调解人存在协商和半裁决两种维度，以权力强度与距离的等分和相关性衡量，分别对应着等边三角和等腰三角的关系秩序。调解权力被融入双方处理过程时，在协商与妥协的情况下，三方的关系变成等边三角。调解既是中立的，又是与双方平等的，且同时指向同一结果而共同行动的关系结构。在等腰三角的关系结构中，调解人看似与当事人平等，实则有半权威或高度权威的调解权力，调解人有解决问题的决定权，双方当事人虽然可以不采纳调解人的意见，但以调解人的威慑力，当事人会听从裁决，其具有权威性的建议结果并得以履行。家事纠纷解决的家族长、一般纠纷中的村级领导人等都具有这种半裁决性的权力。等边三角的权力融合过程其实是当事人权力吸收调解权力的过程。等腰三角的权力融合刚好相反，是调解权力吸收当事人权力的过程。从中我们可以看出两种不同的路径，等边三角秩序中，纠纷调解人的角色并非仅仅起到调解的作用，更可能是起着建议性、证人和斡旋的作用。调解人的助推作用帮助当事人实现面对面（face-to-face）的协商。不可低估这种中介角色，乡村纠纷当事人一旦撕破脸面，基本不会见面，或者见面也不会说话，甚至有意回避对方，面对面协商将是一个非常漫长的过程。这时，一个双方都熟悉的中介人就显得极端重要。调解人负责解决双方的面对面问题，一旦完成，调解人的权力就被当事人主导，由当事人决定协商完成解决结果。等腰三角秩序中，调解人可能凌驾于当事人之上，主导纠纷解决，当事人虽有不满意，但仍会因调解人的权威而服从。当事人的权力与其说让渡，毋宁是被调解人的权威所威慑，从而从一般意义上的妥协的调解转变为半裁决性的调解，当然这是演化为权威的权力所致。

国家权力有严格的刚性原则，应避免与社会因素勾连而被社会因素所僭越，影响官方裁决的公正性。因此，在司法过程中，当事人的权力虽然主导着纠纷结果，但这只是在双方协议或调解的场合，如果当事人无法达成妥协，根据棚濑孝雄意义上的决定的纠纷解决，这意味着法官吸收了当事人的权力。个人—社会权力很可能与国家权力融合。当事人此时把诉求的结果交给裁决者定夺，意味着裁决者不可能恣意或率性裁决，他会感受到极大的压力，是否公正和中立，是否获得双方心理的接受都使他面临着很复杂的考量，否则它将面临非合理的决定过程的谴责和否决。棚濑孝雄认为只有实质的决定过程才符合一般接受的实质性道德准则及正义感。[1]第三方的决定意味着一定意义上的专断，如果裁决者无法抵御社会权力的渗透，这种专断会变成对某一方不公平的判决。那么，纠纷解决中个人—社会权力与国家权力融合的正当性何在？显然，司法过程中个人—社会权力并非总是置身事外，法官也非绝对排斥社会力量的介入和参与。实际上，在下面两种情况下，个人—社会权力与国家权力的融合变得可能，且更多是制度化的融合：一是法官与双方当事人共同推进解决结果的实现；二是法院委派或特邀社会力量参与纠纷的解决。在第一种情况下，法官愿意听取当事人双方是否有共同的意见，如有

---

〔1〕 ［日］棚濑孝雄：《纠纷的解决与审判过程》，王亚新译，中国政法大学出版社 1994 年版，第 15 页。

共同意见很可能就此达成某种结果。这样构成了法官对双方权力结构的承认。第二种情况下，法院外的社会权威由于对当事人有强大的影响力或共同的知识体系，往往被法院邀请参与相关纠纷解决之中，使国家—社会共同参与纠纷治理，条件是必须符合公正和中立原则。

个人—社会—国家在乡村的融合，不但在形式和表面上，而且还在于价值观念方面。国家权力进入乡村解决纠纷的过程，是不断消解规则而进入特殊主义的过程。因为越往基层，解决问题的实质导向越来越明显，形式理性被消解，并非是规则不能解决问题，而是规则过于僵硬可能产生非此即彼的二元结果，反而破坏了本来就极为脆弱的社会关系。这样一来，个人、社会与国家都共同指向解决问题的价值观念，规则反而被置于可选择可不选择的地位。国家权力实际被乡村地方性权力所渗透和融汇。如学者强调，乡村纠纷解决的过程，作为制度化的国家权威的支配，在与民间社会的非制度化权威的相互融合的过程中，已经逐步变成了当地人生活的一个部分。[1]在此可以看到，个人—社会与国家的同向性，一是来自国家权力的非正式治理，此与地方传统权力保持了一致；[2]二是地方传统权力在依靠国家或正式制度的情形下与国家趋向一致，从而实现非正式权力的正式运作或类正式运作。如学者所说，官府依靠地方内生的组织执行某些本应由地方政府承担的事务。而民间也依靠官力强化或再生其内部的权力机制。[3]

（二）相互补缺

乡村是一张由村民编制的"意义之网"所组织的多元权力架构的社会。无处不在的乡村权力网络及其细微的支配技术能实现法律不能处理的某些日常事务之功能，甚至在国家权力边缘有效地组织、治理当地社会秩序，是维护地方性社会的有效工具。国家权力是一种解决社会疑难问题的非常态性结构，而不是面面俱到的日常生活治理机制，与民众常态性生活勾连的主要是

---

〔1〕　赵旭东：《权力与公正——乡土社会的纠纷解决与权威多元》，天津古籍出版社2003年，第331页。

〔2〕　强世功：《"法律"是如何实践的》，载王铭铭、[英]王斯福主编：《乡土社会的秩序、公正与权威》，中国政法大学出版社1997年版，第488~517页。

〔3〕　李怀印：《中国乡村治理之传统形式：河北省获鹿县之实例》，载《中国乡村研究》2003年第1期。

传统与习俗。这就意味着，乡村社会中的很多社会事项总是被国家所遗漏。在这种情况下，社会中的国家漏洞就由个人—社会权力弥补，甚至个人—社会权力体系本身就是生活机制。

首先，国家—社会有各自的边界。非正式权力与正式权力有习俗和法律意义上的分工与合作，保持了各自的边界。这既是文化边界又是制度边界，还是社会边界和行政边界。[1]既属于国家领域的区间，非正式权力就不能干涉和介入，法外因素进入法内空间的后果，必然导致正式权力的非正式运作，失去司法正义或导致行政腐败，侵蚀国家的权威，阻碍法治的推行。国家—社会的明确边界一方面有严格的法律规定，另一方面是政策的明确。个人—社会相当部分属于自治领域或半自治领域。传统中国存在着"皇权不下县"的二元治理格局，县以下的基层相当部分是地方非正式体系的治理领域，在国家不能面面俱到的情形下，通过悬浮于上而保持高高在上的权威和威慑力，既避免国家治理纠纷的成本上升，又维持乡村秩序传统渐变的格调，同时也能维持国家—社会二元结构的稳定。

其次，国家逐渐上浮，一些乡村事务交给乡村自行解决，双方保持适当的距离感。改革开放以来，国家权力在乡村总体上呈现收缩趋势，改革开放之前的乡村组织作为"政治—社会"生产的一体化瓦解，从日常生活政治化回归到日常秩序的自治方面，末梢控制不复存在。乡村地方权力填补了国家上浮之后的空白，构成国家对微观治理缺失的有效补充。正如贺雪峰指出，乡村治理的社会基础终究还是要涉及具体的人，以及他们的私人关系。[2]可以说，绝大多数私人事务或私人关系都会依赖乡村内部机制，而不是寻求国家。

最后，在纠纷解决领域，个人—社会权力体系在乡村纠纷解决方面是国家的补充。这是因为，如果所有纠纷都依照法律程序的司法解决，则国家担负不起案多人少的压力，司法的特点在于它是冰冷而远离日常生活的制度，只有那种严肃到不能依赖人情事理解决的事项才是司法的长项。如果上法院，那些可能拥有更多法律资源一方在法庭中占据了压倒性优势，而拥有较少法律资源一方则基本丧失了为自己申诉的机会，其结果便是胜诉或败诉这两个

---

〔1〕 李培林：《村落的终结——羊城村的故事》，商务印书馆2010年版，第39页。

〔2〕 贺雪峰：《私人生活与乡村治理研究》，载《读书》2016年第11期。

极端。[1]这种对立的非此即彼的二元主义，当事人无法预判也很难承担判决后撕破脸面的风险。乡村权力能够弥补这种缺憾，人情事理、天道伦常完全渗入纠纷解决之中，甚至不需要法律。

三、多元权力的冲突与对立

前述及地方权力（实际上就是个人—社会权力体系）与国家权力之间其实都有各自边界及不同的功能，如此则产生错位可能。个人—社会权力与国家权力如相互兼容则罢，如各自不同则会产生冲突；地方权力与国家权力之间有可能出现真空、各自不介入的非常规情形，则会滋生亚社会性质的非正式制度。但遗憾的是，直到现在，两者并未真正建立起符合法治与现代和谐模式的机制。在动态关系方面，个人—社会—国家三者之间呈现出两种结构性紧张：一是纠纷过程中的功利主义思维把不同权力作为维护其利益、寻求某种预期之工具主义倾向，不同权力被动性、选择性地实现社会控制、治理之功能，实被碎片化、无体系甚至无序地掺杂在乡村事务之中，导致一些当事人为己之利采取极端主义行为。二是三种权力之间表现出某些关系矛盾。自国家上浮而不再垄断日常权力之后，乡村权力开始回潮。但国家因政策需要也可能随时下沉，这样就产生了乡村权力与国家权力的冲突，如何处理这些矛盾考验着现代国家的治理能力。

（一）属性的差异性

多元权力不总是一致，总会有很大的差别，从而为多元纠纷解决机制提供了某种可能。一般来说，个人背离社会权力的具体表现在：一是各自的利益相关性不同，甚至相反；二是社会权力成为一方当事人的依靠，对另一方而言就是现时的冲突；三是个人权力反对社会权力的介入。大多场合个人总是与社会保持一致的，但利益发生冲突或观念对立时，个人可能反抗社会或社会压制个人，乡村中的家族、混混、帮派等势力或多或少影响了不少纠纷，甚至这些势力介入后纠纷越来越复杂化，主要就是因为相互对立加深了矛盾。国家权力的公共服务功能与个人—社会权力体系总体来说也是差异极大的，

---

〔1〕 周梅芳：《乡村纠纷解决中的法律失灵——湖南柳村林权纠纷的个案研究》，载《社会学评论》2014 年第 4 期。

恰恰这种差异在运作时会带来冲突。尤其是"个人—社会"与国家遇到某些问题产生对立时，他们可能形成"猫与老鼠游戏"的互动关系。如"个人—社会"体系的权力违反国家法律、政令或国家强制执行某些政策，躲藏、规避、对抗、迎合、投靠或消解等国家的权威和法律政令，给社会治理带来极大的不确定性，也会使国家无法有效实现基层的治理预期。

(二) 相互关系的变动性

不同权力总是从动态关系中表现出来的，并经常发生关系变动，不会总在一种关系状态下互动。多数情形下，社会权力与国家权力貌合神离，若即若离，有时两者相互勾连合谋解决乡村问题，有时又背离。社会权力背离国家的表现主要有：一是社会习俗的排斥；二是纠纷解决的地方主义观念；三是社会权力中的利益相关性。当然，一些国家权力下放到基层后，与原来属于社会领域的因素发生了冲突。它们对立的本质是一种事实、情理与法律之间各说各话的"语言混乱"。[1]两者对纠纷事实、结果、正义观念、规范结构等方面的认识有很大的反差。如村里把盗牛的小偷打成重伤，习俗看来是对这种惯盗的一次重击，以后他就不会再来盗窃，但小偷报案后参与的主要责任人都遭受刑事和民事制裁，这在村民看来是不可接受的，但它恰恰是一项符合法律要求的司法行为。里面的冲突主要还是集体观念形成的习俗权力作用的结果，集体认同的共有观念导致村民不认同国家法律作出的不合情理的判决。有学者也指出，乡村微观权力回潮在一定程度上阻碍了国家权力下沉，减损了国家在基层社会的权威。因此，进一步加强基层政权建设，提高国家在基层社会的威信就成为一项重要的政治任务。[2]而再建权威的前提在于理顺与微观权力的关系。与此同时，国家对地方社会干预的减少，引起了私人生活发展和私人权力的扩张，导致自我中心主义泛滥，无视对公众或他人的义务与责任，从而变为无功德的个人。[3]这也是冲突的一大根源，意味着缓解紧

---

〔1〕 朱晓阳：《面向"法律的语言混乱"——从社会与文化人类学视角》，中央民族大学出版社2008年版，第110页。

〔2〕 郑智航：《乡村司法与国家治理——以乡村微观权力的整合为线索》，载《法学研究》2016年第1期。

〔3〕 ［美］阎云翔：《私人生活的变革：一个中国村庄里的爱情、家庭与亲密关系1949—1999》，龚小夏译，上海书店出版社2006年版，第261页。

张关系主要依赖于国家对基层的权力伸缩政策。

(三) 柔性与刚性

即使是再开放的乡村，都脱离不了人情面子的制约，人情交换与面子获取成为一种资源或支配他人的手段，找靠山、寻撑腰、走后门、托人、抱团、求情是中国乡村习俗化的日常行为模式。[1]通过这些因素获得权力，排斥了国家制度严格要求的规则义务。中国人权力游戏的社会机制就是人情面子的社会交易，即在"报"的循环过程中产生的。[2]伦理关系是权力游戏的关键环节，而这些恰恰构成了对国家法律的背离。在乡村纠纷解决中，人情面子塑造的权力资本与法律塑造的权力资本不可兼容，法律的运作进入了一个陌生的充斥着伦理道德价值体系的权力场域，并受到这些日常权力技术的干扰与反制，最终，国家权力的实践与乡村地方性权力的实践指向于两套知识之争。有的学者认为这是一种利用资源进行的权力对抗。法律由此和情理、政策一样被理解为一种权力资源，所体现的是两种不同的权力技术和权力资源的对抗，而这种对抗就是国家法与民间法或者国家与社会之间的征服与反抗之间的复杂关系。法制的兴起只有放在这样的权力关系、权力技术和行使权力的策略中才能被理解。[3]可见，权力对立、博弈的背后其实是知识的对立和不同法的理解之间的对立，甚至是一套复杂观念的对立。从本质上说是人情事理的柔性与法律规则的刚性之间的对立。

(四) 国家权力的阶序性

不同权力总存在高低阶序（一种合法性）的条件，低阶权力的合法性来自高阶权力。实际上，个人与国家的关系极为复杂，个人对国家的认同是个人服从国家、遵守法治的前提。问题是，个人不服从国家可能不是法律或政治方面，而是道义或观念方面，甚至是地方性习俗被固化为一种默认的规则，可能形成集体有意识地反对国家对事件的干预的局面。调查中发现的一起刑事纠纷如下：

---

〔1〕 翟学伟：《人情、面子与权力的再生产》，北京大学出版社 2005 年版，第 220 页。

〔2〕 黄光国等：《面子：中国人的权力游戏》，黄光国编订，中国人民大学出版社 2004 年版，第 6 页。

〔3〕 强世功：《法制与治理——国家转型中的法律》，中国政法大学出版社 2003 年版，第 258 页。

黄某是一个有点村痞的中年人，平常对村民很高傲，有人说他经常打压人。2002年秋的一天，邻村17岁的少女李某割猪草时，受到黄某的侵犯。后来，李某回去告诉其母亲说黄某欺负了她。乡村里讲的"欺负"其实就是性侵。李母本想去公安局告状，但黄某妻子找上门来说都是村邻，闹下去不好，姑娘不好嫁人。村人议论纷纷，都说黄某在县里有人，即使上告也未必能解决，更主要的是事件公开后李某心理上的影响非常大，在村里待不下去了。此事便不了了之。黄某给了李某一千元后，李某外出打工了。

从本案看出个人通过地方性观念来抗衡国家的渗透，从而大事化小小事化了。受害人面临的最大问题是社会观念对她今后人生发展的阻碍。一个受到性侵的未成年少女，可能面临着村民二元情结的影响：她被认为是有瑕疵的人而不好嫁人。更重要的是一旦这样的事件被村民知晓，她在村里如何做人，如何面对村民的闲言碎语都会影响今后的发展。这是对受害人的二次伤害。因而，事件不出村，当事人双方都愿意隐而不露，把事件压缩在最小的范围内，通过不公开明说来保全各自的声誉，把刑事案件转变为一般性道德事件，形成了村人共谋的"亲亲相隐匿"的当代实践。国家法律被双方当事人排除在外。国家被排除在外的结果，就是地方主义占据主导地位，形成一道封闭的边界，自治异化为强人当道，弱者被迫屈服。

四、三种权力在乡村纠纷解决中的适配

社会权力与个人权力本质上没有孰高孰低的权阶，但在权威方面，可能存在着社会权力比个人权力更高的影响力和规制性。尤其是社会组织内部个人发生纠纷时，来自组织的规制力量对当事人有强有力的影响，表现在家族、混混群和互助组的结构中。组织对成员的劝说、支持、干预等方式，使纠纷向着内部性、妥协性的方向转变，避免纠纷的社会化、暴力化或溢出村庄社区边界。除非混混群对同伙引发的纠纷发生群体性暴力，其实大多数社会组织涉入乡村纠纷主要还是采取和平手段而非暴力或强制手段。以此来看，乡村社会组织有软化社会暴力、避免问题升级的功能。其中最重要的社会权力的干预是基层自治组织。村级组织在纠纷中对个人权力的调适，主要是其长期形

成的权威使当事人服从调解人的意见，实际上具有半裁决性的功能。

国家是当今社会的最高政治结构，国家政治、国家法律、国家权力、国家制度等都具有相当强大的正式性和高阶性。社会和个人必须服从国家的强制要求和规范安排，如果不对社会和个人进行调控和规范，就很难实现国家在乡村意欲达致的治理目标。因此，不论常态或非常态，国家都要对乡村秩序进行规划和调控。乡村纠纷解决也是国家调适社会和个人权力的主要场域。当然，也有学者认为适配包括下沉、重塑、驯服，即要求将乡村微观权力的运作纳入现代国家权力的框架，以确保乡村微观权力的运作方向不会出现偏差。[1]在我们看来，所谓的适配其实是一种分类归口治理下的威慑。

（一）国家对纠纷的分类治理

一般民事纠纷以自治为主，除非当事人提起讼告，国家才会介入纠纷行使司法权，纠正当事人行为偏差和恣意。这种调适更多是有引导的合谋。但是，乡村纠纷的法律边界是很模糊的，一般民事纠纷、治安纠纷和刑事纠纷在村民看来没有法律性质的边界之说，而国家法律对其严格分类归口，形成不同的制度处理规定。如打死打伤小偷不算严重的事，乡村治安纠纷内部处理不告国家，刑事问题私了，这些问题需要国家对乡村纠纷进行分类治理，严格确定纠纷的法律性质，避免社会权力和个人权力通过纠纷僭越国家在村里的应有地位，阻碍乡村法治建设。

（二）国家权力对乡村的技术性治理

21世纪以来，国家的部分权力也开始下沉。下沉并非直接对乡村事务进行控制，在当前国家权力对乡村采取福利反馈的情况下，直接支配乡村事务的概率越来越小，更多时候是对乡村违背国家法律的纠偏、改正和引导，这些因素说白了就是调控：一是把原本属于国家管辖的事项收归国有。二是将那些可以不管的问题下放给地方。三是监督乡村事务，避免社会失序。调适更多的是乡村社会越轨事件，国家也可直接入村实现面对面的治理。所谓问题不出村，意味着通过国家在乡村的努力，避免乡村纠纷溢出村外或上传到更多官方层级、官方机构而造成更大的破坏性影响，国家在村内处理这些事

---

〔1〕 郑智航：《乡村司法与国家治理——以乡村微观权力的整合为线索》，载《法学研究》2016年第1期。

项，是一种较好的治理策略。四是规训乡村地方性权力。权力的规训需要讲究福柯意义上的技术，针对不同情景和个案采取不同的策略。正如前述提到的压的技术。孙立平也指出多数是软与硬的技术。这两种不同的权力行使方式，其实是一种相互依存、互为背景的关系。没有实际存在的权力不可抗拒的强制性，一味地软毫无意义，达不到权力行使的目的，而仅仅依靠强制性甚至暴力手段，尽管可收一时之效，但却会对权威形象造成损害。[1]通过软硬互用的手段，乡村地方性权力回到与国家同步的轨道上，形成一种国家主导下的共谋，至少是让国家看得到的自治。

（三）国家权力在乡村中的逆向适应

通常的适应主要是地方适应中央，民间适应国家。就调查的结果看，国家权力的地方化运作越来越常见，国家权力的地方实践依赖于地方知识和地方权力，国家可能与地方形成妥协和互助，以实现国家的治理目标。比如依靠地区权威执行案件，借助地方风俗解决问题，根据人情事理劝解当事人妥协等。逆向适应的极端可能是国家权力对地方势力的让步，使正式权力非正式化运作。但也要注意可能失去正轨，导致正式权力被腐蚀和破坏。

从上可看出，国家权力始终与个人—社会权力之间保持一种分工和监视的关系，甚至当个人—社会权力出现越轨、攻击、破坏国家与法律权威时，国家与个人—社会权力就有矫正和重塑的功能。国家对乡村非常态事件的纠偏，能使乡村地方权力回归到国家可控或法治的轨道上来。比如对乡村混混的治理，村级调解的收受礼物，纠纷解决过程中的暴力行为，重要事件的私了，等等。这些问题可能成为当代乡村半习俗化的机制，长此下去村将不村。国家对这些问题纠偏的主要方式是打击欺压村民的混混，调解的半公开化以及村级事务的民主化，不仅仅涉及纠纷本身，还涉及包括纠纷在内的一系列综合治理。总之，国家权力不介入乡村则罢，一旦植入乡村"个人—社会"权力体系，则相互纠缠形成复杂的多重关系模式。多数情形下三种关系可以共融和共生，然不排除一些乡村"个人—社会"与国家的相互利用和可能矛盾的情况。如个人利用国家来反抗"社会"，社会迎合国家制裁个人，国家也可能利用社会权力和个人去实现基层治理。

---

〔1〕 孙立平：《现代化与社会转型》，北京大学出版社2005年版，第367页。

五、个人—社会—国家权力关系的重塑

个人—社会—国家三者之关系重塑，总体上呈现出从二元到三元的面向，即社会—国家双重视角到具有三重的双向二元关系。三重是个人、社会与国家。双向二元是国家—个人、社会—个人、社会—国家。这个关系图如图5显示：

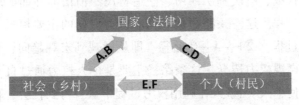

图5 三重权力的关系模式

三重双向权力模式的关系建构包括国家（法律）与社会（乡村）、国家（法律）与个人（村民）、社会（乡村）与个人（村民）的三种类型之二元结构，这是从宏观到微观的扩展型关系形式。国家（法律）与社会（乡村）的关系结构上，呈现出国家对社会的渗透（B）和社会对国家反应与适应（A）。国家（法律）与个人（村民）关系结构上，国家（法律）作为最高权威拥有对个人强制、支配权力（C），个人对国家无条件服从与遵守（D）。社会（乡村）与个人（村民）关系结构上，社会对个人是背景性制约与控制（E），个人对社会呈现出反抗、依赖或割裂等关系（F）。

特别强调的是，国家与社会在乡村中凌驾于个人之上，他们都构成个人的资源和结构，在利用、借助国家权力和社会权力同时又嵌入其中受到这两种结构制约。法律是国家的符号象征。法律成为村民解决问题的权力性资源，一种吉登斯意义上的配置性权力资源。[1]当前，诸如梅丽等学者都在强调法律作为一种选择性资源在纠纷解决中的权力运作问题。[2]可见法律首先不是

---

〔1〕［英］安东尼·吉登斯：《社会的构成》，李康、李猛译，三联书店出版社1998年版，第378~379页。

〔2〕［美］萨利·安格尔·梅丽：《诉讼的话语——生活在美国社会底层人的法律意识》，郭星华等译，北京大学出版社2007年版，第242页；［美］帕特里夏·尤伊克、苏姗·S.西贝尔：《法律的公共空间——日常生活中的法律故事》，陆益龙译，郭星华校，商务印书馆2005年版，第73页。

规则，而是一种可以实现社会控制的资源。村民高度认可法律的权威，实际运作时他们又乐于将其当作一种为自己利益服务的力量，一种可以支配对方的权力手段。个人反之则是国家与社会建构自身合法性和正当性的主要支持力量。上述三重双向/二元权力结构隐含着另外两条路径：①B—E—D路径。即从宏观到微观的趋向，即国家—社会—个人链条的国家权力选择。这条路径主要是国家权力通过自上而下"接地气"的方式，使国家权力/法律渗透基层来建构国家权威、解决基层纠纷、塑造村民法治信仰并而实现国家合法性的深层次建构过程。这一条路径代表国家权力取向的主要模式，这是一种从上向下治理的过程。②F—A—C路径。即从微观到宏观趋向，即个人—社会—国家链条的微观权力选择。这条路径主要是个人权力通过自下而上方式寻求纠纷解决，使个人/当事人在利用权力过程中从自身到社会、再到国家的一个策略选择。这一条路径代表乡村自治——即非正式解决——取向之主要模式，这是一种从自治到治理的过程。两条线的相对整合正是当前中国乡村权力秩序的主要生成、运作方式。这两条路径以下表（表13）表示：

表13 双向权力模式路径

形式	路径	权力模式	演绎	权力类型	模式
法律	从上到下	国家—社会—个人（B—E—D）	从宏观到微观	国家权力	正式解决
民间	从下到上	个人—社会—国家（F—A—C）	从微观到宏观	个人—社会权力	非正式解决

国外也有学者极力主张两者统合，指出尽管这两种权力模式结构上差异明显，却可以相互补充，相互包容，甚至相互再生。[1]桑托斯指出了国家介入基层时如何与基层社会权力的关系互动问题。恰恰是当个人主动融入国家体系过程时个人受制于国家权力制约，不可否认，在中国情境中，个人在司法场域的权力博弈隐藏着个人对司法的渗透活动，阻碍了法律的正当判决，但总体上是个人受制并以放弃个人权力表达而服从于国家权力的裁夺。社会

---

〔1〕 ［英］西蒙·罗伯茨、彭文浩：《纠纷解决过程：ADR与形成决定的主要形式》（第2版），刘哲玮等译，傅郁林校，北京大学出版社2011年版，第50页。

是两种路径的主要中介性力量，社会本身也是两条路径细分后，存在着多种选择方式，如国家—社会、社会—国家、社会—个人、个人—社会多重权力的关系模式。这些模式正是三元结构图示所要表达、揭示的结构。

上述三元双重结构及其隐含的两条路径看到，乡村社会传统权力、观念与国家权力，尤其是法律、法治必须建立某种双向认可的适合乡村秩序的新型关系。这种关系应当是从方式到观念的重新适配。这是一种双向建构的过程：一个自下而上接近国家；一个自上而下渗透乡村。自下而上的路径体现于村民纠纷解决逐级而上，不断寻求阶序性权力体系解决，正是一个接近国家的过程。这两种路径包括三个具体的关系策略：

（1）即使是乡村调解等具有"第三领域"的半正式解决方式，调解也在不断引用法律或党的文件，甚至领导人讲话，作为化解矛盾的主要依据，进而接近国家，天理人情还在，两者在不冲突情况下都能得到重视。

（2）这种调解有选择性，调解人懂得基本法律常识，能分清民事纠纷与治安、刑事问题的区别，从而避免与国家法律规定的冲突。不论从作为当事人的村民或是半正式调解，他们并未处于无国家权力或法律边缘，法律与乡村非正式制度一直相互适配，同场适用，他们共同追求妥协、合意的既解决纠纷又解决关系矛盾的实质正义。另一种重塑关系是通过渗透实现相互转化。由于乡村由众多权力交织在一起，在纠纷过程中，权力之间存在着相互嵌入的关系。非正式权力会向正式权力靠近，正式权力可能非正式化。如果两者不存在为对方考虑的问题，那么很多事情都办不了。虽然正式权力有时候是正式权力的非正式运作，但这种运作有严格意义上的边界性，即它与乡土社会中的非正式权力被严格区分开来，避免正式权力非正式化的倾向。非正式运作主要是一种情景逼迫，比如情与理的劝说。正式表达则是一种体现国家强制性的权威。软硬兼施的策略使权力运行逻辑具有良好的效果。[1]

（3）国家也可以在刚性的法律要求下征服基层，而"法律（或权力）治理的过程也就是人们出于各种目的和动机掌握、学习法律知识，不断被法律知识驯化的过程"。[2]国家的乡村司法其实是一种权力实践。司法过程融入了

---

〔1〕　孙立平：《现代化与社会转型》，北京大学出版社2005年版，第364页。
〔2〕　强世功：《法制与治理——国家转型中的法律》，中国政法大学出版社2003年版，第232页。

一套严肃的司法话语、技术、知识和权威，促使当事人、村民及其他人观察、体验国家权力的高度权威，从而有助于实现乡村法治现代化。

六、代结语：权力的双重合法性

学术界已存在着二元结构的分析，但多数是单向而不是双向的，一般指向对立的二分性关系：民间—官方、内生性—外部性、社会—国家的关系取向，在当代，这种社会趋向国家和国家渗透社会的双向接近。比如，博汉南的双重制度化只强调社会规则的官方化、制度过程[1]，忽略官方制度在社会中施行、适用是否产生实效的一系列问题。这些问题是其对地方社会文化适应的一部分，显然需要国家制度的社会化转变，这也是国家制度的双重合法化，一种二元结构的双向选择，而不是一方面的单向变迁。进一步表明，民间非正式权力与正式权力是相互整合同向的，即使路径相反，非正式权力由下到上，正式权力由上到下，两者都趋同于某种实质一致的变化与适应，其最终结果导向多元权力的相融合相互承认，是对国家权力的社会认同和社会权力的国家认同的双重合法性认可。这种相融的各个权力体系之间不是对等并列的关系，而是在国家权力/法律的引领下实现权力秩序的多元融合，这是一套有阶序性的现代型权力体系。它的背后是法治作为意识形态渗透乡村日常生活，通过潜移默化的方式建构一套"正式正义"或法律正义，这是乡村现代化建设的核心。

本书分析看到，个人—社会—国家三者之间的相互性，表明其关系其实是很复杂的。前述乡村多元权力关系的抽象总结，并非忽略这种关系模式背后的制度设置。之所以至今未解决好权力的设置和适配，主要在于不同权力代表不同的观念和"法"，在同一场域实践中产生了不符合事实与情理的"语言混乱"。[2]理顺和重置这套有机结构需要厘清各自的位置，以确保合理合法（或合情合法）既符合乡村格调又契合国家要求的乡村法治的两大目标。进入21世纪以来，我国在乡村司法、扶贫、乡村振兴、生态、教育、卫生等方面

〔1〕 ［美］保罗·博汉南：《法律和法律制度》，原江编译，载［英］马林诺夫斯基：《原始社会的犯罪与习俗》附录，原江译，云南人民出版社2002年版，第125页。

〔2〕 朱晓阳：《面向"法律的语言混乱"——从社会与文化人类学视角》，中央民族大学出版社2008年版，第183页。

全面重塑国家与乡村的权力配置。如最高人民法院出台一系列的关于人民调解的各种解释，内容涉及特邀调解、特派调解等，以及人民调解制度在乡村的设置和介入。《全国人民代表大会常务委员会关于完善人民陪审员制度的决定》都与乡村权力挂钩。但是在当前，这些制度并未在乡村得到有效实施，个人—社会—国家三重权力关系在制度层面上还需要落实，村民不认同国家权力的实践，国家不信任乡村内部自治，其实就是没有解决政治合法性和社会合法性问题。具体在乡村纠纷解决机制方面，三者的关系表现为非正式解决与官方解决的合理适配及相互承认。合理配置村级调解制度（即人民调解委员会调解）与派驻法庭，既是就地解决乡村矛盾的关键，也是规训乡村越轨、违法私了、灰色势力的基本要求。在这个框架下，合理接受个人—社会权力体系为国家服务，将其纳入国家对乡村治理的权力结构之中，使其取得认可，就具有重要意义。

第九章

从乡村方式到乡村观念：权力过程中的乡村正义

如果把个人到社会再到国家看成村民选择纠纷解决的主要路径，那么这条路径隐含两个需要研究的问题：一是这条路径解释了乡村行为模式，即人们惯常化的乡村方式；二是路径背后的观念。观念能够揭示乡村正义的样式。本章正是通过这种乡村方式到乡村观念的逻辑分析，通过多元纠纷解决的运作过程来看背后的多元正义观念问题，提出了乡村多元正义既包括民间正义，又包括法律正义，批评了学界一直坚称乡村正义属于民间正义的观点。因为当代乡村正义并非传统意义上的民间正义（或非正式正义），而是融合了法律正义和民间正义在内的多元正义体系，实际上，乡村纠纷解决的过程正是这套多元正义体系的表达与实践的过程，纠纷解决本身是正义的生产机制。本章是纯理论的分析，实际上是前面论述的总结（但不是结论）和理论的升华与概括。

一、乡村方式：权力过程的表征

从前面几章的行为过程可以总结出，这些过程的形式差异明显，方式不同，过程起伏不定，技术与策略不一，但他们都反映某种共同特征，通过这种方式能揭开他们内在的相同观念。这样就可以解释如下问题：村民在纠纷过程中为何采取这种行动策略而不是其他？当事人为何要舆论造势或骂大街？一些纠纷中村民为什么要通过诉讼程序解决，而另一些纠纷又有村民找混混或依靠家族力量？纠纷前与纠纷后为何要选择不同的势力集团？等等。这些原因背后必然隐藏着他们的思维，都旨在表明乡村社会有一些与众不同的乡村方式和乡村观念。

法律社会学/法人类学语境中，乡村社会行动方式不同于城市方式，也不同于官方方式，更别于现代或后现代方式。乡村方式是依附于乡村社会及其秩序，在日常生活及其习俗生产过程中塑造的通过一套行为系统及其整体呈现的秩序形式。"方式"一词是指某种体系、制度或习俗在社会中的存在样态、运作机理，具有固化性、可见性和形式化特征的存在形式。如果更通俗一点，则是这套权力结构的表现方式、权力技术与策略等共同展现出乡村权力格局、体系的态势。乡村方式内含着整体论思维，即包括政治、经济、文化、观念等方面的一系列行为模式。在本书中，它包括纠纷解决的权力政治学、话语沟通的权力平衡模式、权力秩序修复及其摆动机制、权力的文化实践、上法院及其权力反抗与约制等论域，这些论域构成乡村纠纷解决的固定习性。乡村方式既是村庄生活的秩序形态，也是村民行为表达的过程性展现。之所以称之为乡村方式，在于它具有区别与其他方式的地方性特色：

乡村方式是一套日常生活实践，在半开放社会下又具有从传统到现代过渡、交替的行为方式，通过权力过程展现它的"活态"——一种运行中的非官方方式。所以乡村方式的本质就是乡村日常方式。不论常态权力结构或是非常态纠纷结构，权力展现出来的面观都是一种日常化体系，这种方式具有日常性，产生的基础也是日常的。基层社会的日常性是任何传统方式、纠纷解决和政治行为不可脱离的基础。日常生活构成乡村方式的知识来源。这种方式已成型式，但并非一成不变。村民为何在内部方式解决不好时，跳出地方性场域，进入官方系统或外部结构，正是一种有别于传统"纠纷不出村"方式的一种超越和新常态。

乡村方式具有整体论结构而不是个别单元化的构成。极个别方式也表现出其自成一系的一面，但个别方式在乡村这个地方大结构中存在才有意义。乡村方式是融合整个乡村生活秩序的一套综合性结构，它包括相邻关系、习俗、仪式、乡约、纠纷解决机制、生活模式、权威体系、组织、家族等多种多样的社会秩序。乡村方式是一套表征结构，即村民文化、观念、心态、知识的行为表达方式。它涵括整个乡村社会秩序及其内在的行为模式。这种整体性行为模式早已成俗。乡村权力如何表达，相互间呈现出何种关系形态，都是在乡村方式这种行为模式下被支配或影响，无法跳出这种具有强大约束力的地方性结构。

乡村方式是一套非正式化、地方性、传统性知识结构。它可能是一套非正式制度、规范或秩序，也是一种知识样式和地方性生活模式。它具有非正式性，与国家、官方形成二元社会结构。官方、国家是制度化、正式性和建制性、生产性权力模式。乡村方式表现为非正式制度化，不需要先定或赋予，通过生活形成习俗性机制。这种二元结构表现为：非正式制度—正式制度、非正式解决—正式解决、非正式权力—正式权力、习俗—法制等双重对应的二元形态。乡村方式是多元的微观社会结构。纠纷场域下这些权力结构及其处理策略、技术构成乡村非正式处理争议的关键因素，具体地说，它是由礼俗、地势、血缘、规则、伦理等静态机制以及语言、互惠、过程、支配等动态机制构成。总体地看，权力结构及其行为过程是乡村方式之关键部分。

二、乡村正义观念：权力过程的本质

乡村方式是表现式的秩序结构，塑造乡村方式的乃是他们内在的观念形态，即思维、认知和心态模式，这种观念绝不是那些临时起意的认识，代表着一种集体意识，或共享的集体心智，[1]是一种固定化的文化模式，它完全可以成为一种规范结构和习俗。观念固化了行为秩序，演变为一种文化。如博厄斯（Franz Boas）所说，这些自发的（习俗）经过长期不断的习惯行为确立起来。当它们逐渐上升到意识层面，我们理性化的冲动就要求一种满意的解释，紧跟着而来的便是一种思想模式的流行。[2]一旦某个群或某地方的认知心态成型，不会轻易变化，即使有一些外在影响也仅涉于局部性和功能性的方面，实际构成特定社会场域内的"习性"。[3]

观念与方式问题是内在与外在的关系，一个问题的正反两面。乡村方式与乡村（正义）观念是互为表里，是形式与本质，行为、秩序与心态、观念的关系。乡村方式与乡村观念构成乡村特有的地方文化。如果乡村方式作为社会结构、关系结构的表象，则乡村观念是这种表象的内在、心性结构，一

〔1〕 王晓丹：《叙事与正义的地方性知识：台湾人法意识与法律空间的民族志》，载《中国法律评论》2016 年第 2 期。

〔2〕 〔美〕弗朗兹·博厄斯：《人类学与现代生活》，刘莎等译，王建民校，华夏出版社 1999 年版，第 107 页。

〔3〕 〔美〕戴维·斯沃茨：《文化与权力：布尔迪厄的社会学》，陶东风译，上海译文出版社 2006 年版，第 110~135 页。

种隐秘的支撑着当事人行动的最终力量。任何表象性结构都依赖于观念和心性结构的支配与制约，实际是内在结构决定了外在结构。任何深思熟虑的行动背后都是某种观念支配的结果。从乡村方式到乡村观念，正是通过行为习性的表象结构深入内在心性的观念，即多元正义的生产。

纠纷过程及其结果的追求暗含当事人的价值倾向，不论这种价值是基于个人利益，或是依赖于社会共识以及法律规定，必然与他们的内在观念契合。乡村纠纷解决结果可能不平衡但是自愿，可能平衡但又不是自愿，也就说利益平衡或自身利益最大化并非是当事人唯一追求目标，显然与法律要求的按照公平原则来处理纠纷的结果不完全相同。这是一种广泛意义的正义观念。纠纷处理过程实际为当事人建构一套正义观念的过程，反过来这套正义观念又左右问题的解决。中国社会中的正义既不同于西方法律界定的正义，也不同于中国法律规定的正义。

关于这个问题的研究，有的学者认为属于中国特有的情理正义观，法律地位则等而下之，成为可以随意突破的对象。[1]季卫东认为是"关系正义观"。[2]江山把正义观分为分的正义和合的正义，前者符合中国传统文化的要求与条件，其中包含礼、善等要素，显然这种正义属于伦理法范畴。[3]只有通过自己行动获得自治性和满足感，才显示出这种范式的独特性和优越性。这是乡土正义。[4]乡村正义观念都具有上述正义的性质，它们只是站在某一立场的解释。

当事人之所以采用外人不理解的行动，必然隐含着他/她自身对这个问题的价值判断，造成纠纷难以解决的原因，是不同个人、社会、法律对同一问题的正义理解与选择可能有极大差异，其实揭示了社会中存在着不同的正义观。魏德士（Bernd Rüthers）以三个兄弟 A、B、C 分配 100 只羊为例子，按各自不同背景（手工艺等赚钱能力），采取不同分配方法，类分为不同正义分

---

〔1〕 程汉大、解永照：《民间法正义观转型初探》，载《学习论坛》2006 年第 10 期。
〔2〕 季卫东：《法治中国的可能性——兼论对中国文化传统的解读和反思》，载《战略与管理》2001 年第 5 期。
〔3〕 江山：《再说正义》，载《中国社会科学》2001 年第 4 期。
〔4〕 栗峥：《乡土正义：鲁南周村的纠纷解决》，载《法律与社会发展》2010 年第 1 期。

配形式。[1]最后优选出七种不同的接近正义方式，表明即使在同一个案中也存在着不同正义选择。哪一种正义形式更接近实质的正义或更公正、最公正，都没有统一标准和要求。接近正义的方式有无限多样性。正义多元性意即社会中没有统一的正义标准，而是可塑的、建构的、个别化和情景化的正义方式。不同文化场域及其地方性知识塑造的正义都会别于其他文化系统的正义。甚至不同个案也会基于个案的特殊语境而形成个人正义，可能因双方当事人站在对立立场形成两种截然的不同正义观。

乡村地区的正义仅仅是一种模糊的公平观念，而不是法律界定的高大上的正义词调。人们看重纠纷处理结果及其表现出的个人、社会态度，作为一种嵌入生活的意义结构，而不是严肃的司法正义理念和法律价值追求。只要符合他们所想要的大致结局，他们就可能获得满足。"是多种利益相平衡的质朴的正义感和情理观，具有个别性、具象性和灵活性特点，包含比法治正义更为宽泛的价值体系。需要体悟而非说教，需要感受而非论证，需要情理通达而非法律宣扬。"[2]如伦理关系人之间发生纠纷并不一定去找某种机构解决，可能找人倾诉一下，或相互骂大街，指桑骂槐地出口恶气，也就算了，这就是他要的个人正义。法律社会学意义上的乡村正义，吸纳可以为村民定纷止争的一切因素与力量，成为转型期中国农村法制发展的一个独特方向。[3]

本书强调乡土民间正义在新时代背景中应当是多元情调，而不仅仅指地方性。固然，乡土正义来自于个人权力追求的以自身利益为基础的个案正义（个人权力过程展现的内在观念）和来自于社会权力追求的以组织、集团或群的利益为基础的社会正义（社会权力过程展现的群体观念），以及来自于司法、行政等领域的法律正义（国家权力过程展现的法治观念）三种情形。之所以把法律正义纳入新时期乡土正义结构，乃是因为半开放状态下法律正义不但为乡土接受，并不断被村民主动、积极地实践和靠近。当然，传统意义上的差序、互惠、情理、关系等基本正义仍然根深蒂固。这是半开放社会中

---

[1] [德] 魏德士：《法理学》，吴越、丁晓春译，法律出版社 2005 年版，第 161 页。
[2] 栗峥：《村落纠纷中的正义呈现》，载《社会科学辑刊》2010 年第 2 期。
[3] 栗峥：《乡土纠纷解决的路径选择与正义表达》，载《中外法学》2011 年第 2 期。

多元正义形式在当代乡村的呈现。统合个人、社会、国家三重结构，乡村的正义被个案之具体正义、组织结构的社会正义和国家、官方系统中的法律正义所涵括。[1]个人与社会同属于传统乡村的民间正义观，法律正义属于正式正义观念。[2]这种分析隐含着反对把乡村社会中的正义截然二分为民间—国家正义模式，质疑村民行动属于民间正义之说，此恰恰未顾及他们接近国家、接近法律正义之努力及其变化，他们的正义观远远超越传统正义/民间正义，其包括的正义内容更趋多元，民间、传统、法律等正义诸种形式都被接受或选择性利用。故乡村/乡土正义不等于民间正义，也不等于传统正义。更宽泛地看，只要符合当事人或村庄集体逻辑的都被认为是一种正义体系。这些正义观念共处于同一村庄结构，他们并不在同一等序的关系上。这些阶序体现村民对之重视的程度，尤其是纠纷解决中对当事人的制约或形成契约关系的控制程度。乡村/乡土正义包括民间正义和法律/司法正义两个内容。这也完全符合半开放社会观念二重性的特点，一方面是民间正义，它具有封闭性；另一方面是法律/司法正义，它具有开放性。只有这种双重性特点才符合当代乡村正义观念之现实状态。

三、"个人—社会—国家"中的乡村多元正义

（一）纠纷解决、个案—社会与民间正义

在具体个案中，因各个纠纷情景不同，每个纠纷当事人面对具体问题呈现的思考方式完全不一，纠纷当事人形成的关系模式有无穷类型。恰恰是人们在面对复杂社会时，无法预期到与谁会发生纠纷，纠纷发生并不是当事人预料的事件。纠纷解决暗含着没有统一适用所有人的观念支配。任何纠纷个案都有属于当事人双方且不同于其他个案的正义模式。[3]每一个纠纷个案之解决都是一套双方认可的正义选择。它们构成乡村个案正义基本形式。个案正义寓于社会正义之中。个案—社会揭示了个人—社会权力系统的思维观念。

---

〔1〕　印子：《乡土纠纷的解决与正义供给——来自赣南宋村的田野经验》，载《环球法律评论》2014年第2期。

〔2〕　[美]黄宗智：《中国古今的民、刑事正义体系——全球视野下的中华法系》，载《法学家》2016年第1期。

〔3〕　张恒山：《论正义和法律正义》，载《法制与社会发展》2002年第1期。

1. 自然衡平的正义体系

半开放情态下乡村微观个人权力结构及其在纠纷中运作实现的功能是维持小型社会的正常稳定，保证秩序连续性和惯常性；另一功能便是实现个案中的具体正义。如何协调两者关系构成乡土社会衡量平衡与否的关键。村民内心的平衡感多种多样，当然包括利益公平性，并将其作为最基本平衡关系，使其成为正义直觉。还包括非利益性社会平衡，如情理、伦理、关系上的平衡关系。对于一般的邻里民事纠纷来说，不论是惩罚、制裁、议论或交涉，即使是极为精确的数学化的博弈模型，最终的博弈结果都是"扯平"。[1]这种结论适合于那种"关系紧密群体的社会"中的伦理格调，这一过程不论单独的或集体的都是福利最大化的。从"等价有偿"的均平观念看，乡村方式形式上都有等价交换或互报心态。平衡观念不仅是社会关系需要，也是一种人性直觉。衡平理念指人们原本生活在自在、均衡秩序中，一旦出现强制或其他伤害，则打破这种固有法则，必须恢复这种秩序才能达到原本均衡。正义的任务是重建正当的秩序，重建业已被一些错误行为或尚未偿还的债务所打破的先前被假定的均衡。[2]所谓 even 而非 justice，这就是一种"扯平"。每个人都有这种维持原始均等冲动，不管他是何种方式实现。另一种自然平衡是权力态势公平。强调在关系秩序中关系人的权力、势力或实力大小的均衡状态，不能有反差或反差过大。

大多数情境下，只依直觉便可接近正义，这就是正义感。正义感无需任何理论的支撑。[3]个案正义是通过某种途径得以获得双方当事人认可的解决，得以实现一种符合各自预期的结果。这种预期结果不一定达到满意状态，可能很不满，又无可奈何而达成当事人合意。乡村纠纷个案虽然具有特殊主义色彩，仍暗含着乡村传统观念的普遍原则。它完全作用于个人及其在特殊环境中行动的原则。[4]这意味着，即使是国家或法律不在场，民间也可以"通

---

〔1〕 ［美］罗伯特·C. 埃里克森：《无需法律的秩序：邻人如何解决纠纷》，苏力译，中国政法大学出版社 2003 年版，第 276 页。

〔2〕 ［美］威廉·伊恩·米勒：《以眼还眼》，郑文龙、廖溢爱译，浙江人民出版社 2009 年版，第 5 页。

〔3〕 徐昕：《论私力救济》，中国政法大学出版社 2005 年版，第 352 页。

〔4〕 ［美］约翰·罗尔斯：《正义论》，何怀宏等译，中国社会科学出版社 1988 年，第 50 页。

过私力救济实现正义"，[1]实现他们的报、平衡和道义。

2. 受害哲学的正义体系

乡村人际关系矛盾，不仅是简单的利益纠纷，在纠纷后面还隐藏着当事人认为不正义、"不平"心态，通过某种解决不正义方式者就是正义。因为纠纷，认为自己就是受害者，通过加害、受害双向建构，塑造在某个个案中的正义问题，从而生产恨、仇、辱、冤、耻等乡村受害哲学。上述受害哲学实际构成村民的一项个人伦理、情感方面的义务负担。复仇、报复、报应就是因为与他人有仇恨纠结的直觉反应。杀人、伤人可结仇，辱骂、"让人下不了台"、利益争夺乃至争强好胜等可能生仇结恨。仇是一种非正常关系的事实表达。恨是当事人各方内在对对方心理反应。恨生成方式极为多元复杂。罪孽是乡村正义的事实基础。孽指制造灾难，引申指作乱或作恶，使人遭罪受苦。孽是第三人称称谓，若第一人称则为仇。罪孽乃是社会对作恶者的负面评价，是不正义的体现。怨气、冤气是不满于现实不公平关系的心理反应。冤屈意指无辜受害，比如婆媳纠纷当事人。怨、冤也是气的情态之来源方式。气与怨之间的关系是外显与内隐关系，怨是没有释放气（消气或出气）的一种内隐状态。它体现不正义与正义的向度。

对受害的反制手段是报。诉讼行为（尤其是胜诉）也是一种报。当事人认为面对强者侵犯时，基于"自然正义"产生反抗的正当性，形成反击直觉。人在遭受利益侵害时，都有记恨心态，只要他/她觉得自己是受害者（几乎所有纠纷当事人都存在这种想法）。或者说，当人在利益受损同时，也就确立他/她在纠纷当中的社会定位，从而产生回击的直观感受这种天然正义情感。如果当事人觉得连自己利益都无法保护，那么他内心痛苦可想而知。直接反击既是无意识又是有意识。无意识反映人对保护自己利益的某种本能性反应，是生物维护基本安全的一种需求。在一些纠纷解决过程中，势弱者不时会表达威慑性的话"狗急了还会跳墙"，表明弱势者最后会以回报行为的方式加以反击。

3. 弱者身份的道义体系

乡村纠纷场域中总存在着权力强弱之分，从而形成身份上的弱者与强者，

――――――――――

[1]　徐昕：《论私力救济》，中国政法大学出版社 2005 年版，第 350~360 页。

隐喻的是道义正义。道义基本含义是道德和民间正义，这是一种处于合法性与合理性之间的正当性原则。道义具有情感性或情理性，道义心理因素是情感。当事人的弱者身份地位，至少表现出诉求于社会同情性理解的心理期待，这是中国社会特有的一种道义观念。社会/公众情感介入社会事务，进而影响司法、政治、权力秩序。社会/公众情感在法律或国家缺位时被界定为社会正义方式，为各方力量所利用。[1]弱者之道义同情为当事人争取社会支持并从中获得力量。情感型社会中，人们获取社会情感认同途径多种多样。强势者很难在情感上获得社会支持。弱势者获得情感认同的途径基本是社会同情。当事人都认为自己是弱者，愿意把自己塑造为身份关系的弱势方，受害人与弱者在农村纠纷中普遍认为具有同等含义，都想从法律、政治与社会等诸方面获得道义支持。上文的婆媳纠纷、电线、土地承包等纠纷都存在着弱势道义塑造过程，一些当事人都会把自己塑造为弱势方，甚至在关系群内喊冤，诉说对方凶狠霸道，自己多么渺小无为。

道义依赖于舆论支持，舆论塑造是道义的基本手段。当事人一定要建构弱者身份，主要是法律救济无法实现自身正当权益保护情况下，通过另一种身份建构，寻求与之勾连的话语体系的道德理解，从而产生一套新的原则来化解纠纷。选择社会——政治语境中的身份来获得问题解决，也是一个很重要的策略，例如老人身份、农民身份、女性身份、少数人或外来人身份。这些身份都是常识意义的弱势者，有天然同情感和道义原则。既然各方当事人都希望社会把自己当作弱者，那么暴力或强制都不符合弱者身份特征。正是当事人弱者身份建构起来的弱，转而实现对对方当事人的某种社会、道德、舆论影响，实际演变为一种自身的"要强"。弱者身份是给社会看的，行为表达所隐喻的权力却是对对方当事人的支配。这是通过纠纷场域外的示弱效应，来获得社会道义支持，从而被用在纠纷场域内当事人中形成弱势者权力表达的强势效应。

4. 伦理正义体系

中国乡村社会存在着类似于自然意义的伦理正义思维，即人情事理、天

---

[1] [美] 林郁沁：《施剑翘复仇案：民国时期公众同情的兴起与影响》，陈湘静译，江苏人民出版社 2011 年版，第 223~228 页。

道伦常。把伦理社会的人情事理作为一种符合人间正义原则的标准。情理与天理、事理之间的确存在特殊主义与普遍主义的二元关系。这些结构同处于一个伦理秩序中，[1]在中国文化里，情与理不但非对立，理在情中，说某人不近情，就是不通理，不通情又远比不通理严重。[2]这种二元关系不再对立，变得人情化和感情化，把人情、天理融入事理之中，形成一个比较中和的行为主义模式，即滋贺秀三所说的一种常识性的正义衡平感觉，是深藏于心中的感觉而不具有实定性，它却引导听讼者的判断。[3]纠纷解决中遇到情理与利益冲突时，都不会绝对坚持习俗、情感或利益原则，可能是情理相实，把理、情、利三者结合起来形成一个渗透习俗、利益与人情的正义秩序。当利益嵌入伦理秩序之中时，对立则导致利益与伦理之间两伤，于是通过利益减损或情理渗透带来双赢。

乡村共同体秩序属于组织体系的内部伦理秩序，当个人生活在组织结构中时，纠纷解决不仅要维护个人利益，又受制于组织结构，服从共同体伦理要求。在家族间关于电线路走向的纠纷中，解决的主导性力量是几个大家族，家族内小家庭或个别人与所属家族并不总是趋向一致。为与家族保持一致的整体意见，这种私人欲求和表达已经被家族的共同体秩序所遮蔽和掩盖。或者说，家族伦理共同体产生的权力秩序要高于个人对纠纷本身所持有的意见。即使国家不在场，乡村地区每个人都生活在一定社会组织之中，从家族到圈子、群落，再到他/她所在的联盟或集团，表明除血缘伦理产生的秩序之外，还存在着基于社会组织产生的社会伦理。维护这种伦理秩序构成了成员的社会正义的一种表达方式。不同的共同体有不同的社会正义生产和实现途径。

（二）乡村司法中的法律正义

前述及，乡村正义作为多元正义形式，包括法律/司法正义和民间正义，当面对需要解决纠纷时，村民会从多种现实的习俗、制度或法律中来回穿梭，实现对之可利用的结构来化解纠纷。这个角度看，司法及其法律正义构成当代半开放乡村正义的一种形式。法律正义并不远离乡村大众生活，而是一直

---

　〔1〕翟学伟：《人情、面子与权力的再生产》，北京大学出版社 2005 年版，第 164 页。

　〔2〕韦政通：《伦理思想的突破》，四川人民出版社 1988 年版，第 35 页。

　〔3〕［日］滋贺秀三等：《明清时期的民事审判与民间契约》，王亚新等译，王亚新、梁治平编，法律出版社 1998 年版，第 13~14 页。

嵌入、渗透村民日常纠纷。从坝村多起纠纷调查中，都能看到法律在其中所起的作用。村民主动寻求法律解决问题，从而排除传统民间正义观念体系，比如上法庭离婚。坝村的多起离婚依赖于法律解决，而不是民政局或双方协议离婚以及乡土权威调解离婚。法院判决女方离婚后获得原夫家土地、房屋及其他财产权利，如果按照传统习俗解决则很难享受这些权利。女性权力崛起，法律作为这种权力运作之主要力量，而法律正义实现，又进一步强化离婚甚至于破坏财产分割的传统正义观念。从这个意义上说，由于诸种正义体系之间不存在先后位序或强制选择要求，村民完全可以根据自己选择来实现利益最大化，结果当传统因素不足以解决问题或救济损害时，国家法律成为他们维权的基本力量。正义观念越来越被功利主义原则所影响。

法律制度及其运作逻辑隐含着法律正义，除非司法人员违规/违法操作。这个类似于西方法学的法律就是正义观念。[1]然而，村民对法律正义的认知显然与法律隐含的正义性有很大区别。通过坝村离婚诉讼、土地承包诉讼以及其他诉讼看出，村民找法律解决或诉讼，乃是：①没有其他乡村传统方式可解决情况下所进行的不得已选择，法律只是一种救济方式，当然通过这种救济获得正义也是理所当然的结果。②法律权威甚于法律规定。村民并非是不懂法的乡土封闭人，他们对法律的渴求不亚于城镇人，这种渴求不是真正地为法律而寻法诉讼，是为解决问题之目的了解法律，以便改变自己的处境并获得权力。这些法律权威除法律条文之外，还有司法工作人员和法律运作过程。甚至，同样的事实与利益冲突在不同政法策略环境里，便有不同处置程序、不同认识和结论、不同的司法正义。[2]③由于他们信服法律权威，法院作出的判决也产生极大权威力量，村民也表现出服从与遵守。

由此看到，村民对法律正义的看法乃是通过法律权威的服从，认为法律判决就是正义，即使村民对判决有不同看法，也就是针对判决本身而不是司法过程。相反，司法意义上的法律正义包括形式正义与实质正义、程序正义与结果正义、抽象正义与具体正义等类型。罗尔斯（John Rawls）指出，如果理性的人在这种最初状态中选出正义观的原则来扮演正义的角色，这种正义

---

〔1〕 沈宗灵：《法·正义·利益》，载《中外法学》1993 年第 5 期。
〔2〕 冯象：《政法笔记》（增订版），北京大学出版社 2012 年版，第 29 页。

观比另一种正义观更合理，或者说可以证明它是正义的。[1]换角度看，制度意义上的法律正义与村民观念的法律正义存在极大差异，这构成了乡村与国家法治文化的边界。[2]这种差异来自于村民基于不同分类标准产生的多元现象。"法律文本中也会标榜正义、人类幸福等，国家法律所表达和包含的价值和意义对于社会大众来讲抽象和遥远，而且这套普适性的、更多的是一种技术性分类体系，不会包含人们需要对人生意义思考、生活价值、对神的态度、对宇宙的想象等构成人生观和世界观的意义。"[3]王启梁的"分类"观点的确有助于解释村民选择非正式方式所隐含的文化与观念，然而，也存在着村民主动寻求司法解决问题隐含的功利主义思维，显然不能用基于意义的主观维度来理解。从国家角度上说，通过司法过程实现正当判决就实现一种法律正义；从村民角度上说，通过司法过程实现问题解决，就是一种法律正义。国家意义上的法律正义是程序正当和结果正当双重建构的一种正当性模式，甚至还是一种法治，而程序与结果在村民意义上的法律正义都可能位居其次，他们想要的是一种结局，解决问题和实现和解，并获得最好预期，并以"社区的社会关系长久维护为价值取向"。[4]这一点正好看出村民心目中的法律/司法正义与国家为他们建构的正义两者在乡村社会中的逻辑反差。顾培东开门见山地指出这个问题的认识错误，即不能简单地把裁决与冲突解决等同起来。在实践或理论上都不应把裁判的作出视为冲突最终得以解决的标志，至多只是为冲突主体提供了对冲突事实及法律后果认识和评价的基础。实践表明，社会冲突在特定主体间的化解和消除并不以裁判的作出作为充足条件。甚至，裁判不仅不能标示冲突的最终解决，而且也不能自发生出冲突最终解决的效果，还可能引发"二次冲突"。[5]

国家通过村民诉讼来实现乡村法治及乡村治理，目的是输灌一种法治和法律正义的意识形态，建构国家权力的同时，又在村民观念中塑造极为重要

〔1〕 ［美］约翰·罗尔斯：《正义论》，何怀宏等译，中国社会科学出版社1988年版，第15页。

〔2〕 李培林：《村落的终结——羊城村的故事》，商务印书馆2010年版，第39页

〔3〕 王启梁：《迈向深嵌在社会与文化中的法律》，中国法制出版社2010年版，第153页。

〔4〕 朱晓阳：《面向"法律的语言混乱"——从社会与文化人类学视角》，中央民族大学出版社2008年版，第63页。

〔5〕 顾培东：《社会冲突与诉讼机制》（修订本），法律出版社2004年版，第170~175页。

的权威（主要是法律权威）。具体实践中，村民的诉讼过程并未想到这样高端的宏观结构和国家意图，恰恰相反，他们只要解决现实问题，处理与生活实际关联的关系矛盾，法治对他们而言极为遥远，法律正义只是一种大词，与个人无关。法律正义与他个人想要的判决结果相吻合，他的思维集中于个人/个案正义而不是司法过程的正义问题。法官解决包括社会效果和法律效果：社会化效果好的，法律效果不一定好；法律效果好的，社会效果不一定好。有时法官会很难取舍其中的利害关系。如果追求社会效果，采取和解或调解等手段，可能会伤及法律权威。如果追求法律效果，法官直接裁决，可能无法满足当事人诉求，甚至合法判决违背生活常识（却是正义判决），会出现上访或闹事。乡村中村民的法律正义与官方意识形态中的法律正义出现悖论，如何实现两者有机联合则是值得考量的现实问题。

从乡村方式到乡村观念的具体结构来看乡村多元正义整体概况，其中乡村方式包括权力政治/权力政治学、权力话语及其平衡机制、权力摆动机制（本书第六章结论）、权力的文化实践以及权力反抗与上法院，这些乡村方式揭示了乡村多元正义观念，包括自然平衡、受害哲学观念、道义、乡村伦理以及在法律/上法院实践过程中出现的法律/司法正义（见表14）。

表14　从乡村方式到乡村正义的逻辑演进[1]

乡村正义＼具体表现	个人—社会主义	国家/法律正义
乡村方式	权力政治学、权力的话语、权力摆动机制、文化实践	权力反抗、上法院
正义观念	自然平衡、受害哲学观、弱者的道义、伦理观	公平、中立、独立、均衡
正义类型	民间正义	法律正义

---

〔1〕　其中权力的文化实践具有半官方性质，放在"个人—社会"类型中主要是出于村级权力的半官方性考虑。权力反抗也具有"个人—社会"的性质，考虑到村民对法院判决不上诉的综合理由，把它放在国家类型之中。乡村权力多元之本质乃是正义多元。

四、乡村多元正义的疏离

（一）民间与法律：正义的差异

多元正义的差异化表现在静态与动态两个方面，静态方面意即制度、结构、形式上的差异。动态方面表现为对处理的功利与价值观的看法不同。概括地说，乡村正义总体上融合伦理和功利的双重格调，法律正义（包括司法正义）的依据来自于条文规定和利益平衡，伦理因素介入其中虽可见到，但极为罕见，已不如前。具体而论，乡村正义以天理人情、关系熟人、血缘亲伦等为基础，讲究情实两用，既看重情义关系，又要关切自身核心利益。现代国家的法律正义总体上是去伦理化的，法律正义对村民来说确实存在着很多不适应、不近人情之处。由于半开放社会还呈现出半封闭状态，村民对法律的正义想象与法律对村民的正义供给、法治意识形态以及对村民预想，有很大反差。国家法律对村民的正义供给并非如村民所想的形式，如李氏离婚案中，华晓凤作为外嫁媳妇，按照当地习俗，双方离婚后女方另择出路，别无他法，华晓凤却通过诉讼分到一半前夫家的土地，再婚后又带着外来的新丈夫一起在这块土地上耕种。这种颠覆性的一系列个人权力表达其实是以法院诉讼所作出的判决为依据。两者主要区别如表 15：

表 15　两种正义观的比较

解纷方式	正义类型	表现形式	正义的性质
司法裁决	正式正义	胜诉、败诉、权力专制	形式正义、司法正义
民间处理	非正式正义	情实、理法、权力弥散	实质正义、伦理正义

1. 两种正义存在着纠纷法理学之不同

民间纠纷解决机制也是理性支撑下实现问题之解决，然而，这种理性只是为处理争议而为的最佳路径，并非体验一种抽象的法理思维，无法使没有经验过这种体制之人获得相同感悟，亦无法升华至普适化及一般化规则。很多时候还是为解决问题的形式主义逻辑，蕴含着抽象法理之一整套理性哲学被排除于外。很多人一直认为民间纠纷解决机制也是实质主义，他们所指乃是结果取向或目的指向，并非国家法理本质主义。所谓实质还是为解决现实问题。即使有文化支撑，也不能弥补或无法形成一套基于地方性文化产生正义的法理学。即使经历很长历史，其结构、内在特征等不会发生改变，部分形式变化，也不能更改老一套的内在因素。法律解决纠纷是建立在一套法理哲学和法律规范基础上的制度逻辑。从法理学到法律条文都经严密的逻辑思维及其论证过程，纠纷解决结果带来令人信服的正义感（正当性与合法性）。这一点非官方机制无法做到。其程序又生成新的法理学和规则。解决问题当然也是它最基本功能，它还通过这种纠纷过程提炼、升华或超越既定逻辑，建构制度及其法理，从而实现从形式主义纠纷解决到法理学意义之官方机制转变。

2. 人与法

乡村民间正义是传统的非科学的人之治，它时时展现人的因素是实现正义之基本力量。只要不是以法律正义为唯一正义观，人作为权力结构是实现正义之核心因素。"人们面对问题或纠纷时，寄托于权力的解决或官府的衡平远大于寄希望于法律的公正要求。不管这种权力来自于国家、官府的或是来自于人情、民间社会的权力。"[1]梁治平说，中国人强调个人的内在品质，更愿意把希望寄托在个人身上。因此，中国古代法也不能成为正义之源。[2]乡村正义把人的权力放在较高位置，其作为正义源泉和基础，与法律正义区别很大，一定程度上拥有比法律更高的道德优越性，影响民众对正义、法律的认知和司法判决。而法律正义很多时候是去道德伦理化，甚至远离人的心智，从而使人的因素被排除，而主要依据法的因素。

3. 生活化与去生活化

乡村民间正义与日常生活密切关联，把正义理念融入生活秩序之中，以生活原则来建构日常秩序甚于一般公正价值，表现人们的传统生活态度，成为日常生活重要的规范性知识，或习俗。这种正义是自下而上和形而下的权力形态。法律正义超脱于日常生活，如果法律进入村民的日常秩序，证明生活秩序已经非常态化。正因如此，法律正义实际远离大众的最大多数人生过程。它是自上而下和形而上的。恰恰是乡村民间正义这些原则，建构传统中

---

〔1〕 易军：《"义"的法理》，载《人文论丛》2015 年第 1 期。
〔2〕 梁治平：《法辨：中国法的过去、现在与未来》，中国政法大学出版社 2002 年版，第 155 页。

国人的生存哲学和社会秩序，用来规范他们的日常生活，成为生活的最基本知识结构，形成独具特色的中国人生活模式以及伦理关系。形而下的正义观必然来自生活又建构生活，与法律正义完全不同。[1]

4. 妥协与零和

就纠纷处理实现正义之可塑关系来说，乡村非正式解决纠纷所实现的正义与国家司法实现的正义也存在着很大的实践差异。以当事人和第三方的权力来论证实现正义的目标，进而看出权力的功能，通过当事人和第三方的权力形成调解、决断和司法判决等不同解决机制，那么不同人形成不同的正义形式，即使是当事人相互和解也可能考虑"关系"和成本，甚至不同的背景决定他们最后的正义结局。司法正义是众多正义形式的一种。[2]加达斯（Rene R. Gadacz）以不同权力处理纠纷解决来对实现正义的方式进行对比，进而得出当事人与当事人之间通常以协商/谈判形式实现一种共谋/合意之妥协正义。司法正义强调输赢结局，使纠纷呈现出零和关系状态。这种零和与妥协之间相互交融，实为相互靠近。当事人与第三方通过调解和仲裁实现一种社会正义，当事人越趋向、选择规则则越接近国家司法正义。三种不同的权力解决形成四类纠纷类型，也形成多种有区别的正义形式，显然看到纠纷解决方式决定多元正义类型。进一步分析，这些正义可归结为下面的两种方式（见表16）：[3]

表16 纠纷解决模式的正义形式

模式＼要素	正义形式	解决模式	纠纷领域	正式程度	耗费时间	解决成本	公开性
协商	矫正正义	合作解决	宽泛	低（Low）	短	低	小范围
判决	程序正义	对抗	狭窄	高（High）	长	高	大范围

---

[1] 易军:《"义"的法理》，载《人文论丛》2015年第1期。

[2] Rene R. Gadacz,"Power and Justice: An hypothesis in the Anthropology of Law", *Alberta Law Review*, Vol. XXIV, No. 2, 1986, pp. 296-304.

[3] Rene R. Gadacz, "Power and Justice: An hypothesis in the Anthropology of Law", *Alberta Law Review*, Vol. XXIV, No. 2, 1986, p. 303.

5. 两种司法政治学隐喻

在司法场域的政治正义问题上，还存在着司法政治与"青天"政治两种不同的情结。相对于村民只解决问题而实现个案正义，司法除严格二分的胜负判决案件外，为契合与党政的政治联系，也避免原告与被告因胜负关系带来的对立情绪，采取模糊法律正义策略，用一些比较隐晦的政治性词汇替代两种正义矛盾。如人民法院在具体的审理工作中，原被告的法律属性或称呼较为明确，在涉及法院的党政关系和工作报告中，"人民群众"一词成为常用的司法的政治隐喻性称呼，当事人、原被告等概念被隐去，司法的审理功能被司法政治学替代了。司法正义被隐藏在政治正义的语词结构中。胜诉方有时还会制作一面锦旗送到法院，也把民间正义寓于司法的政治场域之中。两种不同的正义政治学建立基点完全不同，司法政治学乃是向上而不是向下。锦旗的政治学隐喻乃是实现个人的正义，是向下的一种朴素的"青天"的民间正义想象。村民对党、政府及司法三者间关系分不清，混为一谈，正义的政治学隐喻融入党政关系之中。有的当事人胜诉后拉着法官手说，感谢党、感谢政府。司法判决完全可以为党的领导塑造权威性，这种权威性多数是由当事人对判决结果（胜诉）之认同来建构的，不是由判决的公正性建构的。某种情况下不怀疑公正的确可以塑造党的权威，但是公正可能是零和的结果，败诉方对司法的认同就变得不可能。

（二）解决纠纷或是生产正义：乡村正义的工具主义倾向

对于具体纠纷解决来说，采用何种方式处理问题（比如本书分析的婆媳纠纷、电线纠纷和土地承包纠纷都呈现这种权力逻辑），可能远比获得正义更为重要。传统结构中正义观念制约逐渐降低，让位于实现问题解决。解决问题中的功利主义要强于所谓正义实现。当事人只求得问题圆满解决，不在于正义是否得到实现。因而选择何种方式并不是为追求正义，而是使自己脱身于纠纷并实现预期。个人面对法律时考虑的是他/她本人的个案公正，关切的核心是个人利益，实现个人利益就是正义，法治实际与个人没有多大关联性，甚至可以说，正义是什么的含义也与当事人无关。正义乃是实现他们利益的法律行动。换言之，只有与个人功利勾连起来时，正义才在当事人那里得到诠释和理解。个案公正与抽象法治之间存在某种背离，国家建构的法治具有一般公正性，实现正义，循法而治的基本要求，个案公正主要以当事人利益保障为标准的功利主义正义观。他们更要解决利益和矛盾，而非生产正义，国家把正义生产放在首位，两者有时候脱节了，形成"跛足的正义"。[1]这种矛盾背后是地方性知识与普遍性知识在同一空间或同一个案内的分离与整合，两种知识在人们观念上形成两种无形的权力左右着多元知识相互间的变化与适应。

　　由于村民与国家对司法或法律正义认识之逻辑反差，因此村民想要的诉求与国家给予他们的公共产品相当不同。村民在遇到争议时既有现实利益选择，又面临情感方面难题。解决了纠纷关系可能仍然紧张，矛盾仍未得到解决。解决问题当然作为村民置身于纠纷场域的第一要务，这种问题解决过程中是否也在塑造正义观念，值得怀疑。村民面对现实纷争与烦恼，解决问题更甚于一切。如对立的二分处理过程，"面对纠纷，司法程序的确为我们提供了平等的权利对等的义务（或责任）等抽象意义上的平等与公平印象，但司法系统并不顾及司法之外的财富资本、教育知识资本、社会人际资本、乡土权力资本等一系列决定输赢关系的因素，也不会轻易消解这些真实因素。"[2]"这种正确和错误截然两分的判决结果，也很有可能会导致诉讼当事人之间关系难以维持。它使得诉讼在表面上排除了纠纷引起的社会障碍，却并不能彻底消除纠纷当事人之间的对立情绪；结果集腋成裘，由个别简单事实所引起的纠纷，经过诉讼后反而很有可能扩展或演变成当事人间后续长期的情感对抗，日渐深入的积怨总有一天会爆发出来，进而演化成更为恶性的社会矛盾。"[3]有学者指出这种严重性，"随着法律技术日趋复杂，老百姓对于利用程序手段阻挠实质正义、消灭实体权利的憎恶，恐怕只会愈加强烈。"[4]

　　村民的工具主义思维并未顾及更多价值追求，并不是说他们没有价值塑造，恰恰相反，问题解决的背后依赖于既定价值观念，只不过他们没有那种有意识地追求公正的思维，乃是一种无意识或直觉式公平，遇到纠纷时，他们总会以"简直造孽、天理难容、这样要不得、本来就不对、不要脸"等言

〔1〕　冯象：《木腿正义》（增订版），北京大学出版社 2007 年版，第 41 页。
〔2〕　栗峥：《国家治理中的司法策略：以转型乡村为背景》，载《中国法学》2012 年第 1 期。
〔3〕　李浩等：《论农村纠纷的多元解决机制》，载《清华法学》2007 年第 3 期。
〔4〕　丁卫：《乡村法治的政法逻辑——秦窑人民法庭的司法运作》，华中科技大学 2007 年博士学位论文，第 156 页。

辞表达正义判断，只是为何这样评判、其依据何在，则道不出个所以然。这种公平还要受到乡村人际关系、血缘伦理和组织结构的影响。解决争议同时，还要处理这些非争议性但对争议所处社会场域有重大影响的社会事实。最核心所在，乃是他们需要解决现实的关系紧张和真正的问题。诚然，解决问题、社会事实与正义选择三者之间，正义选择让位于滋贺秀三所说的"常识的衡平感觉"，换句话说，质朴公平观念与解决问题、社会事实相结合，造就了乡村正义特性。解决纠纷与解决关系矛盾成为乡土正义实践的两大基点，这是乡土正义的工具主义倾向。

前面的问题已经表明，乡土社会的正义体系不是一种严肃意义上的结构性意识，它既包括观念、意识之同时，又隐含着一种追求实现生活秩序的意义和预期，为实现问题解决的目的倾向，又包含着伦理关系的再次理顺与和好。的确存在某种传统观念影响，恰恰是这种观念又为解决问题服务，它不是目的而是手段。即使是法律正义，也能看到工具主义正义观念极为明显，它有别于法律/司法正义的价值理性。因而，意识形态早已在以经济原则为重要指标的半开放社会中弱化、式微，一种工具主义的乡村多元正义观念正在形成。对于解决冲突与纠纷而言，行政官吏是解决问题，法官也是解决问题，无论怎样解决问题，只要在情理上说得过去，满足了农民的朴素正义观，把他们的纠纷解决就行了。[1]工具主义的乡村正义观远远强于、超越作为社会观念或意识形态的正义观。正如冯象指出，在具体的案子里，并没有抽象冲突的孰先孰后的法理问题。"权利之名和法治的正义一样，是无法妥协的利益避免直接政治交锋、两败俱伤的一个安全而体面的出路。"[2]村民为了利益的最佳或预期，甚至把所谓的正义实现转变为一种功利主义思维为己所用的模式，实际上说个案中的公平公正可能受到极大损害。极端工具主义思维（功利主义）不但破坏了原初公正想象，又丧失了传统理性对现代法治的积极影响力。

上面的分析，两个谱系及其五个差异可用下图式表示正义的差别，可以看出村民根据这些差异因素选择正义的根据（见表17）：

---

〔1〕 杨力：《新农民阶层与乡村司法理论的反证》，载《中国法学》2007年第6期。

〔2〕 冯象：《政法笔记》（增订版），北京大学出版社2012年版，第34~35页。

表 17　两种正义类型在不同要素中的差异

要素 正义类型	法理学基础	理性思维	日常性	可塑关系	隐喻	产生主体	类型	文化基础
乡村正义	地方文化	工具主义	日常化	妥协正义	青天情结	人	结果正义	情、理、义、德
法律正义	司法逻辑	价值理性	去生活化	零和关系	司法政治	法	程序和结果正义	法治与政治

五、乡村多元正义的通约及其耦合

（一）从相悖到相存：多元正义的通约

从古典法律多元到新法律多元，以至后现代法律多元，[1]学说发展趋势从整体分裂到"分裂的整体"，从互异排斥的多元到相通并相合的多元转变。从这个意义看，乡村多元正义又有机连接，至少是共存于一个场域之内，表明它们之间有着极为微妙的通约关系。民间正义与法律正义之间存在着一种公平公正的原始直觉。村民能够在民间正义与法律正义中来回选择，证明这两种正义观念在纠纷解决中的某种相通性。两者都趋向共有价值观：实现具体的公平正义。村民在村内部救济失败后上法院寻求法律救济，说明村民对法律所隐含的正义价值有着与当初他们对村内救济方式一样的认知。所有救济方式都是为当事人寻找一种适合他们的正义结果。进而可以说，乡村多元正义并不是人们强调的二元对立。乡村封闭状态近三十年来已经打破，村民的救济途径有更多选择，由此表明多元正义只有具有共通方式，即使形式不同，他们本质未有区别。在正义实践方式上，地方司法工作人员多数也是本地人，如永善县人民法院及其下属派驻法庭人员，都是永善县及其上辖单位昭通市的人，市外工作人员很少。共在的地方文化系统塑造他们共有观念，使其在法律正义实践过程中考虑民间正义（主要是民事正义）的观念影响，从而避免只解决利益纠纷却解决不了心里矛盾。处理

---

〔1〕　［英］博温托·迪·苏萨·桑托斯：《迈向新法律常识——法律、全球化和解放》（第2版），刘坤轮、叶传星译，郭辉校，朱景文审校，中国人民大学出版社 2009 年版，第112页。

程序上，民事程序中调解方式逐渐增多，由于国家只强调调解程序，未关注调解过程的用词、规范选择、后果设定、权力分配等，进一步使诉讼参与人可以灵活自由地进行权力表达。权力技术运用也可能基于他们传统习俗，只要符合自愿的结果，在正式权力场域的非正式权力运作就能获得法官、双方当事人认同而实现问题解决。这种正义表面看是结果正义，它统合着法律正义（正式正义）与民间正义（非正式正义），从程序正义的角度看可能是法律正义方式，从结果正义的角度看却是民间正义与法律正义共融的结局。

（二）解决问题与实现公正并存：多元正义的耦合

前述的那个华晓凤离婚案，即使是在习俗看来这个不可思议的外嫁女通过离婚诉讼获得前夫家土地，尤其是再婚后在这块土地上建立新家庭做法，至少在观念上法律判决与乡村既定思维有着很大对立。然而，村民以及华晓凤的前夫家并未对华的行为做出任何实质反对行动。睁一只眼闭一只眼，或者议论议论也就算了。一些村民甚至对华晓凤的行为肃然起敬，认为"这个女人不简单"。从某种意义上说，这种从对立到敬畏的转变也体现出村民对国家反习俗的法律正义表现极大宽容。这种结果表明村民思维通过现代意识形态（如新技术的治理、法治、国家、共产党）之渗透，对乡村民间正义认知早已不那么根深蒂固，已经松动。乡村民间正义从对立逐渐向接纳国家和外来因素转变，如同本书土地承包之诉讼选择方式。村民也不是传统村民，他们的正义想象绝非是情理法、关系正义、天理那么单纯了，村民的这种宽容表明他们开始丢弃传统不合时宜的因素。法律进村、村民诉讼只是证明半开放社会的一种形式，而半开放本质在于接纳或承认国家意识形态或观念。当法律正义被村民作为乡村正义体系的一部分时，与之冲突的习俗性正义自然已衰落。

针对朱晓阳所说"语言混乱"带来的乡村法律与民间体系的对冲关系，"结构混乱"理论学者指出，"当前乡村社会内部存在两套甚至多套正义观和价值系统，它们互相冲突却都能在乡村社会找到存在的基础。'结构混乱'的背后是两套甚至多套正义观和价值系统共存于村庄社会，它们在结构上势均力敌，没有一套正义观和价值系统能够占据绝对优势和竞胜地位，村庄秩序因此缺乏保障。"[1]这是一套治理论逻辑，的确反映乡村正义多元的共存性生态。按理说，法律正义是后来进入乡村的，依存于某类纠纷或法律工作人员介入乡村事务中，总体上它仍处于就事论事阶段，还未介入村民日常生活。黄宗智指出，"具体到正义体系和法律制度，则是历史中的儒家与法家、民事与刑事、非正式正义与正式正义的交搭并存、相互作用以及融合合一；在现当代则是古代和现代、中国和西方、实体理性和形式理性、道德理念和实用性实践、非正式正义体系与正式正义体系的综合合一。"[2]法律正义与民间正义之间有一段明显空隙，如果两者相连，则又会发生某种对立。如何使法律正义与民间正义耦合起来，相互融合为一体化的乡村正义体系，则是一个难题。耦合关键不在于一般学者论证的兼容、契合或其他，形式上这没有错，事实是这些关系性分类是一种应然性和静态性表述，现实生活中村民可能根据现实情境作适当调整。问题在于，多元共存的乡村正义体系中，如何实现正义观念与现实矛盾的有机连接。这个问题就是解决问题与实现公正悖论。它已经预设乡村纠纷解决不只是一个问题，它应包括解决纠纷与解决矛盾两个问题，其实质是民间正义与法律正义的相互协调，"将对情理与事实的辨析根植于在地经验/信仰与当地知识的视野融合与对话中"。[3]尤伊克和西贝尔的"法律性"进一步指出这个问题之要害，"法律虽能给人惩罚和限制，不一定能解决问题。"[4]如只解决纠纷，可能未解决关系矛盾；如只解决关系矛盾，可能未解决纠纷。这里的矛盾主要是纠纷导致的关系秩序紧张。解决纠纷可能只是实现形式正义和法律正义，并未实现实质正义和乡村正义。解决关系矛盾但未实现纠纷处理，同样会遇到正义之间断裂。这样说纠纷与关系矛盾的共同解决才是实现正义的关键，解决问题与实现公正共存，也只有这样才能在实践中把非对抗性方式提高到解决纠纷层面上，避免严格是非对错

[1] 董磊明等：《结构混乱与迎法下乡——河南宋村法律实践的解读》，载《中国社会科学》2008 年第 5 期。

[2] ［美］黄宗智：《中国古今的民、刑事正义体系——全球视野下的中华法系》，载《法学家》2016 年第 1 期。

[3] 朱晓阳：《面向"法律的语言混乱"——从社会与文化人类学视角》，中央民族大学出版社2008 年版，第 185 页。

[4] 陆益龙：《法律性的社会学建构——评尤伊克和西尔贝〈法律的公共空间——日常生活中的故事〉》，载《社会学研究》2006 年第 6 期。

只解决纠纷而处理不好关系矛盾的现象，进而使法律正义与民间正义、形式正义与实质正义、正式正义与非正式正义有机连接和相互融汇。当然，个人—社会与国家关于多元观念的融合问题，这仅仅指出一般性看法，真正实现乡村正义交融，还需要实际的制度与实践。

第十章

权力多元、纠纷解决与乡村治理

本章属于对前面所述内容的总结，重在解决问题。针对权力在纠纷中运用的去法治现象，本章旨在提出一套行之有效且符合中国社会文化的解决之道。在枫桥经验的基础上提出"自治—法治"的乡村纠纷治理模式，是乡村社会现代化建设的基本路径。同时指出，村民选择权力策略的本质其实就是一种现代意义上的人治。要想解决人治问题，就必须通过自上而下和自下而上的路径实现乡村自治与国家法治的有效统合，这样才能实现转型期乡村的现代治理。

一、乡村纠纷解决是多元权力之治

中国村一级机构是中国法治建设过程中承上启下的关键环节。它上承国家法律在基层的推广，下传地方现代治理的实现。乡村社会属于初级社会，城市社会属于次级社会。[1]从这一点说乡村社会现代化、法治化起点远低于城市。如果法治在乡村这一环节被卡住，法治及其治理也就停留在上层或城市级别，乡村法治、现代治理便是空中楼阁。法治不是口号或大而空的意识形态，而是村民完全可用的治理工具。冯象指出形式法治论的一些问题所在，本质上是用一种权利话语重写历史，用程序技术掩盖社会矛盾的社会控制策略。[2]但程序技术不是掩盖社会矛盾，而是解决社会矛盾的一种手段。乡村纠纷解决之权力研究的关键，正是寻求一种最佳的避免权力强制的程序技术，来解决现实中的复杂问题。这其实揭示了学术界一直关注的两个重大问题：

〔1〕 吴聪贤：《现代化过程中农民性格之蜕变》，载李亦园、杨国枢主编：《中国人的性格》，江苏教育出版社 2006 年版，第 284 页。

〔2〕 冯象：《政法笔记》（增订版），北京大学出版社 2012 年版，第 140 页。

乡村如何处理规则之治和权力之治的关系，或者，究竟是规则之治或是权力之治。

通过特定乡村分析，我们总结出这样的看法：即使在半开放状态下，乡村也不是法制/法治化状态，乡村治理仍处在权力之治为主的状态，本书调查及其论证也证明这一点。这个结论的具体内容如下：乡村多元权力控制远远重于规则控制，尤其以纠纷为甚，纠纷处理过程掺杂了权力策略、技术及其运作机制过程。当代西部半开放山区的乡村已通过一种权力的文化网络来实现内部社会、日常生活和纠纷解决的有效运作，规则（甚至地方性的习惯法）被边缘化，即使上法院也仅及于不多见的重大事件，且也是把法律看成一种支配性的权力手段和资源。纠纷解决中权力之治远重于规则之治。纠纷解决是权力结构间的失衡、平衡及再平衡的博弈，这种权衡关系反映了他们追求的多元正义取向。多元权力与日常生活相互渗透，通过纠纷置于一个广泛意义的社会文化背景之中，展示地方性社会文化的一个面向。

上述观点又隐含着强烈的问题意识，把纠纷与权力过程放在半开放社会这个变迁背景下思考就具有时代意义，这个背景下权力的形式、运作、逻辑都会与以往不同，它受内外结构及其个人经验的影响与制约。任何纠纷都不可能独立于它依存的社会背景、关系结构和观念来理解，纠纷及其权力本身就是这些语境的一个切点。在纠纷场域内半开放社会的政治、法律、观念和利益都具有时代意义。半开放社会中，结构—过程视域的纠纷解决之权力是村民如何把握自己经验世界和人生的经验，如何重构关系和利益，塑造观念和价值。权力过程也是村民意义世界和地方观念——如多元正义观念——的表达形式，反映了他们认识这个社会、地方和世界的主要方式，甚至是某些隐秘的地方社会结构的隐喻。也如此，才能理解当地人行为逻辑及其隐秘的合理性，甚至与其他社会结构间的矛盾。纠纷、权力与地方社会三者之间相互嵌入，实现对地方社会的某些导向与整合功能。

过密的、网络化的权力结构让村民的日常生活/纠纷处理牵涉、身处于其中不可自拔，久而久之，法治被排斥于外，法律成为功利主义表达的工具，一种选择性资源和权力结构。像坝村这样的山区乡村也缺乏乡规民约，可塑性较强的权力可能远比一般的习惯法、乡约或国家法律更有更强调弹性和适应复杂而千奇百怪的纠纷解决的能力。争议一般可分为产生于竞争行为的争端与产生于违反规则的争端，[1]而调查中后一种情形极为少见，此说明规则之治理仍然处于一种弱化状态。权力与规则对乡村秩序维持都很重要，问题在于这不是由两者决定的，而是村民基于自身理性所作出的主动选择结果（纠纷解决时更明显）。权力无处不在，甚至比规则还有用。通过纠纷的权力生产可能多于规则/惯例生产，因而权力及社会秩序的路径本身是多元的，这既是乡村法治的障碍，同时又提供一些机会和可能。这个结论指出当代西部乡村社会如何治理、治理模式怎么构建以及如何处理与复杂的权力网络关系等问题。

纠纷之治究竟是规则治理或是权力治理，在学术界也有争论。古立弗是政治学偏向的法人类学学者，他主张权力对纠纷的制约。他对格拉克曼的挑战主要是关于纠纷的结果是决定于权力还是规范。格拉克曼作为规则论者显然没有重视权力及其过程性控制影响，古立弗把这种过程看作一种政治及其权力运作过程。其实在中国，民间/乡村社会中权力重于规则；国家场域中规则重于权力。艾琳·摩尔指出这种问题所在：乡村的这种现状表明乡村生活会依赖于乡村具有的格调，并不趋向于国家欲求的方向和预期。[2]但是，不论权力论或是规则论，都不能绝对地对立或独立，两者有一种纠缠的关系。关键在于当事人的功利性选择，但总体上权力在乡村纠纷中占据主导地位，这是因为，即使规则也可能受制于运作规则的人，从而改变了规则的地位而屈从于权力的选择。如穆尔指出，"其中既有与规则一致的行为（也可能有许多相互矛盾或相互竞争的规则），也有选择性的、任意的、操控性的行为。事物的选择和处理不仅决定于诉讼当事人在纠纷中的位置，也取决于权威当局，他们不仅决定结果，而且还在其他情景下决定参考何种规范和价值。"[3]从梅丽的研究也可发现这一现象，[4]那就是权力策略与过程不一定是由人的任意性施加，相反，权力被转移到某种制度、习俗、组织或社群、关系结构中获

〔1〕 ［英］西蒙·罗伯茨：《秩序与争议——法律人类学导论》，沈伟、张铮译，上海交通大学出版社 2012 年版，第 35 页。

〔2〕 Erin Moore, *Conflict and compromise：Justice in an Indian village*, University Press of America, 1985, p. 89.

〔3〕 Sally Falk Moore, "Certainties Undone：Fifty Turbulent Years of Legalanthropology, 1949-1999", *Journal of the Royal Anthropological Institute*, Vol. 7, No. 1, Mar 2001, pp. 22, 95.

〔4〕 ［美］萨利·安格尔·梅丽：《诉讼的话语——生活在美国社会底层人的法律意识》，郭星华等译，北京大学出版社 2007 年版，第 4 页。

得更强大力量。也即，权威/权力转化为制度性结构时，个人权力被隐退，转而以习俗、群体等求得秩序稳定和争议解决，习俗权力本质上是一种从权威到社群之集体权力，是历史演变到集体权力机制之高级形式，它最终还得通过权力来实现社会关系、秩序控制。这样看来，权力本身变成了规则，规则被权力隐藏。但核心都是人为之治。

权力之治内在观念仍是传统思维，这就是多元观念中缺乏主导型思维/意识形态导致的结果。法治/法律观念对村民来说，被作为资源或工具主义情境中缺乏有效约束，传统权力甚至依赖、信守强权不在少数。权力之治形成内生壁垒，阻碍法治推行和乡村现代化，做什么都靠人而不靠法的思维，久而久之，国家与法治都被虚空或悬浮。在工具主义或资源论背景下，即使上法院亦不能证明这是规则之治。"民主程序、村民自治，虽然已经喊了三十年，对于中国一个内陆小村庄来说，它们依然是很陌生、概念化名词。"[1]国家法律在乡村没有建立稳固根基，法律下乡不是长久机制，村民并没有被塑造为法治公民，他们更信奉权力无所不能。村民主要通过社会理解法律，而不是通过法律理解社会。苏力虽然认为乡村事实上导向于规则之治，但他不得不承认，规则之治的一个前提是社会生活具有较高的规则化，社会的规则化又必须依凭规则的统治才能塑造。真正要实行规则之治，一个非常重要的前提条件是规则之治的治理对象要具有一定程度的规则性。这种规则性不可能通过我们制定规则，将不规则的现象纳入一个规则的条文就可以解决了。[2]有的学者也指出，不是村庄道德，不是村庄公权，也不是国家法律或基层政府，而是村民的私人关系网络、身体暴力乃至"灰社会"，成了村民间纠纷解决的主导性力量。此可谓，乡村社会从"礼治"向"法治"现代性转型不顺利，在"不讲规矩就是规矩"的状况下所出现的乃是"力治秩序"。[3]半开放乡村没有在社会现代建设中获得先进制度和观念等公共产品供给。从这个角度，需求论和治理论、法治论和治理论之争的结论应当一目了然，在权力之治占

---

〔1〕 梁鸿：《中国在梁庄》，江苏人民出版社 2010 年版，第 85 页。

〔2〕 苏力：《农村基层法院的纠纷解决与规则之治》，载《北大法律评论》1999 年第 1 期；《送法下乡——中国基层司法制度研究》，北京大学出版社 2011 年版，第 176~193 页。

〔3〕 谭同学：《乡村社会转型中的道德、权力与社会结构——迈向"核心家庭本位"的桥村》，华中科技大学 2007 年博士学位论文，第 224 页。

据主导性地位情况下，任何法治或治理一旦脱离了权力问题，都无法解决乡村现代化，故而对乡村来说单独地讲治理或法治都不可取，因为都忽略权力之治理——即一种乡村自治模式仍处于主导性地位。

二、乡村纠纷治理的"自治—法治"模式

国家权力渗透进民间社会之后，制度化权威与非制度化权威，实际上同时并存。[1]因此可以说，国家政权、法治在乡村的建设及实施都应当考虑乡村"力"这一重要因素，否则，国家能否对广大乡村实施此种哪怕并非直接的法律控制也是令人怀疑的。[2]法律之治更趋向于国家理性和现代文明建设，合规、正当化与法治才是社会与国家都坚守的一项基本原则。纳德指出，国家法是一种可用于分配或集中权力，或者使权力集团合法化并得以维系的机制或程序。法律担负着平衡权力、保障公平之功能。[3]在面对复杂的传统乡村社会时，这种功能发挥必然面临着极为重要的多重权力影响。这个问题必然涉及乡村秩序的根本，中国乡村如何实现法治，实现法治又是如何运行的问题。具体如同学者所说，国家控制抑或民间自治构成农村纠纷解决的两难选择。[4]

当前乡村法治建设虽说不至于停滞，但进展实为缓慢，打破内卷化状态的关键在于如何理顺权力与乡村法律实践之间的关系，从权力之治走向法律之治，并最终实现法治。这种路径依赖于社会结构，只有在二元结构框架之下，才能理顺乡村自治、治理和法治关系。城乡二元结构仍是今天中国最基本的社会结构，多数乡村——尤其是西部乡村——处于国家权力、法律的边缘甚至是末梢。按照布莱克量化理论，这种地域意义的秩序更趋向于从自治、治理到法治的某种衰减趋势。反过来说，当代对乡村社会现代化建设又呈现出从法治、治理到自治的由强变弱的政治逻辑。前者是实然的，后者是应然

---

〔1〕　赵旭东：《习俗、权威与纠纷解决的场域——河北一村落的法律人类学考察》，载《社会学研究》2001 年第 2 期。

〔2〕　梁治平：《清代习惯法：社会与国家》，中国政法大学出版社 1996 年版，第 147 页。

〔3〕　[美] Laura Nader、Harry F. Todd, Jr.：《人类学视野中的纠纷解决：材料、方法与理论框架》，徐昕译，载吴敬琏、江平主编：《洪范评论》（第 8 辑），中国法制出版社 2007 年，第 151 页。

〔4〕　吴为军等：《现状与走向：和谐社会视野中的纠纷解决机制》，中国检察出版社 2006 年版，第 240 页。

的。至少在现阶段，我们仍要通过乡村自治的基本形式维护基层社会稳定，这是乡村社会建设的基本前提和事实依据。它又不能脱离国家与法律的基本要求，乡村是国家的乡村，不是村民的乡村，这是一项政治原则。意味着，没有法治的自治显然不可能实现社会现代化和法治社会。当然，没有自治的法治也缺乏社会基础，很难进入基层。若通俗一点看，我们认为应当是法治保障下的自治与治理，存在着自治的乡村法治，实际上是自治与法治之间如何匹配与协调的问题。

个人—社会—国家的半开放社会形态包含着的半开放和半封闭双重特征，也是现实。这是处理乡村权力与乡村秩序的基本前提。半封闭性也表明乡村自治不可疏离，必须依靠传统方式解决国家难以企及之事或日常生活；半开放表明国家治理越来越具有重要作用，乡村宏观层面或重要事件需要国家规划、安排或处理。半开放社会的语境证明自治—法治不是人为选择，而是历史与现实之自然连接。由此可以说明，"自治—法治"体系的有机结合，未脱离个人—社会—国家框架下形成民间与官方的双向建构，是当前我国乡村秩序研究不可忽视的治理模式。个人—社会—国家在法律上的关系实为自治与法律/法治的关系。"个人—社会"某种程度上代表自治，国家代表法治或治理（当然多数是象征层面，未上升为事实）。表明我国乡村存在着非正式治理和正式治理、非正式结构与正式结构、地方与国家的多重叠加结构，进一步说也暗含了自治中的民间正义和法治中的法律正义观念。他们之间的关系映照着乡村有着自身一套并以此为基础与国家发生关系的现实。它们之间的关联性如下（表18）：

表18　个人—社会与国家的关联性

关联因素	正义	权力	正式性	文化空间	治理模式
个人—社会	民间正义	权力之治	非正式结构	地方	自治
国家	法律正义	规则之治	正式结构	国家	法治

根据上述理解，所谓乡村自治，[1]即在村民和村级权力体系主导下实现

---

　　〔1〕　自治也属于治理形式之一，但毕竟自治更强调主体的自我指向，去他者性的治理，与国家作为他者的治理存在着极大反差。用广义上的自治—法治更具有双向性意义。

乡村内部事务自我管理/管控和自主安排，以实现乡村治理之目的。所谓乡村法治，即国家、政府利用法律对乡村进行规划、控制、管理和建设，从而依照国家预期实现乡村秩序的整合，依赖于法律治理实现乡村社会现代化。前文提出权力之治的结论本质就是自治（但自治不等于权力之治）。法治之基础就是规则之治，国家法视野下规则之治的本质乃是法治（亦不能说法治等于规则之治）。两者已经预设了某种可以连接的关于共同治理乡村的关系模式。所谓自治—法治，是指在乡村自治基础上与国家治理及法治相结合并形成相互依赖的乡村秩序建构模式，即保证乡村内部事务自我的管理基础上，国家适当引导、安排并依照法律参与乡村社会建设，从而使乡村秩序向着法治化、现代化和国家一体化目标，使乡村自治权力与国家治理权力有机融合。自治—法治构成了当今我国乡村社会建设的主要方式，自治与法治都属于治理，区别在于前者是权力之治，后者是法律之治理。自治—法治实际是如何处理村级内部治理（自治）与国家治理的一套关系机制及其目标，实质是民间正义（自治）与司法/法律正义（治理）两套系统如何通过外在制度契合起来。只考虑自治（非正式治理）或法治（正式治理）其一的乡村无法有效解决权力秩序问题，会造成国家与社会在乡村的冲突或对立，两者必然需要建立一种互动机制来实现"自治—法治"的联动。

自治—法治的联动治理表明乡村治理是二元性的。有学者强调，中国农村社会当下最为显要的法制问题或法制形态特征并不在于现代法制对乡土社会的破坏或乡土社会与国家法律的内生性亲和，在于对现代秩序具有强大需求的乡土社会与国家法律体系之间的系统张力。[1]黄宗智认识到这是二元结构间的张力关系，即把二元对立和非此即彼转化为二元并存、综合或融合，才是中国法治文明的真正核心及特点。对应地，乡村法治/规则之治一直面临着传统非正式方面（自治）的规范、权力及其制度竞争，或者说乡村秩序存在着二元一体结构的倾向。二元即非正式的自治与正式的法治，一体意指这两者被统合、纠缠、共生或对立于同一个内部秩序、内生性社会之中。这样出现对乡村秩序自治与法律治理的博弈，使乡村法治和力治相互糅杂的格局

---

〔1〕 印子：《乡土纠纷的解决与正义供给——来自赣南宋村的田野经验》，载《环球法律评论》2014 年第 2 期

出现。"它既展示中国对待二元的思维，也展示中国的历史经验，其关键在于把被对立的二元综合起来，在其并存和相互作用中探寻其综合与超越。"〔1〕这也是基于乡村现实而作出的必然选择。

二元一体背景下，乡村社会权力在国家权威渗透、重建过程中成为国家帮手，是国家联合、依靠的力量，为国家所用，为乡村正当化、法治化秩序塑造注入一股正能量，并通过国家对乡村自治结构（主要是对村内权力体系）有效地融合、规划，进而实现乡村治理，这是为将来实现乡村法治所进行之必要准备。没有国家与法律规制、规划、引导的自治很可能导致无序，或灰社会化，反而成为乡村社会现代化建设的一大障碍。换言之，在国家主导下，乡村权力秩序应当被国家权力规制或被整合，它必然排除非法组织、强权、暴力等封建性质的权力结构，整合为一套非正式与正式两种权力连接的有机体系。这是一种立体化模式。它不仅是国家权力的治理，还是乡村内部社会的自治，尤其是乡村社会组织化、村民关系、村政治和村纠纷解决体系等方面的自建、自控与自理。立体化模式明显看到从个人到社会再到国家三者在乡村同场状态下的相互协调关系，它是一种层次化、立体化而非扁平化的模式。最终我们会看到，立体化的乡村权力模式以国家权力为主导，实质是以国家治理为目标选择，以乡村其他权力为辅助或帮手，实质是以乡村自治为主要基础。立体化模式正是建构乡村"自治—法治"的主要社会机制。

三、乡村自治

乡村自治主要是通过非正式纠纷解决的自治，即乡村社会内部力量处理社会事务而体现出来的自我控制。个人—社会权力体系在现代乡村社会仍有极大的自治空间，国家在乡村权威塑造过程中并没有如传统那样压缩乡村自治领域。国家通过乡村福利重建权威，而不是政治干预和组织控制。甚至说，国家权威重建以新时代的新情势为主要载体，如交通、房建、增收、家电下乡等，塑造国家在基层的合法性。这与乡村社会面向的自治并无冲突，乡村自治反而在国家权威重建过程中进一步优化。由于绝大部分纠纷通过乡村内

---

〔1〕 ［美〕黄宗智：《中国古今的民、刑事正义体系——全球视野下的中华法系》，载《法学家》2016年第1期。

部多元方式解决，乡村权力的筛漏功能正是实现内部自治的关键所在。通过筛漏作用，个人、群落、村民小组、村委会等都成为乡村自治的主要参与力量，起着维护内部社会秩序稳定、矛盾不上交、避免一般民事纠纷转化为治安或刑事案件、压制重大纠纷爆发等社会基层问题的最基本的调节器作用。本书分析的村级调解、家事纠纷、电线纠纷等都体现出自治的格调。这种自治是一种典型的非正式治理结构。

乡村自治究竟处于何种状态并经受正当性与合法性疑问？这是因为乡村自治多数是非机制性的一种分散性动员和自发参与，缺乏有机建构，只有在村级权力调解中存在将治安员、村主任或副主任等归入人民调解委员会调解的制度化取向。其他纠纷解决都具有非正式性甚至非法性色彩（比如混混的群架、报复、私了等）。纠纷解决领域的乡村自治仍需要组织、建构、整合的自治，否则这不是一种真正的自治，相反可能造成乡村混乱。当前比较流行的大调解机制主要及于城镇社区，对于乡村地区来说这种机制还未真正建立起来，即使永善各个乡村也仅有名义上的人民调解委员会。比如乡村大调解联动机制，可以把各个村民小组的权威、小组长、家族长、知识分子等与村委调解小组连接起来，涉及本区域内的纠纷以综合调解小组人员参与的形式解决问题。这本身就是乡村纠纷的管控机制，又是对民间纠纷解决的非机制化、法律边缘性的一种限制，对于乡村自治的边界予以确定，确保乡村自治即使在无国家状态下也能有效地与国家保持一致。但显然，这种大调解没有司法机关的介入，使民事案件的调解很难形成委托、委派及特邀调解的联结机制。

国家法律构成乡村自治的无形边界——虽然国家/法律多数不在场，它必须控制"筛漏"机制中的漏选事项。乡村自治一方面不能僭越法律规定的强制要求（如离婚的法定程序），另一方面不能违背法律的禁止做法（如江湖混混的私了）。只有在这两个原则下，乡村自治不是自发的，而是组织化的一种内部管控机制。它不是压制，而是管控；不是科层制权力支配，而是对影响正常秩序的修复机制；不是权力/权威的拼凑组合，而是一种积极有效的维护社会稳定、安宁，保证"纠纷不出村"的有效组织。通过这种组织的权威动员，乡村实现重大事件不发生，一般纠纷或可能爆发的纠纷被消解，实现自我解决、保障和消化内部纠纷的作用。在乡村自治机制环境中，国家在乡村中的作为可能不是政治控制，而是处理一些乡村自己不能解决的事项，比如乡村现代化，增收问题、交通、教育、环境卫生等可以缩小城乡二元差距的结构问题。将来一段时间内，这是国家塑造国家权威的主要内容。

四、乡村法治

乡村法治即通过法律的乡村治理。不可否认，农耕村落的社会治理本身是整个社会和平的政治安宁的一部分，为历史中国的政治治理创造了有利条件，大大节省农耕社会对国家政治权威和正式法律制度的需求。[1]这种只求不变的社会秩序对传统社会重大意义，对当代极具变迁且正转型的中国来说，乡村处于这一轮潮流中而不可避免地要适应新情势，否则将面临被社会淘汰的危险。乡村社会现代化建设，尤其是法治建设、乡村现代治理将处于一个关键时期，如果没有法治或法律，我们看到的乡村社会将混混当道、人情泛滥、家族强权、村级组织灰色化、精英或权威控制等。他们是极为传统的人格化、身份化等极具中国文化性格的因素，民主、民生、法制几乎被遮蔽，村民变成沉默的大多数。乡村之治可能转化为暴力而治。[2]弱者利益得不到保障，虽然随时可以上法院，但非在地化的普遍做法影响他们上法院的选择。正如有的学者指出，私力救济自行实施社会控制和寻求正义可能导致非正义，可能激起敌意、加剧矛盾，引发暴力。[3]面对社会中大量出现的越轨行为，非正式社会控制必定是无力的。[4]法律对村民来说极为重要，进一步说，乡村与国家实为相互依赖的关系。

几乎每年年初的一号红头文件都指出，要深入开展农村法治宣传教育，增强各级领导、涉农部门和农村基层干部法治观念，引导农民增强学法尊法守法用法意识。健全依法维权和化解纠纷机制，引导和支持农民群众通过合法途径维权，理性表达合理诉求。从政治性极强的文件可看出，国家权力、法律在乡村渗透、重建权威已是刻不容缓的事情。但是，每年的一号文件出

---

〔1〕 苏力：《齐家：父慈子孝与长幼有序》，载《法制与社会发展》2016 年第 2 期。

〔2〕 徐勇：《乡村治理与中国政治》，中国社会科学出版社 2003 年版，第 207 页。

〔3〕 徐昕：《论私力救济》，中国政法大学出版社 2005 年版，第 363 页。

〔4〕 王启梁：《乡村社会中的多元社会控制："分裂的整体"》，载《云南民族大学学报（哲学社会科学版）》2011 年第 1 期。

台后的执行力不高，反而降低了乡村现代化建设的长期规划和实际执行效果。

总体上，国家在乡村的权威重构主要有法律和政策两大类。法律立足于乡村主要包括主动型和被动型。主动型渗透是送法下乡、乡村法律服务、乡村执法和乡村司法。乡村执法或乡村司法隐含的惩罚、规训、控制又把国家暴力和强制暴露在乡村日常生活中，村民有着畏惧，甚至有所抵触，一些乡村中的国家权力行动会演变为村民的反抗。被动型下乡是上法院。村民主动上法院解决问题，虽然主要是作为资源并被一种工具主义价值观利用，但客观上帮助村民了解、学习法律，运用法律实现正义，这是毫无疑问的。这种被动型能反映村民的某种意识变迁，它却不是一种乡村权力机制，而且多数法院、法庭在城镇，即使坝村这种半开放乡村也没有派驻法庭或"流动法庭"，因此，"上法院"的国家权力建构方式仍需要建立派驻法庭或定期流动法庭——如"汽车上的法庭"这样的体制。至于学界争议的送法下乡、迎法下乡、法律服务都是具有临时性、变动性、工作性等诸多不适宜于乡村社会的特点的临时方式，这些是缺乏固定、体制性的工作安排。村民需要的是发生纠纷或矛盾时能及时找到国家权力的那些正式代表，而不是费时费力跑到城里找"国家"。

国家在乡村的存在不仅是概念性和想象性——即观念的存在，而是通过国家权力渗透基层，使村民通过纠纷看得见、摸得着的制度实践。如果仅仅停留在概念层面上，村民对国家的想象来自村干部或政策文件等，甚至看领导人怎么说，这样的渗透或建构必将会失败。国家权力介入乡村生活，让村民在制度、文化与权力的事件过程中感受国家带来的好处，是国家在乡村塑造权威的最关键所在。这种权威的塑造恰恰又使国家权力在村民眼中由强制、威慑转变为信任、服从、保护的权威转变。这种转变不是一时完成的，需要福利下乡、纠纷解决正当性及其塑造、给予而不是索取等，给村民带来某种好处，并在构建良性的乡村正当秩序中带给村民某种和平、安宁、秩序、和谐之社会环境，只有在这些氛围下国家权力才会进一步塑造权威性力量，且长期坚持才能完成。因此，国家的乡村治理不仅是法律下乡，它还包括国家政策、福利、社会保障以及与之相关的乡村经济、文化、环境、民生、教育等一系列的国家权力整体的服务型下乡及其治理。国家在乡村作为权威性资源，替代之前作为配置性资源的存在，是当代乡村之国家治理的主要转型标志。

站在乡村治理研究主体的角度来看，每一项具体的乡村治理研究，都是乡村治理整体研究的一个层面和一个部分，每一项具体的乡村治理研究，都需要在理解中国乡村治理逻辑的整体中获取位置。[1]国家权力在乡村的建构重组、整合传统乡村秩序，通过法律实现对乡村治理，有两大职能：一方面是给予福利；另一方面是规制地方权力。这样才能使传统乡村权力控制演变为国家对乡村权力控制、规训与引导，避免非正式权力偏离国家要求的轨道。国家权力介入乡村须是一个逐渐累积之过程，此过程因不同阶段而产生不同融合度、影响效果等差异性效果。半开放乡村中这种累积前期效果好，越往后边际效果开始递减。乡村需求何种法律比其他法律效果更佳，或需求最大时该法律介入乡村产生效果最好，需求最小时该法律介入乡村时边际效益递减，构成乡村的国家权力内卷化。

从总体支配到技术治理，"通过法律技术的治理看着是乡村社会现代化建设中极为重要的技术治理的一环。"[2]实质在于从法律之治到法治，如果更进一步则是地方法治（非地方性法治）。这是因为个人—社会—国家三者权力可能导向非法治化甚至非法律化，法律及法治既是这种权力结构的保障，又是对这种权力结构现实的制约，法治化还是权力取得合法性之主要方式。法律当然是塑造乡村权力结构的关键和核心。学者强调，"无论政府、司法机关还是村民都不约而同地选择综合治理而非法制治理的纠纷解决之道。"[3]然而通过法律之治理纠纷，进而构造乡村自治与国家双重体系的法治化乃是历史趋势。法治亦是国家治理的首选，通过纠纷治理实现法治是可行的。任何法律之治都隐含着国家欲求实现乡村治理的某种政治预期。恰恰在乡村又成为当前我国法治推进之极为困难的一环。巴里·温加斯特（Barry Weingast）严肃地指出为什么法治在发展中国家如此难以实现，因为没有达到发达国家具有的两个基本条件，"提供法律的制度，以及一系列保护前一种制度并确保它们得以维持的可信承诺。当一个社会从基于个人关系和人格化交易向基于非人

---

〔1〕 贺雪峰等：《乡村治理研究的现状与前瞻》，载《学习与实践》2007 年第 8 期。

〔2〕 渠敬东等：《从总体支配到技术治理：基于中国 30 年改革经验的社会学分析》，载《中国社会科学》2009 年第 6 期。

〔3〕 栗峥：《国家治理中的司法策略：以转型乡村为背景》，载《中国法学》2012 年第 1 期。

格化关系和非人格化交易转轨过程时，法治作为转轨的一部分就会逐渐显现。"[1]对于中国乡村来说，国家权力的介入打破了人格化关系，趋向于一种非人格化的新型社会实践。这种立体化的国家权力渗透核心是法律与法治，包括送法下乡、法律宣传、上法院、国家与村委会的联合、法律体系在乡村治安综合治理体系的建构、对民间权威调解的适当不干涉等。只有以乡村法治为核心并作为主导性方式的国家治理才符合当代大势，因为这样才能实现司法/法律正义的基本条件——虽不至于解决法律正义的意识形态。

从上看到，乡村自治不是一种纯粹且不依赖于外部力量的完全自我管理、自制度化的封闭式治理，它存在一种法律位居中心之阶序结构和原则。也绝不是学者强调的国家规划模式而忽略乡村自主性原则，恰恰相反，这是一种基于乡村社会现实的循序渐进，逐步实现，且以乡村内部社会发展背景下的集体自觉为主导的治理。如果没有地方自觉，任何外在建构都可能无法实现预期，难以解决乡村真正需要。既要看到国家（主要是法律）的主导力量，又要看到地方及社会文化反向塑造力量。柯武刚（Wolfgang Kaspcr）因此才说"对制度的认可和执行完全依赖于社会所主张的文化观念"[2]。依上述两点，乡村自治是国家权力、法律支配、渗透之自治，即法治工作"重心下移、力量下沉"的自治—法治关系机制。这种自治融合法治意识、公平正义观念、民主和谐的政治思维，保持乡村村级权力与国家密切关联的立体化模式。只有以国家、法律为预期的乡村秩序及其发展，才会趋向于中国当前要重点解决的法治社会目标。乡村自治不是因为它不违反法律规定，而是村民在有限的能力、成本、伦理关系等方面与国家法律之间综合衡量的一种考虑。

五、自治与法治的地方性塑造

在个人—社会—国家结构中，"个人-社会"权力体系总体上呈现自治的格调，国家权力呈现治理的格调。"自治—法治"模式代表着"个人—社会"与国家在乡村的两大基本功能。基本上，基层社会不外乎就是这两种治理模

〔1〕［美］巴里·温加斯特：《发展中国家为什么如此抵制法治》，黄少卿译，载吴敬琏主编：《比较》（第47辑），中信出版社2010年版，第59页。

〔2〕［德］柯武刚、史漫飞：《制度经济学：社会秩序与公共政策》，韩朝华译，商务印书馆2000年版，第38页。

式。如果国家不落入乡村，就是抽象和模糊的概念系统。这个回归意味着必须以地方为基点才能整体衡量国家的定位及其角色。"个人—社会"一个是"作为文化构建的地方"。"个人—社会"与国家的关系应归入"地方—国家"关系范畴。美国历史学家包弼德（Peter Bol）指出，本地作为一个地方，指人类活动在一定的自然环境下构建的事物。[1]在自治—法治视域下，"地方—国家"二元结构被放置在一个更为广阔的空间内考察两者的新型关系，它不再是中央—地方的管制逻辑，而是作为法治构建的关系结构。这里的"地方"既是空间性存在，又是一个具有地方性文化的小型社会系统，总体上它是由个人与社会共同塑造的秩序，也是自治与法治的共存空间。乡村是这样一个地方（local）：社会结构及秩序之小，是因为它相对独立。乡村之复杂，内部权力林立，互制不断，关系形态多种多样，血缘、地缘及外赋力量纠缠不清，几乎为一个缩微版中国。它反映了中国西部乡村——尤其是山区乡村——的共性和通约性。一个独立的乡村地方以小见大地洞见中国乡村社会的大部问题，对它的观察为小社会特征，着眼点却为中国广域的乡村问题。本书的分析看到，这种小社会秩序一直保持着自我建构与国家建构的格调，乡村有塑造内部秩序的能力，也有与国家一样的法治需求。地方—国家的关系以地方对国家的需求与国家对地方的再造为根本。

（一）国家与地方的一致性

当前，乡村地方半开放社会不断靠近国家而不是背离国家，国家也不断介入地方社会，重建权威。埃里克森和布莱克提出法律量多秩序量少之反相关难题，必须在此得到解决，否则仍会导致乡村的法律贫困。[2]很多乡村实践表明，"两种路径走向实质一致，甚至在有意弥合地方—国家界限，使国家与地方社会两种可区分的文化空间模糊化。在通信网络、乡村法治、交通逐渐实现过程中，技术治理带来空前压力，使传统乡村融入这一轮社会变迁的

---

〔1〕〔美〕包弼德：《论地方史在中国史研究中的地位——以欧美近十多年的研究为例》，载复旦大学历史地理研究中心、哈佛大学哈佛燕京学社编：《国家视野下的地方》，上海人民出版社 2014 年版，第 23 页。

〔2〕〔美〕唐纳德·J. 布莱克：《法律的运作行为》，唐越、苏力译，中国政法大学出版社 2004 年版，第 125 页；〔美〕罗伯特·C. 埃里克森：《无需法律的秩序：邻人如何解决纠纷》，苏力译，中国政法大学出版社 2003 年版，第 354 页。

技术动力机制过程，倒逼非正式制度与正式制度弥合、共融，相互渗透。"[1]实际上，送法下乡的权力支配论和迎法下乡的需求论都不足以解释当前半开放乡村的现实，因为他们都没有把真正控制乡村的权力网络考虑进来，自治仍是主流，法治也只在缓慢推进，割裂个人—社会与国家的权力关系都不能有效解释乡村社会建设。

（二）通过乡村纠纷解决实现正义

要实现两种知识结构的相融并实现正式正义，就要建立一套有效的乡村纠纷解决体系，因而建立多元权力体系的纠纷处理系统就是极为必要的。注重结果正义与实质正义的同时，也要看重程序正义和形式正义，这种情形下，正当化的权力秩序对纠纷解决就极为重要。这种正当化建构只有在结构的正当化基础上，纠纷解决方式、过程及其结果才能实现正当化。正当化不仅在于法律解决，还在于村级权力调解，且不背离法律的那些民间处理方式，都是正当化方式。这方面把暴力、强制/强权、倚强凌弱的手段排除在外。经过纠纷治理的乡村秩序是一个统合乡村个人—社会—国家的层次化、阶序化、立体化而非扁平化的治理模式。国家法律在地方渗透，不仅是一套法条、规则系统，它还是国家权力、意志和政策的总体体现。法律虽不是唯一的乡村治理手段，却是最为核心的方式，也只有法律才能体现主流且作为意识形态的正义，唯如此体现出多元正义之阶序结构，以法律为国家权力控制之关键，其他为补充，即实现了司法/法律正义的主导性，民间正义趋向于国家的制度建构过程。

（三）乡村治理的顶层设计

法律正义作为意识形态并非指出乡村法治是国家意识形态，乡村法治乃是一种治理方式——但是具有最高原则的方式，意即乡村治理是包括了法治在内的多元治理方式，而法治只是其中之一种，因此乡村法治多数是依法治村。目前，乡村的政策治理远远高于法律治理，政策能带来好处，法律只有非常态下才能发挥作用，提到政策时村民即会感觉到国家给"三农"带来了优惠，他们对政策的敏感度高于法律，结果法律之治反而变得困难。在理顺

---

〔1〕 易军：《回族社区调解机制研究——基于法律多元主义的视角》，载《北方民族大学学报（哲学社会科学版）》2016 年第 2 期。

政策与法律/法治关系基础上，有必要以法治作为治理方式的核心，国家进一步作出战略层面之规划，并顶层设计这种制度性安排："推进基层治理法治化。全面推进依法治国，基础在基层，工作重点在基层。发挥基层党组织在全面推进依法治国中的战斗堡垒作用，增强基层干部法治观念、法治为民的意识，提高依法办事能力。加强基层法治机构建设，强化基层法治队伍，建立重心下移、力量下沉的法治工作机制，改善基层基础设施和装备条件，推进法治干部下基层活动。"[1]它本质在于减缩传统权力（非正式权力），重建权力合法性及法律信任，塑造国家权威和乡村法治秩序，避免国家与法律成为乡村"局外人"。权力网络越复杂的乡村，村社会秩序与法律的关系就越远。也就说权力越强大，规则就越可能被排除。[2]需要以解决乡村传统权力秩序与法律的关系作为正当性建构的前提。首先，减轻权力网络的控制，就需要现代意义上的乡村文明建构，尤其是在基层社会文明和政治文明双重建设的社会现代化的实现，这是避免法律在乡村"内卷化"的重要手段。其次，村组织作为国家在村庄的半官方代表，实际充当了公正、合法性的国家权力象征，只有塑造村组织的公正形象，才能在村民纠纷、村庄治理过程中建构合法的权威。否则不同社会组织的权力弥散反而使村庄处于无序状态，更不利于乡村正当秩序的塑造。最后，法律的机械以及国家权力被人为地作为工具进行纠纷博弈，实际破坏了法律对村民的权威和正义感，最终损害公平正义的基本伦理和法治原则。因此要保证正式权力与非正式权力在乡村有效协调，尤其是国家权力在乡村的正当行使，使其在作为核心权力制约前提下，避免与非正式权力相互博弈和压制，避免纠纷的法律问题演变为政治问题，这是实现公平正义的基本条件。从这个角度看，治理的核心与本质是法治。没有法治的治理最终回归人治。乡村治理成功与否关键在于法治成功与否。

（四）确定国家与地方的边界

通过纠纷治理，作为国家权力的法律、司法人员和法治构成一个庞大的体系渗透到微观社会领域，一方面提高了纠纷场域的法律意识，解决社会矛盾，另一方面又提高国家在小社会中的权威。国家也可能作为背景性、背后

---

〔1〕 中国共产党十八届四中全会《中共中央关于全面推进依法治国若干重大问题的决定》。

〔2〕 高丙中、章邵增：《以法律多元为基础的民族志研究》，载《中国社会科学》2005 年第 5 期。

性力量关注非正式解决，虽然这些因素未促进法治的成长，但也未背离。没有违背国家政策、法律和法治要求的非正式解决国家愿意听之任之，构成社会—国家的边界，这样能使多元权力秩序在法律/法治规制下有分工性、距离感、适当保持各自功能性的结构。加强国家与地方相互间有机的、制度性的连接是使村民接近国家或参与法律实践的主要方式。这会导致国家权力上浮与下沉之争，上浮与下沉的程度及之间的度的衡量，则因地方而异。

国家在基层的制度建构还远远不够，村民主要是遇到重大法律问题才跑法院，乡村到法院有一定距离，法院/法庭设置主要在城镇。发挥村委会的政府、司法的某些赋权职能，村民通过村上解决问题来减少跑去老远的城镇找国家的麻烦。这些看似无关紧要，实则关系到地方社会在社会—个人间是否能塑造一种和谐的有机关系，在自治与法治之间找到互不冲突又有一定配合、适切的关系机制之成败。从这个角度看，"自治—法治"模式的关键在于法律（主要是司法、执法和解决矛盾）治理，没有良好的乡村治理机制，地方/基层的自治也会偏移正常轨道，这个治理之核心也在国家。它意味着避免非正式权力脱嵌、背离法律和正当社会的轨道，法律在乡村设置必要的矫正机制。这不但是自治限制，也是国家权力在乡村的限制，更是乡村半开放社会相适应的一方面。再者，法治绝非脱域乡土、脱嵌乡村，法治亦须具备地方感和当地感，否则悬浮于口号，法治社会无法兑现。法治甚至还可能通过自治演变为地方性知识。自治与法治的辩证关系表明自治受制于法治，法治受自治的文化制约。法治隐含着自治的地方感，自治有趋向法治的价值预期。不存在没有自治的法治，更不存在无法治的地方自治。自治的法治化价值观和法治的地方感是两者同向共合、通约相融的现实保证。

六、小结

从上述分析看到，半开放社会暗含着开放与封闭一面，然其蕴含着封闭衰弱或开放性增强的导向。社会与国家的关系结构上，国家与社会相比有开放性的社会取向。个人—社会—国家属于立体化的新三层次结构，我们看到国家权力趋向于地方，即个人（村民）和社会（乡村），表明国家在乡村作为根本的最高权威的现实存在；社会趋向于个人，作为个人在场的背景。三层次结构的"地方"是中间环节，也是立体化的关键环节。因此，只要理顺国家—社会、社会—个人的关系，就能解决内生性资源与外赋资源、地方性知识与普遍知识、非正式权力与正式权力、小传统与大传统、纠纷的民间解决与官方解决、乡村方式与国家方式、自治与法治之间一系列关于"地方—国家"的对立与冲突问题。乡村法治的本质乃是地方法治。地方法治乃是整个法治社会的根基。法治使自治—法治体现出地方社会的非正式结构与正式结构之间的有机协调，从而充分保证地方社会实现法治之同时，又保留法律/法治不及之地，使该领域具有自治性，从而实现地方社会的长治久安。也只有乡村法治，才能使乡村得以长续不断并永保和谐安静的田园诗意的生活。

结　论

对笔者来说，结论是解决某个问题的开始。结论并不是文章结束的标志，而是一种修辞。"结论"暗含着一篇文章最终揭示这个问题的整体结构，故而是对"提问"进行的再阐释。我们对"结论"的理解来自于我们如何处理这个问题的"修辞术"，有时反而不针对分析对象，而是取决于文本事实建构的逻辑关系，文本隐含的逻辑支配着"我"对结论的选择。所以，本书的结论其实是一个话语的结束和另一话语的开始，它会带来更多的问题和事实。

我们分析的乡村具有通约性，即中国乡村共同面对急需法治建设和法治现代化的事实，而我们当前关注扶贫与振兴的情况下，这个尤为迫切。所以，本书选择从权力视角入手，认为乡村处于一个从半封闭社会到半开放社会的阶段，在这个背景下考虑乡村权力体系及其现状，而乡村纠纷解决正是展现个人—社会—国家三重权力结构的场域。个人主要包括妇女、中青年人和衰落的老人权威；社会权力主要包括村自治组织、老人或青年群体、各种非正式性的帮派组织等；国家权力主要是送法下乡工作人员、司法工作者、驻村干部等。三种权力结构融入一个乡村表明当代乡村具有半开放性质。以半开放为基础来理解中国乡村的纠纷治理，就具有重要意义。否则很难有正确的建议和决策。实际上，在乡村大部分社会中，建构秩序的主要力量不是法律，而是那些影响村民日常生活和社会关系的本村社会力量，最为主要的就是发达的权力网络。这些组织力量可以左右着村民的纠纷解决，村民受制于这种结构。权力网络越复杂的乡村，村社会秩序与法律的关系就越远。也就说，权力越强大，规则就越可能被排除。[1]纠纷解决的权力受制甚于规则受制。

---

〔1〕 高丙中、章邵增：《以法律多元为基础的民族志研究》，载《中国社会科学》2005 年第 5 期。

故而，需要以解决乡村传统权力秩序与法律的关系作为正当性建构的前提。减轻权力网络的控制，就需要现代意义上的乡村文明的建构，尤其是在基层社会文明、法治文明和政治文明三重建设的社会现代化的实现，这是避免法治在乡村"内卷化"的重要手段。

分析乡村三种权力对纠纷的影响，可以发现，乡村纠纷解决的大多数都依赖于三类结构，尤其是个人和社会方面，把大量的乡村纠纷和矛盾化解到基层，避免其溢出乡村社区边界，减少国家的社会治理负担和成本，具有筛漏的功能。乡村纠纷解决中的权力机制其实就是一个筛漏机制。从下至上纠纷数量越来越少，但解决的难度越来越大。在多元机制下分析乡村纠纷解决的权力运作，既有非正式权力和地方性权力（即个人—社会权力体系）的运作，也有国家法律在乡村的权力实践。而不论个人—社会或是国家，纠纷解决中的权力运作都具有高度的技术性和策略性。

这样一来，纠纷解决面临着功利主义思维的支配，社会资源都可能被优选到纠纷解决中实现自己的利益和目的，结果，乡村纠纷解决可能偏离法治的轨道——虽然这些行动过程中当事人也声称和主张正义。当事人主张的正义是功利正义而不是意识形态，即实现个人的预期和目标，但不是追求普及性的正义价值观念。在追求功利性正义的过程中，可能与国家法治不在一条道上，甚至违背法治的意旨，从而需要法律的规制和引导。常常出现的问题有：一是长期非法治化的纠纷解决的塑造，无形中输灌了人可以解决一切问题的观念；二是纠纷解决中地方权威压制本村弱者，反制或排斥国家权力的渗透，使类似亲亲相隐的内部化解成为常态；三是阻碍国家实现乡村振兴，无法达成乡村现代化建设的目标。如何把权力谱系及其与法治的关系契合起来，以打造一个现代意义的乡村法治秩序，是当前乡村治理的主要任务。此说明乡村需要建构一套有序的符合法治要求的多元权力秩序。个人—社会—国家之间，个人—社会体现于乡村自治方面，纠纷解决采取自下而上的路径实现自治；社会—国家体现于治理方面，通过自上而下的方式解决基层矛盾和服务下乡，实现乡村的治理。社会治理视野下的自治—法治模式构成乡村现代化建设的关键，其中国家权力——尤其是法律——居于核心，是实现乡村的核心力量。换言之，只有以法治为本质追求，进而建构一套符合法律、法治的乡村权力体系才是自治—法治模式所要追求的目标。

　　自治—法治的乡村治理模式表明，国家、法律不该管的不要管，由乡村内部体系行使自治，保持自身秩序的内部循环和自动修正与适应。但是该管的就必须管，只要是国家法律赋予的义务要求，就应当行使国家权力的责任。自治—法治模式的前提是国家在乡村的有效治理，它的目标是法治，因此，即使是自治方式也要以法治为原则和前提，与法治的价值目标保持一致的情形才是我们讲的自治。这就回到我们最终要解决的问题——乡村法治建设。构建乡村法治，需要现代化治理的制度、司法与政府在乡村的有效运作。乡村法治化也是政治性的系统工程，而乡村法治化是中国农村社会现代化的关键。从本书的分析看到，乡村法治建设是一套以法律治理为核心的综合系统，包括送法下乡、上法院、乡村普法以及依法治乡，等等。这些问题的国家实践必然要处理好与乡村内部复杂多元的权力关系，才能进行"国家政权建设"和重建权威，通过国家法律对乡村内部权力结构进行驯化和规制，使遵规守法、依法办事、法治意识成为新时期的乡村习俗。法治意识来自于权利意识，通过权利意识的增长及权利救济的法律途径去寻求法律，增强法律的认知，从而在保障权益的同时，实现法律在乡村的治理和不断传输法治意识。法律知识的了解、法律意识的培育、法治观的塑造来自基本的权利的成长和法律对权利的保障。可见，保障村民的正当权益仍是实现乡村法治最基本的前提条件。在日常生活中寻求法律解答，在增加法治认知的同时，促进村民法律知识的增长，减少传统认知与现代法治观念的差异，促成两者的融合。由此，乡村法治是一个动态的过程和法律系统的整体性呈现，是村民从外到内的主动建构而不仅仅是制度的被动输入。当然，人情事理、天道伦常仍发挥积极作用，但要严格区分日常生活与非日常生活中的人情事理与法律，即法律不涉的日常生活场域就是人情事理的空间，与法律勾连的非日常生活场域就是法律治理的空间，使它们各自能发挥正常的功能，保持乡村秩序的和谐。

　　同时也出现这样的疑问：单靠法律的治理是否能实现乡村法治现代化？实际上，乡村法治仅是一种治理手段，却非意识形态，表明法治不能解决乡村所有问题，甚至只是修正秩序偏差。结构性缺陷绝非法治所能弥补，法治的局限在于只是结构下的治理工具，不能改变结构本身。尤其是我国现当代一直面临的城乡、区域、中西部、性别、社会保障、环境、文化等极为明显的结构性失衡，法治有时无能为力。法治可以解决小问题，无法解决乡村结构这个大问题（比如不能完全解决光棍、土地稀缺、贫穷、就业问题）。即使有法治，也不一定能带来内心满足感和幸福感。即使实现了乡村法治，但混混照常有，村民矛盾同样频发。一个事实推导的逻辑是，贫穷没有法治，文化匮乏和文明素质缺失也不会有法治。没有现代化的、发达的乡村经济、社会文明、教育及富裕的乡村生活，乡村法治即为空谈。极端功利主义/工具主义更不能形成法治。在交通不便、教育文化水平很低、仍处于贫困状态的地方倡导法治建设，目的虽好，结果也好不到哪儿。因此，乡村现代化需要我们转变认识，其包括乡村自治—法治在内的"整体论"思维，或者说，它是一个系统的、结构的、全方位的社会工程，即把乡村作为"一个地方整体"的发展，包括经济、卫生、环境、交通、技术、就业、文化、文明素质、农业、教育等，甚至只有这些技术的、民生的或经济的发展充足地准备必要的物质性条件，社会发展以及法治、乡村社会现代化才变得可能。简单地脱离其他物质或文化因素来谈论乡村的法治或法制现代化，甚至权力秩序的法治化都是一种幼稚。[1] 社会的现代化必然以物质的现代化为基础，对那些打工赚钱准备建砖房、平时养家糊口、闲时围着麻将桌转、只关心秧苗成长的村民讲法治是不现实的，没有这个基础一切都是空中楼阁。整体性的发展是顶层设计或全面推进而非单一促进，即广泛的可持续的乡村社会现代化制度建设，需要国家层面在顶层做系统性的推动，这个远比自治—法治更为重要，很多研究忽视了这一点。学术界关于这些问题的理论之争：治理论、法治论或平衡论都缺乏对这个问题的深层次考量。[2] 只要城乡二元结构保持不变，基于城市化的法治理念运用于乡村都将变得不现实。打破各种结构性失衡，实现经济现代化才是法治及社会现代化的前提。这种状态在当代推进极为缓慢，城乡二元结构不但没有平衡，更不提融合，反而差距进一步拉大。这意味着当前乡村结构性问题在法治社会进程中被严重忽视——虽然我们一再强

---

〔1〕 这种整体观反映了乡村整体不如城市的现状，传统是乡村的，法治是城市的。乡村与城市两类空间决定了法律与社会的可匹配性程度。乡村的观念、传统和发展与法律的匹配性远不如城市。法律也是社会现代化的结果，故而没有政治、经济及观念、制度的现代化，法律便可能因超前社会发展而不适应，处于停滞或内卷化。城市之所以能快速适应法律，正是以社会现代化建构作为基础的结果。

〔2〕 陈柏峰、董磊明：《治理论还是法治论：当代中国乡村司法的理论建构》，载《法学研究》2010 年第 5 期。

调结构平衡下的整体路径。

　　进而言之，要打通社会这个关键的中介环节，主要力量在于国家是否有能力、有信心去解决近半中国人口，居住着数亿人的超大规模的乡村社会现实。乡村是一个有边界的小社会，几乎一半的中国确实由几十万个这样的小社会构成，因而这绝不是一个小问题，它是一项超级社会工程，更需要我们的胆略、远见卓识、气魄和伟大的制度设计。

纠纷研究的结构—过程范式

一、政治人类学视野下的结构—过程

结构—过程范式是政治人类学两大分析范式,其从人类学结构—功能主义转化而来。结构强调前因及历史无关的事件。过程研究旨在确定和实现各种公共目标的过程,研究为了确定和实现这些目标的群体成员各自争取和运用权力的过程。在政治人类学语境中,结构—功能主义与过程观点截然二分,过程观点又形成过程理论与行为理论的两条路径。前者注重过程、竞争、冲突、权力、合法性、支持。后者注重策略、操纵、决策、作用、目标、游戏、规则。[1]这种方法之别在作为微型政治秩序的纠纷中极为明显。英国政治人类学家卢埃林指出,政治人类学主要研究权力斗争,主要研究那些占有权力的人“落实集体目标”的方式。……深入探讨个人在严格限定的政治框架内的权力斗争活动。[2]从非正式政治到正式政治,政治人类学扩大了参考框架,把国家制度也包括进来了。卢埃林用一张简单明确的表分清了结构—过程的各个要素间关系及区别,这张表为理解、解剖、分析纠纷及其解决有着极大意义。[3]

---

〔1〕 [英] 特德·C. 卢埃林:《政治人类学导论》,朱伦译,中央民族大学出版社 2009 年版,第104~105 页。

〔2〕 [英] 特德·C. 卢埃林:《政治人类学导论》,朱伦译,中央民族大学出版社 2009 年版,第98 页。

〔3〕 Ted C. Lewellen, *Political Anthropology*: *An Introduction*, Library of Congress Cataloging – in – Publication Data, 2003, p. 86. 译文另见 [英] 特德·C. 卢埃林:《政治人类学导论》,朱伦译,中央民族大学出版社 2009 年版,第104~105 页,本表在引用时作了必要的简缩。

表1　卢埃林结构—功能模式

结构—功能主义		过程观点	
		过程理论	行为理论
目标	证明制度如何服务于保持整个社会的平衡	界定政治斗争和实现公共目标的过程	描写个人获得和保持权力的策略
分析单位	社会、部落、群体等整体及其封闭制度	政治界域：存在政治互动的地方	政治竞技场
研究时间观	共时的；社会被当成超越时间之外的，是眼前的理想	历时的，或一时的，沿历史线索研究变化的理论过程	历时的，但常关注人类学家田野工作期间的个人行为
对变化的态度	社会以结构形式运作；强调变化，但保持完全平衡	冲突、张力和变化，是社会的正常状态	政治竞技场上的变化实际上是经常的，尽管制度可以相对稳定
关键词	结构、功能、平衡、整合	过程、竞争、冲突、权力、合法性、支持	策略、操纵、决策、作用、回标、游戏、规则
主要代表著作	《非洲的政治制度》《努尔人——对一个尼罗特人群生活方式和政治制度的描述》	《缅甸高地诸政治制度》《政治人类学导论》	《一个非洲社会的纷争与延续》《卢格巴拉人宗教》《政治人类I操作策略》

卢埃林认为结构即结构—功能主义之缩略，过程观点包括过程理论和行为理论。行为与过程不仅于政治人类学，在吉登斯、布尔迪厄等人的理论体系都能见到，我国法人类学如王启梁等学者也主张行为研究。过程与行为实已扩散到整体社会科学之中。本书亦不例外，结构实际为结构与功能两个要素，过程包括过程及行为。把纠纷解决看成是一种微型政治/权力结构，当事者在其内不断表达行为，塑造一个从发生争议到解决的过程。纠纷的结构一方面是当事人的关系结构，包括双方当事人的关系、当事人与调解人和裁决人的关系、当事人与案外人的关系，另一方面包括纠纷本身的社会结构，如纠纷类型、社会波动性、纠纷空间、纠纷利益等要素。第三方面的结构是规则。纠纷的过程包括当事人的行为、纠纷的发生史、纠纷解决过程及其后续效果。

二、作为横向路径的权力结构

拉德克利夫-在布朗的结构主义观念中，结构意即一种社会关系网络，是他本人研究社会的一种路径。拉德克利夫-布朗指出，研究社会结构具有非常重要的意义，它是这门学科最基本的组成部分。[1]拉德克利夫-布朗反对把社会结构等同于社会关系，他认为应把社会事实放在某一时期、把某些人连接起来的一整套关系下考虑，社会结构是社会关系组成的系统。在拉德克利夫-布朗那里，结构实际是可观察到的具体的社会事实。[2]列维-斯特劳斯的结构与拉德克利夫-布朗有很大区别，事实是结构的表象，只有在通过观察获得的事实基础上建构的模型才是真正结构。所以结构没有特别内容，它本身就是内容，实在物的属性在逻辑组织中的内容。[3]列维-斯特劳斯结构体现于二元对立，把结构放在关系性范畴中考虑。[4]吉登斯对此提出结构是对应于行为之间的二重性结构理论。[5]当代西方哲学大系中，结构常被认为是世界万事万物的存在方式，世界是由以事物作为支撑点的关系或结构所构成。[6]当代结构主义早已从现象学向思维转变，从关系结构向深层结构和思维结构转变，真正的结构是决定着现实关系的抽象实体。

不论是哲学的结构主义或一般结构分析，基本上把结构作为方法论而不是本体，或者说是阐释事件的工具，观察社会现象的视角。总体上，结构方法论内含着如下哲学方法观：

关于结构的研究是一种静态研究，静态分析网络、组织、关系内在的要

---

〔1〕 ［英］A. R. 拉德克利夫-布朗：《原始社会的结构与功能》，潘蛟等译，潘蛟校，中央民族大学出版社 1999 年版，第 213 页。

〔2〕 ［英］A. R. 拉德克利夫-布朗：《原始社会的结构与功能》，潘蛟等译，潘蛟校，中央民族大学出版社 1999 年版，第 215 页。

〔3〕 ［英］约翰·斯特罗克：《结构主义以来：从斯特劳斯到德里达》，渠东、李康译，辽宁教育出版社 1998 年版，第 37~45 页；［法］克劳德·列维-斯特劳斯：《结构人类学——巫术·宗教·艺术·神话》，陆晓禾等译，文化艺术出版社 1989 年版，第 114 页。

〔4〕 ［法］克劳德·列维-斯特劳斯：《结构人类学——巫术·宗教·艺术·神话》，陆晓禾等译，文化艺术出版社 1989 年版，第 42~69 页。

〔5〕 ［英］安东尼·吉登斯：《社会的构成：结构化理论大纲》，李康、李猛译，王铭铭校，生活·读书·新知三联书店 1998 年版，第 89 页。

〔6〕 薛文华主编：《现代西方哲学评价》，高等教育出版社 1994 年版，第 382 页。

素、构成以及形成这个整体模式的因果关系。一方面是解剖性的，从整体拆分为个体和微观要素。另一方面是关系性的。主要解决一个整体结构内部要素之间的关系模式。静态研究是一种典型的现象学分析，我们考察某一事物、事实或事件，不是通过观察发现这种现象呈现何种样态，而是通过这种现象去了解背后的空间、网络及关系形式，以及促使事情发生的形式特征。从结构之宏观到微观，从有形结构到无形关系结构，表象了一个整体意义的结构图示。

结构是一种事实，因此客观性是结构分析的基本特点。客观性彰显了结构方法的价值和立场。客观性原则其实表达了现代社会学术研究的政治倾向和伦理价值观，这种立场就是无立场。书写者的基本立场应当价值无涉，不能简单地对是非、善恶及先进与否定调，应对事实进行客观描述。换言之，研究者是一个现象与事实的观察者，只有经过深入研究在事实的基础上才能以理论形式进行评介。因而在结构分析中不可以感情、伦理及价值的偏见的方式对结构妄评。研究者对结构的观察纯粹是基于现象学的叙事，而不是先入为主地预设标准和价值判断，建立评论体系，使研究者相关价值观念被有意无意地引入到分析过程中，忽略被研究的客观现实。在以社会事实为对象的研究中，研究者应当中立地看待知识，自身是客观和中立的，只有在尊重结构本身的事实和客观性的基础上才能获得有价值的结论。

结构的分析具有明显的共时特征。结构始终是一个"现在"结构而不是历时结构。虽然结构主义后期存在着皮亚杰（Jean Piaget）发生学的结构主义方法转变，但这种发生过程与转换体系形成的改变，是一种结构的构造。而德里达（Jacques Derrida）之"意义链"明显带有价值论阐释格调。[1]后现代结构论仍然脱离不了它最基本的现实状态。结构现象学包括整体、局部以及局部之间关系。要对事实进行现实分析、解剖，就必须理解结构本身的构造、与其他结构之间的关系，内部如何形成以及通过何种方式呈现出何种我们所见样态。从结构的宏观到内在要素的微观，就是一个需要把握的现时现象学过程。

以法学的中国乡村权力研究为例，从方法论回到事实，上述所说的结构

---

〔1〕 薛文华主编：《现代西方哲学评价》，高等教育出版社 1994 年版，第 391 页。

即乡村权力结构，用学术语言可表征为"权力的社会结构"。把权力放在一个小社会场景中来思考，这样不论任何性质的权力都能被社会化、微观化和技术化。美国学者奥勒姆（Anthony M. Orum）认识到，权力结构是一个涉及社会关系和社会组织的概念。[1]即使有一定政治过程也不是制度意义上的政治，而是社会化的政治关系，如纠纷解决可被视为一种个体间的权力操作技术。它是指与纠纷关联的权力结构以及贯穿于纠纷过程的权力表达过程，一种个人间以及个人与社会间的"微观政治行为"。这里的社会对应于纠纷解决中的权力结构；政治对应于权力过程。这种社会—政治模型不仅具有政治学意义，它更多偏向于人类学、社会学和法学。特纳（Jonathan H. Turner）对兰德尔·柯林斯（Randall Collins）的微观结构评论指出，最好从一定的空间和时间范围里所累积起来、产生与维持结构的微观过程方面去认识，只有这样，才能对结构获得深刻的理解。[2]在中国乡村，任何权力的社会结构脱离不了个人、社会、国家三者作为基本网络支架的规制关系。"个人—社会—国家"这个社会结构正是权力的载体和表达方式。表面看，三者之间呈现微观到宏观过程，即使是国家权力也是细化到执行权力的个人身上，也是通过权威的权力技术实现，只不过这种技术背景是宏观的国家。所以这个结构也是福柯意义的弥散权力观。权力结构跳出"社会—国家"二元结构模式，把个人作为极为重要的变量使其参与乡村事务，并将其作为考察的对象，以此较全面深入地看到宏观层面同时，个人微观的语言、身体等被当作权力行使的主要形式而得到重视。"个人经历总是对一定事情和意义领域的反应。"[3]从微观（个人）—中观（社会）—宏观（国家）三方面整体地把握乡村事件，尤其是对纠纷解决"过程性"做较为全面分析、理解的权力结构极为重要。所谓思路，是一种研究思维的转换，避免就法论法的传统格调。或者说，从法律到社会或从社会到法律本质上都是相同的，即规范与现象之间的某种循环。回归微

---

〔1〕〔美〕安东尼·M. 奥勒姆：《政治社会学导论》，董云虎、李云龙译，张妮妮校，浙江人民出版社 1988 年版，第 232 页。

〔2〕〔美〕乔纳森·H. 特纳：《现代西方社会学理论》，范伟达等译，卢汉龙校订，天津人民出版社 1988 年版，第 604 页。

〔3〕〔德〕哈拉尔德·韦尔策编：《社会记忆：历史、回忆、传承》，季斌等译，北京大学出版社 2007 年版，第 138 页。

观—宏观领域，则以更大的关系维度来思考个人—社会—国家之间的梯度结构。

根据这种权力的社会结构，乡村权力表现为个人/身体权力、社会权力和官方/制度权力。第一种个体性的权力作为最基本、原子化的权力形式，是指权力承载于个人，而其表达主要通过身体实现。第二种组织化权力，是狭义所指的组织与个人、组织与组织之间的支配和影响力。广义上看社会权力应当包括个人、社会和国家所涵括的从非正式权力到正式权力的广域社会网络，[1]但此处以狭义社会权力特指。第三种国家权力具体地看是指官方权力或制度权力，国家权力仅是抽象意义上的说法。乡村权力多元并不存在学者认为的"语言混乱"[2]，"结构混乱"也不是对立性的，而是竞争性、选择性和策略性的情态。[3]进一步说，它存在逻辑性、层次性和嵌入性。横向看，权力已变成网络，相互嵌入，以至于权力之间并不具有明确边界。纵向看，权力有高低层级，不同权力关系表现出权威的差序性与位阶性。从性质上看，个人/身体权力和社会权力属于非正式权力；官方/制度权力属于正式权力。这种结构的不同性质的类型化，是权力多元这种结构作为乡村权力分析路径的基本前提。

三、作为纵向路径的权力过程

法学、人类学对纠纷解决的研究，虽然角度与方法不同，但都集中在解纷模式及过程的分析方面。概括地说，这是一种"整体论"立场。但纠纷解决是一种行为系统，内部集合各种不同人的观念、预期和欲望，包含他们自己的行动和策略。研究这些行为表达技术，避免概括式地考察解决模式及其模式间关系，进一步理顺模式内在的当事人行为过程，从而考察行为过程与选择纠纷解决模式之间的原因所在。这一点在当前研究仍付之阙如。寻求当事人行为的表达逻辑，在实践中也有助于进一步理解各当事人欲求，通过纠缠不清的行动策略，找到一个共同、包容和理解的稳妥途径。这种分析对实践来说也极为重要。很有必要解剖纠纷解决的整体论（制度研究），细化纠纷

---

〔1〕　郭道晖：《社会权力与公民社会》，译林出版社 2009 年版，第 36 页。

〔2〕　朱晓阳：《"语言混乱"与法律人类学的整体论进路》，载《中国社会科学》2007 年第 2 期。

〔3〕　董磊明：《宋村的调解：巨变时代的权威与秩序》，法律出版社 2008 年版，第 144 页。

场域内部细节，微观地分析当事人行动技术和逻辑关系，进而寻求纠纷解决机制选择背景和渊源。

权力过程即行为过程，然并非所有行为过程皆为权力过程。只有符合纠纷解决取向或为纠纷而策略化、技术化之过程方为权力过程。话虽如此说，纠纷场域内之多数行动权力过程与行为过程不分。权力过程是乡土逻辑的重要部分。乡土逻辑是维系乡村社会秩序关键，它并不是以刚硬直接的命令要求人们如何，而是在特定的关系情景中起到独特作用。它有时能够规范熟人社会原有的微观权力关系，有时能够在熟人社会中再生产权力关系。"在特定的关系中赋予特定村民以特定的强制和支配能力，这种强制和支配力会敦促其他村民服从乡土逻辑的秩序安排，从而维持熟人社会的道德秩序。"[1]权力过程决定纠纷解决方式选择。黄宗智的研究发现，"村庄的冲突和调解可以看作是一个包含隐形冲突、公开纠纷和正式诉讼这样三个层次的结构，其中每一层次都有其相应的解决冲突的方式，即支配/屈从，调解和诉讼。并不是所有的矛盾都演变为公开的纠纷并得到调解，当权力和地位不相等时，支配/屈从关系会抑止矛盾演变成公开的纠纷；另一方面，民间调解对于恃强凌弱基本无能为力；只有当纠纷双方的地位相当时，调解才可以成功防止纠纷，只有少数纠纷上诉到法庭。"[2]以此理解，如果说现象学的权力结构是具有共时性、静态性、客观性的横向性分析，那么基于人的行为、策略选择的权力过程分析则是历时性、动态性和主观性的纵向性分析。只有纵横交错分析并把权力放在一个情景考虑人的行动关系时，这种分析才变得有意义。恰如吉登斯所言，结构不能像迪尔凯姆说是外在的，它内在于人的活动。[3]

历时性。在西方语境中，后期结构论倾向于非发生学和结构阐释观方向，尤以皮亚杰和德里达为代表。[4]之所以皮亚杰和德里达等人一再改变结构的非发生学意义，是因为绝对的现时性不会存在，任何共时结构都包含着历时

---

〔1〕 陈柏峰：《乡村混混与农村社会灰色化——两湖平原，1980—2008》，华中科技大学 2008 年博士学位论文，第 33 页。

〔2〕 [美] 黄宗智：《清代的法律、社会与文化：民法的表达与实践》，上海书店出版社 2001 年版，第 73~74 页。

〔3〕 [英] 安东尼·吉登斯：《社会的构成：结构化理论大纲》，李康、李猛译，王铭铭校，生活·读书·新知三联书店 1998 年版，第 89~90 页。

〔4〕 薛文华主编：《现代西方哲学评价》，高等教育出版社 1994 年版，第 388~392 页。

过程。这个历时性原则有时处在一个微观阶段之内，有时又存在于长时段变化过程之中。现时是历时的累积和组合，历时是现时的映照。从这个意义上说，结构的现时性离不开它历时过程的认知。对于一个小型社会的可见现象，考察它的社会事实当然也离不开历史的语境关系和变迁过程，再现这种过程必须借助社会记忆、传说、碑刻、成文记录、口述、调查记录和文献记载等表达以往发生的事件的方式，这些事件与现时有极大的关联，这就表明，一个现象或事件、事实是在历时与现时的共同塑造下完成它的建构。乡村纠纷研究更须遵循这个原则。研究者参与田野调查，他/她所见到的乃是他/她本人在场时那个现象学情境，即使全程跟踪调查也只能发现这个故事发生的过程，然而现象背后的语境、人文、社会观念和内在逻辑则是一个历史学和发生学程式，可能因调查局限被忽略。由于历时考察呈现出严密的时间过程，事件的过程比其静态的关系模型更易被全面把握。

动态性。发生学的结构主义不把结构看作是静止不动的模式，而是重视结构的发生、构造过程，指出应当以动态的历时性方法研究结构。[1]相对于静态结构研究，权力动态分析乃是把权力植入一个特殊场域内，通过运作来表现当事人观念和诉求。对于一个静态意义的权力结构观察只能发现它的形式特征，无法归纳出内含的实质特征。当权力处于运行过程中，权力形式的策略、方法、技术及其实现效果等把一个微观场域结构带入语境和社会情境之中，从而使我们看到权力背后支撑权力行动的关键因素。动态的本质是实践。包括行动表达和表达背后的因果逻辑。动态性表征事件的生成、变化及形成所展现的内在关系。正如乡村社会平时很难看出村民的社会关系的实际样态，平时见面打招呼或交往都是高度表象化的，一旦发生纠纷就会真实地展示出这种关系的内在隐秘。

主观性。权力过程不仅展现权力结构的实在，而且揭示这种演变关系背后的观念问题。当地人在行为表达过程中究竟有何种内心的真实想法，这种想法背后是他们人际关系情感、个人人生、实现个人预期的意义和追求社会秩序的公正理念等。意义理解来自他们选择这种行为方式的原因，这种方式背后与人生有何关系，是需要我们解答的问题。在整个生活秩序中人究竟需

---

[1] 薛文华主编：《现代西方哲学评价》，高等教育出版社1994年版，第389页。

要什么，人在纠纷失去与收获的是不是仅仅为那一点利益？意义在此表征有益性和生存心态、生命价值的哲学观。纠纷解决过程也是意义空间生成/生产过程，一种认知空间的塑造。意义空间是一种价值观、认知和心理的隐象世界，这种空间正是他们理想化的公正观，他们选择处理方式必然隐藏着他们想要的正义性。这就是结构从客观维度向主观维度转变的分析过程。

上述权力的横向路径与权力的纵向路径表明纠纷解决中权力研究并非对立或孤立存在，而是互为补充的关系。这种补充即是静态与动态、客观与主观、共时与历时相互补充，形成一种统合性之"结构—过程"的纠纷研究模式。如果社会关系模式是权力结构的外在性，那么通过行为过程所揭示的隐含在关系模式背后的乃是内部结构，这种内部性与外部性之间的内隐与外显关系，即"外部结构——行为过程——内部结构/社会观念"。一方面，权力过程是从外部结构到内部结构的桥梁；另一方面，内部结构/观念是对权力过程本质的暗示。在乡村纠纷解决中，权力外部结构实际是负载于社会关系中的权力体系。这种体系是当代乡村社会的主要关系模式，它既有伦理性、道义性，也有经济理性，还存在着个人自身的人生意义和情感问题。权力过程的表征为行为策略和技术，即当事人通过何种手段达到他/她的预期和意义。这种微观行为技术可能是深思熟虑，也可能是直觉和共同的行为习惯等。但他们背后都是当事人或地方社会所共有的观念。任何权力过程其实都是观念作祟，是观念逻辑。乡村纠纷权力过程正是多元正义观念之外在表达，个人/个案正义、社会正义/民间正义、法律正义都在权力过程中得到揭示。这种内部结构正是乡村纠纷研究的"结构—过程"路径要表达的最终目的。这种对应关系如下表所示：

表 2　结构—功能关系结构

路径	外部结构	权力过程	内部结构
特征	客观、静态、共时	主观、动态、历时	理念、文化
表征	权力体系	行为策略	多元正义

权力过程也包含着庞大的策略博弈，即是围绕着纠纷产生的不同性质的行为丛。如身体表达、语言运用、空间选择、行为方式等权力技术，甚至一

个人身上表现的权力过程也是多重逻辑的表达，这种表达高度技术化。乡土社会纠纷解决的权力过程以权力的伦理关系为背景进行表达，这种表达反过来又影响解决结果的实现。外在表现为权力的行动逻辑，其实揭示了乡村社会的一整套公正观念。权力过程背后必然反映人们对待问题的正义观念。当事人采用外人不理解的行动，必然隐含着他/她自身对这个问题的价值和意义的理解，而造成纠纷难以解决的原因是不同个人、社会、法律对同一问题的正义理解与选择有极大的差异。

四、结构—过程的内在逻辑

一般而言，纠纷解决的结果并非一目了然。"纠纷当事人在这个过程之决定和策略，以及作为调解人的第三方的技巧、威望等表征行为过程的因素都可以影响到纠纷的结果。纠纷解决过程是一个动态的变化过程，卷入其中的人也绝非是被动的、等待宣判的，而是积极的、策略的、理性的人。"[1]结构与过程路径在乡村纠纷中类似于一种从规则到过程的逻辑演绎关系。结构决定当事人的行为选择/处理方式，因为权力结构是一项强大的规范性要素，这种非成文性的拘束有不亚于实际的规范强制力量。过程（权力技术）决定这种选择的处理结果，它表现为一种历时的过程性。逻辑是过程性的内在和细化，过程性是逻辑的外在。结构与过程之间是一种自然的逻辑关系，而逻辑与过程之间是表征权力的操作技能及其演绎路径。朱晓阳的延伸个案（小村）研究指出纠纷是通过不同社会力量之间的戏剧化展演体现出来的。其中官府解决纠纷或是民间解决争议已经不那么重要，重要的是通过这种戏剧化的行为，揭开当地人的社会事实和生活秩序的一面。[2]从这个意义上说，纠纷解决的行为戏剧化消解僵化的权力结构，围绕着纠纷的各种社会力量不再是强制，而是活生生的生活世界和意义世界的表达。从这个意义看，逻辑是对过程的解释——即对一系列文化、意义与生活观念的关系表达。

纠纷权力过程隐含着行动逻辑主线并被逻辑所反照，或者如穆尔所说的过程性的逻辑及其逻辑结构。梅丽的解释甚为明了："纠纷这一概念将关注点

---

〔1〕　张晓红，郭星华：《纠纷：从原始部落到现代都市——当代西方法律人类学视野下的纠纷研究》，载《广西民族大学学报》2009 年第 5 期。

〔2〕　朱晓阳：《小村故事：地志与家园（2003—2009）》，北京大学出版社 2011 年版，第 25 页。

从法律条文、制度转向行为、纠纷的社会背景以及纠纷解决的过程，从而避免由民族中心主义（即法律中心主义）造成的偏见。"[1]纠纷过程的研究即"围绕矛盾产生时的情况和以后的发展进行的微观层次的互动分析。"[2]这一点与纳德对从案例、规则到争议和过程的转变形成的过程性研究基本一致。[3]而科马洛夫等人更是将过程限制在程序范式方面。[4]实际上，规则主义范式就是结构主义范式。任何结构都不可能脱离规则。程序主义范式本质是过程主义范式。这构成了政治人类学与法律人类学方法的通约。规则—构成的法律人类学范式是对结构—过程范式的借用。

至于结构与过程在纠纷中的呈现，一般来说也是相互嵌入的。单独的脱离过程的结构研究与单独的脱离结构的过程研究都不完整和不现实。结构与过程的结合是把结构融入过程之中以及把过程结构化地进行研究。法律人类学尤其重视这个融通关系，把规则和程序结合分析。这也是格拉克曼一直提倡的研究方法。[5]"习惯法仍在很大程度上被看作是对本土传统的表达。当格拉克曼在旁听纠纷的审判和判决结果时，他把焦点集中于规则和推理。他试图寻找什么是判决适用的规则，什么是合理行为的标准。"[6]依前述，如果说纠纷（当然包括纠纷解决）的权力结构属于制度/规则，那么纠纷的权力过程便是程序及其行为，即不再把案例中心主义作为几种法律/法典、规则的意义。可见，结构—过程主要针对行为、纠纷及其解决的叙事，逻辑关系是从背景性的社会结构到行为表达和从制度/规则到运作的关系。总体看，结构—过程范式扩大、延展了单一中心主义的范围及其缺陷，把纠纷放到更大的社会层面思考，而不再局限在规则与过程方面。但两者始终没有独立出来，而

---

[1] ［美］萨利·安格尔·梅丽：《诉讼的话语——生活在美国社会底层人的法律意识》，郭星华等译，北京大学出版社 2007 年版，第 122 页。

[2] ［美］萨利·安格尔·梅丽：《诉讼的话语——生活在美国社会底层人的法律意识》，郭星华等译，北京大学出版社 2007 年版，第 11 页。

[3] James M. Donovan, *Legal Anthropology: An Introduction*. Alta Mira Press, 2008, pp. 135-147.

[4] ［美］约翰·科马洛夫、［英］西蒙·罗伯茨：《规则与程序：非洲语境中的争议的文化逻辑》，沈伟、费梦恬译，上海交通大学出版社 2016 年版，第 11 页。

[5] Max Gluakcman, "The Limitation of the Case-Method in the Study of Tribal Law", *Law and society*, 1973, Vol. 7, No. 4, p. 612.

[6] Sally Falk Moore, "Certainties Undone: Fifty Turbulent Years of Legalanthropology, 1949-1999", *Journal of the Royal Anthropological Institute*, Vol. 7, No. 1, Mar 2001, pp. 22, 95.

是相互聚合，形成了结构与过程融合的整体论格调。主张规则中心论或过程/程序范式的学者，都从未把规则或过程/程序单独对立起来以致对对方的某些偏见，他们都是连接、统合或相互渗透进行分析，"两种方法论不会被说成两个对立的范式"〔1〕。

五、代结语：结构—过程的中国化

西方的理论完全可以被用来分析中国的现实，但用西方的理论作为中国现实问题的结论存在很大问题。西方理论只是分析问题的工具，不是解决问题的工具，更不能把中国事实套上西方理论或用西方理论指导中国事实。冯象批评苏力对中国基层司法制度的知识技术和人员组织的观点时，认为西方经验的东西，都是西方的历史经验和思想传统，验之中国问题有它的好处和局限。即拿来主义容易，拿来以后怎么用，难。〔2〕这即意味着对西方理论的借用，是作为理解、观察、分析中国问题的一个切点，绝不是说西方理论能解决中国的现实问题。当然能解决这些问题固然重要。如果考虑中国这个自身独特文化和思维观念的国情，那么有必要建构符合中国本土的理论体系。理论的地方性不仅是本土学者的一种伦理关怀，更是建构、生产中国法学（或法律社会学及法律人类学）知识的基本要求。这里的地方性不是指空间意义的地方，而是吉尔兹（Clifford Geertz）意义上的地方性知识，即具有中国乡土社会和中国社会主义特色的理论体系，脱离这两个特色的所谓理论都是空谈。那么，就有必要把中国特色的文化、村情、观念和制度融入结构—过程，形成在地化的理论体系，只有这样才能得出符合中国国情的客观结论。因此，结构—过程的乡村纠纷研究，只有不脱离中国本土社会特有的国情、文化和观念，才能建构符合中国特色社会主义的乡村法治理论。

---

〔1〕　［美］约翰·科马洛夫、［英］西蒙·罗伯茨：《规则与程序：非洲语境中的争议的文化逻辑》，沈伟、费梦恬译，上海交通大学出版社 2016 年版，第 15 页。

〔2〕　冯象：《政法笔记》（增订版），北京大学出版社 2012 年版，第 97 页。

附录二

乡村的纠纷、权力与法律信任[*]

一、问题的提出：新村的土地纠纷及权力背景

法学关于纠纷解决与政治的研究，从前些年的制度分析到今日流行的语境分析，实际上是从法学到多学科方法论的过渡，摆脱单纯现象学地考察多元机制的结构及其运作，这其中，学者越来越强调权力和社会组织的作用，甚至是将其作为纠纷治理的主要研究工具。比如通过纠纷解决来揭示权威变迁与权力运作的关系。[1]强调身份问题是纠纷不可回避的，纠纷背后是村民的身份认同与族际整合，涉及更大的宗族、村落、国家，它们可能构成有意义的"他者"或"我群"。[2]纠纷中的性别具有政治含义，性别涉及纠纷解决所呈现出的在家庭、村及社会中的身份与地位问题。[3]在涉及族群的纠纷中，农村不同族群民众日常纠纷解决会因当事人不同层次的身份认知和政府权威而不同。[4]但大多数研究着眼于农村土地纠纷所关联的村治和社会分层问题，尤其是通过纠纷揭示的国家法律在乡村的治理能力方面，与语境论并行不悖。

---

　　* 此文是本博士论文的前期研究成果，博士论文的写作基本上由本篇文章引发。此文曾获 2015 年第十届中国法学家论坛征文一等奖（原文名为《权力网络、诉讼救济与法律信任——乡村法治建设的障碍及路径选择》）。

　　〔1〕赵旭东：《习俗、权威与纠纷解决的场域——河北一村落的法律人类学考察》，载《社会学研究》2001 年第 2 期。

　　〔2〕乔丽荣：《石桥村纠纷中身份、认同与权利——一个人类学的个案考察》，中央民族大学2006 年博士学位论文，第 97 页。

　　〔3〕张晓红：《纠纷及其解决中的性别呈现——基于某省女子监狱的实证研究》，载《江苏社会科学》2011 年第 2 期。

　　〔4〕嘉日姆几：《彝汉纠纷中的身份、认知与权威——以云南省宁蒗彝族自治县为例》，载《民族研究》2008 年第 4 期。

上述研究表明，纠纷解决中的法律行动是与政治交织在一起的。[1]这一点与古立弗研究非洲社会控制极为相似。[2]不同的是，我们考察国家在场的社会权力关系。梅丽用法律话语、道德话语和治疗话语来反映当事人在诉讼中的权力支配和诉求，[3]其实是根据当事人的不同情境来回使用。它反映了当事人背后的组织、权力和权威性。这方面，当代的穆尔、纳德以及霍贝尔、格拉克曼、埃文思-普理查德都专门考察过组织、权力/权威和政治结构在纠纷中的作用。

就中国来说，纠纷研究使用较多的范式有权力、族群、身份及组织等社会结构，多数结论趋向于纠纷解决源于这些结构支配的结果。这种结果导向一种纠纷的结构性支配关系，也就说，当事人对于纠纷解决的可择性源于他/她基于所处社会环境的综合考虑。于此，权力虽仍可重要但绝不是唯一的决定性因素。这样一来，整体性社会结构为纠纷的支配决定了解决方式的走向。多数情形下，这些社会结构基本上依赖于基于关系建构的权力网络。在此，有必要把社会看作是一个处在动态紧张关系的力量域。[4]如果利用杜赞奇"权力的文化网络"[5]和福柯弥散的"微观权力力学"[6]来考察乡村的政治结构，那么，对于当代中国农村来说这种权力无处不在，进而推导出身份、族群、亲族、利益共同体都是生产权力的政治结构。其功能在于：一方面消解其他权力体系；另一方面又嵌入并支配村庄事物（包括纠纷）。

问题在于，这种政治结构背景下的当事人选择包括法律在内的方式究竟是真心信仰法律，抑或是借用的工具，更或是迫不得已？如果是后者，乡村法治实现的障碍又是什么？本文采用政治人类学的进路（强调一种法"政治—社会"学范式），通过这种逆向追寻，深究村民的法律意识与社会结构间的

〔1〕 〔美〕基辛：《文化人类学》，张恭启等译，台湾巨流图书公司1989年版，第373页。

〔2〕 〔美〕Sally Falk Moore，《法律人类学》，黄维宪译，载李亦园编：《文化人类学选读》，台湾食货出版社1980年版，第250页。

〔3〕 〔美〕萨利·安格尔·梅丽：《诉讼的话语——生活在美国社会底层人的法律意识》，郭星华等译，北京大学出版社2007年版，第146页。

〔4〕 董建辉：《政治人类学》，厦门大学出版社1999年版，第144页。

〔5〕 〔美〕杜赞奇：《文化、权力与国家——1900—1942年的华北农村》，王福明译，江苏人民出版社1996年版，第13页以下。

〔6〕 〔法〕米切尔·福柯：《规训与惩罚：监狱的诞生》，刘北成、杨远婴译，生活·读书·新知三联书店2003年版，第21页。

关系，从而发现农村法治停滞不前（一种内卷化状态）的本质所在。在十八届四中全会提出全面推进依法治国的背景下，法治相对薄弱且占据最多人口数和最大地域的乡村更需要法治。乡村法治是实现乡村社会现代化最关键的一环，要引起高度重视。因而这种研究具有很大的社会价值。

新村位于滇西地区的鹤庆县县城郊区的一个坝子上，[1]包括南邑、北邑及纲常三自然村，98%的村民是白族。南邑是传统银制品手工艺村和著名景点，该村旅游由银都水乡公司经营。2001年公司与当地政府商议从北邑修建一条通往南邑佛庙（滇西最大的佛）的柏油路。这条路涉及北邑八户村民的土地征用。这块土地分属八户，于1998年以三十年期限承包，各户于2007年5月获得农村土地承包经营权证。因银都水乡修路该块土地全部被征用，经过协商以每分2000元的价格补偿。签订协议后，八户村民认为补偿金过低，要求增加金额，但遭到拒绝。公路修通后还剩余路边的"块料"（即边角地）共0.7亩。村委会决定把该块土地承包给洪发使用。洪发同样于2007年5月的同一天获得农村土地承包经营权证书。八户村民不满并在边角地上堆放石块。洪发对此起诉至法院要求停止侵权。同时八户村民反诉洪发要求归还土地。一审法院认为边角地"该承包田分别登记在2007年5月县政府颁发给双方的土地承包经营权证书内，形成不同的权利主体对同一块土地均享有承包经营权，以至于该土地使用权权属不明。"不属于法院受理范围。同年，八户村民又把县政府告上法庭，要求针对同一块土地确权，并撤销第三人洪发（2007）第000897号土地承包经营权证。大理州中院行政裁定认为"应当先申请行政复议，对复议不服才可以提起行政诉讼"。[2]故不予受理。八户村民不服行政裁定，又上诉至云南省高院，省高院行政裁定结果认为：

> 根据《中华人民共和国农村土地承包法》第二十二条、第二十三条之规定，承包合同自成立起生效。承包方自承包合同生效时取得土地承包经营权。县以上土地方人民政府应当向承包方颁发土地承包经营权证书，并登记造册，确认土地承包经营权。依照上述法律规定，土地承包经营权自土地承包合同生效时成立，即只要承包合同生效，承包人就取

---

[1] 按照研究习惯，文中所涉人名、地名都经过处理。

[2] （2009）大中行初字第9号。

得承包经营权。本案中，上诉人诉称与洪发双方持有县人民政府同一天颁发的土地承包经营权证，在此情况下应先通过法律途径解决土地承包经营权证的基础法律关系，即土地承包合同的合法性和有效性，土地承包合同的效力问题，非人民法院行政审批职权范围。上诉人应先通过土地承包合同的效力来确定土地承包经营权的归属。维持原裁定。[1]

然事件并未了结，2010 年洪发在本村村民寸美在不知道该土地存在争议的情况下，与其签订了土地承包经营权转让合同，寸美以另一块土地置换并补差价 60 000 元取得边角地的使用权。一年后，洪发反悔，并提出赔偿150 000元违约金撤销使用权协议。但寸美不同意，于是洪发在公路边把 0.7 亩地全部圈来养猪，寸美拆掉一部后也用砖圈起来。两家为此相互拆掉对方的建筑又重建，在争吵、你来我往甚至肢体接触过程中拖了好几年。经村委会多次调解都无法解决。直到现在仍处于胶着状态。2011 年寸美向县法院起诉确权，但经其弟劝说后撤诉。至今，该块土地仍在洪发的实际控制下。

从上述复杂的个案发生过程及展现的社会图景，我们可发现一块土地同时存在着三个使用权但又难以处理的情形。其中不仅涉及政府、村委会、三方当事人，更重要的是八户村民与洪发一反白族传统直接诉讼至法院的动力，以及寸美又为何宁愿你推我搡也不愿诉讼，甚至诉讼又撤诉，徘徊于诉与不诉间的原因。

2015 年 1 月中下旬的采访中，寸美一直强调诉讼问题。作为她最大依靠的娘家人，其弟（寸伟）则反对这样为之。据寸伟的说法：[2]

> 洪发是一个吃个嫖赌都占全的人，一个帮辈的人很了解，其身体也疾病缠身。收拾他还不容易？问题是他的命不值钱，一命换一命划不来的。这块地对你多重要？如果是我，心思放在作银子上，赚得的比这个整天来回奔波好多了。我就是不相信法律。打一架吗？他打不过，但是打了他又怎么样，问题还在那。

---

〔1〕 （2010）云高行终字第 13 号。
〔2〕 2015 年 1 月 26 日采访。

同时，寸美的言语中反复强调洪发之弟"洪高是新村副书记，且其县上有人"。八户之一的王周则不断提到："边角地是洪高操纵村委会承包给洪发的。我们八家人都打了 6 年的官司。有 6 户承包人先后作古。"隐隐约约地，我们发现这起纠纷所承载的社会组织结构逐渐显露出来。寸美所属亲族的意见使她对诉讼犹豫不决，"我弟弟这么一说，我不知道咋办才好。"亲族集团作为结构性力量左右着她的选择方式；洪发背后隐藏着关联性权力；八户村民与之不同是，他们是共同利益结成的联盟。访问时王周一直激动地讲到，"我们八户打了多年官司，不如洪发家族依靠的权力。"

通过纠纷调查发现，各当事人背后的社会结构及其权力多元约束着法律行动或是社会行动，进而使村规民约、传统的民俗/习惯法已很难影响他们对纠纷的选择。各方当事人都积极、主动寻求诉讼方式，不再期求"第三方的领域"[1]的调解。一方面，是村庄内部组织支配、左右当事人诉讼方式的选择；另一方面，在内部权力相互牵制的背景下，诉讼的确为最为权威、合法有效的办法。简言之，村庄内部权力网络正是村民行动的幕后推手。根据新村以及我们在其他村的调查，这种权力支配一是非正式权力结构的社会组织及网络；二是正式权力支配下的正当行使或被人为转化的安排带来的非正式力量。也就说，村庄结构对纠纷表现出的支配是非正式权力（村内的自生组织和社会结构）和正式权力（法律和公权力）相互博弈的一种二元关系背景。

二、纠纷参与者[2]的权力建构

在福柯的语系中，权力无处不在且弥散于个体之中。[3]实际打破"权力—无权"的二元关系，形成相互牵制的双向互动。"权力是各种力量关系的、多形态的、流动性的场。只存在某种关系性的权力，它在无数个点上体现出来，具有不确定性，而不是某人可以获得、占有的一种物，权力纯粹是

---

〔1〕 〔美〕黄宗智：《清代的法律、社会与文化：民法的表达与实践》，上海书店出版社 2001 年版，第 25 页以下。

〔2〕 此处所指纠纷参与者是指当事人、解决人、利益相关者和与当事人同一权力系统的关系人等介入纠纷对纠纷及其解决有重要影响的人、结构和组织。

〔3〕 Michel Foucault: *Society Must Be Defended*, Mauro Bertain and Alessandro Fontna eds., Picador Press, 2003, p. 55.

一种关系，是一种结构性的活动。"〔1〕在新村，权力网络依赖于一种社会结构建立。从调查分析看，权力网络"匿名"在帮辈、亲族、利益共同体和权威等组织内。众多权力结构中，具有较大影响力和牵制关系的主要是帮辈和亲族。它完全削减了其他可能支配的力量。

所谓"帮辈"是指不分辈分和血缘，只要每隔3岁的年龄组就可以建立一个"帮辈"。一旦"帮辈"在特定年龄内建立，就是终身不变的社会互助组，包括实现互惠、解决难题。"帮辈"中有人逝世，成员有类似于血亲关系者的送葬仪式的各种要求。这就解决了因为年龄差别过大无法实现互惠的问题，尤其是体力互惠方面。"帮辈"社会组织很好地实现了当地人在同龄人间的身份认同、互惠和建构族内半族群性的社会组织。哈维兰认为，这种组织的功能包括经济互助、社会交往圈、协作以及调解纠纷等。〔2〕埃文思-普理查德在《努尔人——对一个尼罗特人群生活方式和政治制度的描述》中指出年龄组对世系群的政治功能：在政治不一致的地方提供身份的一致性，在政治一致的地方提供了身份的区别。〔3〕怀特的《街角社会：一个意大利人贫民区的社会结构》也提到"帮"的组织问题。〔4〕由于从成年到老年，各个年龄组都存在帮辈，这样就把未成年人之外的所有村民分割为不同的年龄级序，拆分了村庄的传统权力。帮辈组织把原来的亲族成员割裂，亲族集团的权力相应被分解，缩小或削减亲族内部控制和外部影响力。寸美之弟的帮辈也包括当事人的洪发，故而帮辈伦理介入纠纷中，对寸美来说削减了她的处置权力。

亲族是新村权力结构的一部分。从通婚圈调查看，新村的通婚圈是以村内通婚为主、跨村通婚次之的格局。所谓跨村也主要是相邻两村的通婚。这样就极易形成村内亲族集团。新村主要姓氏为寸、段、洪、张。除少数家户外部通婚，多数都在村内完成婚姻交换。不同家户或家族通过婚姻连接为亲族集团。但是，不同性质亲族集团的凝聚力却是不同的，姻亲关系的外部控

〔1〕　陈炳辉：《福柯的权力观》，载《厦门大学学报（哲学社会科学版）》2002年第4期。

〔2〕　［美］威廉·W.哈维兰：《文化人类学》（第10版），瞿铁朋、张钰译，上海社会科学院出版社2006年版，第356页。

〔3〕　［英］E.E.埃文思-普里查德：《努尔人——对一个尼罗特人群生活方式和政治制度的描述》（修订译本），褚建芳译，商务印书馆2014年版，第295页。

〔4〕　［美］威廉·富特·怀特：《街角社会：一个意大利人贫民区的社会结构》，黄育馥译，商务印书馆1994年版，第155页以下。

制不如血亲的内部控制，也不如同堂关系的亲族。所以，家族才是新村最大的亲族势力，具有牵制正式权力、塑造村内权威的功能，甚至四大亲族集团左右村庄的政治决策。如寸美的本家和娘家四兄弟都在南邑；洪发及其家族也在同一地块居住。这种亲族集团地缘化具有强大的能量。

利益联盟是随着新村手工艺及其在外经商过程形成的契约关系。他们主要制作同一类型产品或在经销方面形成相互无息借贷、扶持。村内日常秩序中也存在基于共同利益的联盟关系，这种联盟有长时的供货合作，也有临时的利益联合，比如因纠纷形成的集体诉讼，它就具有生产社会组织、政治力量，建构单位权力结构的功能。利益联盟之所以高度紧合，是被共有的利益所捆绑，一荣俱荣一损俱损，但其权力支配只针对特定人及事，具有高度内向性。壮势是其外部控制特征。比如，北邑八户原本是分散的无任何权力联盟的一般村民，但在共有的土地整体与洪发发生纠纷后，他们采取集体行动，以共同诉讼来维护权益。纳德提到，"纠纷可能使特定社会中个人与个人、群体与群体间结合更稳固。"[1]问题在于，由于各户间争议土地面积不等，多者几分，少者几厘，所以相互间的紧密感和团结是不同的。少者认为不要土地损害亦不大，多者就坚决要求抵制。这样一来，作为组织化的权力支配性就大大降低，相互间的合力变得孱弱，土地面积多者内部权力反而小，少者权力大。这意味着，面积多者付出更多，少者付出更少。这种权力的弱势使他付出的代价极为高昂。总之，标的额的不等使权力联盟变得较为松散，凝聚力不强，影响纠纷解决的胜算。但是，在利益共同体内，"总是一方面的一些人和另一方面的一些人在一定的方向上共同行使权力。"[2]

从纠纷当事人的权力连接看，新村的政治结构依据亲族、利益联盟、帮辈和村治网络来形成社会支配，但这种网络又相互交叉，个体间介入不同结构较为常见。由此，一个集团既牵制对方，也被对方勾连的内部权力所消解，从而影响控制和影响力。

权威多元源于经济在新村的变迁。由于经济发展与财富的驱动，人们很少把知识、政治及社会权威放在优先位置，财富成权威的主要因素。个人权

---

〔1〕 Laura Nader. "The Anthropological Study of Law", *American Anthropologist*, Vol. 67, No. 6, Part 2, 1965, pp. 3-32.

〔2〕 杜小真编选：《福柯集》，上海远东出版社 1998 年版，第 210 页。

威和传统权威被分化在乡村组织体系之中。新村是云南省十大名村之一，也是云南最富裕的村。他们主要以传统银制工艺作为主要经济形式和收入来源。本村的农业基本上被忽视，调查中发现一些上等田地荒芜了。通过家庭作坊形式建立起来的经济模式，手工艺的高低成为当地人地位、威望的主要标准。财富的多寡也决定了他/她在村中实际的政治影响力。[1]相反，收入低、无手工艺的人地位不显。村民不断提及，只有"没本事的人"才去做村干部。

的确，通过明显例子就可以发现，新村依赖于正式权力的工作人员都很少做手工艺，表现为村干部开农用三轮上班，而村民开高级越野车出门。用当代村民的话说，"当官的实不如敲钉锤的。"因而，新村的权威类似于福柯式的弥散。除传统宗教权威外，世俗权威被经济权威掩盖了。这样一来，传统权威在控制村庄事务的能力减弱或消解，村委会的权威和政治控制能力也相应减低，调解纠纷的能力不如以往，其结果，基本依赖于外在权威才能实现对各当事人的实质控制。在本案中，由于村副支书与洪发有血缘关系，这种亲族又削弱了村委会化解纠纷的可能性，他在纠纷调解中即使不偏向也会存在不承认结果的倾向。实际上，韦伯所讲的卡里斯玛权威在社会变迁中基本被稀释了，并未出现政治意义的秩序"立法者"，使村民的重大矛盾具有外向性或是越（村）界。

新村的权威弥散，实际上反映经济发展中传统权威向当代社会精英的变迁。也即，用权威标志新村的政治生态未必比精英更为便当。精英是某方面的顶级人物，但不一定是村落政治变迁的行动者。因为，新村的经济精英比政治精英、社会精英和宗教精英更有影响力，后者有些评价为负数。精英构成新村的主要权力结构。总体上，我们看到权威弥散表征的是权威式微。进一步说，权威对纠纷控制的权力已经远不如以往。黄宗智所说的"第三领域"实际发挥不了传统意义的那种功能。调解纠纷的效果也不如以前。

除上述非正式权力外，村治网络是新村正式权力的重要部分。国家作为巨型力量一直在场，它有时是隐含的，有时是呈现的。国家（政府）的存在可以界定行为的合法性和正当性。因而极易被当事人作为遮蔽行为的"靶

---

〔1〕 比如调查其间，副县长和宣传部主要负责人频繁往来于手工艺大师级的寸氏家族，但几乎未见去附近的村委会走动。

子"，使国家的中立与合法性走偏。村委会也是村内政治网络的核心，在村民眼中是正式权力（或政府）的代表。村内的各种协会、半官方的组织都设在村委会内。村委会不影响村民日常生活，但在规划以及参与国家权力在村内运作方面有代理人的角色，或直接执行国家权力意志，因此，村治网络主要是由正式权力掌控的。

三方当事人所属的权力结构之中，寸美的权力结构受制于她的亲族集团，从而以亲族的意志来替代她的看法处理纠纷。北邑八户由于无依赖的背景性力量，自由意志的决定极大地依靠自己内部团结和独立的第三方。洪发的权力结构虽然不依赖于自身的强力，但背景性因素增强他的优势。也就说，当事人的权力结构一是自身存在的，二是社会性存在的。这是一种二元的权力结构体系。这就支配了他们的权力策略与表达技术：一方面是自身的身份表达（非正式的），另一方面是通过独立的第三方（诉讼）表达。

三、非正式权力：个人身份的表达技术

通过上述纠纷所展现的权力结构的社会控制过程，我们可以理清当事人的法律认知和反之对政治的建构过程，尤其是个体权力（身份权力）与纠纷的社会建构方面。纠纷形塑村庄政治的逻辑，主要是身份或地位建构。比如亲族与家庭中的男人主导与女性身份，与正式权力关联的农民身份以及社群中的成员身份等。很多时候都是基于身份的权力行动。也就是说，新村的权力结构决定了当事人的身份，进而决定他们的权力支配技术。

拉德克利夫-布朗指出，"个人在特定时期的身份，可以说是他在所属社会中拥有的、得到社会习惯（法律和习俗）承认的权利和义务的总和。"[1]在纠纷解决中身份既是意识领域，又是现实结构。身份在乡村既是既定的（传统身份），又是纠纷发生后建构的（新身份）。反之，身份又影响当事人的社会定位和纠纷解决的选择。身份归属一方面是社会身份与官方身份对应；另一方面是他/她自身与当事人之间的法律身份。当事人在两种不同身份归属间来回穿梭。但显然地，当事人的身份受制于社会身份的支配。从三方当事

---

〔1〕［英］A. R. 拉德克利夫-布朗：《原始社会的结构与功能》，潘蛟等译，潘蛟校，中央民族大学出版社 1999 年版，第 38 页。

人的身份建构来看,北邑八户在纠纷中的定位是农民身份;寸美定位的是女性身份;洪发定位的是病人身份。他们同时又有各自所属的社群身份问题。

(一)王周

自云南省高院的最终裁定书裁定维持原裁定后,王周就一直上访,不过他在鹤庆、大理和昆明三地之间来回奔波。大理和县城是他上访最多的地方,但每次都被上级机关要求回地方解决,而地方又指定相关部门处理。这里的相关部门回到那个原点——国土部门。问题在于,县国土部门对同一土地在同一天发放两张使用权证的错误,并未得到纠正,一旦真地纠正的话就会涉及领导责任。这样一来,王周上访的事情实际被地方政府部门拖或压下去了。由于他长期在州、省上访,甚至时常坐一刻钟的公交就跑到县政府询问或质问,一些部门的人都认识他。这种熟悉产生的关系负面效应,使原本应被当作救济手段的方式被附加了给政府找麻烦的对立情绪。或者说,这是一起日常纠纷,却被当作农民—政府之间的二元对立,当事人的身份被嵌入国家政治的层面,那么,政府的政治偏向性就会超越纠纷本身,不再以争议解决为重点,纠纷在当事人上访过程中被掩盖了,在维稳与政府的形象为先的意识下,当事人本人成为处理的对象,这样就对王周极为不利,从而为多年不能解决埋下了伏笔。

在王周看来,农民的身体是很"贱"的,是很"卑下"的。这是把纠纷当事人间利益关系转变为带有道义性、政治性的农民—政府的二元关系。若是纯粹的土地利益纠纷关系,那么仅存在与纠纷相关的是非、公正的评价,一旦当事人关系被农民身份关系所替代,那么这种纯粹的是非评价就嵌入了道德、伦理和政治的评价。虽然纠纷的对手洪发也是农民,但是王周反复提到洪发"背后有人"。这一隐喻在调查中除上述提到的作为村党支部副书记的洪高的弟弟之外,真正的"背后"恐怕还是其家族中的人在县里部门工作。在农民身份的话语体系和行动中,他们虽然处理面前的事件,但还要关注事件及当事者的"背后",即与事件及当事人相关的权力关联性,从而通过这种与之关联的权力来决定自身的策略。这种政治经济学逻辑实际把农民的"贱、卑下"的心态直观地表征出来了。但是,要看到政府对农民身体的定位与农民自身的定位却完全不同。在王周看来,"我们是弱势者,随便就把土地转给别人。"也就说,农民自身与政府的认知刚好相反,政府看来是把身份当同情；王周看来却是弱者的反抗。不可调和的关系在身份认知中不但不能弥合，反而加深了相互间的认知不同。

通过王周这几年的实践看，他的上访行动由于远离正式程序处理问题的轨道，老人身体和农民身体的表达效应获得的是道义上的同情，而不是实质问题的解决。按照他的话说，"跑不动了，身子越来越不行了。"弱者的身体抗争并未给当地政府带来极大的社会影响，甚至是就事论事的反映，很难获得真正的解决之道。

（二）寸美

寸美是三方当事人中的唯一女性。虽然关于男性与女性的纠纷在日常生活中时常出现，但多数研究不以性别角度来理解纠纷的权力关系，而是从纠纷解决方式的制度层面分析之。但我们看到，纠纷解决方式与性别存在着极大的关系。性别是一种自然性的生物学分类。当性别被社会—政治因素所渗透时，性别就具有社会身份的建构属性。这一点与阿伯特和华莱士的建构主义观点的一致的，[1]即纠纷中的性别已经脱离生物学意义的功能。妇女角色从被支配的观念，经过她自身的认知而转变为一种主体性的建构角色。男女二元关系传统意义上是对立和支配关系，但是，首先，在家庭环境中，这种性别秩序随着男性政治被打破，女性的弱者认知也开始发生变化；其次，在社会环境中，女性在特殊语境下利用弱者的舆论武器为事件服务，也是消解男性环境的一种方法。

按照上述两种变化，寸美在纠纷中的性别认知与关系秩序的行动策略，有赖于她在不同语境下的反应。一方面是她在家庭中的角色；另一方面是她在社会中的角色。在调研期间，作为家庭主要角色的寸美丈夫自始至终未出场，是纠纷秩序的缺席者。寸美说道，"拖家带口、男人不中用、里外跑上跑下。"在寸美家采访时，其丈夫正埋首于银制手工艺的制作，他说主要负责家里的经济问题。可见，在寸美的家庭中，传统男女性别秩序实际不是男操控一切，反而是女性主外而具有"家长权"的一面。实际上，正如格莱德希尔提到的，如果女人行动的场域能够被看作是家庭空间的延伸，那么就不会触

---

〔1〕 〔英〕Panmla Abbott and Clair Wallance：《女性主义观点的社会学》，俞智敏等合译，巨流图书公司 2005 年版，第 283 页。

犯男人和女人角色区分之下的意识形态规则。[1]这种观点在急剧变迁的当代中国来说，是站不住脚的。传统性别秩序开始瓦解，女性的地位正消解男性的权力格局。在这里，女性的身体不再被禁锢在家庭中，而是外向化的主动表达的身体观。她不再是弱者而是家庭的强者。

> 儿子刚结婚，和媳妇在忙自己的事情，他也长期在西藏做手工艺，对这个问题不是很了解。老公只管在家做手工艺，不管这个土地。就我一个人在跑这个事情。基本上，他们都不出场，就偶尔一次搬运洪发堆放的砖时，他们过来帮忙。但在外打官司找人或找用法律的这些事情是我的，他们没有多少知识文化，还不如我懂这个（法律）。这个土地我不放，主要是交换了就不能反悔，你和北村的纠纷是你的事，与我无关。我一个女人就是要争，不会放弃的。[2]

从上述看到，寸美的内强角色在社会事务中又展现出外弱角色。然而，这种外弱角色是二元性的：第一，她在行动策略和技术方面是弱身体性的；第二，她这种"弱"又实际反映她内心的强。在身体技术的示弱方面，基本采用诉苦、实际控制等身体技术。诉苦策略是在新中国成立后一段时间内在共产党主导下反对地主和土豪劣绅时所采取的政治认同技术。在日常生活中，这种政治认同转变为一种微观的纠纷政治，当然，它是围绕着身体所展现出作为受害者角色的话语表达。或者说，女性身体构成了她希求获得社会力量支持的工具，而主要的实现方式是话语的表达技术。其中，纠纷的弱者便是她需要塑造的一个角色目标。前已述，弱者在社会事件往往有天然的道义性。这是许多纠纷中弱势方当事人采取的策略。寸美诉苦道："（用手抹了抹眼泪）我一个女人家，他们有人，我们什么也没有。我没有人帮忙，打官司我兄弟不同意。我现在不知道怎么办。但是那块土我不能放弃。"[3]仅调研的那个月内，寸美就跟我们谈了3次，基本上也是一种诉苦。诉苦塑造了她的弱者倾

---

[1] ［英］约翰·格莱德希尔：《权力及其伪装：关于政治的人类学视角》，赵旭东译，商务印书馆2011年版，第283页。

[2] 2015年1月26日采访。

[3] 2015年1月26日采访。

向和强者抗争的两面，增加了当事人关系的二元对立。这一点显示出与家事纠纷的区别，家事纠纷中女性要么忍耐要么暴力，而社会纠纷中女性暴力性少见，[1]但身体的策略更多。实际上，寸美的话语策略成功地塑造了弱势者与正当性的角色。

（三）洪发

男性气质表现了人们对男性身体的通识理解，男性身体代表血、力量、勇气等。康奈尔（R. W. Connell）归纳为支配性、从属性、共谋性与边缘性。[2]随着社会多元化身体的不同认知，这种传统认识赋予了男性身体的多重身份特征。即使是一个人在他的一生中不同年龄阶段都会有不同的气质[3]，那么也可说，对男性气质的评价也是不同的。

新村土地纠纷中洪发虽然是中年男性，但村民看来却很难体现出康奈尔指出的那种男性气质。相反，他曾经"五毒俱全"（村民说的吃喝嫖赌无所不能，但这一点未得到证实）。但明显感觉到洪的身体是较为虚弱。如同村民所说，"找不到男人的勇敢、威武、刚健"的气质，相反却是懦弱、"无赖"、多病的身体形态。这种生理特质被社会化了，或者说被隐喻为个体人格的评价，从生理身体到社会身体的转变，即村民对他从无勇到不正直、不豪气的的评价。洪本人的这种生理特征在新村属于特例，使他成为村里的关于这方面的标志性人物。从而，洪的身体成为某种气质的概念表征。反之，洪也认识到他的非健康性对于社会生活中的意义。身体政治与人格展现了他对社会事务的某种影响，对人际关系的支配。如，他认为"自己也是半条命的人，怎么做都不会亏本了"。这样，村民其实有点怕他。怕被"讹"上而吃亏。怕他的"半条命"的身体。这是一种伦理价值观的公平标准的衡量结果。洪发知道村民的这种心态，反而减少了他行动的障碍，获得了更多的主动性。

有必要认识到，村民对村庄内某人的认知，除他/她本人的姓名之外，更

---

〔1〕［美］斯蒂芬·B. 戈尔德堡等：《纠纷解决：谈判、调解和其他机制》，蔡彦敏等译，中国政法大学出版社 2004 年版，第 87 页。

〔2〕［美］R. W. 康奈尔：《男性气质》，柳莉等译，赵平审校，中国社会科学文献出版社 2003 年版，第 104 页。

〔3〕［美］R. W. 康奈尔：《男性气质》，柳莉等译，赵平审校，中国社会科学文献出版社 2003 年版，第 112 页。

多地以个人生活、身体及行为特点进行分类和命名。甚至可以做到在长期的认知与熟悉中，当事人原本的真名被抹掉，而被分类建构的命名称呼。这样一来，命名也暗含着社会秩序的分类关系。如村民称之为"赖洪"的污名化身体，正是把当事人与其他村民分类为两种不同人格的关系秩序。当这种分类化的名称建构用之于纠纷中时，洪发就恰好用在反制对方的策略运用上。

用寸美之弟寸伟的话说，正常人对那"半条命"的"一命抵一命不值得"。用之于当事人，则一旦他/她以"坏人滥到底"、半条命可以"破罐子破摔"而无所顾忌时，反而会增强他/她自身的反抗力，尤其是针对对方怕惹麻烦的心理，反而使之更有利于权力对标的关联的空间、时间的权力可控性。比如，时间上他能无限期耗、拖下去，空间方面在争议土地上建养猪场。他直接住在争议土地上，以一个羸弱之人实际地控制土地，弱者的强力得到强化。于此，身体特征和人格特征共同建构了当事人的身体权力，从而使不健康与健康、好人与"坏人"之间产生不均衡的关系权力。身体的权力实践实现了他对标的物长期占有，即赖下去的策略。在此，身体的强与弱完全脱离了它的物理属性，嵌入社会关系中逆转了权力的相互性，使弱身体强于强身体的权力关系。这种情形在纠纷中表现出两种现象：①洪发依靠生理身体的特点和村民对他男性气质的认知，用村民的话说很"赖"。以至于另外两方当事人北村八户、寸美都不敢利用身体作为工具来解决问题。②坏身体的认知被作为分类观念，加强了身体控制的力量。这样，洪发自 2011 年以来一直住在争议土地上，利用事实占有实现主张。其他两方当事人都无可奈何。

两方面的事实反映了身体的特定资源性力量。应星的研究发现，身体与人格作为身体的日常表达实现个人目的。[1]这种以身体政治、人格所展现的支配，可以资本化在村民关系之中。一方面，恶反而成为他的象征资本，一种符号社会学。根据哈维兰的双重控制概念，内在化控制及外在化控制双重失效情形能强化他反向规制能力。[2]这便是从物理、生理身体到社会身体的

[1]　应星：《身体与乡村日常生活中的权力运作——对中国集体化时期一个村庄若干案例的过程分析》，载［美］黄宗智主编：《中国乡村研究》（第 2 辑），商务印书馆 2003 年版，第 150~174 页。
[2]　［美］威廉·W. 哈维兰：《文化人类学》（第 10 版），瞿铁朋、张钰译，上海社会科学院出版社 2006 年版，第 364 页。

转变所生发的可支配性，从而使社会的身体建构了一种支配纠纷的微观社会力学。生理身体摆脱了物理的自然系统，成为围绕着符号运作的社会建构和象征系统。另一方面，分类关系实际揭示身体被建构和表达两个维度方面的问题。其一是分类产生排除效应，其二是分类秩序形成身体报复性控制。

从上述身份的权力表达看，三方当事人自个以自身角色寻求社会支持，牵制对方，即摆脱了社会力量介入的纯粹的个人权力支配。根据福柯的微观权力力学的实践论，身份权力是无所不在且有人就有权力支配的。[1]实际看，身份权力技术的效果截然不同，北邑八户的"农民"身份所起的社会效应很低，弱势者的抗争并未引起重视，相反引起了政府的不快。前面提到，抗争引起政府的政治意义的警觉而使其有某种压制行为，反而有利于对方当事人。比如王周多次到县里、法院反映土地侵权问题，引起当地政府的反感，他讲述到：

> 村干部经常刁难，孙子出生落户，不给户口，房子靠山脚，夏天怕洪水，要新屋基修房，不批宅基地。解决这个问题（纠纷），只有等县里换领导，领导换了才有人解决谁在侵犯谁。领导不换，我们的问题永远也解决不了。[2]

性别身份也不可能生成强大的权力，女性与农民都是以弱者身份出现的，此表明他们在纠纷状态中的实际地位。从而看出，实际控制土地才是身份权力的最核心要素。正如洪发的符号权力与实际控制并合，使其拥有对另两方当事人的支配地位。也即，自身的权力技术仍存在差异化和阶序的大小，不足以化解各方的矛盾冲突。

---

[1] [法] 米切尔·福柯：《规训与惩罚：监狱的诞生》，刘北成、杨远婴译，生活·读书·新知三联书店 2003 年版，第 21 页。
[2] 2015 年 1 月 31 日采访。

四、正式权力：为什么诉讼？

由于从 2001 年起国家在新村征地所采用了一系列的强制措施，[1]村民从抗拒正式权力逐渐转变为畏惧（这一点后面要提到）。洪发的权力支配依赖于他家族的官方背景，从而通过正式权力非正式化地"匿名"于家族集团之中，使家族非正式权威扩展为正式权力支配角色。另一当事人北邑八户村民所结成的利益联盟，相对于洪发来说是自生性而不是外赋的。那么，寸美的亲族、北邑八户与洪发比较，他们的博弈关系呈现出村庄内部的权力纠缠和正式权力隐身其间的关系。这样一来，便是各当事人不同的组织依撑的权力背景的力度和量度总体权衡大小，从而决定了相互间可能存在的牵制，权力在此是一项综合性的资源。

与其他地方的调查一样，一旦某些当事人依自身力量无法平衡对方的权力结构，他/她就会跳出这个制约系统，寻求结构外方式救济。尤其是，依靠身份的权力表达，或者说以自身力量的博弈无法对对方形成支配，甚至在纠纷中处于劣势时，那么身外的力量必然被借助。在政府被两方当事人排斥的情况下，其结果，法律作为正式权力比非正式权力有更多的操作空间，比政府有更大的客观和中立性。法律在权力弥散的环境下推高了它的权威。这样，当事人仍把法律作为关键的制约力量。诉讼的渠道比通过政府和传统秩序的制约更具有合法性。

王周反复谈道："洪发的土地使用权证是其弟洪高（村党支部副书记）两人合谋，并利用县上的亲戚搞的。"虽然这一点无法求证，而且不可能证实。但也就意味着，寸美、北邑八户寻求村委会解决土地争议的管道被堵死了。其次是，"县上有人"这一被王周反复提及的政治因素，阻却了当人寻求行政救济的可能性。诉讼，成了王周集团的唯一选择，被迫的选择，只有通过诉讼的结果并利用司法来对对方形成权力支配。只有法权结构才能威慑或压制其他权力结构。

---

〔1〕　当时为了旅游，开发石寨子旅游点，向当地村民征地，但很多人不同意征地款，联合抵制。带头反对的村长被撤职并关了几天。一些在田里插秧的村民被人"提了出来"，甚至带头"闹事"的几家被剥夺了村上和政府的某些权利。这些强制行动最终以政府和旅游公司的胜利告终，但严重影响了现在新的土地征收。

问：你们官司打了这么多年，都没有结果，还有行政救济，为何不走这条路？

王：这个问题的解决只有县里换了领导才能做得到，现在是不可能的。走行政这条路，最后的裁决者还是他们的亲戚。关键是，他们同时发放土地使用权证，肯定是政府错了，明知自己错了，还要改正，这不是打自己的脸、影响政绩吗？结果是他们不敢接受这种改正。你找也是白找，我不是找了很多次，没结果吗！[1]

显然，八户的起诉一是回避政治权力支配带来对自己不利的选择；二是法院作为平时"打官司"的唯一方式使其忽略了纠纷的特殊性。追根究底是权力与法律之间，法律权威仍受制于政治权威而采取的迫不得已的选择。比如，王周一直坚持诉讼。当事人不断强调"县里没人"，"只有诉讼这一条路可走，行政复议者是对方的人，不可能赢。"[2]

再看洪发与寸美的纠纷。寸美对洪发的权力约束来自利用法律保障合同的合法性。显然，合同的实质合法性是值得怀疑的。法院保护也是有效力的。[3]问题在于，她所依赖的亲族集团对诉讼的怀疑。这样一来，寸美就不再起诉，非正式权力又无法解决，导致她进入权益保障的"死胡同"。一次亲族会议上，其弟说：[4]

"我们不相信法律，因为王周他们打了这么多年官司，打到省高院都

[1] 2015年1月31日采访。

[2] 除乡村政治结构支配外，新村的土地空间也制约了当事人严肃地依赖于法律的选择。新村分家习惯中保留各分家诸子必须另建新家、旧屋归幼子的习俗。这样一来，存在多子的家庭就不得不用农用地建新屋，从而使家屋不断向外扩张，鹤庆坝子有限的土地日益紧张。土地成了最稀缺的资源。再加上新村作为国家级4A风景区，地价不断上涨，10年来上涨了10倍，已达40万元/亩。近几年来新村的土地纠纷成为村内的主要矛盾之一。而本案中的争议土地靠近核心风景点滇西大佛和黑龙潭，且是今后旅游必经之路，地价更高。显然，各方当事人都拥有正当性与合法的使用权，而对于究竟最终如何处理土地的合法性问题，他们都不愿放弃这样一块高价地段。因而争议极为剧烈，长期得不到解决。

[3] 《中华人民共和国土地承包法》第33条明确了"承包方之间为方便耕种或者各自需要，可以对属于同一集体经济组织的土地的土地承包经营权进行互换，并向发包方备案"，由于法律并未明确互换土地的批准登记，因而互换土地只要签个协议或相互耕种就可以了。

[4] 2015年1月22日采访。

没有成。我们能做什么？耗钱耗时。我和洪发是帮辈，但我肯定帮你，问题是这个人坏到底，无可救药。他退 15 万还有 9 万能赚回来。所以，如果需要我，就把他找来一起商量找个妥协的办法。"

可以想象，亲族成员对价值观和路径选择的不同，使纠纷解决依赖于内部核心权力的偏向，从而使当事人受制于亲族支配，自我决断被压制了。寸伟分属两个权力结构，他是寸美娘家所属亲族集团的一员，又是洪发所属的帮辈的一员。寸美依赖于亲族采取的策略时不得不考虑寸伟帮辈集团今后破裂的可能性，这样诉讼会引致帮辈成员矛盾，破坏终身的互惠合作关系。甚至帮辈高于亲族对分属这两个政治集团的同一个人的支配。三方当事人中，她的权力最为弱势，其行动很难改变纠纷的走向。

反观核心当事人洪发，不仅涉及北邑八户的纠纷，在同一地块上也涉及与寸美的纠纷。他提到，"修建道路征用的那些剩余土地，经本人向村委会和当时的工作组反映，村委会和工作组考虑到我确实无田耕种的情况，将征用的剩余水田 0.7 亩面积划给我管理。"[1]也就说，他在纠纷中始终没有以某种权力的影响来表达，而是一再以法律论证寻求合法性，从而避开家族与正式权力勾连带来的消极影响。为此，他能最早提起诉讼，通过法律管道"洗白"在村民眼中"土地使用权证的不正当性"。这种从不正当到合法性的策略，避免把作为村党支部副书记的弟弟牵连进来的可能性。诉讼成为洪发建构合法性的必需手段。采访中，洪高也极力否定自己与纠纷的有关，尤其是同时发放土地使用权证的问题。

　　问：洪发与北邑八户村民的那块土地纠纷，你们了解吗？
　　答：你们不要采访这件事。这事很麻烦，跟我无关。
　　问：为何？是不是有些不好处理的问题？
　　答：这件事比较复杂，涉及的事情太多。不仅是一两几家人的问题，方方面面的太多。
　　问：现在这块地实际占有是怎样的？
　　答：这块土地寸美占有一部分，洪发占有一部分。反正你来我往，

---

〔1〕　这是本案的症结所在，但采访中当事人拒绝透露内在的过程和逻辑。

各据一点。

问：寸美与洪发的纠纷在你们这儿调解过吗？结果怎么样？

答：调解多次了都不成。主要的是我们对这种纠纷调解的权限不大，他们又不妥协。[1]

从上可见洪高极力排除与纠纷本身的关系，避免权力私有的误解。也就说，这种表征国家权力的不在场，进一步希望以脱离纠纷本身，使他的双重身份（官方和家族）被隐藏。一方面是保证国家权力的不介入；再是使当事人的土地取得具有合法性。另一方面也证明自己在纠纷中也是中立的，是无立场或价值无涉的。

虽然古立弗强调纠纷解决依赖于团体力量和凝聚的基础，依赖于社会组织的基础。但是这种情形对于国家权力渗透较深的中国农村来说，社会组织决定纠纷解决的力量其实也受到国家的约束。仅就新村看，它处在鹤庆坝子的中心，经济发达，交通便捷，到县城需要一刻钟。这就表明，时空的压缩为村民提供了法律救济的方便性。国家可随时以政治和法律的形式控制乡村事务。这样，纠纷中国家一直存在。一旦社会组织对当事人的救济不具有实质的正向作用，寻求法律的控制就成为当事人的主要途径。因而，即便村民不了解法律，仍然可以通过法律寻求救济。

尤其是，由于民间方式被排除在外。故而，即使是村庄权力的干涉，法律也不可能置身事外，实际上法律是超然于政府和非正式权力的国家结构。这种基础使三方当事人背后的村内权力网络相互牵制无法由统一的权威处理，导致可能的非正式纠纷解决被排斥。多数学者认为纠纷不出村是传统，但在重大纠纷面前这种传统作用不太明显，除非村内的确能化解，但正因为"重大"，更为重要的法律权威才成为首要选择。

上面的描述，已经表明当事人选择诉讼决定于背后政治力量的表演。纠纷完全嵌入地方性的分化、斗争和关系之中。[2]当事人很难基于自己的预期选择行动策略。按照学者的解释，权力进一步被定义为一种转化的能力，这就在一定意义上要去超越我们既有的权力概念中过于强调结构本身的支配能

---

[1] 2015年1月26日采访。

[2] 朱晓阳：《罪过与惩罚：小村故事：1931~1997》，天津古籍出版社2002年版，第282页。

力,强调在此结构化的过程当中,权力的各种借助文化来加以表达的变形以及行为的各种适应能力的展现。[1]以此实证,从正式与非正式权力的支配程度看,村民对正式权力(政府管理机构)的畏惧不是建立在正式权力正当威慑基础上的,而是被人为地用于为私人服务基础上而产生的一种畏惧感,充当不光彩角色。显然,诉讼就具有远比非正式权力强大的影响力和表达力,尤其是法律在其中展现出的决断力。亲族、利益共同体都不能打破这种结构性制约。或者说,诉讼演变为寻求高阶"权制"的策略。

五、从选择救济到不信任:诉讼的政治经济学逻辑

通过上述分析,我们发现,当事人的救济穿梭于非正式和正式(诉讼)之间,寻求获得保障的途径。其中,非正式乃是高度技术化的策略。诉讼是寻求合法性的终极保障。两种方式基本上是并列行使的,甚至非正式具有无时间无结构性特征,但决定他们的观念转变与纷争的界定的仍是正式途径。也就说,诉讼塑造了他们的行为逻辑与认知标准。

当前,法律政治意图实际上是推行一种半意识形态化的法治观念,即打破人的命令服从而选择法律的安排。但得不到公平结果的法律救济又把这种观念阻挡在外,因而在法治建设背景下,乡村仍然是脱域的。比如,用村民利用法律频率高低或法院诉讼数量的多少来衡量他们的法治意识明显不能说明问题,顶多是发生纠纷时寻找这方面的条文,增加一点法律知识。这种就事论事的现象在我调查的其他村民中也普遍存在。梅丽的研究发现,虽然他们(当事人)对法律有质疑,但比较惊奇的是,一旦发生纠纷或冲突,他们又会去使用法律来维护他们的权利,而且他们中的绝大多数都会求助于法律。[2]一审、上诉以及最终裁定书反复强调"先行行政复议",此表明,村民对土地使用权证纠纷问题的特定救济程序不了解。一开始就进入法院系统只是因为一般观念中的常识逻辑。在中国背景下,恰恰表明村民对法律的选择性思维,即用法的目的就是为我有利。法律的整体性结构、法治以及权利意识

---

〔1〕 赵旭东:《人类学视野下的权力与文化表达——关于非暴力支配的一些表现形式》,载《民族学刊》2010年第1期。

〔2〕 张冠梓主编:《多向度的法:与当代法律人类学家对话》,法律出版社2012年版,第140页。

等方面根本问题未得到改观，举几例说明：

寸美与洪发的土地使用权转让合同最后一条写道："双方不得违约，如有违反将赔偿对方 30 万元的违约金。"如果被违约一方真较真起来，违约方反而可以以无效条款为由而不会有任何损失。

北邑八户村民在云南省高院作出终审裁定后，写给高院的"反映意见"中提到：

> 北邑八户村民关于土地纠纷一案，就有关问题向云南省高级人民法院提出反映意见。我八户到县法院后知道判决结果仍然与之前的判决结果一样，我八户拒绝领取判决书，县法院通过邮政局向我八户再次送达判决书，但我八户仍然拒绝，所以到现在我八户手中都没有县法院的判决书。我八户与洪发之间的纠纷历时 7 年，经县、州、省法院四次调解，纠纷仍然得不到解决。云南省高院的最终裁定书指出的建议通过行政复议解决纠纷，路径一直不通。请求云南省高级人民法院，另辟蹊径，指出一条解决此纠纷的路径，以解我八户 7 年来之忧。[1]

调查中，王周指着终审裁定的内容说"不明白"："土地承包合同的效力问题，不属人民法院行政审判职权范围。上诉人应先通过其他法律途径确定土地承包合同的效力来确定土地承包经营权的归属。"

上述三例看出村民权力与公正之间的困境，即他们的价值观和知识体系是脱离了法律场域的。这就是说，只关注个别化及与纠纷相关的条文，而无法律意识、法律知识和权利保护观念，不知道特定案件救济程序的法定要求，甚至将不履行程序义务作为正当理由，把希望寄托在法院的非诉讼措施上，清官情节已表明所谓的引用法律、诉讼解决骨子里还是人治高于一切。村民不懂大多数法律，更不懂司法裁定书上的法理学。所以，利用法律服务自己的又陷入不理解法律为何的两难之中。正如下面的对话，当事人只知道实质

---

〔1〕 但有时国家是以不作为的面目出现的。由于正式权力被分割到不同的部门，司法权与行政权不可能相互协调，法院只能解决判决问题，或者说受不受理或驳不驳回等，但它不可能协调行政救济。行政救济是当事人主动选择的事。恰恰是，当事人又把行政与司法看成是国家权力的统一结构，从而把对司法的评价推及行政救济。

结果（官司的输赢），不知道为何输赢，其中的正当性与合法性何在，输的依据和理由，赢的逻辑与法律论证关系等，都是一无所知的。最终只能以自身的知识体系去分析，结果也很谬误：

　　问：判决书上写着"双方同于2007年5月县政府颁发给双方的土地承包经营权证书内，形成不同的权力主体对同一土地的相同权利，土地承包经营权不属法院受理范围"。你认为这个判决正确吗？

　　答：不正确，也不符合法律要求。为何都是同样的权利，只是我们失败？

　　问：为什么？这份判决是原告和被告反诉的合并受理，不存在着谁输谁赢？

　　答：既然驳回我们的上诉请求，那为何还要由对方承担诉讼费呢？只有理亏的人才会自愿承担诉讼费用。真正的判决谁胜谁承担诉讼费。省高级人民法院终审行政裁定书，驳回上诉人（北邑八户）的请求，但诉讼费用由洪发承担。此表明洪发理亏依据。

　　问：可以行政复议解决？

　　答：对方有人，复议的结果与判决一样，甚至比判决更糟。对方村委会有人，县上有人，我们找法院解决不了，难道能找对方的人解决了？

　　问：通过这么多年的官司，你今后怎样看法律，还会打官司吗？

　　答：法律是为有权有钱人服务的。打不起了。[1]

　　这就造成当事人认知性错觉，最弱势的当事人不相信法律，使法律失去解决纠纷的合法性，反而不正当获得权益的当事人却"信任"法律，使法律在纠纷解决取得合法性。这就看出当事人乃是基于权力的控制来对法律产生认知观念。法律在此不是通过塑造形成的认知或信任，而是功用化和被动性的因素。即，对我有利的方式就是最好的方式，胜的就是好的，败的就是不好的。这是一种排除了价值认知的实用主义观念，信任法律的前提是看其对当事人的利益带来合法性。简单地说，官司胜了法律的合法性便成立，

----

〔1〕　笔者2005年1月31日与王周的对话。

法律权威生成了；官司败了，法律的合法性不成立，法律的权威就不可能建构起来。法律判决对其有利者便是正向评价；判决不利者为负向评价。这使得法律在乡村基本上内卷化了。另外，如当地政府对王周的反感表明，国家可能以侵害人的面目出现，进而彻底地伤害到法律对村民的信用和权威。

所以，这种求助法律又不是由对法律的信仰而产生。法律的选择不可能如同传统审判的"各打五十大板"，法律不可能"和稀泥"，只能择一而定，你输我赢的零和博弈关系必然导致当事人对法律的某种失望。甚至是，借助法律反而遭受更大损失，这样就打破了法律维护正当利益的神话。[1]这样一来，明眼人一看就知道土地纠纷不可能受理，必然使他们的法律救济渠道成了死胡同，反过来又加深了村民的疑惑。

在上面的话语中，当事人把法律的诉败归咎于行政和领导人的责任，上面提到的对政治构成的分不清，是由于当前很多村民对我国政治结构的认知仍停留在传统的观念上。同时也看到，基层组织在对待当事人，尤其是不断诉求的当事人行为方面又伤害了国家的权威。这样，寄托于清官情节的考虑恰恰是对法律失望的解释。而且，"村民诉求现代法律的成本极高，法律往往成为有钱人借以打压穷人的手段，不但难以维护弱势群体的正当权益，而且还会造成地方性公平、正义观念的混乱，影响普通村民对现代法律的价值判断，反而不利于现代法律发挥其应有的为民主持正义的角色功能。"[2]

王周提到他这些年已花费数万元。"没有时间和金钱再花费在争地的官司上。"正如纳德说的，法律既可能有利于实现资源的更加公平地分配，也可能致力于维持权力不公平配置的现状。[3]高成本的投入是为了权益，但不一定是为法治。因而可以说，至少是当代，法律在纠纷当事人那里是维护权益的手段或使行为具有合法性的途径，并不是真心信奉公平正义的法则，长期抗争确实是"为权利而斗争"，这样的结果反过来又引起地方政府的反感，从而

---

〔1〕 ［荷］Benjamin Van Rooij：《法律的维度——从空间上解读法律失败》，姚艳译，载《思想战线》2004 年第 4 期。

〔2〕 赵晓峰：《农村纠纷调解中的村治逻辑——对浙东先锋村的政治人类学观察》，载《江西师范大学学报（哲学社会科学版）》2011 年第 2 期。

〔3〕 Laura Nader，"The Anthropological Study of Law"，*American Anthropologist*，Vol. 67，No. 6，Part 2，pp. 3-32.

使当事人因抗争被界定为对政府不利的人。法律问题的政治化正是国家在村庄消极、负向的一面。正如桑托斯所说，法律有时也不是以解放者的角色出现的。[1]

对于"为什么选择诉讼的人不信任法律"的问题，我们可以对如下命题予以回答：①乡村社会组织对于乡村权力分割而产生的控制，影响他们对待法律和正式权力的态度和行动。制约当事人的同时组织反过来又被当事人利用，从而在国家与乡村社会组织之间明显功利化地取舍。最后，这种现象又定位了当事人的乡村人际关系的政治结构。平时，村民难以觉察自己的地位，一旦纠纷发生就进行以纠纷为坐标的个人身份的归属，同时又把性别和权威作为政治分类的标杆，在国家这个大政治结构下发现、建构新的权力网络。②所有救济渠道不顺畅，尤其是诉讼到终审后，[2]只有进行行政复议，而行政复议过程中的正式权力的非正式化支配又限制他们的行动，使其产生畏惧感，增加乡村社会（至少是部分人）与政府的对立。[3]这种双重受阻把当事人（产生的外部效益，附带影响其他村民）带回到"无需法律"的社会中，会使其利用非法律性力量寻求救济。但在被权力网络支配下黄宗智所说的"第三领域"发挥不了作用，最终形成一种差序的正义。③由此，法律救济的失败、乡村权力制约无法非正式化解纠纷、政府反感（为纠纷长期找政府）、正式权力的非正式化运作、法律知识的欠缺等多方面实际堵死了当事人可以救济的某种可能的渠道。这就形成权利救济的困境。一方面是救济的渠道被堵死，把村民推向了无处申冤的境地；另一方面是通过何种渠道救济都会失败（并迁怒之）。这种困境使诉讼的政治经济学必然会导致以下问题：

---

〔1〕〔美〕博温托·迪·苏萨·桑托斯：《迈向新法律常识——法律、全球化和解放》（第2版），刘坤轮、叶传星译，郭辉校，朱景文审校，中国人民大学出版社2009年版，第580~596页。

〔2〕《最高人民法院关于审理涉及农村土地承包纠纷案件适用法律问题的解释》〔法释（2005）6号〕第20条规定"发包方就同一土地签订两个以上承包合同，承包方均主张取得土地承包经营权的，按照下列情形，分别处理：①已经依法登记的承包方，取得土地承包经营权；②均未依法登记的，生效在先合同的承包方取得土地承包经营权；③依前两项规定无法确定的，已经根据承包合同合法占有使用承包地的人取得土地承包经营权，但争议发生后一方强行先占承包地的行为和事实，不得作为确定土地承包经营权的依据。从上规定可见，本案法院的裁定不受理的理由是"土地使用权"证书的争议，实际上从承包经营权本身来看是站不住脚的。

〔3〕〔英〕伯特兰·罗素：《权威与个人》，储智勇译，商务印书馆2012年版，第27~37页。

作为上接国家下传村民的村组织，在纠纷中充当了某种消解自身权威、缺乏对纠纷有效监控的角色，甚至失去立场，从而得不到各方当事人的认可。这样，村组织实际上被排除纠纷之外，为今后的治理带来严重的不利局面。洪发在最早起诉的诉状中直接说出一些村组织的问题：

> 原告（洪）的承包田位于八被告的承包田西150步，新村搞旅游开发建设征用房地时，原告的承包田全部被征用，原告处于无承包田的状况。2001年2月修路时征用了新村被告的部分水田，按照修路的范围，新征用新村水田的最南端东西77步，南北宽不等的一块无人管理。经原告向当时的工作组、村委会反映，工作组和村委会考虑原告确实耕种的实际，将征用的剩余水田0.7亩面积划给原告管理。多年来原告一直耕种。

从上述看到，一旦村组织介入事件而引起纠纷，它本身也充当了不光彩角色，自然反过来它对纠纷的调解就不可能成功。或者说，村组织立场偏颇会造成某种合法性危机（典型的是王周提到此事，就表现极为愤懑，有时手指处摇动，全身发抖，言语不清，情绪相当激烈）。必然会连带非纠纷事实。

这种情形的一大结果，是法律被作为有用的工具而不是其他来评价法律，即通过输赢这种形式化来评价法律与当事人的关系及其认知，而不问其输赢的法理何在。如同伯特兰·罗素（Bertrand Arthur William Russell）预言，"讲求实际的人，他们多半只关注手段。"[1]至少在当代，村民对法律的态度仍是功利性思维，即基于利用、权威、合法性、工具化和保护自己而不是基于对法律的信仰来发生关系的。赵旭东的研究也显示，纠纷一旦到了法庭这一场域，国家的法律以及民间的习俗都会被当成是一种自我保护的资源而被当事人双方调动起来。[2]利用法律与法律的权威并无本质联系。

这种结局的认知观，决定了法律信任必然与官司成败挂钩。法律介入或

---

〔1〕 ［英〕伯特兰·罗素：《权威与个人》，储智勇译，商务印书馆2012年版，第92页。
〔2〕 赵旭东：《习俗、权威与纠纷解决的场域——河北一村落的法律人类学考察》，载《社会学研究》2001年第2期。

求助司法不一定增加当事人对法律的信任，其甚至会怀疑或不再相信法律，降低法律在乡村的权威，尤其是选择法律而官司失败的情景中。当事人失去的不仅是土地，还有时间、经济成本，以及不断塑造的与政府、法律对立或不满的长期累积的情绪。这种不信任实际是司法以及判决法理学的不了解导致的，这种判决结果加深了当事人对司法不公的错觉，进而把这种"不公"推展到法律本身的不公，从而形成了法律不信任的逻辑误导。实际是法律行动下期望国家确保村民利益的一种整体性诉求，从而使单纯的法律救济演变为极具政治意味的针对国家的公民权利表达。

村民经不起任何成本的"耗""拖"或"等"。这种时间等待寄望于县领导的更换或村干部的改选等反映利益救济失败的"无为"。这种心态揭示了村民对法律和公权力的拒斥现象。而时间对未能实际控制争议土地的北邑八户和寸美来说极为不利，对洪发却是最好的策略。因而，即使是拖延也只能说是无可奈何的选择。利用时间的社会学延长机制，对不可等待的当事人更是一种强大的内部控制。反过来说也把纠纷推向更紧张感。时间在此演变为一方当事人建构的一种权力支配力量。

难以调适的权力结构。虽然学者强调国家权力与社会权力是一种良性互动关系，不是命令服从、领导与被领导关系。[1]但这种前提是国家权力与社会权力间是相互促进的，且以维护乡村社会秩序的基本工作为原则。如果两者发生不信任或权威削弱，那么这种隔离带来的损害是严重的。概言之，便是人治与法治在乡村如何协调的问题。实际是，这种可协调性难度相当大，因为其中涉及传统与现代的关系及其转向，绝非一朝而就。

寸美亲族集团因为王周的"败诉"先例不信任法律；王周集团诉讼后不再信任法律；洪发诉讼只是一种利用，是建构其土地使用权合法性的策略。上述问题表明，虽然当事人不断诉讼，国家一直介入其中，甚至作为关键力量决断，但在心理层面上，法律仍作为"他者"，并不是自己人（即外人）知识系统介入乡村生活，即使是乡民主动寻求法律帮助，法律对乡民而言也是陌生的，是未被地方化的社会存在。甚至是，三次诉讼的正当判决，反而

---

〔1〕 王月峰：《社会纠纷解决中的国家权力与社会权力》，载《北京行政学院学报》2014年第5期。

导致法律在乡村的失败。[1]可见，正义的判决不一定会使法治的正义实现。桑托斯认为的国家作为小比例尺的地图建构疆域内的整体合法性，[2]其实在地方性社会中传统权力秩序的制约下，法律的合法性是纸面意义上的，这就需要通过法律行动（如诉讼）来表达它的存在感和强制性，意味着通过村民的法律行动使法律载入地方秩序，来实现合法性和地方化才是最重要的，过程中要面临上述几个复杂问题，正是诉讼的政治经济学所要解决的难题。

六、法律信任重建与乡村法治的建构

通过村民在纠纷及诉讼过程中的心路历程，大致呈现这样的社会心态：村庄权力影响他们救济途径，诉讼中法律的有用或无用的评价取决于官司的输赢。官司胜了法律是有用的，败了法律是无用的。对后者来说，这种工具化的评价会转移为对法律的不信任，对法律不信任导致对公权力的不信任，进而整体排斥国家在乡村推行的法治。故而，法律不信任成为乡村法治建设的基本障碍。

为进一步表明这种障碍的实证性，根据调研数据对新村权力谱系进行抽象，通过下表可以看出新村的多元权力的支配力度以及当事人、村民的信任度。通过表格发现，消解传统权力（非正式权力），重建权力合法性及法律信任，是塑造国家权威和法治秩序在乡村最为关键的力量。法治秩序建构正式社会控制体系，法律信任建构国家的权威性。缺乏两类条件，国家与法律都是乡村的"局外人"。解决乡村传统权力与重建法律信任问题也是解决村民政治经济学难题的最为核心之所在。这是一举两得的事情。

---

[1] 这种情形很可能是法律在空间上不适应的结果。乡村与城市两类空间决定了法律与社会的可匹配性。乡村的观念、传统和发展与法律的匹配性远不如城市。法律也是社会现代化的结果，故而没有政治、经济及观念、制度的现代化，法律便可能因超前社会发展而不适应，处于停滞或内卷化。城市之所以能快速适应法律，正是有社会现代化建构作为基础的结果。

[2] ［美］博温托·迪·苏萨·桑托斯：《迈向新法律常识——法律、全球化和解放》（第2版），刘坤轮、叶传星译，郭辉校，朱景文审校，中国人民大学出版社2009年版，第518页。

表 1　新村的权力结构

类别		结构	权力载体	位阶	支配	纠纷中的信任度
新新村权力谱系	正式权力	法律	主要是法院系统	高	强	以输赢定信任
		政府	政府各管理部门	高	强	不信任
		村组织	村委会、村领导	中等	弱	不信任
	非正式权力	帮辈	成人以上不同年龄组的众多互助集团	内高外低	内强外弱	内部信任/外部靠私人关系决定
		亲族/家族	各个家族集团和姻亲集团	内高外低	内强外弱	内部信任/外部靠私人关系决定
		利益共同体	手工艺协会或互助团体、利益联盟	内高外低	弱	内部信任/外部靠私人关系决定
		社群	老人会、念经团	低	弱	信任
		个人	村民、精英、宗教权威、手工艺大师	专业内高	弱	谁支持信任谁，以关系定信任

在乡村秩序中，建构秩序的主要力量不是法律，而是那些影响村民日常生活和社会关系的本村社会力量，最为主要的就是发达的权力网络。这些组织力量可以左右村民的纠纷解决，村民受制于这种结构。权力网络越复杂的乡村，村社会秩序与法律的关系就越远。也就说，权力越强大，规则就越可能被排除。[1] 纠纷解决的权力受制甚于规则受制。故而，需要将解决乡村传统权力秩序与法律的关系作为正当性建构的前提。一方面，减轻权力网络的控制，就需要现代意义上的乡村文明的建构，尤其是基层社会文明和政治文明双重建设的社会现代化的实现，这是避免法治在乡村"内卷化"的重要手段。另一方面，乡村社会组织建构的弥散的"权力网络"既是传统结构，又是人治核心。尤其是，村组织作为国家在村庄的半官方代表，实际充当了公正、合法性的国家权力象征。因此，只有塑造村组织的公正形象，才能在村民纠纷、村庄治理过程中建构合法的权威。否则，不同社会组织的权力弥散反而使村庄处于无序状态，更不利于乡村正当秩序的建构。

另外，法律的机械以及国家权力被人为地作为工具，用来与村民博弈，

---

　〔1〕　高丙中、章邵增：《以法律多元为基础的民族志研究》，载《中国社会科学》2005 年第 5 期。

实际上严重地破坏了法律对村民的权威和正义感。最终损害的是公平正义的基本伦理和法治原则。本质是要实现正式权力与正式权力在乡村的有效协调，尤其是国家权力在乡村的正当行使，在其作为核心权力制约的前提下，避免相互博弈和压制，避免纠纷的法律问题演变为政治问题，这是实现公平正义的基本条件。

村民通过官司输赢的直接结论来把情绪放在法律本身的评介上。如将对司法的不信任等同于对法律的不信任，将司法的不公等同于政府的不公。把司法权与行政权合为一体地看成连带的权力关系，进而推导出正式权力对村民的某种不正当支配。虽然吉登斯把法律看成是信任的社会系统，[1]但它属于抽象的信任系统，即体现于法制的结构系。法治则是具体的信任系统，因而从抽象到具体的信任系统，实质为从法制到法治转变的关键环节。村民对法律的信任甚或信仰正是实现法律具体的信任体系化的核心所在。

具体地看，一次良好的法律或官方的纠纷解决（救济）可以增强村民对法律的信任，从而增强村民的法律意识。纠纷的法律解决对村民来说都是很不情愿的选择，而这种最后性的救济处理不当，就相当于破坏了国家和法律建构乡村法治的前提。反过来说，每一次的法律行动的失败又会加强村内权力网络的社会控制，加强村民对权威、身份、亲族凝聚关系和非正式权力的认同，从而离法律治理乡村的距离就更远。重建村民对法律的信任，应当以最基本的法律契合村民的实际利益保障为始，切实地实现法律的公平正义价值理念，通过具体的案件中展现法治秩序的正当性，进而建构对法治的信仰体系。通过村民案子处理逻辑思维，理顺法治与村民认知的差异（尤其是输赢观念的功利化思维与法治的正当性、法律的信任及其权威性关系方面挂钩），才是我们面临的迫切任务。做不到这一点，更罔论乡村法治了。

从上面分析看到，社会现代化与治理现代化是乡村法治的基础性工作。虽然，新村这样的中国农村都实现了富裕，但他们的观念、政治结构的认知和权力关系都是很落后的。这种思维严重阻碍国家对乡村的治理现代化。构建乡村法治，需要有现代化治理的制度、司法与政府在乡村的有效运作。可

---

〔1〕［英］安东尼·吉登斯：《现代性的后果》，田禾译，黄平校，译林出版社 2000 年版，第 24 页以下。

见，乡村法治化也是政治性的系统工程，而乡村法治化是中国农村社会现代化的关键。也就是说，乡村自身的社会现代化和国家在乡村治理的现代化两种系统是法治化最为基础的必要准备。

法律意识来自于权利意识，通过权利意识的增长及权利救济的法律途径去寻求法律、增强法律的认知，从而在保障权益的同时，实现法律在乡村的治理和不断传输法治意识。法律知识的了解、法律意识的培育、法治观的塑造来自基本的权利的成长和法律对权利的保障。因为保障村民的正当权益仍是实现乡村法治最基本的前提条件，所以，法律下乡确实是一件值得推广和施行的有意义的工作。包括法律知识下乡、法律服务下乡（宣传）、司法人员和政府人员下乡（解决问题），一件简单的事就是发放与农村社会生活事务相关的法律文本，使村民在日常生活中寻求法律解答，在增加村民法治认知的同时，促进村民法律知识的增长，减少传统认知与现代法治观念的差异，促成两者的融合。由此，乡村法治是一个动态的过程和法律系统的整体性呈现，是村民从外到内的主动建构而不仅仅是制度的被动输入。

七、结语及扩展讨论

在本文中，我们主要以复杂的典型案例来探求权力与纠纷的关系，进而分析乡村法治面临的问题与权力困境，进一步说明村民对待法律的态度问题。但仍隐含现代中国乡村变迁过程中不同力量在一个空间内的博弈、消解与竞争。个人、社会权力以及国家三者来回在当事人间互动穿梭。国家介入纠纷一方面为实现法律正义，另一方面是整饬秩序，整合乡村社会结构，进而实现国家对乡村社会的治理，但它的主要目的还是通过纠纷解决推行、输入一套法治或主流价值观。但是，现代村民也与传统不同，他们更多趋向于功利甚至实利原则，而不是文化和心理决定论。因而，村民的法律需求与国家的法治意识形态其实是背离的。传统力量的阻碍和观念的错位，正是今后要解决的一大难题。因而实现乡村现代化（包括法治）的关键在于回归良性秩序，即使法律适应村民的需求以及村民如何提升法治的正义感，并且使个人、社会与国家三方力量回到最佳协调形成的支配轨道上来，即处理好乡村纠纷解决中的权力关系和权力结构，进而解决乡村的治理问题。我们将以博士论文的形式专门进行研究。

家乡人类学：散文两书

一、记忆的小镇

我要说的这个小镇，比起丽江束河、腾冲和顺、湘西凤凰和江南周庄那些知名大镇，有如下里巴人和荒野樵夫，置于无人视之的边缘角落，现在几乎很少人听说过。小镇坐于金沙江边的"锅圈滩"河沿上，一条长长的石板路，贯穿镇头和镇尾，分叉的两条小巷子是它的菜市。石板路两边的木排吊脚楼少说也有百年之上。我奶奶曾告诉过我，从她们那一代人开始一直保持这样的原貌，唯一变化是现在镇上有了公路。

这个小镇很静，静得鸡叫声远比人声更宏远清脆。因为它的人很少，就那么百来户人家，平日里，金沙江从旁而过，发出低沉的连连的峡谷江声。只有等到一四七赶集天，小镇才摩肩接踵，两边山崖间荡着人声鼎沸的回响。小镇是我人生所见的第一个城市。小时，牧童的生活很枯燥，而最幸福之事，就是邀约牧伴赶牲口到离小镇最近的草场，几个人一起逛集市。时而捎带山货，卖得几个钱，换一些扑克、弹弓和竹箫，尽兴至日落，穿行桐子林间骑牛牧归。小镇给我最开心的少年，是我最有归属感、最能获得满足的场域。

三十年前，时人谈及本县好学之所，必是县一中这个山区大县的名校。我坦白说，五年制的小学竟然读了八年，勉勉强强地考上小镇中学。在那里，从初一到初二悠悠两年，可算是此生长河中短暂一晃。但恰恰那时节，记忆最为深刻，回忆最清晰。这就是小镇，抹不去的一缕记忆从眼间划过，却铭刻一种钢印于心头，淡淡的，美丽而嫣然。小镇的那棵特大黄葛树，留下我课间的足迹，爬上树丫，看着下面石板路上人们的山货交易，讨价还价的，酒后指手画脚的，排队理发的，以及交易不满而相互指责的。直到黄昏，除了铁匠坊的气锤声，嘈杂的市场和吵闹的人群喧嚣消失在峡谷的山崖，户户升起木味炊烟，回归到小镇的作息。读书时最感伤的，是镇上的肉馆飘出的一抹清香，而我只有咽下口水，它快速撩惑我的胃后匆匆拂扫嗅觉——想象未来生活不过如此。为了小镇上的李家包子，每周上交给学校的柴米中，都要从家里拿一点米，卖后以换取一角的大肉包。以后都在"混"的路上蹉跎，转入县二中再到县一中，然后去了几所大学，再到遥远的北方。岁月啊！不会总是烟消云散。伴随多年走过的路及消失的时空而散发酵藏的飘香，却吃不到应有的包子味，结果都要贬损几句。小镇，你的细节如此影响凡人史，以至于远隔千里装不下大城市，非得给你留一个位置。

中学一别，掐指三十年。回去总想重温那时的快悦，总想流连你咳咳的石板声，并希望再走上几十来回。可是，原谅我俗世缠身的理由，等清理完时又须踏上他乡的路，只有怅然若失地再回首，遥望你定格百年而静然坦之的倩影。一而再，再而三，甚至无数次推脱。多少次自我解脱的理由之后，2013 年的春天，终于有了机会。然而，回乡一眸，满眼望去，山河依然，而你不在。石板路、吊脚楼、集市、铁匠坊、肉馆、大黄葛、包子铺，如历史的尘埃，随风、随水飘逝于远方，掠去了曾经发生在此的故与事、人与物，零落一地的满是砖石的安静的河滩。但似乎，那年月赶集的人声鸡鸣和江哮还旋绕于山崖。新移的小镇，除了遍地可见的钢筋混凝土洋楼，什么也没带来，盗用你的名字却不是原来的你。今后，能遗留的，也就是湖面下你的石板路上的青苔。

世海茫然繁杂。见惯了尘世的浮华，却淡忘了你的清幽；已麻木了世间的冷暖，才念及你的温意熟娴；多少吃过增白防腐的包子，才回味你的自然纯真。这样的情调又有多少小镇像你一样，遭受舛驳的安排，独眠于烟波浩渺的江湖之下，或是归于其他任由的路？回不去你我在此共时共在的少年，因为我们都在慢慢地变老，直至有一天同样掠空而去。你的命运，反省了我们的意义。我们来自哪里？去至何方？归之何处？结局，都是一样。但你不是自主的。

这个小镇的名字叫佛滩。

2015 年 4 月 29 日作（此文纪念向家坝、溪洛渡电站淹没的那些沿江古镇）

二、生命的春天

春秋总是被人们泛化为一年的所有岁月，秋之声、之景及韵味总被乐道，但我常念及春来。无论出现在何地，春都喻示着生命之始，而不是生命之秋。尤其是南方之春，逢年二三月间，它就会静悄悄地来，无知觉就有这里一点、那里一色，或树尖上，或田间地头，都有春的萌动，春的纯绿与洁白。我久居塞上春城，当岁及此时，也如南方四季轮替一样，有其春的季节，然而，它的丰盈被风沙掠走了大部。它是干的，也来得迟走得快，它的味和变化如风一样划过。风沙时常伴随，覆盖了春的温柔和嫩颜。一个云南人在这里耗了二十个春天，经历了青年和中年，除夏之赤炎，秋之悲寂，冬之酷寒之外，就只有在短暂的时日中发现枯树残枝中的嫩芽，可叹息它的生命之短，而恐惧这种稍纵即逝的如秋的悲凉来。它也只能感觉一点颜色，一种暂时的温意。在春之嫩芽、碧天、丝雨的一时兴趣过往，那焦日的夏季马上开始遍照了。春在这里不再是名花垂柳，也不是碧玉小家，那是朦朦的昙花，不及瞧见细微之处，天就明了。

离乡多年而依稀于大脑留存的故乡二三月，除脸上的沟痕之外，它应与现时的春景别无二致。记忆的春景，已然汇记草坡出尖的嫩叶、沟边潺潺的泉声、林间飘飞的落花和溪洛渡轰鸣的江流。可以想象最好的事，远离嘈杂的那些钢筋混凝土森林，走出茫茫人海中的颤涌，蜷缩在这个僻静的乡野，无边漫行，也能看遍山间小野的百合、油菜花、桐子、杏李，甚至闻到长江两岸常见的柑橘花味。跨过小溪，仰首轻慢地飘然而来的春雨，偶遇溜过不知名的小鸟，歌声伴随黑影婉转流去。遇有天晴之日，百花盛艳而蜜蜂赶集的场合，肆无忌惮地在你的头上嗡鸣。一些蔓生者早已把它最惹人耀眼的部分敞开于天底下，甚至爬进我吊脚楼的阳台的书桌上，待不经意时开出洁白的一朵。大榕树下散射数线的阳光，照暖了蛰伏的春虫，或从朽木中，或在石缝里，甚至在人家屋檐下的梯子隙中蜷伏，缓缓地转上来。随时随地，都能看到生命的苏醒、萌动与勃发的世界。

柑橘花，没有玫瑰和月季的娇艳与丽华，更没有牡丹的倾国之色，小巧玲珑，说白但无雪白的那种乳白。东方微华之时，柑橘林弥散着清雅、静谧、甜香，花尖上早已被夜色亲润，残留了霜的精灵，晨露饰缀在那里。柑橘花是剔明的，等待春阳出现的刹那，就成了一粒珍珠，春之色、景、意及至它的全部世界都被映照在里面了。一刻钟的光景，它才化为水的气，消失在二月的大地之中。片片的白瓣嫩柔，细腻无声，飞扬在林间，静悄悄地悠落在过往行人的发肩上，春被他们带入闹市、城镇或家里。而我，总要随口一吹，让它继续飞。春的代言人，莫过于那春来唤醒的蛙鸣了。蛙鸣的初啼，很微弱，但不衰减，是生命初始之声，这便是春的南方特性。沟渠泉旁、田间桥头、房前屋后，无论在何处，尤其在斜阳西沉、夜幕临降之时，都能听见它们"咕咕"的啼唱，呼喊春天的到来。

南方春雨，轻柔，细如青丝，短则半日，长则数天，在无雷的灰色天气中飘然而下，浸湿了地下的、树上的那些潜伏者，使他们礴发而出。只有恬静的榕树林下，还是如往的干硬。隐约初露的白砖青瓦沟里，留下一些雨线，一点点地滴答在坝子的石板上，诱发了残留的种子，未见多久，已然发现那里的青丝绿芽。雨，是春天的催化剂。

及雨稍停，家户房顶上便冒出了白色的轻烟，无风时的袅袅上升，很慢似缓。那瓦房下散发出阵阵的清香。过路人总要微叹这做饭的技术，一家的饭菜不同一家。轻烟过后的房前，总有一声高昂的对着对面山头的呼喊："田里的，吃饭了"。那声调传送到整个乡间，喊话人故意调高声调，拖长延伸，直至某一块田间。"好，听到了"。这是那个人的回应，可回声变小了。农人的饭桌上装满了春天。万物复苏，水面消融，水下早已涌动如潮，捉黄鳝、泥鳅也是春的奇景。春时的黄鳝圆黄，肥硕，值捕捞时节。那些干活的农人，待到黄昏收工时，一提蓝的黄鳝便是他的收获了。农活后的晚餐成了享受春赐的佳日和良辰。

秋是收获的，但却是悲切和肃杀的；夏日是激情的，但又是一个燥热冲动的世界；冬是蓄势蛰伏的，然而很凛寒而低迷。岁时四季中，唯有春的滋润、春的温柔、春的生机勃勃，不燥热、不悲愁、不寒彻的平淡与率直。面对虚浮、喧闹的世界，有时候很堕落的生活，似乎缺少了什么？有夏的躁动和炽热，就应有春的清凉与恬静；有秋的衰势和愁惘，就应有春的生机勃然；有冬的刺寒与沉闷，就应有春的温情暖意。所以，看淡了一切的那些消弭色彩，有时看看春之色、景及其情趣，总是丰富的、细腻的，推陈出新而又多姿多彩的感觉，总是予生命以至上，予生命为始终的执着和根本。我想，自然如此，生命如斯，人何以堪？

2015 年 11 月 29 日

主要参考文献

（一）中文著作

1. 曹锦清：《黄河边的中国——一个学法对乡村社会的观察与思考》，上海文艺出版社 2000 年版。

2. 陈金全主编：《西南少数民族习惯法研究》，法律出版社 2008 年版。

3. 董建辉：《政治人类学》，厦门大学出版社 1999 年版。

4. 董磊明：《宋村的调解：巨变时代的权威与秩序》，法律出版社 2008 年版。

5. 杜正胜主编：《中国式家庭与社会》，黄山书社 2012 年版。

6. 范愉：《纠纷解决的理论与实践》，清华大学出版社 2007 年版。

7. 范忠信：《中国法律传统的基本精神》，山东人民出版社 2001 年版。

8. 费成康主编：《中国的家法族规》（修订版），上海社会科学院出版社 2006 年版。

9. 费孝通：《乡土中国　生育制度》，北京大学出版社 1998 年版。

10. 冯天瑜：《中华文化辞典》，武汉大学出版社 2010 年版。

11. 冯象：《政法笔记》（修订版），北京大学出版社 2012 年版。

12. 傅才武：《中国人的信仰与崇拜》，湖北教育出版社 1999 年版。

13. 高宣扬：《当代社会理论》，中国人民大学出版社 2005 年版。

14. 葛红兵、宋耕：《身体政治》，上海三联书店 2005 年版。

15. 顾培东：《社会冲突与诉讼机制》（修订本），法律出版社 2004 年版。

16. 郭星华等：《社会转型中的纠纷解决》，中国人民大学出版社 2013 年版。

17. 贺雪峰：《新乡土中国：转型期乡村社会调查笔记》，广西师范大学出版社 2003 年版。

18. 黄东兰主编：《身体·心性·权力》，浙江人民出版社 2005 年版。

19. 黄光国等：《面子：中国人的权力游戏》，黄光国编订，中国人民大学出版社 2004 年版。

20. 黄金麟：《历史、身体与国家：近代中国的身体形成（1895～1937）》，新星出版社 2006 年版。

21. ［美］黄宗智：《清代的法律、社会与文化》，上海书店出版社 2001 年版。

——《实践与理论：中国社会、经济与法律的历史与现实研究》，法律出版社 2015 年版。

22. 李守经主编：《农村社会学》，高等教育出版社 2000 年版。

23. 李晓冀：《农民及其现代化》，地质出版社 2008 年版。

24. 李亦园、杨国枢主编：《中国人的性格》，江苏教育出版社 2006 年版。

25. 李亦园编：《文化人类学选读》，台湾食货出版社 1980 年版。

26. 梁漱溟：《中国文化要义》（《梁漱溟全集》第 3 卷），山东人民山版社 1990 年版。

——《乡村建设理论》，上海人民出版社 2006 年版。

27. 林端：《儒家伦理与法律文化：社会学观点的探索》，中国政法大学出版社 2002 年版。

28. 瞿存福：《复仇·报复刑·报应说：中国人法律观念的文化解说》，吉林人民出版社 2005 年版。

29. 瞿明安等：《象征人类学理论》，人民出版社 2014 年版。

30. 商聚德等主编：《中国传统文化导论》，河北大学出版社 1996 年版。

31. 苏国勋、刘小枫主编：《社会理论的诸理论》，上海三联书店 2005 年版。

32. 苏力：《法治及其本土资源》，中国政法大学出版社 1996 年版。

——《送法下乡——中国基层司法制度研究》，北京大学出版社 2011 年版。

33. 孙立平：《现代化与社会转型》，北京大学出版社 2005 年版。

34. ［美］孙隆基：《中国文化的深层结构》，广西师范大学出版社 2004 年版。

35. 童恩正：《人类与文化》，重庆出版社 1998 年版。

36. 汪民安：《身体、空间与后现代性》，江苏人民出版社 2006 年版。

37. 王铭铭、［英］王斯福主编：《乡土社会的秩序、公正与权威》，中国政法大学出版社 1997 年版。

38. 王铭铭：《人类学是什么》，北京大学出版社 2002 年版。

——《村落视野中的文化与权力：闽台三村五论》，生活·读书·新知三联出版社 1997 年版。

39. 王启梁、张剑源主编：《法律的经验研究：方法与应用》（修订本），北京大学出版社 2014 年版。

40. 王启梁：《迈向深嵌在社会文化中的法律》，中国法制出版社 2010 年版。

41. 王强、包晓光主编：《中国传统文化精神》，昆仑出版社 2004 年版。

42. 王鑫：《纠纷与秩序：对石林县纠纷解决的法人类学研究》，法律出版社 2011 年版。

43. 王萱编著：《独具慧眼猜解身体语言》（第 2 版），中国城市出版社 2001 年版。

44. 王学辉：《从禁忌习惯到法起源运动》，法律出版社 1998 年版。

45. 文崇一、肖新煌主编：《中国人：观念与行为》，江苏教育出版社 2006 年版。

46. 吴钩：《隐权力：中国历史弈局的幕后推力》，云南人民出版社 2010 年版。

47. 吴思：《潜规则：中国历史中的真实游戏》，云南人民出版社 2001 年版。

48. 吴卫军等：《现状与走向：和谐社会视野中的纠纷解决机制》，中国检察出版社 2006 年版。

49. 吴毅：《村治变迁中的权威与秩序——20 世纪川东双村的表达》，中国社会科学出版社 2002 年版。

50. 徐昕：《论私力救济》，中国政法大学出版社 2005 年版。

51. 许倬云：《中国古代文化特质》，联经出版事业公司 1988 年版。

52. 杨方泉：《塘村纠纷：一个南方村落的土地、宗教与社会》，中国社会科学出版社 2006 年版。

53. ［美］杨联升：《中国文化中"报"、"保"、"包"的意义》，贵州人民出版社 2009 年版。

54. 杨懋春：《一个中国村庄：山东台头》，张雄等译，江苏人民出版社 2001 年版。

55. 杨念群：《再造"病人"：中西医冲突下的空间政治：1832—1985》，中国人民大学出版社 2006 年版。

56. 杨威：《中国传统日常生活世界的文化透视》，人民出版社 2005 年版。

57. 应星：《大河移民上访的故事：从"讨个说法"到"摆平理顺"》，生活·读书·新知三联书店 2001 年版。

58. 于海：《西方社会思想史》（第 2 版），复旦大学出版社 2005 年版。

59. 翟学伟：《人情、面子与权力的再生产》，北京大学出版社 2005 年版。
  ——《中国人行动的逻辑》，社会科学文献出版社 2001 年版。

60. 张冠梓主编：《多向度的法：与当代法律人类学家对话》，法律出版社 2012 年版。
  ——《文化多元与法律多元》，知识产权出版社 2012 年版。

61. 张鸣：《乡村社会权力和文化结构的变迁（1903—1953）》，广西人民出版社 2001 年版。

62. 张文显：《法理学》（第 3 版），高等教育出版社 2007 年版。
  ——《法学基本范畴研究》，中国政法大学出版社 1993 年版。

63. 张永和：《信仰与权威》，法律出版社 2006 年版。

64. 赵福生：《福柯微观政治学研究》，黑龙江大学出版社、中央编译出版社 2011 年版。

65. 赵旭东：《权力与公正：乡土社会的纠纷解决与权威多元》，天津古籍出版社 2003 年版。

——《法律与文化：法律人类学研究与中国经验》，北京大学出版社 2011 年版。

66. 王宝治：《当代中国社会权力问题研究——基于国家—社会—个人三元框架分析》，中国社会科学出版社 2014 年版。

67. 朱晓阳：《罪过与惩罚：小村故事：1931~1997》，天津古籍出版社 2002 年版。

68. 张立升主编：《社会学家茶座》（精华本·卷一），山东人民出版社 2006 年版。

69. 张晓辉：《法律人类学的理论与方法》，北京大学出版社 2019 年版。

70. 柳小博：《合作治理：构想复杂性背景下的社会治理模式》，中国社会科学山版社 2018 年版。

71. 汪世荣、朱继萍：《人民调解的枫桥经验》，法律出版社 2018 年版。

（二）中文译著

72. ［美］柯克·约翰逊：《电视与乡村社会变迁：对印度两村庄的民族志调查》，展明辉、张金玺译，展江校，中国人民大学出版社 2005 年版。

73. ［美］埃弗里特·M. 罗吉斯、拉伯尔·J. 伯德格：《乡村社会变迁》，王晓毅、王地宁译，浙江人民出版社 1988 年版。

74. ［美］克里斯·希林：《身体与社会理论》，李康译，北京大学出版社 2010 年版。

75. ［美］帕特里夏·尤伊克、苏珊·S. 西贝尔：《法律的公共空间——日常生活中的故事》，陆益龙译，郭星华校，商务印书馆 2005 年版。

76. ［美］Laura Nader、Harry F. Todd, Jr：《人类学视野下的纠纷解决：材料、方法与理论框架》，徐昕译，载吴敬琏、江平主编：《洪范评论》（第 8 辑），中国法制出版社 2007 年版。

77. ［英］维克多·特纳：《象征之林——恩登布人仪式散论》，赵玉燕等译，商务印书馆 2006 年版。

78. ［美］爱德华·W. 苏贾：《后现代地理学——重申批判社会理论中的空间》，王文斌译，商务印书馆 2004 年版。

79. ［日］樱井哲夫：《福柯：知识与权力》，姜忠莲译，河北教育出版社 2001 年版。

80. ［美］彼德·布劳：《社会生活中的交换与权力》，孙非、张黎勤译，华夏出版社 1988 年版。

81. ［英］迈克尔·曼：《社会权力的来源》（第 2 卷），陈海宏等译，上海人民出版社 2007 年版。

82. ［英］玛丽·道格拉斯：《洁净与危险》，黄剑波等译，张海洋校，民族出版社 2008 年版。

83. ［美］斯蒂芬·B. 戈尔德堡等：《纠纷解决：谈判、调解和其他机制》，蔡彦敏等译，中国政法大学出版社 2004 年版。

84. ［英］约翰·格莱德希尔：《权力及其伪装：关于政治的人类学视角》，赵旭东译，商务印书馆 2011 年版。

85. ［英］A. R. 拉德克利夫-布朗：《原始社会的结构与功能》，潘蛟等译，潘蛟校，中央民族大学出版社 1999 年版。

86. ［美］威廉·W. 哈维兰：《文化人类学》（第 10 版），瞿铁朋、张钰译，上海社会科学院出版社 2006 年版。

87. ［英］西蒙·罗伯茨：《秩序与争议：法律人类学导论》，沈伟、张铮译，上海交通大学出版社 2012 年版。

88. ［美］Sally Falk Moore：《法律人类学》，黄维宪译，载李亦园编：《文化人类学选读》，台湾食货出版社 1980 年版。

89. ［美］克利福德·格尔兹：《文化的解释》，纳日碧力戈等译，王铭铭校，上海人民出版社 1999 年版。

——《地方性知识：阐释人类学论文集》，王海龙、张家瑄译，中央编译出版社 2000 年版。

90. ［英］西蒙·罗伯茨、彭文浩：《纠纷解决过程：ADR 与形成决定的主要形式》（第 2 版），刘哲玮等译，傅郁林校，北京大学出版社 2011 年版。

91. ［美］博温托·迪·苏萨·桑托斯：《迈向新法律常识——法律、全球化和解放》（第 2 版），刘坤轮、叶传星译，郭辉校，朱景文审校，中国人民大学出版社 2009 年版

92. ［美］詹姆斯·克利福德、乔治·E. 马库斯编：《写文化——民族志的诗学与政治学》，高丙中等译，商务印书馆 2006 年版。

93. ［美］E. 博登海默：《法理学——法哲学及其方法》，邓正来、姬敬武译，华夏出版社 1987 年版。

94. ［法］亨利·列斐伏尔：《空间：社会产物与使用价值》，载包亚明主编：《现代性与空间的生产》，上海教育出版社 2003 年版。

95. ［美］史蒂文·达克：《日常关系的社会心理学》，姜学清译，上海三联书店出版社 2005 年版。

96. ［美］约翰·M. 康利、威廉·M. 欧巴尔：《法律、语言与权力》（第 10 版），程朝阳译，法律出版社 2007 年版。

97. ［美］T. 帕森斯：《社会行动的结构》，张明德等译，译林出版社 2003 年版。

98. ［英］安东尼·吉登斯：《社会的构成：结构化理论大纲》，李康、李猛译，王铭铭校，生活·读书·新知三联书店出版社 1998 年版。

99. ［澳］马尔科姆·沃斯特：《现代社会学理论》，杨善华等译，李康、杨善华校，华夏出版社 2000 年版。

100. ［美］欧文·戈夫曼：《日常生活中的自我呈现》，黄爱华、冯钢译，浙江人民出版社 1989 年版。

101. ［法］皮埃尔·布迪厄、华康德：《实践与反思——反思社会学引导》，李猛、李康译，邓正来校，中央编译出版社 1998 年版。

　　［法］布迪厄：《法律的力量——迈向司法场域的社会学》，强世功译，载《北大法律评论》1999 年第 2 期。

102. ［法］米歇尔·福柯：《疯癫与文明：理性时代的疯癫史》（第 3 版），刘北成、杨远婴译，北京三联书店出版社 2007 年版。

　　——《规训与惩罚：监狱的诞生》，刘北成、杨远婴译，北京三联书店出版社 1999 年版。

　　——《福柯集》，杜小真编选，上海远东出版社 1998 年版。

103. ［美］阎云翔：《私人生活变革：一个中国村庄里的爱情、家庭与亲密关系 1949—1999》，龚晓夏译，上海书店出版社 2006 年版。

104. ［英］阿兰·德波顿：《身份的焦虑》，陈广兴、南治国译，上海译文出版社 2007 年版。

105. ［美］西蒙·罗伯茨：《我们是否需要法律人类学?》，王伟臣译，载吴大华主编：《法律人类学论丛》（第 3 辑），社会科学文献出版社 2015 年版。

106. ［德］哈拉尔德·韦尔策编：《社会记忆：历史、回忆、传承》，季斌等译，北京大学出版社 2007 年版。

107. ［美］米尔斯：《小群体社会学导论》，载苏国勋、刘小枫主编：《社会理论的诸理论》，上海三联书店 2005 年版。

108. ［日］富永健一：《社会学原理》，严立贤等译，社会科学文献出版 1992 年版。

109. ［美］唐·布莱克：《社会学视野中的司法》（中英文对照），郭星华等译，［美］麦宜生审校，法律出版社 2002 年版。

　　——《法律的运作行为》，唐越、苏力译，中国政法大学出版社 2004 年版。

110. ［美］罗伯特·C. 埃里克森：《无需法律的秩序：邻人如何解决纠纷》，苏力译，中国政法大学出版社 2003 年版。

111. ［英］罗杰·科特威尔：《法律社会学导论》，潘大松等译，华夏出版社 1989 年版。

112. ［美］L. 科塞：《社会冲突的功能》，孙立平译，华夏出版社 1989 年版。

113. ［美］萨利·安格尔·梅丽：《诉讼的话语——生活在美国社会底层人的法律意识》，

郭星华等译，北京大学出版社 2007 年版。

114. ［美］霍贝尔：《原始人的法：法律的动态比较研究》（修订译本），严存生等译，法律出版社 2006 年版。

115. ［德］于·哈贝马斯：《交往行动理论·第一卷——行动的合理性和社会合理化》，洪佩郁、蔺青译，重庆出版社 1994 年版。

116. ［美］莎伦·布雷姆等：《亲密关系》（第 3 版），郭辉等译，人民邮电出版社 2005 年版。

117. ［美］杜赞奇：《文化、权力与国家——1900—1942 年的华北农村》，王福民译，江苏人民出版社 1996 年版。

118. ［美］西奥多·M. 米尔斯：《小群体社会学》，温凤龙译，韩占先校，云南人民出版社 1988 年版

119. ［日］小岛武司、伊藤真编：《诉讼外纠纷解决法》，丁婕译，向宇校，中国政法大学 2005 年版。

120. ［美］罗维：《初民社会》，吕叔湘译，江苏教育出版社 2006 年版。

121. ［美］迈克尔·瑞斯曼：《看不见的法律》，高忠义、杨婉苓译，法律出版社 2007 年版。

122. ［德］马克斯·韦伯：《儒教与道教》，洪天富译，江苏人民出版社 2008 年版。
——《韦伯作品集Ⅲ：支配社会学》，康乐、简惠美译，广西师范大学出版社 2004 年版。
——《韦伯作品集Ⅱ：经济与历史；支配的类型》，康乐等译，广西师范大学出版社 2004 年版。
——《社会学的基本概念》，胡景北译，上海人民出版社 2005 年版。

123. ［英］维克多·特纳：《仪式过程：结构与反结构》，黄剑波、柳博赟译，中国人民大学出版社 2007 年版。

124. ［英］安东尼·吉登斯：《社会学》（第 4 版），赵旭东等译，刘琛、张建忠校译，北京大学出版社 2003 年版。

125. ［美］明恩博：《中国人的气质》，刘文飞、刘晓畅译，上海三联书店 2007 年版。

126. ［日］高见泽磨：《现代中国的纠纷与法》，何勤华等译，法律出版社 2003 年版。

127. ［日］棚濑秀雄：《纠纷的解决与审判制度》，王亚新译，中国政法大学出版社 1994 年版。

128. ［美］唐纳德·布莱克：《正义的纯粹社会学》，徐昕、田璐译，浙江人民出版社 2009 年版。

129. ［美］凯赛琳·巴里：《被奴役的性》，晓征译，江苏人民出版社 2003 年版。

130. ［英］Panmla Abbott and Clair Wallance：《女性主义观点的社会学》，俞智敏等合译，巨流图书公司 2005 年版。

131. ［法］爱米尔·杜尔凯姆：《自杀论》，钟旭辉等译，浙江人民出版社 1988 年版。

132. ［英］马林诺夫斯基：《原始社会的犯罪与习俗》，原江译，贺志雄校，云南人民出版社 2002 年版。

133. ［美］威廉·伊恩米勒：《以眼还眼》，郑文龙、廖溢爱译，浙江人民出版社 2009 年版。

134. ［美］詹姆斯·C. 斯科特：《弱者的武器》，郑广怀等译，郭于华、郏建立校，译林出版社 2007 年版。

　　——《农民的道义经济学：东南亚的反叛与生存》，程立显等译，译林出版社 2001 年版。

135. ［英］菲奥纳·鲍伊：《宗教人类学导论》，金泽、何其敏译，中国人民大学出版社 2004 年版。

136. ［英］斯图尔特·霍尔编：《表征——文化表象与意指实践》，徐亮、陆兴华译，商务印书馆 2003 年版。

137. ［美］欧文·戈夫曼编：《日常生活的自我呈现》，冯钢译，北京大学出版社 2016 年版。

138. ［美］布莱恩·特纳：《身体与社会》，马海良、赵国新译，春风文艺出版社 2000 年版。

139. ［英］特德·C. 卢埃林：《政治人类学导论》，朱伦译，中央民族大学出版社 2009 年版。

140. ［美］安东尼·M. 奥勒姆、约翰·G. 戴尔：《政治社会学》（第 5 版），王军译，中国人民大学出版社 2018 年版。

141. ［美］彼得·M. 布劳：《社会生活中的交换与权力》，李国武译，商务印书馆 2018 年版。

142. ［奥］阿尔弗雷德·舒茨：《社会世界的意义构成》，游淙祺译，商务印书馆 2018 年。

143. ［美］托马斯·库恩：《科学革命的结构》，金吾伦、胡新和译，北京大学出版社 2003 年版。

144. ［法］古斯塔夫·勒庞：《乌合之众——大众心理研究》，冯克利译，广西师范大学出版社 2007 年版。

145. ［美］本尼迪克特·安德森：《想象的共同体》，吴叡人译，上海人民出版社 2016

年版。

146. ［美］约翰·科马洛夫、［英］西蒙·罗伯茨:《规则与程序：非洲语境中的争议的文化逻辑》，沈伟、费梦恬译，上海交通大学出版社 2016 年版。

147. 费孝通:《江村经济（中国农民的生活）》，戴可景译，江苏人民出版社 1986 年版。

（三）英语文献

148. Lauren. b. Wilcox, *Bodies of Violence*, Oxford University Press, 2015.

149. Michael Mann, *The Sources of Social Power*, Volume II: The rise of Classes and Nation-States, 1760-1914, Cambridge University Press, 1993.

150. Max Gluakcman, "The Limitation of the Case-Method in the Study of Tribal Law", *Law and society*, Vol. 4, 1973.

151. John Comaroff and Simon Robets: *Rules and Processes*, University of Chicago Press, 1981.

152. Laura Nader, "The Anthropological Study of Law", *Americal Anthropologist*, Vol. 67, No. 6, 1965, Part2.

153. Michel Foucault, *Society Must Be Defended*, Mauro Bertani and Alessandro Fontana eds. , Picador Press, 2003.

154. Arturoj. Aldama, *Violence and the Body: Race, Gender, and the State*, Indiana University Press, 2002.

155. Sally Engle Merry, "Legal Pluralism", *Law and Society Review*, Vol. 22, No. 5, 1998.

156. Sally Falk Moore, "Certainties Undone: Fifty Turbulent Years of Legalanthropology, 1949-1999", *Journal of the Royal Anthropological Institute*, Vol. 7 No. 1 Mar 2001, in Sally Falk Moore, *Law and Anthropology: A Reader*, Blackwell Publishing Ltd. , 2005.

157. Rene R. Gadacz. "Power and Justice: An hypothesis in the Anthropology of Law", *Alberta Law Review*, Vol. XXIV, No. 2, 1986.

158. Laura Nader, "Controlling Processes-Tracing the Dynamic Components of Power", *Current Ahtropology*, Vol. 38, No. 5, Deember 1997.

——*The Disputing Process: Law in Ten Societies*, Columbia University Press, 1978.

159. James M. Donovan, *Legal Anthropology: An Introduction*, Alta Mira Press, 2008.

160. Sally Falk Moore, *Law and Anthropology: A Reader*, Blackwell Publishing Ltd. , 2005.

161. Erin Moore, *Conflict and compromise: Justice in an Indian village*, University Press of America, 1985.

162. Fran Martin and Larissa Heinrich, *Embodied ModernitiesCorporeality, Representation, and Chinese Cultures*, University of Hawaii Press, 2006.

（四）博士论文

163. 谭同学：《乡村社会转型中的道德、权力与社会结构——迈向"核心家庭本位"的桥村》，华中科技大学 2007 年博士学位论文。

164. 沈新坤：《乡村社会秩序整合中的制度性规范与非制度性规范——改革开放以来乡村社会秩序的实践》，华中师范大学 2008 年博士学位论文。

165. 毛高杰：《社会资本与农村纠纷解决》，吉林大学 2012 年博士学位论文。

166. 刘芳：《社会转型期的孝道与乡村秩序——以鲁西南的 H 村为例》，上海大学 2013 年博士学位论文。

167. 宋明：《人民调解纠纷解决机制的法社会学研究》，吉林大学 2006 年博士学位论文。

168. 董磊明：《乡村社会巨变中的纠纷调解机制研究——河南宋村实践的解读》，南京师范大学 2008 年博士学位论文。

169. 李剑：《论凉山彝族的纠纷解决》，中央民族大学 2010 年博士学位论文。

170. 赵旭东：《论纠纷解决的合意性机制——以民事纠纷解决为重心》，山东大学 2014 年博士学位论文。

171. 马国强：《和谐社会视阈下的纠纷解决机制》，吉林大学 2007 年博士学位论文。

172. 胡兵：《底层抗争与基层治理：当代中国乡村社会秩序研究——一项基于华中 Z 镇的实证研究》，华东理工大学 2013 年博士学位论文。

173. 黄海：《当代乡村的越轨行为与社会秩序——红镇"混混"研究（1981—2006 年）》，华中科技大学 2008 年博士学位论文。

174. 韩平：《"规训权力"与法律——福柯微观权力理论研究》，吉林大学 2008 年博士学位论文。

175. 乔丽荣：《石桥村纠纷中身份、认同与权利——一个人类学的个案考察》，中央民族大学 2006 年博士学位论文。

176. 陈柏峰：《乡村混混与农村社会灰色化——两湖平原，1980—2008》，华中科技大学 2008 年博士学位论文。

177. 杨猛：《新农村建设视阈下的农村纠纷多元解决机制问题研究》，吉林大学 2011 年博士学位论文。

178. 张佳鑫：《协商解决纠纷机制研究》，吉林大学 2011 年博士学位论文。

（五）其他文献

179. 《永善县年鉴》（2011 年）（2013 年）（2014 年）。

180. 《嘉庆永善县志略》。

181. 永善县地方志编纂委员会编：《永善县志（1978~2005）》，云南人民出版社 2012

年版。

182. 《新纂云南通志》（一）（二）（三）（四），云南人民出版社 2007 年版。

183. 云南省永善县人民政府编纂：《永善县志》，云南人民出版社 1995 年版。

184. 政协永善县委员会文史资料委员会主编：《永善县文史资料》（第 5 辑）（内部发行），
     2006 年印。

致　谢

从 2011 年复习考试到博士论文正式答辩的完成，已经整整六年有余，考博三年读书三年，岁月匆匆，白驹过隙，终于要走完了这个漫长的博士之旅，其间的艰辛和欢悦，坚持和努力，都一并包含在这篇论文的形成过程之中了。虽然，我不认为自己是那种有学术能力之人，也无什么值得称道的研究成果，但我在这六年时间内还是算过得去的那种，至少没有荒废人生，本著获得 2019 年度云南省优秀博士论文便是明证（博士论文名为《乡村纠纷解决中的权力研究》）。本著也是北方民族大学科研重点项目"民族杂居乡村多元纠纷解决机制研究"（2019MYA06）和宁夏青年哲学社会科学和文化艺术人才托举工程人选项目（2018 年）的研究成果。一个人的成长一定有多数人在背后支持和帮助，来自于他们鼓励和关怀。

我要感谢我的导师王启梁教授，认识老师整整 12 年，从在职研究生直到委培博士，都受到老师的关怀和帮助，甚至在英语基础不好，博士连考两年未成，而我有点心灰意冷的情况下，老师仍在鼓励我，最终在 2014 年考上云南大学民族法专业。虽然老师对我没有太多的要求，但老师比我还要努力，只要工作之余或每次去办公室，都会发现老师不是在写作就是在看书，当学生的更不能懈怠。我对法律人类学的兴趣和爱好，也是因为王老师作为引路人，把我带入这个广阔而陌生的天地，这十多年来我一直为之痴迷，也许法律人类学将是我终生的学术事业。而为我感动的是，有侠士风骨的王老师在我们宝贝出生后从昆明飞到银川给孩子发红包。我还是相信那句话，考一个好学校不如考一个好老师。一日为师，终生为师。

我要特别感谢张晓辉教授，张老师是民族法的创始人之一，威严而不失亲和。每次去老师家上课，老师都是一丝不苟，要求我们阅读大量跨学科的经典著作。在老师的法律人类学课上，我学到了思考问题的真正的方法。张老师把所有的法律人类学资料都给了我们，这些资料到现在都没有读完。人生最荣幸之事，莫过于坐在老师旁边，聆听老师讲述法律人类学的理论大系。我至今遗憾的是有一次因为没买上车票而错过了老师的两节课，这种机会失去了就不再得。最后上完课离开老师家，师母为我们把脉检查身体健康的情景仍历历在目。

感谢牟军老师，牟老师不但为我们上专业课，还在论文开题报告时指出论文中可能出现的问题，同时还是预答辩、正式答辩委员会的主席，在答辩过程中得到牟老师的诸多指点，受益良多。感谢方慧教授、沈寿文教授、何明教授在预答辩时对论文提出意见和建议，这对修改论文极端重要。感谢吴大华教授、张晓辉教授、罗刚教授、李晓斌教授、伻澎教授、周梁云教授在正式答辩期间的指导和关怀，对论文提出意见和建议。也要感谢匿名评阅人对论文的评阅，评阅提出的修改意见对于完善论文有非常重要的作用。

小宝贝易奕，多少次被你从电脑上拽下来，说陪我玩陪我玩，那个时候一起玩游戏是最快乐的时刻。在你1岁时我就开始复习考博，现在你已经上小学了。人生易老，而你在成长。感谢我的父母，因为曾经当过老师，父亲对子女的教育一直严格要求。我最早的启蒙就是从父亲留在家里的"文革"之前的报纸杂志开始的，直到现在，父亲仍是村里唯一私人订阅大量报纸杂志的人，阅读是劳作之余的休闲。尤其是父亲以身作则，作为国家公务员，每到周末从县城到家里，要翻越20多公里的山路，周日又翻山越岭去上班，一直坚持到退休回乡。二老古稀之年仍在从事农作，每次回家看到父母佝偻的身躯和苍老的面容，离开家时就越发沉重。

感谢读博期间的同学薛鸿、赵璐、卢海燕、杜敏菊、张艳华等诸位博士，我们一起讨论交流，共同进步，铸就友谊。感谢张瑞博士、柳立清博士、师妹邹晓晓，在我远离云南的情况下，为我交各种文件来来回回不知跑了多少次，心无半点怨言。感谢师姐李晓燕和宁林博士，不辞辛苦为我给答辩老师送博士论文。师妹郑涵丹把艾琳·摩尔的书从昆明邮寄给我，对论文起了很大作用。还有研究生院夏文贵博士，我一次次地向你这个老乡咨询，你总是认认真真回答。我的室友苏紫程博士，我们一起度过了快乐的岁月，每当看到家里的乒乓球拍时，就会想起和你坚持了一年一起打球。寝室一别，已多年未见。在家乡的亲友们，为了我调查的方便提供了无私的帮助和热情款待。北方民族大学外语学院冯利慧教授为了我考博多次抽空给我辅导英语，亲力亲为教我做翻译和写作。师姐刘蓉教授一直给我鼓励鞭策，在我心情糟糕的时候陪我去爬贺兰山。张静教授当院长时对我读博大力支持，帮我解决生活中的困难，也感谢黑静洁院长对出版学术成果的大力支持。还有北方民族大学的其他同事们，你们永远开心快乐，相互帮助，法学院犹如一个大家庭充满着欢声笑语。扛铁要靠自身硬，法学院的领导为老帅读博给予了毫无保留的支持，使我们有充裕的时间回炉再造。特别感谢中国政法大学出版社第三编辑部编辑，他们一丝不苟、精益求精的工作态度，为本书的顺利出版提供了基本条件。可能以后再也没有这样的学习机会了，人到中年，面对的更多的是学习之外的俗事。

这个世界因你们而精彩。

论文的完成乃至博士学业的结束是人生的逗号，只是起点，这意味着我们还在路上，今后还有很多事要做。

2017 年 6 月 1 日于银川朔方

2020 年 3 月 20 日再记于云南溪洛渡